La France et la Confédération sudiste
(1861-1865)

Collection *Histoire, Textes, Sociétés*
dirigée par Monique Clavel-Lévêque et Laure Lévêque

Pour questionner l'inscription du sujet social dans l'histoire, cette collection accueille des recherches très largement ouvertes tant dans la diachronie que dans les champs du savoir.
L'objet affiché est d'explorer comment un ensemble de référents a pu structurer dans sa dynamique un rapport au monde. Dans la variété des sources – écrites ou orales –, elle se veut le lieu d'une enquête sur la mémoire, ses fondements, ses opérations de construction, ses refoulements aussi, ses modalités concrètes d'expression dans l'imaginaire, singulier ou collectif.

Déjà parus

Stève Sainlaude, *Le gouvernement impérial et la guerre de Sécession (1861-1863),* 2011.
Laure Lévêque (éditeur), *Paysages de mémoire. Mémoire du paysage*, 2006.
Laure Lévêque (éditeur), *Liens de mémoire. Genres, repères, imaginaires*, 2006.
Monique Clavel-Lévêque, *Le paysage en partage. Mémoire des pratiques des arpenteurs*, 2006.

Stève Sainlaude

La France et la Confédération sudiste (1861-1865)

La question de la reconnaissance diplomatique pendant la guerre de Sécession

L'HARMATTAN

Du même auteur :

Le gouvernement impérial et la guerre de Sécession (1861-1865) ; l'action diplomatique, Paris, L'Harmattan, 2011.

5-7, rue de l'École-Polytechnique ; 75005 Paris

http://www.librairieharmattan.com
diffusion.harmattan@wanadoo.fr
harmattan1@wanadoo.fr

ISBN : 978-2-296-55013-1
EAN : 9782296550131

« Du point de vue des convenances, les gouvernements monarchiques de l'Europe ne sont liés à celui des Etats-Unis par aucune solidarité de principes qui puisse influencer leur conduite. Je sais que, dans le Nord, on compte beaucoup sur la répugnance que pourront éprouver des gouvernements libéraux à reconnaître un nouvel Etat dont l'esclavage serait, en quelque sorte, l'institution fondamentale. Mais, quelque grande que puisse être cette répugnance, comme en définitive elle ne saurait être la cause déterminante du parti à prendre, elle ne pourrait empêcher un acte que commanderaient les intérêts supérieurs. »

Henri Mercier (envoyé extraordinaire et ministre plénipotentiaire de la France aux Etats-Unis). Dépêche à Thouvenel du 29 mars 1861.

INTRODUCTION

Les tensions qui se manifestent aux Etats-Unis durant l'hiver 1860/1861 avec la défection de plusieurs Etats ne surprennent pas les observateurs. Depuis la crise de la « nullification », ce premier chantage à la sécession exercé déjà en son temps par la Caroline du Sud, jusqu'aux événements survenus durant les années 1850 qui ont creusé le fossé entre les deux sections de l'Union, ils s'attendent à une rupture du lien fédéral. Le scénario séparatiste a été si souvent envisagé par les Etats esclavagistes, leur souveraineté si inlassablement revendiquée face au pouvoir central, qu'il semble bien que le destin de la république dût passer immanquablement par une scission. En revanche, la rapidité de l'enchaînement et la violence qui l'accompagne déconcertent les diplomates. Ils s'attendaient à un « divorce à l'amiable » et doivent désormais compter avec une guerre civile. Il ne s'agit plus d'observer simplement la dislocation de la fédération pour en prendre acte, cas de figure le plus commode, mais d'arrêter une position. En effet la guerre oppose deux ensembles, dotés l'un et l'autre d'un gouvernement, qui revendiquent, chacun, une légitimité. D'autre part, l'Europe subit le contrecoup des hostilités.

Durant ce conflit, envisager la reconnaissance de la Confédération constitue la problématique centrale de la politique étrangère française à l'égard des Etats-Unis. Cependant, il ne faut pas oublier qu'en fonction des moments de la guerre, poser cette hypothèse ne revêt ni la même signification, ni la même portée. Y songer avant les premiers affrontements, c'est faire confiance aux deux parties pour amener une séparation de gré à gré, alors que la considérer une fois les hostilités engagées pose la question de savoir si le gouvernement fédéral ne renoncera pas devant l'ampleur de la tâche qui l'attend. L'envisager entre l'été 1862 et l'été 1863, lorsque le Sud établit qu'il est en mesure de résister aux assauts du Nord, et même de menacer Washington, conduit à anticiper sur le résultat de la guerre en pariant sur un succès confédéré ou, tout au moins, un conflit interminable.

Quoiqu'il en soit, la décision n'est pas aisée et impose, tout d'abord, de s'affranchir d'une contrainte morale. En effet, constater l'existence du gouvernement confédéré reviendrait à entériner la scission définitive des Etats-Unis. Or, il ne faut pas perdre de vue la position particulière de la France ; des liens historiques l'unissent à l'Union américaine. Quatre-vingts ans plus tôt elle a participé à son édification et ne peut regarder avec indifférence sa disparition[1].

La question fondamentale, qui peut effacer toutes les réticences, est de savoir si la reconnaissance du gouvernement de Richmond est non seulement compatible, mais aussi utile aux intérêts nationaux. En l'occurrence, celle-ci paraît apporter des solutions à un certain nombre de craintes et de difficultés, avec en premier lieu une résolution de l'effondrement des approvisionnements en coton, une matière première indispensable pour les industries textiles. Dans ce domaine, le Sud est le dispensateur exclusif des puissances européennes, et il conditionne la reprise des exportations d'or blanc à un geste diplomatique en sa faveur. Par ailleurs, pour freiner l'expansion américaine, deux Etats hostiles pouvant sembler préférables à une fédération unie, la division de l'Union pourrait protéger le Mexique et Cuba. Et puis, beaucoup veulent croire que la guerre civile a bel et bien emporté l'Union et qu'il faut désormais compter avec deux républiques au lieu d'une seule. Un souhait pris pour une réalité, car le combat des Etats sécédés[2] rencontre en France de nombreuses sympathies, à commencer par l'Empereur qui ne dissimule pas son inclination pour le combat héroïque qu'ils livrent, face à un adversaire disposant pourtant d'immenses ressources. Un penchant manifeste pour ce que d'aucuns considèrent comme le combat d'une nationalité. Enfin, il ne faut pas perdre de vue l'expédition française au Mexique qui se déroule parallèlement à la guerre de Sécession, l'hypothèse d'un long conflit, entre les frères ennemis, ayant amené la décision d'intervenir. Contrairement au Nord, les autorités de Richmond disent porter un regard bienveillant au projet impérial. Du résultat de la guerre civile américaine pourraient dépendre l'édification et la consolidation du régime que l'Empereur souhaite mettre en place au Mexique[3].

Toutefois, tout au long de la guerre, bien que l'indépendance des Etats confédérés prenne du crédit avec la résistance inattendue qu'opposent les Sudistes, la France maintient sa neutralité. Ce livre s'interroge sur la persistance de cette ligne diplomatique et cherche à obtenir des réponses en explorant, en particulier, les archives consulaires trop souvent négligées. Par souci de clarification, tout autant que pour mener une réflexion historique inédite, l'ouvrage privilégie une démarche analytique. Les motivations de la politique américaine de la France impériale, confrontée à ce conflit sans

[1] De 1775 à 1783 la guerre d'Indépendance oppose, en Amérique, les 13 colonies britanniques à leur métropole. La France de Louis XVI prend le parti des révoltés contre celui de l'Angleterre. La victoire des colons donne naissance aux Etats-Unis.

[2] Nous reprenons les termes « d'Etats sécédés » employés, à l'époque, par les diplomates.

[3] La décision d'intervenir au Mexique est prise au cours de l'été 1861. Le corps expéditionnaire français y prend pied début 1862 mais ce n'est qu'en 1863 qu'il s'empare de Mexico. L'année suivante, avec l'appui de Napoléon, Maximilien de Habsbourg, frère de l'empereur d'Autriche François Joseph, se voit confier les destinées du Mexique.

précédent, se trouvent ainsi soumises à un examen approfondi. Cette approche rend mieux compte des arguments opposés par les diplomates aux tenants de la reconnaissance de la Confédération. Par la même occasion, le lecteur entrevoit la sélection que les agents opèrent pour faire parvenir les informations au Quai d'Orsay et, concurremment, il profite d'un éclairage sur la façon dont le ministre définit les grandes lignes de sa politique à partir des renseignements fournis.

PREMIÈRE PARTIE

RECONNAÎTRE LE SUD ?

CHAPITRE 1 : LA FRANCE ESCLAVE DU ROI COTON ?

Si on établit une hiérarchie des préoccupations françaises concernant la guerre de Sécession, l'enjeu commercial semble de loin les dominer. Bien avant que la guerre n'éclate, le Sud a pris conscience de la dépendance de l'Europe à l'égard du coton dont il est le dispensateur quasi exclusif. Le 4 mars 1858, un sénateur de la Caroline du sud, James H. Hammond, popularise l'expression de « roi coton ». Il estime que le Sud a entre ses mains un pouvoir considérable car, sans cette matière première indispensable pour leur industrie textile, France et Angleterre verraient leur économie s'effondrer.

Les hostilités engagées, les Confédérés font de l'or blanc l'arme principale de leur politique étrangère[1]. Le but est, par un embargo, de contraindre les puissances européennes à intervenir dans le conflit. Avant d'être un choix diplomatique, la reconnaissance du Sud est une allégeance économique. C'est à la fin de l'année 1862 et au début de l'année 1863 que s'étend la période la plus critique de la « famine du coton » pour la France[2]. Comme le vaticinaient les Sudistes, les économies européennes sont étranglées et pourtant - cela nous interroge - leur stratégie diplomatique échoue.

I. KING COTTON

A. La dépendance à l'égard du Sud

Les études commandées par le ministère montrent bien qu'un des éléments principaux de la fortune publique aux Etats-Unis se trouve dans la production de coton qui s'élève, en 1860, à 4 300 000 balles[3]. C'est une manne financière considérable puisqu'elle représente la moitié du gain des exportations (soit 161 434 923 $) et contribue à près du tiers du revenu national[4]. Traduction de l'essor de l'industrie textile, en un demi-siècle la

---

[1] En juillet 1861, le vice-président de la Confédération, Alexander Stephens, prophétise que, d'une façon ou d'une autre, ou bien le blocus sera levé ou bien il y aura une révolution en Europe. McPHERSON James M., *La guerre de Sécession (1861-1865)*, Paris, Robert Laffont, 1991, 1004 p. ; p. 416.

[2] *Cotton famine*, terme employé par les historiens anglo-saxons.

[3] *Le Temps* donne comme chiffre 4 675 770 balles pour 1859/1860. *Le Temps*, le 4 novembre 1861. L. Legault.

[4] Ouvrage de statistiques in Mercier à Thouvenel. A.M.A.E., ADP EU, vol. 30 ff. 2-13. *Lettres sur la question américaine* par E. Bellot des Minières ; Paris, le 7 mai 1861, A.M.A.E., MD EU, vol. 25 f. 192v.

production de coton a explosé car la demande des Européens ne cesse de croître. Loin derrière l'Angleterre, la France possède la deuxième plus importante industrie de coton en Europe. Elle emploie 379 000 ouvriers[5] et se trouve concentrée sur trois régions : la Normandie, l'Alsace et le Nord[6].

Au lieu de diversifier leurs approvisionnements, les Européens ont privilégié les importations du sud des Etats-Unis. Dès la première moitié des années 1850 les observateurs soulignent l'assujettissement de l'Europe en ce qui concerne le coton[7]. La France est encore plus dépendante de l'or blanc sudiste que la Grande-Bretagne et se situe au-dessus de la moyenne européenne (90 % du volume du coton est importé de cette région)[8]. En 1861 le coton constitue le premier poste de dépenses d'importations (11 % des achats soit 270 631 594 F)[9]. A l'inverse, il tient une place prépondérante dans les exportations américaines vers la France puisqu'il représente entre 75 et 85 % des exportations vers ce pays[10]. Pourtant, comparées à celles de l'Angleterre, les importations françaises sont modestes : au début du conflit la France importe 400 000 balles de coton, bien moins que la Grande-Bretagne qui en fait venir près de 2 500 000[11].

---

[5] HENDERSON W.O., « The cotton famine on the continent, 1861-1865 » in *The Economic Historical Review*, vol. 4, n°2, avril 1933, pp. 129-256 ; p. 196.

[6] Ex. dans le Calvados : en 1860 on dénombre 208 industries du coton (contre 74 pour la laine) qui emploient un peu plus de 6 000 personnes (un peu plus de 3 000 pour la laine). « L'industrie et la vie ouvrière dans le Calvados sous le Second Empire » in *Annales du centre régional de documentation*, Institut pédagogique national, Caen, 1969, 228 p. ; partie non paginée.

[7] La *Revue des Deux Mondes*, 1853 (4/6). M. J-J. Ampère, « Promenade en Amérique. Les hommes et les choses aux Etats-Unis. Les Etats du sud, Charleston et La Nouvelle-Orléans », pp. 1201-1229 ; p. 1205.

[8] 1 241 346 quintaux métriques sur un total de 1 392 839. *Direction générale des douanes...Tableau comparatif des principales marchandises importées* (1853 ; 1860 ; 1861 ; 1863-1864). Le coton du Sud représente plus de 80 % du total des achats de coton en Europe en 1860. OWSLEY F. L., *op. cit.*, pp. 134-135. En Angleterre un peu plus des trois quarts du coton est importé du Sud. OWSLEY Frank Laurence, *King Cotton Diplomacy. Foreign Relations of the Confederate States of America*, Chicago, The University of Chicago Press, 1959, 575 p. ; p. 3.

[9] *Documents statistiques réunis par l'administration des douanes. Commerce de la France.* 1863, Paris, A l'administration du Moniteur universel, 1863.

[10] BLUMENTHAL Henry, *A reappraisal of Franco-American Relations (1830-1871)*, Chapel Hill, The University of North Carolina Press, 1959, 255 p. ; pp. 103-104. Cependant la France n'absorbe que 10 % de toute la production de coton du Sud.

[11] Le chiffre de 400 000 balles est donné par Thouvenel (Thouvenel à Mercier ; Paris, le 3 octobre 1861. A.M.A.E., CP EU, vol. 125 ff. 108-112v.) aussi bien que par Mercier dans un entretien avec Seward le 23 octobre 1861 (FERRIS Norman B., *Desperate diplomacy. William H. Seward's Foreign Policy, 1861,* Knoxville, University of Tennessee Press, 1976, 265 p. ; p. 144). Le Havre reçoit plus de 90 % des importations de coton en provenance de La Nouvelle-Orléans. Méjan à Drouyn de Lhuys ; La Nouvelle-Orléans, le 15 octobre 1856. A.M.A.E., CCC La N-O, vol. 13 ff. 42-43.

C'est à la fin de 1861 que la diminution des fournitures de coton commence à être ressentie. En 1862 seulement 271 570 balles sont importées en France ; le montant des achats de coton est divisé par deux[12]. La rareté s'accompagne d'une inflation graduelle. En novembre 1861 Rouher, le ministre du Commerce, constate une augmentation progressive du prix du coton en quelques mois et parle d'une hausse qui dépasse les 40 %[13].

Derrière la crise il y a les hommes. Dès l'automne 1861 les procureurs généraux et leurs adjoints alertent le gouvernement impérial. Celui de Caen mentionne une baisse du temps de travail ou des salaires[14], diagnostic partagé par le préfet de la Seine Inférieure qui indique que, dans les ateliers de l'industrie cotonnière de son département, l'activité est déjà réduite de 1/6e[15]. En Alsace, l'adjoint au procureur général de Colmar, de Baillehache, fait une constatation identique[16]. Rouher, laisse poindre son pessimisme pour les prochains mois[17].

Il n'a pas tort car le pire est à venir. Au cours de l'année 1862, la conjoncture va en s'aggravant. Cette fois, quand on ne diminue pas les heures de travail, on évoque le spectre du chômage. A l'automne, de Baillehache remarque que « les renvois d'ouvriers sont considérables » et que l'industrie cotonnière de Belfort risque d'être emportée par la crise[18]. Dans le Nord et dans l'Aisne la situation semble tout aussi alarmante. Beaucoup de filatures cessent de fonctionner et, à Roubaix, un quart seulement des ouvriers sont au travail[19]. On dénombre 55 % de chômeurs dans l'industrie cotonnière à Rouen[20].

Les premiers mois de 1863 ne semblent procurer aucun répit. Alors qu'en temps normal les cotons d'Amérique tournent autour de 4 F / kg, à la fin du quatrième trimestre 1862 ils valent 6,60 F puis, début 1863, atteignent les

[12] 126 158 877 F. *Doc. stat., op. cit.,* 1863.

[13] Rouher à Thouvenel ; Paris, le 15 novembre 1861. A.M.A.E., ADP EU, vol. 33 f. 72-v. Ce membre du conseil privé de l'Empereur jouit d'une influence considérable auprès du souverain et se trouve placé à la tête d'un puissant ministère (Agriculture, Commerce et Travaux publics). Il favorise la signature du traité de commerce avec l'Angleterre et pousse à l'expédition du Mexique.

[14] Rabout, Caen, le 10 octobre, 13 novembre 1861. Millevoye, Rouen, le 12 octobre 1861. CASE Lynn M., *French opinion on the US and Mexico, 1860-1867. Extracts from the Reports of the procureurs généraux,* New York, London, The Rice Institute, D. Appleton-Century Company, 1936, 452 p. ; p. 19 n° 29, p. 23 n°38, p. 28 n°44.

[15] Rouher à Thouvenel ; Paris, le 15 novembre 1861. A.M.A.E., ADP EU, vol. 33 f 73v.

[16] De Baillehache, Colmar, octobre 1861. CASE L. M., *op. cit.*, p. 20 n°30.

[17] Rouher à Thouvenel ; *op. cit.*, f. 72-v.

[18] De Baillehache, Colmar le 12 octobre 1862. CASE L. M., *op. cit.*, pp. 54-59 n°70, p. 86 n°98.

[19] DUVEAU Georges, *La vie ouvrière sous le Second Empire*, Paris, Gallimard, 1946, 605 p. ; p. 120.

[20] FOHLEN Claude, *L'industrie textile au temps du Second Empire*, Paris, Plon, 1956, 534 p. ; p. 267, p. 284.

6,74 F le kg. L'adjoint au Procureur général de Caen, parle d'une industrie cotonnière dans un « triste état » à Falaise, Pont-Lévêque, Vire, Condé-sur-Noireau… et salue l'action de la charité publique qui s'efforce de soulager la misère[21].

Le gouvernement français prend nettement conscience que la situation se dégrade lorsqu'il reçoit les doléances des principaux concernés par « la famine du coton ». Fin 1861, c'est par exemple le président de la Chambre syndicale d'exportation qui s'adresse au ministre des Affaires étrangères, Edouard Thouvenel, pour s'inquiéter des effets de la guerre civile américaine sur le commerce français[22]. De même, le ministre du Commerce, Eugène Rouher, communique à Fould, son collègue des Finances, une pétition, appuyée par la chambre de Commerce de Bordeaux et dont les signataires demandent le rétablissement des communications avec les villes du sud des Etats-Unis et, en particulier, La Nouvelle-Orléans[23]. Ce sont aussi les chambres de Commerce de Lyon, de Rouen et de Mulhouse qui prennent le relais de celle de Paris pour adresser à l'Empereur une supplique afin qu'intervienne une reconnaissance immédiate des Etats confédérés et que le blocus soit entrouvert[24].

A partir de septembre 1861, dans ses courriers à Mercier, son agent à Washington, Thouvenel se soucie régulièrement des conséquences d'un manque de coton pour l'industrie textile française. Loin de se montrer rassurant, le ministre des Affaires étrangères prévoit que la crise ne fait que commencer et pressent qu'elle s'accompagnera d'une hausse de l'insatisfaction générale. Il entretient Mercier des pétitions reçues à Paris et considère que, pour éviter d'être accusé de passivité, le gouvernement doit faire la preuve qu'il s'inquiète de cette situation[25]. De son côté, l'Empereur poussé par ses propres préoccupations sociales – il est l'auteur de *L'extinction du paupérisme* – souhaite que s'améliore le plus vite possible le sort de la classe qui n'a d'autres moyens d'existence que le travail de ses

---

[21] Millevoye, Rouen, le 12 octobre 1862. Olivier, Caen, le 11 avril 1863. CASE L. M., *op. cit.*, p. 96 n°110, p. 122 n°136.

[22] Thouvenel au président de la Chambre syndicale d'exportation ; Paris, le 4 septembre 1861. A.M.A.E., ADP EU, vol. 33 f. 51-v.

[23] Fould à Thouvenel ; Paris, 1861. A.M.A.E., ADP EU, vol. 33 f. 86.

[24] CASE Lynn M., SPENCER Warren F., *The United States and France. Civil War Diplomacy*, Philadelphia, University of Pennsylvania Press, 1970, 747 p. ; p. 179. Depuis le 19 avril 1861 le Nord a placé les côtes de son adversaire en état de blocus.

[25] Thouvenel à Mercier ; Paris, le 3 septembre, 3 octobre 1861. A.M.A.E., CP EU, vol. 125 ff. 108-112v., ff. 110-111. *Id.* ; Paris, le 31 octobre 1861. A.M.A.E., CP A, vol. 720 f. 226.

bras[26]. En octobre 1861, au cours d'un conseil des ministres, il manifeste son désarroi pour la situation économique et financière du pays[27].

B. Comment remédier à la « famine du coton » ?

1. Briser le blocus ?

Pour remédier à la « famine du coton » il faut d'abord en établir les origines. A la question qui se pose de savoir d'où vient le manque de coton il y a une réponse toute trouvée : il résulte de l'effet du blocus mis en place par le Nord le long des ports du Sud, un rapport de cause à effet qu'établit clairement Thouvenel en septembre 1861[28].

Quelle modalité l'action diplomatique doit-elle choisir ? Les avis diffèrent. Henri Mercier, le responsable de la légation de Washington plaide pour qu'une initiative franco-britannique décide le cabinet de Washington à relâcher les rigueurs du blocus[29]. A Paris le Quai est favorable à une démarche directe auprès du secrétaire d'Etat Seward pour obtenir un assouplissement des règles ordinaires du dispositif. Thouvenel désire que le commerce étranger soit autorisé à pourvoir aux approvisionnements de coton qui lui sont indispensables. Il pense que Washington aurait tout à y gagner car l'effet moral lui serait favorable[30]. A plusieurs reprises il fait état auprès

---

26 Pour Walter Bruyere-Ostells Napoléon III se sent proche des saint-simoniens et pense que par le développement industriel une croissance économique amènera l'amélioration du sort des classes les plus défavorisées. BRUYERE-OSTELLS Walter, *Napoléon III et le Second Empire. Instants d'Histoire*, Paris, Vuibert, 2004, 331 p. ; p. 55. Jugement semblable chez Raphaël LAHLOU, *Napoléon III ou l'obstination couronnée*, Paris, Bernard Giovanangeli éditeur, 2006, 143 p. André Encrevé n'est pas de cet avis. Napoléon III croit que l'intervention de l'Etat est nécessaire et que le pouvoir ne peut rester insensible au sort des classes populaires ; cela n'en fait pas pour autant un saint-simonien ou un socialiste. ENCREVE André, *Le Second Empire*, Paris, PUF, 2004, 128 p. ; p. 77. Sans en être un émule, Napoléon III est proche des préoccupations sociales de Louis Blanc. GIRARD Louis, *Napoléon III*, Paris, Fayard, 1986, 550 p. ; pp. 66-73.

27 CASE L. M. *et al.*, p. 179. Ces inquiétudes sont rapportées par le ministre de la Suède en France. Frederik Due à Manderström, Paris, le 5 octobre 1861. Le *Times*, le 12 octobre 1861. *New York Times*, les 24 et 26 octobre 1861.

28 Thouvenel à Mercier ; Paris, le 3 septembre 1861. A.M.A.E., CP EU, vol. 125 ff. 110-111.

29 Mercier à Thouvenel ; Niagara, le 9 septembre 1861. A.M.A.E., PT, vol. 13 f. 390-v. *Id.* ; Washington, le 22 octobre 1861. A.M.A.E., CP EU, vol. 125 f. 151. Bigelow, le chargé d'affaires des Etats-Unis en France, pense qu'il n'est pas impossible qu'à la suite de cette dépêche Thouvenel ait cru bon de sonder le gouvernement britannique sur l'opportunité d'une telle démarche. Bigelow à Seward ; Paris, les 23 septembre et 3 octobre 1861. VAN DEUSEN Glyndon G., *William Henry Seward*, New York, Oxford University Press, 1967, 666 p. ; p. 302.

30 Thouvenel à Mercier ; Paris, le 31 octobre 1861. A.M.A.E., CP A, vol. 720 f. 228v. Pour tenter de calmer leur désarroi, il informe les milieux d'affaires de ses démarches. Thouvenel

de William Dayton, l'agent du gouvernement de l'Union à Paris, des « embarras » et « souffrances » de la population française et l'interroge sur l'éventualité d'une ouverture des ports à coton[31]. Si Dayton assure Thouvenel que son gouvernement étudie sérieusement les demandes françaises pour desserrer le blocus[32], la situation n'évolue pas. Au contraire, les Nordistes décident de bloquer l'accès aux ports à l'aide d'obstacles immergés (*stone boat fleet*). Si, en janvier 1862, dans une lettre à son ambassadeur à Londres, Thouvenel espère encore que les récoltes du Mississippi arrivent jusqu'à Matamoros[33], en avril 1862 il ne croit plus à cette solution et évalue à deux mois le délai avant que ne s'épuisent les ressources du marché français[34].

Les démarches diplomatiques auprès de Washington ayant échoué, une action contre le blocus est envisagée par la France[35]. En janvier 1862 des indiscrétions laissent supposer qu'à l'occasion de son discours au Corps législatif, le 27, l'Empereur pourrait suggérer de briser le blocus[36]. Cependant, bien qu'il reconnaisse que la guerre civile qui désole l'Amérique soit venue compromettre gravement les intérêts commerciaux, son propos ne

fait parvenir à Rouher la copie de la dépêche confidentielle qu'il a écrite à Mercier concernant une réduction des conditions du blocus. Thouvenel à Rouher ; Paris, le 21 novembre 1861. A.M.A.E., ADP EU, vol. 33 ff. 74-75v.

[31] Thouvenel à Mercier ; Paris, le 28 novembre 1861. A.M.A.E., CPC EU, vol. 9 ff. 112v.-113. Seward à Dayton ; Washington, le 26 mars 1862. A.M.A.E., ADP EU, vol. 30 ff. 129v.-132v. Mercier à Thouvenel ; Washington, le 31 mars 1862. A.M.A.E., LJ EU, 1862, p. 117. Le 13 mars 1862 Thouvenel écrit à Mercier : « Notre industrie souffre horriblement et, pour bien des motifs, le malaise de nos classes ouvrières ne nous laisse pas aussi froids que nos voisins. » THOUVENEL Louis, *Le secret de l'Empereur*, Paris, Calmann-Levy, 1889, t. 2, 571 p. ; p. 248.

[32] Seward à Dayton ; Washington, le 30 octobre 1861.VAN DEUSEN G. G., *op. cit.*, p. 304.

[33] Thouvenel à Flahaut ; Paris, le 23 janvier 1863. THOUVENEL L., *op. cit.*, t. 2, p. 231.

[34] *Id.* ; Paris, le 14 avril 1862. A.M.A.E., CP A, vol. 721 f. 132. Il faut noter que le gouvernement impérial a du mal à recenser les stocks de coton restants. Mme Baroche entend dire, en janvier 1862, que la France n'a plus que pour six semaines de réserves. BAROCHE Madame Jules, *Second Empire : notes et souvenirs de 16 années (1855-1871)*, Paris, G. Crès et Cie, 1921, 661 p. ; p. 198.

[35] L'option militaire est étudiée puisqu'un rapport est rédigé par Montholon, le consul à New York, pour réfléchir aux modalités à adopter pour briser le blocus. Montholon écrit que « les escadres combinées disperseraient sans peine les forces fédérales qui ferment les ports méridionaux des Etats-Unis ». Rapport de Montholon d'après une communication du 22 octobre; note pour le ministre sur les conséquences que pourrait avoir l'intervention de la France dans le conflit anglo-américain ; Washington, 1861. A.M.A.E., ADP EU, vol. 30 ff. 81-82.

[36] HUBBARD Charles M., *The burden of Confederate diplomacy*, Knoxville, University of Tennessee Press, 1998, 253 p. ; pp. 70-71.

mentionne pas le blocus[37]. Pourtant, début février 1862, Mercier indique à Thouvenel que la presse de Washington laisse filtrer des rumeurs qui émettent l'hypothèse que la France et l'Angleterre seraient en train de mettre au point les modalités d'une intervention pour rompre le blocus[38]. Une information difficilement vérifiable[39].

En avril 1862 un pas important est franchi lors de la visite de William Lindsay en France[40]. Le 11 avril, lors de sa première rencontre avec l'Empereur, ce dernier semble bel et bien envisager cette option militaire. Il affirme être au courant de la conversation qu'il a eue avec Rouher et qu'il y souscrit[41]. Il avance que, par deux fois, son ministre des Affaires étrangères a proposé à Cowley, l'ambassadeur de Grande-Bretagne en France, de suggérer à son gouvernement une action conjointe contre le blocus; mais Londres n'a pas répondu à cette proposition. Malgré tout, si l'Angleterre se joint à lui, il se dit prêt à forcer le blocus avec une flotte conséquente jusqu'aux bouches du Mississippi. Deux jours plus tard, le 13 avril, Lindsay rencontre de nouveau le souverain et lui rapporte les propos de Cowley avec lequel il s'est entretenu. Comme l'ambassadeur britannique a écarté l'idée d'une telle intervention, Napoléon III lui conseille de retourner en Angleterre et de parler de ce qu'il lui a dit à Russell, le chef de la diplomatie britannique et au Premier ministre Palmerston[42]. A cette occasion il préconise de rencontrer les membres de l'opposition, Lord Derby et Disraeli[43]. Le

---

37 *La politique impériale exposée par les discours et proclamations de l'Empereur Napoléon III depuis le 10 décembre 1848 jusqu'en février 1868*, Paris, Plon, 1868, 520 p. ; p. 358. *Le Moniteur*, le 28 janvier 1862.

38 Mercier à Thouvenel ; Washington, le 3 Février 1862. A.M.A.E., CP EU, vol. 126 f. 110.

39 D'après Hubbard, en février 1862 Napoléon III aurait renouvelé auprès de Londres sa proposition pour ouvrir une brèche dans le dispositif fédéral. Mais une telle hypothèse est difficile à étayer puisque aucune correspondance n'indique qu'une proposition formelle a été faite. HUBBARD C. M., *op. cit.*, p. 73.

40 William Shaw Lindsay est un des premiers constructeurs de bateaux en Angleterre et un membre du Parlement qui, avec quelques autres du *Manchester Southern Club* comme John Arthur Roebuck ou William H. Gregory, se fait l'avocat de la cause confédérée. BLACKETT R. J. M., *Divided hearts. Britain and the American Civil War*, Louisiana State University Press, Baton Rouge, 2001, 273 p. ; p. 65. Lindsay a été partie prenante au traité de commerce entre la France et la Grande-Bretagne du 23 janvier 1860.

41 Rouher affirme que, par deux fois, la France a proposé sans succès à l'Angleterre d'agir contre le blocus : la première fois à l'été 1861 puis une seconde au printemps 1862.

42 Thouvenel rapporte à Flahaut les propos que Napoléon III a tenu à Lindsay. « Le terrain officiel ne me semble pas assez préparé pour que mon gouvernement fasse parvenir des propositions aux ministres de la reine et comme ils sont les premiers juges des intérêts indépendants dont vous prenez la défense, adressez-vous à eux. Je connaîtrai confidentiellement leur opinion, comme ils sauront la mienne, et je verrai ensuite ce qu'il sera possible de concerter avec le cabinet anglais. » Thouvenel à Flahaut ; Paris, le 14 avril 1862. A.M.A.E., CP A, vol. 721 ff. 132v.-133.

43 Mémo. de Slidell. in Slidell à Benjamin ; Paris, le 14 avril 1862. *ORN*, ser. II, vol. 3, pp. 393-396. Benjamin Disraeli est le leader des conservateurs à la chambre des Communes.

lendemain, 14 avril, Thouvenel écrit à Flahaut, l'ambassadeur de France à Londres, afin de l'avertir du rôle de mandataire conféré à Lindsay par l'Empereur auprès du gouvernement britannique :

> « M. Lindsay étant venu pressentir nos intentions, Sa Majesté n'a pas vu d'inconvénient à ce que Lord Palmerston et Lord Russell apprissent par cet intermédiaire que s'ils croyaient le moment opportun pour raisonner avec nous sur cette importante question, et pour aviser de concert aux démarches à prescrire aux légations des deux puissances à Washington, nous serions prêts à le faire. L'Empereur a autorisé M. Lindsay à venir lui apporter la réponse qu'il aura reçue. »[44]

Cependant, à son arrivée en Angleterre, si Disraeli accueille avec faveur la proposition de Napoléon III et laisse entendre qu'une grande partie du Parlement s'y rallierait et pourrait contraindre le gouvernement à l'accepter, Russell adresse à Lindsay une fin de non recevoir. Le chef du *Foreign Office* lui rappelle que toute communication entre la France et l'Angleterre doit passer par la voie diplomatique. Il refuse de négocier en dehors des canaux réguliers[45]. De retour à Paris, le 18 avril 1862, Lindsay rencontre pour la troisième fois l'Empereur et l'informe de sa rebuffade. Il espère que le monarque poursuivra ses objectifs indépendamment de l'Angleterre. Ce dernier laisse poindre son amertume. Il déplore qu'en dépit de la dépêche de Thouvenel à propos du *Trent*, qui a dénoué la crise, Russell ne souhaite pas coopérer avec lui. Toutefois, il suggère qu'une demande amicale soit envoyée, par la France et l'Angleterre, au gouvernement américain pour ouvrir les ports. Mais, selon lui, la prise de La Nouvelle-Orléans pourrait rendre cette démarche inutile[46].

Le 13 mai 1862, le souverain semble définitivement avoir renoncé à son projet puisqu'il déclare à Cowley qu'il est d'accord que rien ne soit fait pour le moment « à part observer les événements »[47]. Lors de sa première rencontre avec Napoléon III, en juillet 1862, la question d'une intervention armée contre le blocus est de nouveau posée par Slidell, le commissionnaire de la Confédération en France. Napoléon III rejette cette idée en arguant qu'ouvrir par la force les ports du Sud constituerait un acte de guerre[48]. Lors

---

Edward Smith-Stanley, 14e comte de Derby, a été pour la seconde fois Premier ministre (conservateur) du 20 février 1858 au 11 juin 1859.

[44] Thouvenel à Flahaut ; Paris, le 14 avril 1862. A.M.A.E., CP A, vol. 721 f. 132v.

[45] Mémo. de Slidell in Slidell à Benjamin ; Paris, le 14 avril 1862. *ORN*, ser. II, vol. 3, pp. 393-396.

[46] *Id.* Fin 1861 Mason et Slidell, deux émissaires du gouvernement confédéré montés à bord du *Trent*, navire britannique, sont capturés par un bâtiment américain. Cet épisode donne lieu à une vive tension entre Londres et Washington. La France tente d'aplanir le différend. Mason et Slidell sont finalement libérés.

[47] HUBBARD C. M., *op. cit.*, p. 85.

[48] Mémo de Slidell in Slidell à Benjamin ; Paris, le 25 juillet 1862. *ORN*, ser. II, vol. 3, pp. 479-487.

de leur second entretien, en octobre 1862, Slidell, soulignant la faiblesse des défenses fédérales, réitère cette demande mais l'Empereur ne répond pas[49]. Dans son discours du 12 janvier 1863, lors de l'ouverture de la session législative, Napoléon III se contente de lier les maux de l'industrie à la guerre d'Amérique et demande de soulager l'adversité des ouvriers par le vote d'un crédit exceptionnel[50].

Il convient de s'interroger sur la renonciation à une intervention armée pour ouvrir les ports du Sud au commerce européen. Il est probable que Napoléon souhaite profiter de la campagne du Mexique pour entreprendre une action contre le blocus qu'il accuse de ruiner l'économie française et d'appauvrir ses travailleurs. Depuis le 7 janvier 1862, quatorze bâtiments français mouillent dans la rade de Vera Cruz (dont un vaisseau de guerre, cinq frégates et deux canonnières[51]) ; il serait facile de prélever quelques éléments du dispositif pour disperser les navires de l'Union qui interdisent l'accès au port de La Nouvelle-Orléans. Cependant nous pouvons constater qu'entre avril et mai 1862, et même entre l'entrevue du 11 avril et celle du 18, la position de l'Empereur a évolué.

La première raison vient du désir de Napoléon III de ne pas agir sans l'Angleterre, or celle-ci se refuse catégoriquement à risquer un conflit avec les Etats-Unis pour opérer une brèche dans le blocus. L'Angleterre est pourtant davantage concernée par le manque de coton que la France. Si une puissance a des raisons d'intervenir c'est bien elle. Cependant, Palmerston demande de ne pas interférer dans la dispute[52]. Napoléon III comprend que pour ouvrir les ports du Sud il ne pourra compter que sur ses propres forces, ce d'autant plus que les navires britanniques et espagnols viennent d'appareiller de Vera Cruz[53].

D'autre part, si des hommes d'affaires réclament une intervention contre le blocus, il ne faut pas oublier qu'ils sont tout aussi nombreux à demander une non-intervention et le maintien de la neutralité. Certains industriels du

[49] *Id.* ; Paris, le 28 octobre 1862. *ORN*, ser. II, vol. 3, pp. 572-579.

[50] *La politique impériale*, *op. cit.*, p. 385. *Le Journal des Débats*, le 13 janvier 1863.

[51] AVENEL Jean, *La campagne du Mexique (1862-1867). La fin de l'hégémonie européenne en Amérique du Nord*, Paris, Economica, 1996, 194 p. ; p. 39.

[52] D'après Ferris c'est la réaction ferme de Seward, qui a averti dès le début du conflit qu'une intervention européenne contre le blocus signifierait la guerre, qui a convaincu Lyons, le ministre britannique à Washington, de persuader son gouvernement de ne pas agir. FERRIS N. B., *op cit.*, p. 8, pp. 15-17, p. 36.

[53] Le 19 février 1862 est signée la Convention de la Soledad qui suppose une reconnaissance implicite du gouvernement Juárez puisqu'elle stipule que les Alliés ne souhaitent pas porter atteinte à la souveraineté du Mexique. Elle anticipe un rembarquement des Britanniques et des Espagnols en avril.

Haut-Rhin, par exemple, profitent des prix élevés du coton et ne veulent surtout pas d'une intervention qui ferait chuter brusquement les cours[54].

Enfin, il faut reconnaître à Thouvenel le mérite d'avoir fait changer d'avis l'Empereur[55]. Plusieurs arguments doivent ramener Napoléon III à la raison. En sus des troupes de Juárez, se mettre à dos un nouvel adversaire serait bien hasardeux. De plus, et c'est l'essentiel, les préoccupations liées au blocus s'expliquent principalement par l'effondrement des livraisons de coton en Europe. Or, en 1861/1862 les diplomates se rendent vite compte que cette baisse des importations de coton n'est que faiblement imputable à la fermeture des côtes de la Confédération par la marine fédérale. Les rapports des consuls sur les succès des forceurs de blocus parviennent régulièrement sur le bureau du ministre et Thouvenel finit par se convaincre que le dispositif installé le long des côtes du Sud, pour en fermer l'accès, est en réalité extrêmement poreux[56]. Dans ces conditions, le ministre des Affaires étrangères parvient à persuader l'Empereur qu'une action contre le blocus serait non seulement dangereuse, puisqu'elle conduirait à entrer en guerre contre les Etats-Unis, mais inutile. Mieux vaut compter sur la bonne fortune des forceurs de blocus pour se procurer du coton[57].

Mais les tentations belliqueuses de Napoléon III obligent Thouvenel à devoir contrecarrer les projets de l'Empereur. D'abord en ne transmettant pas à Cowley, l'ambassadeur de Grande-Bretagne en France, les offres du souverain pour proposer à son gouvernement une intervention conjointe. Devant Lindsay, Cowley dément que la France ait jamais suggéré à la Grande-Bretagne de mettre fin au blocus. De son côté, le 14 avril, Thouvenel affirme à Cowley qu'il n'a pas rédigé de note en ce sens mais, qu'au contraire, il s'est efforcé de montrer à l'Empereur, et à Rouher, qu'une interférence amènerait inévitablement une collision[58]. John Slidell, l'émissaire confédéré, en a la confirmation lorsque, quelques semaines plus tard, Charles Wood, un membre du gouvernement britannique, nie que des

---

[54] CASE Lynn M. *et al.*, *op. cit.*, p. 164.

[55] Durant la guerre de Sécession, pour ce qui concerne la politique qu'il entend mener à l'égard des belligérants, Napoléon III se heurte régulièrement à l'opposition déterminée de ses ministres des Affaires étrangères. Voir SAINLAUDE Stève, *Le gouvernement impérial et la guerre de Sécession ; l'action diplomatique*, Paris, L'Harmattan, 2011, 146 p.

[56] Cette constatation soulève une controverse juridique car, pour être reconnu par les puissances, un blocus doit être suffisamment hermétique (« effectif ») pour ne laisser entrer aucun navire. Voir SAINLAUDE Stève, *Id.*, pp. 32-44.

[57] Il faut noter que l'hypothèse d'une intervention armée n'est quasiment pas envisagée par la presse et, lorsqu'elle l'est, c'est pour prévoir un plus grand désastre encore pour l'industrie française. Surtout, on s'interroge pour savoir pourquoi l'Angleterre n'intervient pas alors qu'elle est plus concernée que la France. *Le Journal des Débats*, le 18 avril 1862. F. Camus. *Le Temps*, le 2 octobre 1862. N. Claude.

[58] HUBBARD C. M., *op. cit.*, pp. 82-83.

ouvertures aient jamais été faites par Paris à Londres pour mettre fin au blocus[59].

D'autre part, Thouvenel s'efforce, auprès du gouvernement britannique, de corriger fortement les propos tenus par l'Empereur à Lindsay car il souhaite que la position française de non-intervention soit sans ambiguïté. Le 14 avril 1862, il écrit à Flahaut, l'ambassadeur de France au Royaume-Uni : « Je désire en effet que vous soyez en état d'en bien préciser le sens auprès de Lord Russell et de rectifier au besoin le récit qui lui en sera fait. »[60] Enfin il convainc Napoléon III d'amender son discours. Il est probable que Thouvenel ne prend connaissance de la teneur des déclarations impériales que deux jours plus tard[61], en conférant avec Cowley, lequel vient d'accorder une entrevue à Lindsay. Il s'efforce alors de dissuader l'Empereur de trop s'avancer, ce qui explique la position plus modérée adoptée par Napoléon III lors de sa dernière rencontre avec Lindsay.

Mais cette intervention intempestive de l'Empereur dans le champ diplomatique, sans en référer préalablement à son ministre, est mal vécue par un diplomate de carrière comme Thouvenel. De plus, Napoléon III ne suit pas la procédure normale puisque ce n'est pas son agent à Londres qui entre en contact avec les autorités britanniques mais un intermédiaire officieux. Cette diplomatie personnelle, dont l'Empereur est coutumier, perturbe profondément le fonctionnement de la machine gouvernementale. Dans une correspondance privée, datée du 14 avril 1862 et adressée à Flahaut, Thouvenel avoue sa répugnance pour ces entremetteurs choisis par l'Empereur pour porter sa parole[62]. Il subodore que ce mode d'action indispose tout autant Lord Palmerston que Lord Russell. Il enfonce le clou et juge que « ces intermédiaires officieux gâtent plus d'affaires qu'ils n'en arrangent »[63]. A la suite de la troisième et dernière visite de Lindsay aux Tuileries, où cette fois l'Empereur ne s'engage pas, Thouvenel, dans une correspondance au même destinataire, commente les intentions de Lindsay. Il escompte qu'à l'avenir l'Empereur se montrera plus circonspect :

> « Ce dernier a profité de l'occasion pour essayer de se donner de l'importance mais on est éclairé aujourd'hui sur la valeur de son crédit et

---

[59] Slidell à Benjamin ; Paris, le 1er juin 1862. *ORN*, ser. II, vol. 3, pp. 428-429. Wood est alors secrétaire d'Etat pour les Indes.

[60] Thouvenel à Flahaut ; Paris, le 14 avril 1862. A.M.A.E., CP A, vol. 721 f. 133.

[61] Autrement, il aurait avertit Flahaut dès le 11 avril.

[62] Une aversion partagée par Cowley qui ne semble guère satisfait du rôle joué par Lindsay Il en va de même pour Flahaut. Revenant sur l'entrevue de Lindsay avec l'Empereur, Flahaut s'interroge sur ces relations officieuses qui compliquent son action plus qu'elles ne la simplifient : « Je ne vous cache pas que ce genre de rapports n'est utile à la position de personne et ne l'est pas surtout à celle de l'Empereur ni à la mienne. » Flahaut à Thouvenel ; Londres, le 16 avril 1862. A.M.A.E., PT, vol. 8 f. 324v.

[63] Thouvenel à Flahaut ; Paris, le 14 avril 1862. THOUVENEL L., *op. cit.*, t. 2, p. 277.

cette petite leçon peut avoir son utilité [...]. Sa Majesté *avec la facilité que vous lui connaissez* s'est laissé [*sic*], passez-moi le mot, un peu *exploiter* par son interlocuteur. »[64]

2. Reconnaître le Sud ?

L'autre action pour se procurer du coton consisterait à reconnaître le Sud. Avant que la guerre ne débute, cette hypothèse est déjà envisagée par les diplomates britanniques[65]. De même, s'appuyant sur les débats qui agitent les milieux politiques londoniens, à plusieurs reprises l'ambassadeur de France en Angleterre se dit persuadé que cette mesure est la réponse à apporter pour se procurer du coton. Le 22 septembre 1861, il écrit ainsi à Thouvenel :

> « Je suis convaincu, comme vous, que l'Angleterre et la France, si la lutte continue entre les Etats du Nord et ceux du Sud, seront forcées d'aviser au moyen de se procurer le coton nécessaire à leurs villes industrielles et pour cela, je doute qu'il y ait autre chose à faire que de reconnaître les Etats du Sud même au prix d'une rupture avec ceux du Nord. »[66]

En France, les délégués sudistes ne manquent pas d'utiliser l'argument. En juillet 1862, à la fin de son entretien avec Napoléon, Slidell négocie la fourniture en coton contre une reconnaissance diplomatique. Il insiste bien sur l'exclusivité de cette proposition qui écarte l'Angleterre[67]. Selon lui, Le Havre pourrait devenir le grand entrepôt du coton à la place de Liverpool[68]. Quelques jours plus tard, dans sa lettre à Thouvenel, il considère qu'il est facile de démontrer que la France a un intérêt évident à la consolidation de l'indépendance des Etats confédérés. « C'est de tous les événements celui qui résoudrait de la façon la plus satisfaisante la grande question des approvisionnements de coton destiné aux nations manufacturières de l'Europe. »[69] L'Empereur finit par se convaincre que cette option mettrait fin aux épreuves dont souffre la France. L'année suivante il exprime cette conviction à Lord Cowley, l'ambassadeur britannique à Paris : « Si la

[64] *Id.* ; Paris, le 23 avril 1862. THOUVENEL L., *op.cit.*, pp. 278-279. Les parties en italique l'étaient sous cette forme dans le texte.

[65] En mars 1861 Lyons écrit à Seward que s'il s'avère que les Etats-Unis bloquent le commerce du coton, le seul moyen sera la reconnaissance du Sud. Lyons à Seward ; Washington, le 20 mars 1861. FERRIS N. B., *op. cit.*, p. 9, p. 129.

[66] Flahaut à Thouvenel ; Londres, le 22 septembre 1861. A.M.A.E., PT, vol. 8 ff. 183v.-184. *Id.* ; Londres, le 25 janvier 1862. A.M.A.E., PT, vol. 8 f. 278.

[67] Mémo de Slidell in Slidell à Benjamin ; Paris, le 25 juillet 1862. *ORN*, ser. II, vol. 3, pp. 479-487.

[68] Note confid. de Slidell ; Paris, juillet/août 1862, A.M.A.E., ADP EU, vol. 32 f. 91. Note indiquant les propositions formulées au nom du Sud par Slidell pour obtenir la reconnaissance.

[69] Slidell à Thouvenel ; Paris, le 21 juillet 1862. A.M.A.E., ADP EU, vol. 32 f. 52v.

Grande-Bretagne voulait reconnaître la Confédération, le coton deviendrait libre. »[70]

Mais, là encore, les diplomates se rendent compte de la vanité de cette initiative. Dans les premiers mois de la guerre, la croyance en un blocus hermétique constitue en soi un obstacle à la reconnaissance. En effet, les observateurs ne voient pas quelle évolution résulterait de cette décision puisque, de toute façon, le Sud ne peut pas exporter ses produits[71]. La reconnaissance de la Confédération pourrait même rendre le blocus plus rigoureux encore[72]. Cependant, dans un second temps, autour du printemps 1862, alors que se trouve mise en évidence « l'ineffectivité » du blocus, cette idée retrouve du crédit. Mais, puisqu'on ne peut imputer à la fermeture des ports du Sud le manque de coton, il faut au préalable déterminer la raison de cette carence. La réponse à cette question va venir anéantir les espoirs du Sud d'obtenir cette reconnaissance tant attendue.

C. Le roi coton est un despote

En novembre 1861, le consul à Richmond s'étonne de voir qu'une nation, qui tient à prouver qu'elle force souvent le blocus, ait ses places encombrées par ce produit[73]. Dès sa première rencontre avec Slidell, le 7 février 1862, la contradiction entre la porosité du dispositif et le déficit en or blanc est également relevée par Thouvenel. Le ministre des Affaires étrangères s'interroge ouvertement. Il demande à l'agent du Sud pourquoi, si tant de vaisseaux réussissent à franchir le blocus, si peu de coton parvient jusqu'aux ports neutres. Slidell excipe du faible tonnage des navires qui passent entre les mailles du filet et la crainte, pour beaucoup de marins, d'être capturés, mais ces arguments semblent peu convaincants[74]. Alléguer la fermeture des ports pour expliquer la pénurie de coton est d'autant plus paradoxal que le Nord fait tout son possible pour procurer du coton aux neutres et prend bien soin de faire savoir qu'il projette de s'emparer d'un port du Sud[75].

---

[70] Cowley à Russell ; Paris, les 10 et 28 avril 1863. CASE L. M. *et al.*, *op. cit.*, p. 402.

[71] C'est un argument mis en avant le 19 octobre 1861 par *Le Temps* (A. Nefftzer) et *Le Journal des Débats* (Auguste Léo).

[72] A la veille de se rendre à Richmond, Mercier laisse entendre que, dans la disposition où se trouve la population du Nord, la reconnaissance ne décidera pas le gouvernement fédéral à lever le blocus, au contraire. Mercier à Thouvenel ; Washington, le 13 avril 1862. A.M.A.E., LJ EU, 1862, p. 120.

[73] Paul à Thouvenel ; Richmond, le 2 novembre 1861. A.M.A.E., CPC EU, vol. 9 ff. 260-261.

[74] Entrevue avec M. Thouvenel in Slidell à Benjamin ; Paris, le 11 février 1862. *ORN*, ser. II, vol. 3, pp. 336-342. Preuve que le paradoxe tourmente les diplomates, la question sera de nouveau posée un an plus tard par Villefort, le responsable du contentieux au Quai d'Orsay. A.M.A.E., Paris, le 11 mars 1863, ADP EU, vol. 45 f. 47v.

[75] Mercier à Thouvenel ; Washington, le 22 octobre 1861. A.M.A.E., CP EU, vol. 125 f. 152. Thouvenel à Mercier ; Paris, le 13 mars 1862. THOUVENEL L., *op. cit.*, t. 2, p. 248.

Le 1er mai 1862 la prise de La Nouvelle-Orléans par les Nordistes soulève un immense espoir chez les diplomates[76]. La capitale de la Louisiane est, de loin, le premier port d'exportation du coton des Etats-Unis, devant Charleston[77] et le pouvoir fédéral s'empresse d'indiquer qu'il va lever le blocus pour permettre d'effectuer des expéditions de coton[78]. Cependant, les agents doivent vite déchanter car ils se rendent compte que la conquête de ce port ne change rien, bien au contraire, puisque la crise cotonnière se fait sentir plus encore. Thouvenel confie sa déception. Le 5 juin 1862 il évoque une situation qui « ne se modifie pas aussi complètement qu'on l'a d'abord supposée en Europe »[79].

Comment comprendre que rien ne change ? Une première explication tient à l'inexistence de la flotte commerciale sudiste puisque les Confédérés ne possèdent pas de navires pour acheminer leur coton[80]. S'y ajoute la désorganisation du commerce engendrée par le blocus. Les consuls à La Nouvelle-Orléans et à Richmond imputent la baisse des approvisionnements au fait que les navires européens, qui transportent habituellement le coton, préfèrent se détourner plutôt que d'être soumis au contrôle de la flotte du Nord[81]. La suspension des relations commerciales régulières se ferait donc plus sentir par l'absence de navires marchands neutres que par la présence suffisante de bateaux de guerre, un raisonnement que les consuls ne font que reprendre des propos tenus par le secrétaire d'Etat de la Confédération[82].

---

[76] Souchard à Thouvenel ; Boston, le 29 avril 1862. A.M.A.E., CPC EU, vol. 12 f. 184. Flahaut à Thouvenel ; Londres, le 11 mai 1862. A.M.A.E., CP A, vol. 721 f. 187. Mercier à Thouvenel ; Washington, le 12 mai 1862. A.M.A.E., CP EU, vol. 127 f. 134v.

[77] En 1856 les 2/3 du coton qui arrive en France vient de ce port. Méjan à Walewski ; La Nouvelle-Orléans, 1856. A.M.A.E., CCC La N-O, vol. 13.

[78] Seward à Mercier ; Washington, le 5 mai 1862. A.M.A.E., LJ EU, 1862, p. 126. Le 12 mai 1862, par une proclamation, Lincoln décrète que le blocus des ports de Beaufort, Port-Royal et La Nouvelle-Orléans est levé à partir du 1er juin 1862. *Archives diplomatiques*, 1863. Paris, Amyot, t. 1, 504 p. ; pp. 413-414.

[79] Thouvenel à Flahaut ; Paris, le 5 juin 1862. A.M.A.E., CP A, vol. 721 f. 236.

[80] Paul à Thouvenel ; Richmond, le 15 avril 1862. A.M.A.E., CPC EU, vol. 12 f. 55v. Le commerce de l'Union est habituellement assuré par des navires européens (anglais principalement) ou nord-américains qui se rendent dans le Sud. La flotte marchande confédérée est très réduite. FOHLEN Claude, « La guerre de Sécession et le commerce franco-américain », in *Revue d'Histoire Moderne et Contemporaine*, t. 7, 1961 (10/12), pp. 259-270 ; pp. 263-264. Serge Noirsain conteste cet argument. Pour lui la Confédération disposait d'assez de navires pour convertir une partie de son or blanc en devises étrangères. NOIRSAIN Serge, *La Confédération sudiste (1861-1865). Mythes et réalités*, Paris, Economica, 2006, 302 p. ; p. 260.

[81] Méjan à Thouvenel ; La Nouvelle-Orléans, les 29 avril 1861 et 20 avril 1862. A.M.A.E., CPC EU, vol. 9 f. 60, vol. 11 f. 238. Paul à Thouvenel ; Richmond, le 15 avril 1862. A.M.A.E., CPC EU, vol. 12 f. 52.

[82] Paul à Thouvenel ; Richmond, le 15 avril 1862. A.M.A.E., CPC EU, vol. 12 f. 55v. Benjamin encourage son agent en France à mettre en avant cette explication. Benjamin à Slidell ; Richmond le 11 décembre 1862. A.M.A.E., ADP EU, vol. 32 f. 137.

Apparemment l'argument porte puisque, en avril 1863, dans un courrier à son homologue de la Marine, c'est bien cette interprétation que retient Drouyn de Lhuys, le nouveau ministre des Affaires étrangères : « Jusqu'ici, en effet, les mesures de blocus décrétées par le cabinet de Washington, quelle que soit leur plus ou moins d'effectivité, semblent avoir suffi, par les appréhensions qu'elles ont causées à notre commerce, pour le détourner des ports du Sud [...]. »[83]

C'est cependant une autre raison qui est invoquée pour élucider la baisse des importations de coton, raison dont la presse libérale se fait l'écho la première. Alors qu'elle ne sait pas encore si le blocus est ou non hermétique, elle évoque déjà l'hypothèse d'un embargo[84]. Une éventualité qui se confirme lorsqu'il s'avère que le gouvernement confédéré a consigné le coton sur les plantations et, qu'au même moment, le gouverneur de la Louisiane a demandé instamment à tous les capitaines des bateaux à vapeur et à toutes les administrations des chemins de fer de ne pas envoyer une seule balle de coton dans le district militaire de La Nouvelle-Orléans[85]. Ces révélations ne sont pas anodines. Elles cherchent à souligner le machiavélisme et l'égoïsme des Sudistes qui pratiquent un chantage au coton, sans se préoccuper des conséquences de l'embargo pour les pays européens.

La rétention de coton est activement soutenue par la presse du Sud que se procurent les consuls à La Nouvelle-Orléans, Charleston ou Richmond, pour la commenter dans leurs dépêches[86]. En fait, preuve que le chantage au grand jour serait mal accepté par les puissances, cet embargo, s'il est encouragé secrètement par le gouvernement de Richmond à partir de mai 1861, n'est pas voté par le Congrès confédéré. C'est aussi une riposte contre la passivité des Européens devant un blocus qui ne respecte en rien les règles auxquelles ils ont adhéré. Le gouvernement Davis s'efforce donc d'entraver discrètement les expéditions de coton. Parallèlement, la plupart des gouverneurs des Etats de la Confédération promulguent des actes d'embargo (le gouverneur de la Louisiane en 1861, celui de Caroline du Sud au printemps 1862). Résultat : alors qu'entre septembre 1860 et janvier 1861 il était arrivé 1 488 004 balles dans les cinq plus grands ports du Sud, ce ne

---

[83] Drouyn de Lhuys à Chasseloup-Laubat ; Paris, le 6 avril 1863. A.M.A.E., ADP EU, vol. 45 f. 68v. En mars 1863, le responsable du contentieux au Quai d'Orsay retient aussi cette interprétation et les propos de Drouyn de Lhuys reprennent presque mot pour mot les termes qu'il emploie. Note de Villefort ; Paris, le 31 mars 1863. A.M.A.E., ADP EU, vol. 45 f. 50-v.

[84] *Le Journal des Débats*, le 19 octobre 1861. A. Léo. *Le Temps*, le 4 novembre 1861. L. Legault.

[85] La *Revue des Deux Mondes*, 1862 (1/2). Elisée Reclus, « Le coton et la crise américaine », pp. 176-208 ; pp. 183-184.

[86] Il s'agit du *Mercury* de Charleston, du *New Orleans Crescent*, et du *Richmond Examiner*.

sont plus que 9 863 balles qui y parviennent entre septembre 1861 et janvier 1862. Les stocks qui restent à acheminer dans ces ports retournent dans les plantations[87].

Cet embargo choque beaucoup les diplomates qui commencent à l'évoquer à l'automne 1861. Les renseignements glanés par les consuls, comme par les officiers de marine, incriminent les propriétaires des plantations qui, volontairement, emmagasinent le coton ou sacrifient leurs récoltes[88]. Mais, si on vilipende les planteurs, personne n'est dupe de l'attitude du gouvernement Davis que le consul Paul, à Richmond, accuse très tôt d'être le premier responsable de cette situation[89]. Henri Mercier, le représentant de la France aux Etats-Unis, avertit que le Sud maintiendra son embargo tant que Paris ne reconnaîtra pas l'indépendance de ses Etats[90]. Lors de son voyage à Richmond, il reçoit la confirmation de la bouche du secrétaire d'Etat de la Confédération que son gouvernement cautionne l'embargo[91]. En conséquence de quoi, à Paris, à partir du printemps 1862, ce n'est plus le blocus qui est mis en accusation pour expliquer le manque de coton. Lorsque l'Empereur rencontre Slidell, en juillet, il lui déclare sans ambages : « Si vous ne nous le donnez pas on ne pourra le trouver nulle part. »[92]

Cependant, au cours de l'année 1862, les Confédérés se rendent compte qu'ils commettent une grave erreur en recourant à cette extrémité car ils se privent de la seule ressource qui leur procure des devises[93]. C'est pourquoi le dispositif se relâche doucement avant d'être arrêté à l'été 1863[94]. Les Sudistes tirent ainsi les leçons d'une politique trop radicale qui finit par se retourner contre leurs intérêts. Nous avons vu qu'en juillet 1862 Slidell

---

[87] F. Owsley estime qu'après 1861 aucun acre de coton ne fut cultivé. OWSLEY F. L., *op. cit.*, pp. 34-36, p. 42.

[88] La Roncière à Chasseloup-Laubat ; Paris, le 9 novembre 1861. A.M.A.E., ADP EU, vol. 46 ff. 8-17. Le baron de La Roncière commande l'acheminement des hommes jusqu'au Mexique. Montholon à Thouvenel ; New York, le 9 juin 1862. A.M.A.E., CPC EU, vol. 10 f. 101-v. Fauconnet à Drouyn de Lhuys ; La Nouvelle-Orléans, le 14 août 1863. A.M.A.E., CPC EU, vol 14 ff. 256-257.

[89] Paul à Thouvenel ; Richmond, le 2 novembre 1861. A.M.A.E., CPC EU, vol. 9 ff. 260-261.

[90] Mercier à Thouvenel ; Washington, le 22 octobre 1861. A.M.A.E., CP EU, vol. 125 f. 152.

[91] *Id.* ; Washington, le 28 avril 1862. A.M.A.E., CP EU, vol. 127 ff. 50-78. *Id.* ; Washington, le 15 juin 1862. A.M.A.E., PT, vol. 13 f. 461.

[92] Mémo. de Slidell in Slidell à Benjamin ; Paris, le 25 juillet 1862. *ORN*, ser. II, vol. 3, pp. 481-487. Côté britannique, on est aussi scandalisé par le procédé. En février 1862, ce chantage fait réagir Russell qui s'insurge auprès de l'ambassadeur de France à Londres. Flahaut à Thouvenel ; Londres, le 13 février 1862. A.M.A.E., PT, vol. 8 f. 285-v.

[93] Lanen à Drouyn de Lhuys ; Charleston, le 6 janvier 1864. A.M.A.E., CCC Charleston, vol. 7 f. 334.

[94] L'abandon de l'embargo a été progressif car le gouvernement confédéré a dû compter avec le manque de coopération croissant des planteurs et des gouverneurs des Etats qui souhaitent raréfier cette production pour faire monter les cours.

propose à Napoléon III de fournir du coton à la France[95], mais ce n'est vraiment qu'à partir du début 1863 que les diplomates observent un changement de cap dans la stratégie confédérée. Les besoins financiers prennent le pas sur les considérations diplomatiques car le Sud compte contracter un emprunt, auprès de l'Europe, qui serait remboursé en coton (il s'agit du prêt consenti par le banquier franco-allemand Emile Erlanger[96]). Sans cet apport financier le Sud n'aurait jamais pu payer ses fournitures de guerre en 1863 et 1864[97]. Toutefois, le bilan de l'opération est mitigé ; pour preuve, en septembre, Benjamin propose à Slidell de vendre directement du coton aux Français pour 8 ou 10 millions de dollars[98].

Cependant, si l'embargo se lève progressivement, la reprise des expéditions de coton ne se fait pas car, bien souvent, les planteurs préfèrent détruire leurs récoltes plutôt qu'elles ne tombent entre les mains des Nordistes et ne soient vendues aux puissances européennes. 2 500 000 balles disparaissent ainsi[99]. Une mesure extrême que ne manque pas de faire connaître le secrétaire d'Etat Seward à Dayton, son ministre à Paris, pour qu'il en avise Thouvenel[100].

En Europe, sans percevoir leur maladresse, les journaux qui organisent la propagande en faveur du Sud font état de ces dévastations[101]. En France, tout au long de l'année 1862, la presse libérale se scandalise de cette « fureur incendiaire », en particulier après la prise de La Nouvelle-Orléans où 18 000

---

95 Mémo. de Slidell in Slidell à Benjamin ; Paris, le 25 juillet 1862. *ORN*, ser. II, vol. 3, pp. 481-487.

96 Drouyn de Lhuys à Mercier ; Paris, le 14 mai 1863. A.M.A.E., LJ EU, 1863, p. 119. Il s'agit de 75 millions de francs, divisés en obligations, remboursables sur 20 ans et rapportant 7 % d'intérêts. Les bons sont des certificats cotonniers. Note pour le ministre ; Paris, le 28 février 1863. A.M.A.E., ADP EU, vol. 34. Erlanger est marié avec la fille de Slidell. Le 19 mars 1863, le premier bon est vendu sur les marchés de Londres, Amsterdam, Paris et Francfort. Au départ, les actions sont émises à concurrence de 15 millions de dollars confédérés et c'est un succès. Mais, avec les revers qu'enregistrent les rebelles en juillet 1863, les actions retombent à 36 % de leur valeur initiale. Malgré tout, cette opération rapporte entre 7 et 8,5 millions de dollars confédérés. NOIRSAIN S., *op. cit.*, pp. 131-132.

97 NOIRSAIN S., *op. cit.*, p. 132. BERINGER Richard E. HATTAWAY Herman, *Jefferson Davis, Confederate president*, Lawrence, University Press of Kansas, 2002, 542 p. ; p. 263.

98 Analyse d'une cor. de Benjamin à Slidell ; Paris, septembre 1863. A.M.A.E., ADP EU, vol. 32 f. 159.

99 OWSLEY F. L., *op. cit.*, pp. 45-49.

100 Seward à Dayton ; Washington, le 15 avril 1862. A.M.A.E., ADP EU, vol. 30 f. 175-v.

101 Exemple l'*Index*, l'organe d'Henry Hotze les 15 et 22 mai 1862. OWSLEY F. L., *op. cit.*, p. 47.

balles partent en fumée[102]. Il n'est plus question d'accuser le Nord et son blocus[103].

Les agents sont indignés par l'anéantissement d'une ressource aussi précieuse. Nous n'avons pu rapporter ici toutes les dépêches qui font état de ce sentiment, mais elles sont légion. Dès la fin 1861, le consul à La Nouvelle-Orléans évoque cette politique délibérée et note que cette idée est profondément ancrée dans l'esprit des habitants de la Confédération[104]. La prise de la ville ne fait que confirmer ce qu'il pressentait. Avant de quitter le port les Sudistes se chargent de brûler les stocks dans les magasins, tout comme les cargaisons des navires. Le consul parle d'un « triste spectacle » d'utilité « bien contestable » pour la cause du Sud[105]. Pour celui en poste à New York, les ravages des Confédérés apportent la preuve que la levée du blocus ne changerait rien à l'effondrement des expéditions de coton vers l'Europe[106].

A Washington, Mercier, le représentant de la France, fournit à Thouvenel des nouvelles de ces incendies et ne dissimule pas son catastrophisme devant ces destructions[107]. Il lui confirme que telle sera la règle qui s'appliquera désormais ; quelles que soient les interventions des Nordistes pour s'en saisir et le faire transporter vers les principaux marchés du Nord, le coton sera brûlé[108]. En juin, Mercier relate sa visite chez le secrétaire d'Etat Seward qui lui parle d'envoyer un agent pour décider des mesures à prendre afin d'embarquer du coton vers l'Europe. Mais le plénipotentiaire doute de la réussite de cette initiative à cause de la résolution des planteurs sudistes[109]. Cinq mois plus tard, le défaitisme de Mercier empire. S'il écrit au successeur de Thouvenel que le secrétaire d'Etat propose aux planteurs, qui accepteraient de prêter serment à l'Union, de leur acheter leur production de coton pour l'exporter à partir du Nord, il n'est pas davantage convaincu et redoute un incendie de toutes les ressources encore disponibles[110].

---

102 La *Revue des Deux Mondes*, 1862 (1/2). Elisée Reclus, « Le coton et la crise américaine », pp. 176-208 ; pp. 183-184. *Le Journal des Débats*, le 18 avril 1862. F. Camus. *Le Temps*, le 2 octobre 1862. N. Claude. L'expression « fureur incendiaire » est de N. Claude.

103 *Le Journal des Débats*, le 15 mai 1862. J. J. Weiss.

104 Méjan à Thouvenel ; La Nouvelle-Orléans, le 18 décembre 1861. A.M.A.E., CPC EU, vol. 9 f. 118-v.

105 *Id.* ; La Nouvelle-Orléans, le 2 mai 1862. A.M.A.E., CPC EU, vol. 11 f. 230v.-231.

106 Montholon à Thouvenel ; New York, le 9 juin 1862. A.M.A.E., CPC EU, vol. 10 f. 101-v.

107 Mercier à Thouvenel ; Washington, le 28 avril 1862. A.M.A.E., PT, vol. 13 f. 446. *Id.* ; Washington, le 6 mai 1862. *Arch. dip.*, 1863, t. 1, pp. 273-274.

108 *Id.* ; Washington, le 12 mai 1862. *Arch. dip.*, *id.*, p. 277. Mercier à Drouyn de Lhuys ; Washington, le 21 novembre 1862. A.M.A.E., LJ EU, 1862, p. 149.

109 Mercier à Thouvenel ; Washington, le 27 juin 1862. *Arch. dip.*, 1863, t. 1, p. 281.

110 Mercier à Drouyn de Lhuys ; Washington, le 21 novembre 1862. *Arch. dip.*, *id.*, pp. 294-295.

Tandis qu'en juillet 1863 le cours du Mississipi est désormais contrôlé par les forces de l'Union, le nouveau consul à La Nouvelle-Orléans, considère qu'il est peu probable d'y voir arriver du coton car le rythme des embrasements d'or blanc ne se ralentit pas. Lui aussi décrit longuement, à son ministre de tutelle, les ravages occasionnés par les rebelles[111]. Le rare coton qui n'est pas brûlé est acheté par les Yankees et prend le chemin du Nord[112]. Le recul des Sudistes s'accompagne d'actions désespérées. Dans les zones reconquises et remises en état par les Fédéraux, des guérillas commettent des déprédations pour empêcher que le coton n'y pousse. De même, elles désorganisent les échanges sporadiques[113]. Ainsi, lorsque les razzias ne parviennent pas jusqu'à ces plantations, elles s'attaquent aux navires descendant le cours du Mississipi et de ses affluents[114].

A Paris cette résistance acharnée préoccupe, au plus haut point, les dirigeants. Début 1862, l'Empereur invite William Dayton, le représentant de l'Union, à le rencontrer pour l'entretenir de son inquiétude devant l'action résolue des planteurs de coton. Le 9 avril 1862 c'est au tour du ministre des Affaires étrangères, Edouard Thouvenel, de recevoir un envoyé du Nord en la personne de Sanford, le représentant du gouvernement fédéral à Bruxelles. Ce dernier ne dissimule pas son impuissance devant la disparition d'un produit dont les Européens ont un impérieux besoin[115]. Thouvenel en conçoit une certaine rancœur et y voit une sorte de ressentiment à l'égard de la France, peut-être dû à son inaction face à un blocus jugé illégal[116]. Il parle à son consul à Richmond des funestes effets qu'entraîne « l'emploi de ces moyens désespérés »[117]. Quel que soit l'empressement des Nordistes à approvisionner l'Europe, son successeur, Drouyn de Lhuys, ne s'illusionne plus et renonce définitivement au coton du Sud[118].

Toute la question est de savoir si ces ravages se font en accord avec les autorités confédérées ou s'il s'agit d'actes isolés. Les Anglais en sont convaincus. En mars 1862 le consul à Charleston fait parvenir au Quai le résumé d'une dépêche de son collègue britannique. Le courrier destiné à Lord Russell, ministre en charge de la diplomatie du royaume, met

---

[111] Fauconnet à Drouyn de Lhuys ; La Nouvelle-Orléans, le 14 août 1863. A.M.A.E., CPC EU, vol. 14 f. 256. *Id.* ; La Nouvelle-Orléans, le 14 août 1863. A.M.A.E., CCC La N-O, vol. 14 ff. 255-259. Voir aussi Paul à Drouyn de Lhuys ; Richmond, le 24 août 1863. A.M.A.E., CPC EU, vol. 15 f. 66-v.

[112] *Id.* ; La Nouvelle-Orléans, le 4 septembre 1863. A.M.A.E, CPC EU, vol. 14 ff. 268v.-269.

[113] *Id.* ; La Nouvelle-Orléans, le 19 mai 1864. A.M.A.E., CPC EU, vol. 19 f. 79.

[114] *Id.* ; La Nouvelle-Orléans, le 22 avril 1864. A.M.A.E., CPC EU, vol. 19 f. 74-v.

[115] Seward à Dayton ; Washington, les 27 et 28 février 1862. Sanford à Seward ; Paris, le 10 avril 1862. CASE L. M. *et al.*, *op. cit.*, pp. 286-290.

[116] Thouvenel à Mercier ; Paris, le 21 mai 1862. A.M.A.E., CP EU, vol. 127 ff. 176-180v.

[117] Thouvenel à Paul ; Paris, le 23 mai 1862. A.M.A.E., CCC Richmond, vol. 5 f. 149v.

[118] Drouyn de Lhuys à Mercier ; Paris, le 11 décembre 1862. *Arch. dip.*, 1863, t. 1, pp. 295-296.

clairement en cause le secrétaire d'Etat de la Confédération, Judah Benjamin. Ce dernier est désigné comme « le chef du parti disposé à tout risquer »[119]. Deux mois plus tard, le consul à Boston confirme ces accusations. Il parvient à se procurer une lettre de Benjamin où il apparaît formellement complice de ces « pratiques barbares érigées en système de défense »[120]. A Richmond, le consul Alfred Paul souligne la popularité de ces ignitions encouragées par le sénat confédéré qui a voté une loi pour les rendre obligatoires. Elles sont coordonnées par des comités de salut public, doublés par des comités locaux, pour vérifier que le coton n'a pas été secrètement vendu à des forceurs de blocus. La complicité des autorités ne fait donc aucun doute[121]. A l'été 1863, de nouveaux ordres sont donnés par l'administration Davis de brûler tout le coton conservé dans les entrepôts du Sud. Selon le consul à La Nouvelle-Orléans trois millions de balles pourraient ainsi partir en fumée[122].

En conclusion, même si l'embargo s'assouplit à partir de 1863, durant les mois qui suivent on déplore encore des incendies de récoltes. Ces saccages précèdent l'avancée des troupes fédérales qui resserrent leur étau sur les Etats du Sud. Preuve que les agents sont conscients de la collusion entre le gouvernement et les planteurs, au fur et à mesure que la guerre avance, la sollicitation du cabinet de Richmond pour fournir du coton se fait de moins en moins pressante. On peut l'expliquer par un manque de confiance dans les dires de ce gouvernement, une suspicion justifiée par son recours officieux à l'arme du coton. Il y a aussi toute une série d'avancées et de reculs de sa part qui brouillent la ligne qu'entendent suivre les Confédérés. Ainsi, le 15 février 1864, le consul à Richmond apprend que le Congrès a voté deux *bills* (résolutions), signées de la main de Jefferson Davis, qui prohibent l'exportation du coton et du tabac sous peine de confiscation de tous les moyens de transport de ces marchandises[123]. Mais, en octobre, le consul à La Nouvelle-Orléans avertit son gouvernement qu'un accord est intervenu avec les autorités du Nord pour permettre l'envoi, au-delà des lignes fédérales, du coton se trouvant dans la Confédération. Les agents se demandent si l'administration Davis contrôle encore quelque chose lorsque des guérillas

[119] Résumé d'une cor. de Bunch à Russell ; Charleston, le 19 mars 1862. A.M.A.E., ADP EU, vol. 30 f. 122.

[120] Souchard à Thouvenel ; Boston, le 13 mai 1862. A.M.A.E., CPC EU, vol. 12 ff. 188v.-189.

[121] Paul à Thouvenel ; Richmond, le 14 mai 1862. A.M.A.E., CPC EU, vol. 12 f. 78-v.

[122] Fauconnet à Drouyn de Lhuys ; La Nouvelle-Orléans, le 14 août 1863. A.M.A.E., CPC EU, vol. 14 ff. 256-257.

[123] Paul à Drouyn de Lhuys ; New York, le 25 février 1864. A.M.A.E., CPC EU, vol. 19 f. 180v.

contournent les avant-postes nordistes pour brûler du coton[124] ou quand ce produit continue à s'embraser devant l'avancée de Sherman en Georgie[125]. Les diplomates concluent que seuls les succès du Nord inverseront la situation. En janvier 1865, le consul Paul, à Richmond, se réjouit ainsi de la prise de Savannah[126]. Plus que les décisions du gouvernement Davis, ce sont les victoires nordistes qui laissent espérer un retour massif de l'or blanc en Europe.

II. DES DIFFICULTES SURMONTEES

A. Une diversification des approvisionnements

Les témoignages coïncident pour dater le terme de la crise cotonnière à la fin de l'hiver 1862-1863. Si l'on se tourne du côté de la presse, un certain nombre d'organes voient la situation s'améliorer dans les premiers mois de l'année 1863, et même au tout début pour ce qui concerne la Grande-Bretagne[127]. Il en va de même du côté des procureurs. Leurs rapports témoignent d'un rétablissement progressif de la situation manufacturière, plus ou moins rapide selon les régions (à Mulhouse la reprise est observée en janvier 1863 ; à Rouen, Colmar et Nancy l'embellie se confirme en octobre, à Caen et Belfort la crise touche à sa fin début 1864)[128]. Comment comprendre que les difficultés engendrées par la diplomatie du coton aient été, finalement, surmontées ?

Une première explication réside dans l'existence, à l'orée de la guerre civile, de surplus de coton en France et en Angleterre. Tant et si bien que pour l'année 1861, alors que le Sud met progressivement en place son embargo, la France et la Grande-Bretagne souffrent relativement peu de la crise cotonnière. La raison vient des stocks accumulés durant les deux années de récoltes exceptionnelles précédant la guerre. Ils ont saturé les

[124] Fauconnet à Drouyn de Lhuys ; La Nouvelle-Orléans, le 21 octobre 1864. A.M.A.E., CPC EU, vol. 19 f. 148.

[125] Boilleau à Drouyn de Lhuys ; New York, le 23 décembre 1864. A.M.A.E., CPC EU, vol. 18 f. 171v.

[126] Paul à Drouyn de Lhuys ; Richmond, le 28 janvier 1865. A.M.A.E., CPC EU, vol. 23 f. 128-v.

[127] En janvier 1863, *Le Temps* rapporte qu'on évoque un retour de la confiance à Manchester. *Le Temps*, le 28 janvier 1863. L. Legault. *Le Courrier du Midi* (Toulouse), le 30 avril 1863. Valadier (l'Augle). BLACKBURN George M., *French Newspaper opinion on the American Civil War*, contributions in American History n° 171, Greenwood Press, Westport Connecticut, London, 1997, 158 p. ; p. 84.

[128] CASE L. M., *op. cit.*, p. 103, p. 143 n°165, p. 147 n°172, pp. 150-154 n°176, p. 155 n°179, p. 156 n°181.

marchés. La France, comme l'Angleterre, ne s'est pas privée d'acheter le produit moins cher pour cause de surproduction. Les deux pays ont ainsi pu constituer des réserves. Au 1er décembre 1861, celles-ci représentent en France 143 345 balles[129]. En dépit des alertes gouvernementales, en janvier 1862 la France est encore à l'abri pour quelques mois. D'ailleurs, les prix du coton ne s'envolent qu'à partir de la seconde moitié de l'année 1862. En l'occurrence, bien qu'ils ne sous-estiment pas les conséquences d'une pénurie de coton, les membres du gouvernement impérial tentent de se rassurer en considérant les stocks disponibles. Ainsi, en octobre 1861, le ministre des Affaires étrangères juge que les provisions de coton ne sont pas épuisées[130]. En novembre, son homologue de l'Agriculture et du Commerce les chiffre à six mois[131].

Une autre échappatoire à la crise est de se tourner vers des fournisseurs distincts du Sud. La hausse des importations de coton, durant l'année 1863 et les suivantes, s'explique par ce recours. De 271 570 balles importées en France en 1862 on remonte doucement à 381 539 en 1863, c'est-à-dire quasiment le niveau de 1860 déjà élevé (400 000 balles par an) et 460 880 en 1864[132]. Si on examine les tables du commerce, on en a confirmation par les dépenses. Dans la seconde moitié de 1862 la France acquiert ainsi pour 26 296 380 F de coton, 58 206 056 F dans la première moitié de 1863, ce qui donne en année pleine 126 158 877 F en 1862, 177 170 622 F en 1863 et 315 606 000 F en 1864[133]. Autrement dit, la France achète trois fois plus de coton entre le 1er juillet et le 31 décembre 1863, qu'entre le 1er janvier et le 30 juin 1863.

D'où vient le salut ? Certains journaux recommandent de faire de l'Algérie une terre cotonnière mais cette alternative est loin de tenir ses promesses. Ainsi, en 1861 et 1862, les plants sont-ils moins nombreux qu'en 1854[134]. L'autre attente vient du Mexique. Sans l'écrire explicitement l'Empereur, dans sa lettre de juillet 1862 au général Forey, commandant en chef du corps expéditionnaire du Mexique, fait le lien entre le projet

---

[129] OWSLEY F. L., *op. cit.*, pp. 134-135. Comme l'écrit Serge Noirsain, « le Sud n'aurait pas pu choisir une plus mauvaise année pour faire sécession et ses dirigeants ne pouvaient pas l'ignorer ! » NOIRSAIN S., *op. cit.*, p. 76.

[130] Thouvenel à Mercier ; Paris, le 31 octobre 1861, A.M.A.E., CP A, vol. 720 f. 226v.

[131] Rouher à Thouvenel ; Paris, le 15 novembre 1861. A.M.A.E., ADP EU, vol. 33 f 73. En janvier l'ambassadeur de France au Royaume-Uni ne cache pas que les réserves de coton contribuent à laisser le gouvernement britannique indifférent. Flahaut à Thouvenel ; Londres, le 25 janvier 1862. A.M.A.E., PT, vol. 8 f. 279 v.

[132] RATCLIFFE Barrie, M., « Cotton famine », *op. cit.*, pp. 144-145.

[133] *Doc. stat.*, *op. cit.*, 1863 et 1864.

[134] POMEROY Earl S., « French substitutes for American cotton, 1861-1865 » in *Journal of Southern History*, vol. 9, n°4, 1943, pp. 555-560 ; pp. 556-557.

mexicain et la recherche de nouvelles régions agricoles[135]. Du reste, les deux ministres des Affaires étrangères qui se succèdent s'interrogent sur cette éventualité[136]. Mais les complications liées à la mise en valeur des espaces et, surtout, à la pacification du territoire, contribuent à remiser cette idée.

Il n'y a donc pas de coton français et il faut compter sur le coton britannique venu d'Inde qui débarque au Havre après avoir été livré à Liverpool. A partir de 1863, il va se substituer à celui des Etats du Sud et alimenter les marchés d'Europe[137]. Les émissaires confédérés, oubliant que le Sud a usé et abusé de l'arme du coton, ne manquent pas d'exciter l'honneur national à se retrouver ainsi dépendant des bons vouloirs de l'Angleterre. En juillet 1862, dans la demande de reconnaissance diplomatique qu'il présente à Thouvenel, John Slidell, l'émissaire de la Confédération en France, laisse entendre que la Grande-Bretagne a tout intérêt à laisser la guerre durer pour s'attribuer, grâce à la production indienne, le monopole de cette matière indispensable[138].

En s'en remettant à la Grande-Bretagne pour ses approvisionnements, la France s'affranchit en partie du rôle pesant du coton venu d'Amérique[139]. Mais l'introduction de coton venu d'Inde n'est pas sans présenter des inconvénients puisque les tissus fabriqués avec cette matière sont trop légers et prennent mal l'impression. En l'occurrence, il faut modifier les métiers à tisser. Les industriels français sont donc obligés d'importer des métiers anglais[140]. Les entreprises doivent s'adapter à cette situation et, avec elles, leurs ouvriers. A nos yeux c'est davantage ce dernier ajustement qui épargne à la France une crise aiguë et prolongée.

---

[135] Napoléon III écrit : « Nous voyons aujourd'hui, par une triste expérience, combien est précaire le sort d'une industrie qui est réduite à chercher sa matière première sur un marché unique dont elle subit toutes les vicissitudes. » Napoléon III au général Forey ; Fontainebleau, le 3 juillet 1862. A.M.A.E., LJ M, 1862, p. 191. SEWARD Desmond, *Eugénie, The Empress and her Empire*, Stroud : Sutton Publishing, 2004, 321 p. ; p. 155.

[136] Flahaut à Thouvenel ; Londres, le 25 janvier 1862. A.M.A.E., PT, vol. 8 f. 278. Drouyn de Lhuys à Montholon ; Paris, le 12 février 1864. A.M.A.E., CCC Mexico, vol 8 f. 22v.

[137] En 1865, la *Revue des Deux Mondes* conjecture l'importation en Europe de 2 500 000 balles dont 1 600 000 venues d'Inde, 300 000 d'Egypte. « L'Europe, à la rude école de la nécessité, a vite appris à se passer de l'Amérique. Celle-ci aura fort à faire pour se remettre en ligne et rétablir ses avantages si la paix se conclut. » La *Revue des Deux Mondes*, 1865 (3/4). Louis Reybaud, « La guerre d'Amérique et le marché du coton. », pp. 189-208 ; p. 201.

[138] Slidell à Thouvenel ; Paris, le 21 juillet 1862. A.M.A.E., ADP EU, vol. 32 f. 54. Pour D. P. Crook les Français suspectent un complot des Anglais pour créer un monopole. C'est ce qui explique, selon lui, qu'ils acceptent le blocus et se montrent réticents à terminer la guerre par une intervention. CROOK D. P., *The North, the South and the powers (1861-1865)*, New York, Londres, Sydney, Toronto, John Wiley and Sons, 1974, 405 p. ; p. 203.

[139] Si l'appoint déterminant du coton britannique permet de mettre un terme à la famine du coton, il ne faut pas oublier qu'une partie modeste provient encore du transport effectué par les forceurs de blocus qui profitent des failles du dispositif, il est vrai de plus en plus étanche.

[140] DUVEAU G., *op. cit.*, p. 121.

B. Le sort du prolétariat

Si la crise cotonnière a eu un impact limité c'est aussi parce que ses conséquences, pour les ouvriers, n'ont pas été aussi dramatiques qu'elle pouvait le laisser supposer au début. Si, en France, nonobstant le poids considérable du bâtiment, le textile demeure de loin le premier secteur industriel français[141] - il fait travailler plus d'un ouvrier sur deux, soit 1 500 000 personnes[142] - ceux qui dépendent directement du coton représentent moins de 400 000 individus, soit seulement le quart des ouvriers du textile et moins de 10 % de l'ensemble de la population ouvrière. Si on englobe leur famille on atteint, il est vrai, environ 700 000 personnes[143]. Il faut donc fortement relativiser le nombre des travailleurs qui peuvent être gênés par l'arrêt des importations de coton et encore, sur ce total, tous ne voient pas leur emploi supprimé. Pour toute la France, au 15 avril 1863, le nombre total de chômeurs avoisine 223 336 et, en février 1864, 174 052[144]. Le nombre total de personnes sans emploi de l'industrie cotonnière n'a donc jamais excédé la moitié de ses effectifs. Et puis, la situation en France, avec 5 millions de métiers à tisser, n'est en rien comparable avec celle de la Grande-Bretagne (31 millions)[145]. Si on la rapproche de la britannique, dans l'hexagone l'industrie textile en général et cotonnière en particulier en est encore à ses débuts.

De plus, il y a une très grande variabilité dans les difficultés rencontrées. La crise touche davantage certains secteurs comme le tissage plus que la filature ou le tissage à bras plus que le tissage mécanique. D'autre part, les embarras ressentis par les ouvriers varient en fonction des régions. Ainsi la Normandie est-elle plus atteinte par la crise que l'Alsace[146]. En outre, les réductions d'horaires de travail, si elles amputent des salaires déjà misérables, ont permis, malgré tout, de maintenir l'emploi. S'il a lieu, le chômage est souvent partiel. Ensuite, le textile demeure un système associant un fabricant urbain qui s'appuie sur de multiples tâches à domicile,

---

[141] BARJOT Dominique, *Histoire économique de la France au XIX*ᵉ, Paris, Nathan, 1995, 352 p. ; p. 223.

[142] Chiffres établis d'après le recensement des travailleurs de l'industrie de 1866. LAROULANDIE Fabrice, « Ouvriers » in *Dictionnaire du Second Empire*, Paris, Fayard, 1995, 1347 p. ; p. 946. Christophe Charle donne des chiffres quelque peu différents qu'il justifie par la difficulté d'évaluer le poids des ouvriers dans la structure sociale sous le Second Empire. Dans les années 1860 il parle de 4 384 000 ouvriers. CHARLE Christophe, *Histoire sociale de la France au XIX*ᵉ *siècle*, Paris, Le Seuil, 1991, 392 p. , pp. 108-109.

[143] OWSLEY F. L., *op. cit.*, p. 10, pp. 14-15. « Nous n'avions pas plus de 400 000 ouvriers menacés dans leur travail et dans leur existence » déclare Mme Baroche dans ses souvenirs. BAROCHE Madame J., *op. cit.*, p. 199.

[144] FOHLEN C., *op. cit.*, pp. 265-267.

[145] RATCLIFFE Barrie, M., *op. cit.*, pp. 144-145.

[146] FOHLEN C., *op. cit.*, p. 283.

effectuées le plus souvent en milieu rural[147]. Cette situation donne l'opportunité à une grande partie des ouvriers de compléter leur revenu par des travaux agricoles[148]. Le monde ouvrier est en effet fort peu concentré et le secteur artisanal assure 70 % de la production[149]. Il y a, enfin, la possibilité pour ces travailleurs de se faire embaucher dans les industries lainières, ou linières, en pleine prospérité[150].

Pour beaucoup, également, l'ouverture de chantiers de travaux publics va venir, à point nommé, se substituer au manque d'emplois et jouer un rôle d'assistance. Ainsi, en Alsace, il est décidé le lancement de grandes réalisations (comme la construction du chemin de fer de Belfort à Guebwiller ou le canal de Colmar à Neuf Brisach) de même qu'en Normandie (la ligne allant de Caen à Flers). Le 25 mai 1863, un journaliste de l'*Economiste français* écrit que « les travaux publics sont devenus la principale et véritable ressource des ouvriers cotonniers »[151].

Enfin, au niveau départemental, comme au plan national, des mesures d'assistance sont prises. Ainsi, par exemple en Seine inférieure, le conseil général vote une subvention de 1 500 000 F et l'Etat apporte sa contribution pour organiser des chantiers et occuper les ouvriers. Le 25 janvier 1863, le ministre du Commerce présente au Corps législatif un projet de loi portant ouverture d'un crédit de 5 millions de francs pour les ouvriers du coton. En mai 1863, il est augmenté de 1 200 000 F[152]. Si la presse la plus hostile à l'Empire salue néanmoins l'aide de l'Etat[153] - compte tenu du régime une autre attitude est difficilement concevable - elle dénonce la déficience des dons privés et l'égoïsme des plus aisés face à cette misère[154]. Elle opère un rapprochement avec le comportement philanthrope des Britanniques[155] et espère que, de cette crise, sortira une fraternité des classes qui favorisera l'unité de la nation[156]. A partir de février 1863 des quêtes finissent par être effectuées dans toute la France[157].

---

[147] BARJOT D., *op. cit.*, pp. 217-218. Ce n'est qu'à partir de 1880 que le modèle de la grande entreprise s'impose plus nettement sans que, pour autant, l'évolution vers la grande industrie ne soit totale.
[148] CHARLE C., *op. cit.*, pp. 108-109.
[149] LAROULANDIE Fabrice, *op. cit.*, p. 946.
[150] FOHLEN C., *op. cit.*, p. 253.
[151] *Id.*, pp. 274-275.
[152] *Id.*, pp. 269-273.
[153] *Le Journal des Débats*, le 13 janvier 1863. Auguste Léo.
[154] *Le Siècle*, le 6 janvier 1863. Bedollière. BLACKBURN G. M., *op. cit.*, p. 83. *Le Temps*, le 9 janvier 1863. A. Nefftzer.
[155] *Le Journal des Débats* se demande comment il se peut que Paris et la France donnent aux ouvriers normands à peine 1/10e de ce qu'une seule ville anglaise, comme Liverpool, a envoyé aux ouvriers de Manchester. *Le Journal des Débats*, le 8 janvier 1863. J. J. Weiss.
[156] *Le Journal des Débats*, le 14 janvier 1863. J. J. Weiss.
[157] *Le Temps*, le 2 février 1863. A. Nefftzer.

Tout ceci explique que les sombres prévisions qui sont celles du gouvernement impérial dans les premiers mois de la guerre - il anticipe une crise d'une grande ampleur qui frappera de plein fouet la main d'œuvre de l'industrie cotonnière - ne se vérifient pas. Il est probable que, par peur des réactions du monde ouvrier, les autorités françaises s'exagèrent l'impact de la crise. Cette appréhension les amène à agir rapidement et cette diligence, tout en venant en aide à ceux qui paraissent les plus exposés à la pénurie de coton, contribue à désamorcer les conflits potentiels.

D'autre part, notons que les origines de la crise n'apparaissent pas aussi claires à tous ceux qui vivent de l'industrie cotonnière et la politique américaine a pu profiter de ce défaut de lisibilité. Nombre d'ouvriers jugent qu'il n'y a pas forcément un manque de coton mais que les industriels, considérant la mévente, réduisent les quantités de coton qu'ils acquièrent. Ils se polarisent donc moins sur la pénurie que sur la baisse des achats et se convainquent que ce n'est pas à l'abondance du coton qu'ils devront une reprise du travail mais aux besoins de la consommation qui a chuté, compte tenu des prix. Une interprétation reprise par la presse[158] qui, en outre, sous-entend qu'il pourrait exister une pénurie organisée pour favoriser la spéculation[159]. Par la faute de financiers peu scrupuleux, la France pâtirait donc d'une rupture des approvisionnements venus d'Angleterre, puisque ses importations dépendent désormais de ce pays. Elle serait tombée d'une dépendance dans une autre. De plus, les ouvriers ont pu se tromper de cible en attribuant la contraction des ventes de textiles cotonniers à la concurrence des tissus britanniques introduits massivement à la suite du traité de libre-échange conclu, en 1860, entre la France et l'Angleterre. Les rapports des procureurs généraux soulignent la confusion qui s'opère parfois dans l'esprit des travailleurs, en particulier à Rouen, « la citadelle du protectionnisme » qui avait opposé une forte résistance au traité Cobden-Chevalier[160].

Ainsi, la crise du coton apparaît-elle, à tort, comme ayant un rapport éloigné avec le conflit fratricide qui ensanglante l'Amérique, une guerre dont les circonstances sont pour beaucoup si difficiles à appréhender que son analyse laisse la place aux interprétations les moins fondées. Cette méprise a ainsi rendu service au gouvernement impérial qui n'a pas eu besoin d'aller au-delà des deux propositions de médiation qu'il a formulées[161].

---

[158] La *Revue des Deux Mondes*, 1863 (1/2). F. Verdeil, « La disette du coton en Angleterre et les comités de prévoyance », pp. 211-227. La *Revue des Deux Mondes*, 1865 (3/4). Louis Reybaud, « La guerre d'Amérique et le marché du coton », pp. 189-208 ; p. 201.

[159] *Le Pays*, le 1er avril 1863. Delaporte. BLACKBURN G. M., *op. cit.*, p. 86. *Le Journal des Débats*, le 8 janvier 1863. J. J. Weiss.

[160] CASE L. M., *op. cit.*, pp. 61-63 n°73. Le traité est signé le 23 janvier 1860.

[161] En octobre 1862, puis en janvier 1863, Napoléon III propose, en vain, sa médiation pour mettre fin aux hostilités.

III. LE COMMERCE AVEC LE NORD, L'AUTRE ENJEU

Si le Sud vend à la France le coton dont elle a besoin, il ne faut pas, pour autant, oublier ce que représente le commerce avec l'Union. Nous n'hésitons pas à écrire que la France est aussi dépendante de ses importations d'or blanc (et de tabac) que de ses exportations vers l'Amérique. C'est un argument dont se saisissent les membres du gouvernement Lincoln, à commencer par le premier d'entre eux. Le président rappelle que dans l'intérêt de leurs économies, la France et l'Angleterre ont tout avantage à ce que l'Union demeure[162]. En 1861, la guerre civile américaine apparaît ainsi constituer un double fléau pour l'Europe : elle pourrait tarir les sources de production mais aussi fermer des débouchés. En mai 1861, Thouvenel confie que l'Empereur n'entrevoit pas sans inquiétude « la perturbation extrême » qu'un conflit entre les deux parties de l'Union jetterait dans les relations commerciales[163]. Cet aspect, moins connu, n'en pèse pas moins très lourd dans l'attitude à adopter à l'égard des deux adversaires.

En 1859, dans les échanges maritimes, *Le Moniteur* classe en seconde position les Etats-Unis, juste après l'Angleterre[164]. A la fin des années 1850 le montant des exportations françaises vers les Etats-Unis se monte à 221 000 000 F de marchandises, quand celui des importations s'établit à 241 000 000 F[165]. Il faut souligner que la situation est exceptionnelle car, pour la première fois, le solde de la balance commerciale s'inverse au profit de la république[166]. Cependant, avec la guerre civile, suite à la réduction des expéditions de coton, les échanges retrouvent un équilibre. C'est un résultat

---

[162] Lincoln déclare le 3 décembre 1861: « The principal lever relied on by the insurgents for exciting foreign nations to hostility against us, as already intimated, is the embarrassment of commerce. Those nations, however, not improbably saw from the first that it was the Union which made as well our foreign as our domestic commerce. They can scarcely have failed to perceive that the effort for disunion produces the existing difficulty, and that one strong nation promises more durable peace and a more extensive, valuable, and reliable commerce than can the same nation broken into hostile fragments. » www.infoplease.com. Voir aussi Seward à Thouvenel, Washington, le 30 octobre 1861. VAN DEUSEN G. G., *op. cit.*, pp. 303-304. Une Amérique unie plus économiquement désirable pour la France que deux Amériques, c'est aussi le point de vue que défendent les libéraux.

[163] Thouvenel à Mercier ; Paris, le 16 mai 1861. A.M.A.E., LJ EU, 1861, p. 96.

[164] Le *Moniteur*, le 16 septembre 1859.

[165] Rapport de Montholon, *op. cit.* ; Washington, 1861. A.M.A.E., ADP EU, vol. 30 f. 83v. A l'inverse, en 1860, les exportations des Etats-Unis vers la France représentent 63 050 000 $ (soit 18 % du total) et les importations en provenance de la France représentent 43 664 000 $ (soit 12 % du total). BLUMENTHAL H., *op. cit.*, p. 100.

[166] Toutefois, il est possible de contredire ce résultat d'un déséquilibre de la balance commerciale au profit des Etats-Unis. En effet, il ne prend en compte que le commerce arrivant directement des Etats-Unis au Havre en oubliant celui passant par l'Angleterre qui est ensuite acheminé en France.

trompeur, car étroitement lié à la guerre, qui a pu inciter le gouvernement français à croire qu'il s'agissait d'un retournement de tendance.

Les exportations françaises vers les Etats-Unis sont, pour la plupart, des objets de luxe qu'on peut classer en trois catégories :

- Les textiles : soieries (de Lyon surtout) pour lesquelles, en 1861, les Etats-Unis se classent au premier rang des acheteurs de la France pour la passementerie, les étoffes façonnées (en 1862), et au troisième rang pour les étoffes unies et les gazes de soie pure. Les amas de laine, quant à eux, occupent le premier rang (ils représentent le tiers des exportations).
- Les vins et spiritueux sont très appréciés. En 1861, les Etats-Unis sont la première destination des exportations françaises pour les vins ordinaires ou les crus, ainsi que les « vins d'ailleurs ». Pour les alcools purs, ils sont seconds ; même chose pour les eaux-de-vie à partir de 1862.
- Les produits industriels, comme les montres et horlogerie de Montbeliard, les cuirs, tapis, gants, chaussures de Rouen ou les couteaux, les poteries et porcelaines de Limoges se hissent au premier rang des exportations vers les Etats-Unis (soit un quart des ventes) et les teintures au 1er rang (soit un tiers des ventes)[167].

Pour les Etats-Unis, la France représente 40 % de l'importation totale de soieries, 66 % pour les vins, 55 % pour les produits d'horlogerie[168]. De très loin ce sont les tissus de soie qui revêtent une importance fondamentale. La soie est à la France ce que le coton est à l'Amérique ; elle arrive loin devant, en tête des exportations. L'Empire en livre pour 332 891 322 F (devant les vins, 195 922 795 F, et les tissus de laine, 187 999 169 F). Et cette valeur ne fait qu'augmenter (375 818 779 F en 1863). La vente des tissus de soie représente, au début de la guerre, près de 20 % de toutes les ventes françaises à l'étranger et les Etats-Unis y contribuent notablement puisqu'ils en achètent le quart[169].

Or, dans ce mouvement commercial, c'est le Nord qui se taille la part du lion. C'est sa population, dont le pouvoir d'achat est supérieur à celui des habitants de la Confédération, qui fait l'acquisition des objets de luxe. Dès le début de la guerre, un rapport commandé à Montholon, le consul à New York, constate la présence au nord d'une population non seulement plus nombreuse, mais aussi plus riche qu'au sud[170]. Il ne faut pas se laisser abuser par l'image des grandes plantations du Sud et des propriétaires nantis, attirés par le luxe et le raffinement de la vieille Europe. Il s'agit d'une petite

---

[167] *Doc. stat.*, *op. cit.*, 1863.

[168] FOHLEN C., « La guerre de Sécession et le commerce franco-américain », *op. cit.*, p. 261.

[169] *Doc. stat.*, *op. cit.*, 1863.

[170] Rapport de Montholon, *op. cit.* ; Washington, 1861. A.M.A.E., ADP EU, vol. 30 ff. 83v.-84v.

minorité qui relève davantage du mythe sudiste que de la réalité[171]. Montholon peut écrire, dans la présentation du rapport susmentionné : « Les marchés des Etats à esclaves ne sauraient évidemment offrir à nos produits des débouchés suffisants [...]. A la différence du nord, au sud les gens ne consomment guère nos produits car il y a beaucoup d'esclaves. »[172] De plus, le Sud manque tellement de liquidités qu'il concentre ses achats sur les fournitures de guerre. Le 15 février 1864, Alfred Paul, le consul à Richmond signale que le Congrès a voté, en séance secrète, une résolution qui prohibe l'importation d'articles de luxe à partir du 1er mars 1864[173]. Pas de doute, comme le laissent entendre les agents, l'avenir est au nord ; même la Virginie, l'Etat des premiers présidents, ne se distingue plus que par sa « profonde décadence »[174]. D'ailleurs, aux Etats-Unis, la grande majorité des nationaux français réside dans les Etats libres[175].

On comprend mieux pourquoi l'Empereur, dans les entrevues qu'il accorde à l'émissaire de la Confédération, se préoccupe lui aussi des conséquences induites par une action diplomatique française en faveur du Sud. Sans le citer, il s'inquiète des réactions du Nord. En octobre 1862, il dit à Slidell que s'il agit seul le commerce français sera détruit. Le 18 juin 1863, même s'il réaffirme qu'il est plus que jamais convaincu de la justesse de la reconnaissance de la Confédération par les puissances européennes, il oppose le même argument : une rupture avec les Etats-Unis aurait des conséquences graves pour le commerce de la France[176]. Mais, s'il est arrivé à cette conclusion au bout d'un an et demi de guerre, en revanche son ministre des Affaires étrangères a, pour sa part, assez vite perçu ce que pèse le Nord par rapport au Sud. En avril 1861, Thouvenel dit à Faulkner, le représentant des Etats-Unis à Paris sur le départ, qu'il croit que le maintien de l'Union fédérale, dans son intégrité, doit être désiré pour le bénéfice des gens du Nord et du Sud, autant que pour les intérêts de la France. Lorsque, peu de

[171] Serge Noirsain compare le sous-développement de la masse du peuple de la Confédération au mezzogiorno italien de l'époque. NOIRSAIN S., *op. cit.*, p. 3, pp. 14-15.

[172] Rapport de Montholon, *op. cit.*; ff. 83-84v.

[173] Paul à Drouyn de Lhuys ; New York, le 25 février 1864. A.M.A.E., CPC EU, vol. 19 f. 180v.

[174] Rapport de Montholon, *op. cit.*, ff. 83v.-84v. Paul à Walewski ; Richmond, le 10 décembre 1859. A.M.A.E., CCC Richmond, vol. 4 ff. 171→. Voir aussi les chiffres fournis par *Le Journal des Débats*, en 1861 pour dépeindre le recul de la Virginie. *Le Journal des Débats*, le 22 avril 1861. J. J. Weiss.

[175] Le lieutenant-colonel de Chanal avance le chiffre de 53 989 Français dont 35 819 vivent dans les Etats libres et 18 170 dans les Etats à esclaves. LA MARDIERE Gérard de, *La guerre de Sécession (1861-1865) vue par les Français*, thèse de doctorat de 3e cycle de l'Université Paris IV, mars 1985, 301 p. ; p. 9. Le recensement fédéral de 1860 fournit des chiffres bien supérieurs : près de 110 000 Français dont plus de 80 % vivent au nord.

[176] Mémo. de Slidell in Slidell à Benjamin ; Paris, le 28 octobre 1862. *ORN*, ser. II, vol. 3, pp. 572-579. *Id.* ; Paris, le 21 juin 1863. *ORN*, ser. II, vol. 3, pp. 812-814.

temps après, Sanford, l'agent des Etats-Unis en Belgique qui assure l'intérim de la légation des Etats-Unis à Paris, fait remarquer à Thouvenel que la France vend davantage au Nord qu'au Sud, ce dernier acquiesce[177]. Sans doute Thouvenel a-t-il su prêter l'oreille aux arguments répétés plusieurs fois par le secrétaire d'Etat américain pour qui le sacrifice du coton est considérablement moins grave, pour l'Europe, que l'absence de commerce avec le Nord[178].

A Paris, on redoute que les décisions françaises soient sanctionnées par une mesure de rétorsion du Nord. Bien qu'il ait récemment relevé son tarif sur les produits étrangers, il lui est toujours possible de l'augmenter encore[179]. Le 23 juillet 1862, le jour même où il converse avec Slidell venu lui soumettre une proposition de reconnaissance de la Confédération, Thouvenel écrit à son agent à Washington qu'il craint un renforcement du tarif par le Nord qui amènerait « presque à la fermeture du marché des Etats-Unis »[180]. De plus, comme le fait remarquer le rapport Montholon, la France dépend du Nord pour l'acheminement de ses produits. Sa marine marchande reste modeste ; le tonnage des steamers français représente seulement le dixième de celui des Etats-Unis en 1857 et les mouvements de son commerce restent géographiquement concentrés en Europe[181]. Comme le Nord dispose d'une flotte commerciale sans commune mesure avec celle de son adversaire, cette situation fait dire à Sartiges, ancien ministre de la France aux Etats-Unis, tout comme à Montholon, que le commerce avec l'Europe est tout entier aux mains de la marine fédérale[182].

Et puis, le Nord détient quasiment l'exclusivité des arrivées de marchandises. Des infrastructures appropriées, et la construction de chemins de fer, ont amené une agrégation de plus en plus poussée des échanges dans les ports du nord-est. Le phénomène a profité en premier lieu à New York qui s'est attribué ainsi un rôle prépondérant dans le mouvement commercial

---

[177] Faulkner à Seward ; Paris, le 15 avril 1861 ; Sanford à Seward ; Paris, le 25 avril 1861. CASE Lynn M. *et al.*, *op. cit.*, p. 26, p. 133, pp. 164-165.

[178] C'est aussi la position de la Grande-Bretagne dont le Premier ministre Palmerston juge très tôt que la fragmentation de l'Union se fera au détriment du commerce britannique. FERRIS N. B., *op. cit.*, p. 22, p. 36.

[179] Le 2 mars 1861, à 48 heures de la prestation de serment de Lincoln, l'administration Buchanan adopte le tarif Morrill (du nom d'un membre de la chambre des Représentants). Ce tarif remplace celui mis en place en 1857, jugé trop bas. Toutefois, au regard des taxes prélevées par d'autres pays à l'entrée des produits américains, il reste modéré. C'est pourquoi, il se trouvera progressivement relevé mais, malgré cela, il demeurera trop faible pour financer la guerre.

[180] Thouvenel à Mercier ; Paris, le 23 juillet 1862. *Arch. dip.*, 1863, t. 1, pp. 283-284.

[181] Rapport de Montholon, *op. cit.* ; Washington, 1861. A.M.A.E., ADP EU, vol. 30 f. 82-v.

[182] Sartiges à Thouvenel ; La Haye, le 28 décembre 1861. A.M.A.E., ADP EU, vol. 30 f. 76. La marine américaine transporte 70 % des produits américains destinés à l'Europe. Rapport de Montholon, *op. cit.*, f. 82.

entre l'Europe et les Etats-Unis. Dans son rapport, Montholon considère que le commerce franco-américain s'effectue « presque en totalité par la voie des ports du Nord, notamment par New York qui centralise plus de la moitié du mouvement commercial de l'Union entière avec les pays étrangers »[183]. En 1860, c'est le tiers des exportations de l'Union qui quitte Long Island[184]. Pour ce qui concerne les objets de luxe, le consul Paul à Richmond note que New York réceptionne les « 4/5e et demi ». Il parle de New York comme du « Paris de l'Amérique »[185], car la ville impressionne déjà par la richesse de son commerce et de ses banques[186]. Cette prééminence en vient à détourner l'idée d'un projet de ligne de steamers transatlantiques entre Saint-Nazaire et Norfolk, le principal port de la Virginie ; un projet que Paul n'a pas de mal à contester tant l'absence de perspective est patente[187].

Enfin, à l'inverse, les envois du Nord pour combler les besoins de la France sont loin d'être nuls. Si le rôle que joue le coton est évidemment sans équivalent, la part du Sud, jadis essentielle dans le commerce français, a fortement diminué à la veille de la guerre. Jusqu'en 1850 les produits du Sud entrent pour 80 à 90 % des achats français aux Etats-Unis mais vers 1860 les Etats confédérés ne fournissent plus que 60 % des exportations destinées à la France[188]. Dans les 40 % en provenance du Nord on trouve, au premier rang, des potasses mais aussi des produits alimentaires. Pour le blé et les farines les Etats-Unis se placent au second rang, au premier pour les graisses (saindoux). Le rapport Montholon rappelle que ces expéditions de céréales sont capitales pour la France car elles « contribuent à atténuer, dans une très forte mesure, le déficit de la dernière récolte ». Il observe que « cette branche de commerce présente en ce moment une activité qu'elle n'a jamais eue à un tel degré ». Le consul à New York écrit, dans son préambule, que si le Sud parvenait à ses fins les « fabriques auraient peut-être le coton à

---

183 Rapport de Montholon, *op. cit.*, f. 83v.

184 Comme le rappelle Sartiges, pour le seul port de New York le montant des exportations s'élève à 119 111 500 $. Pour les importations de produits indigènes ou étrangers, qui ne représentent pour le Sud que 16 682 392 $, New York en importe pour 210 160 454 $. Sartiges à Thouvenel ; La Haye, le 28 décembre 1861. A.M.A.E., ADP EU, vol. 30 f. 77.

185 Paul à Walewski ; Richmond, le 10 mars 1858. A.M.A.E., CCC Richmond, vol. 4 ff. 15-23.

186 A la Noël 1864 Boilleau, qui remplace Montholon à la tête du consulat de New York, relève le décalage entre les difficultés que traversent les Etats-Unis et la prospérité de New York : « New York a déployé dans cette occasion des signes exceptionnels d'abondance. Un étranger, récemment débarqué d'Europe, eut peine à croire, en voyant les magasins si brillamment garnis et si encombrés d'acheteurs, qu'il se trouvait dans la métropole d'un pays en proie, depuis plusieurs années, à la guerre civile. » Boilleau à Drouyn de Lhuys ; New York, le 27 décembre 1864. A.M.A.E., CPC EU, vol. 18 f. 179v.

187 Paul à Walewski ; Richmond, le 10 mars 1858. A.M.A.E., CCC Richmond, vol. 4 ff. 15-23. *Id.* ; Richmond, le 10 décembre 1859. A.M.A.E., CCC Richmond, vol. 4 ff. 171→.

188 FOHLEN C., « La guerre de Sécession et le commerce franco-américain », *op. cit.*, p. 262.

meilleur marché qu'auparavant mais leurs ouvriers et la population française tout entière paieraient certainement le pain beaucoup plus cher »[189]. C'est la conclusion que tirent les agents : la France a plus besoin de pain ou d'exporter ses produits que de recevoir du coton[190].

Que gagnerait dès lors la France à voir l'Union divisée ? Lorsqu'ils examinent les données économiques, les diplomates sont obligés d'en convenir : la France a plus d'intérêts à conserver l'Union intacte qu'à la voir se dissoudre. Avant que la guerre n'éclate, Mercier, le représentant de la France à Washington, admet que le point de vue commercial pourrait dominer tous les autres[191]. L'année suivante il fait part à Thouvenel de ce qu'il répond lorsqu'on le presse de donner son avis sur la reconnaissance du Sud : il convient que son indépendance acceptée mettrait fin à la guerre, mais il met dans la balance l'avenir d'un peuple qui intéresse la France « sous tant de rapports et à un si haut degré »[192]. Dans la même optique, le nouveau consul à New York, prédit que l'éclatement de l'Union déclencherait une crise en Europe[193]. Il condamnerait certains des revenus qui s'appuient sur une Amérique unie pour se développer.

Et l'occurrence quelle pertinence y aurait-il à affaiblir un pays en pleine phase de développement, au futur si prometteur ? Comment l'Empire, constamment à la recherche de nouveaux débouchés économiques, pourrait-il accepter de miner ce marché d'avenir ? En dépit de son penchant en faveur du Sud Napoléon III en est parfaitement conscient. En mai 1861 Thouvenel, rapportant ses propos consacrés à la crise qui secoue la république américaine, écrit ainsi à Mercier :

> « Sa Majesté désire que les Etats-Unis ne perdent point, par un fractionnement politique, leur caractère de grande puissance et n'abdiquent pas, au préjudice des intérêts généraux de la civilisation et de l'humanité, le rôle que leur assignait déjà leur rapide et brillant développement. »[194]

Un argument que le souverain reprend un an plus tard dans sa lettre du 3 juillet 1862 au général Forey:

> « Dans l'état actuel de la civilisation du monde la prospérité de l'Amérique n'est pas indifférente à l'Europe car elle alimente notre industrie et fait vivre

---

[189] Rapport de Montholon, *op. cit.*, f. 83.

[190] Mercier à Thouvenel ; Washington, le 4 novembre 1861. A.M.A.E., PT, vol. 13 ff. 414-415. Montholon à Thouvenel ; New York, le 5 novembre 1861. A.M.A.E., CPC EU, vol. 8 f. 125. C'est aussi ce même raisonnement que font les Britanniques qui ne sont pas prêts à risquer une guerre avec les Etats-Unis car ceux-ci n'hésiteraient pas à leur confisquer 1/5e de leurs besoins en grains. FERRIS N. B., *op. cit.*, p. 140.

[191] Mercier à Thouvenel ; Washington, le 29 mars 1861. A.M.A.E., CP EU, vol. 124 f. 124.

[192] *Id.* ; Washington, le 11 février 1862. *Arch. dip.*, 1863, t. 1, p. 261.

[193] Boilleau à Drouyn de Lhuys ; New York, le 25 juillet 1864. CASE L. M. *et al.*, *op. cit.*, pp. 553-554.

[194] Thouvenel à Mercier ; Paris, le 16 mai 1861. A.M.A.E., LJ EU, 1861, p. 96.

> notre commerce. Nous avons intérêt à ce que la république des Etats-Unis soit puissante et prospère [...]. »[195]

« Puissante et prospère », telle doit être l'Amérique, ce qui condamne définitivement la division puisque tant la puissance, que la prospérité, vient de l'union des Etats.

Les rôles respectifs que jouent le Nord et le Sud pour l'économie française transparaissent dans les journaux de tous bords politiques. Leurs auteurs sont conscients que les intérêts commerciaux de la France balancent entre le Sud, qui lui fournit le coton, et le Nord, qui consomme ses produits manufacturés, ses vins et lui procure du blé[196]. Des études poussées menées par les journalistes « libéraux » montrent que, pour l'empire français, l'importance des importations du Sud doit faire l'objet d'une analyse comparative. Il y a des réalités qu'on ne peut nier ; les ports du Nord sont bien la plaque tournante du commerce transatlantique[197].

Conclusion

La diplomatie jusqu'au-boutiste du roi coton apparaît donc comme une aberration. D'abord parce que les Sudistes se leurrent sur l'impact d'une chute brutale des expéditions de coton sur les économies européennes. Ils oublient qu'à la veille de la guerre, dans l'attente d'un conflit prévisible entre le Nord et le Sud, des stocks ont été constitués par la France et l'Angleterre à partir des récoltes exceptionnelles de 1859 et 1860. Les deux nations ne ressentent vraiment le contrecoup de la baisse des exportations de coton que plus d'un an plus tard, si bien que « la famine de coton » immédiate est impossible. L'embargo est sans doute déclenché trop tôt et les Confédérés, s'ils se pénalisent, rendent service à la France et à la Grande-Bretagne en leur évitant un krach qui aurait pu survenir d'une surproduction de l'industrie cotonnière. En outre, les habitants de la Dixie minimisent la capacité des Européens à aller se fournir autre part. La France, quant à elle, est moins concernée que la Grande-Bretagne car son économie, encore proto-industrielle, la préserve de la crise en laissant ses ouvriers trouver dans l'agriculture, ou la participation à de grands travaux d'infrastructure, un appoint pour combler la baisse de leurs revenus.

---

195 GAULOT Paul, *Rêve d'Empire. La vérité sur l'expédition du Mexique d'après les documents inédits de Ernest Louet*, Paris, Paul Ollendorff, 1889, 338 p. ; p. 92.

196 *La Presse*, le 20 juillet 1862. Gaïffe. BLACKBURN G. M., *op. cit.*, p. 81. *Le Constitutionnel*, le 13 décembre 1861. Auguste Vitu. *Le Siècle*, le 27 août 1862. Bernard. WEST Warren Reed, *Contemporary French Opinion on the American Civil War*, Baltimore, Johns Hopkins University Press, 1924, 156 p. ; p. 43 ; p. 84.

197 La *Revue des Deux Mondes* 1861 (11/12). Auguste Laugel, « Les causes et caractères de la guerre civile aux Etats-Unis », pp. 140-162 ; p. 157. *Le Journal des Débats*, le 20 février 1861. Chemin-Dupontès.

D'autre part, les Sudistes font une erreur tactique car le Sud, à un moment où il manque de ressources pour financer la guerre, se prive d'une manne qui lui est indispensable[198]. Une bévue que ne manque pas de souligner le consul à Richmond qui se demande comment une nation qui a le plus grand besoin de fournitures militaires peut se passer de cet apport[199].

Enfin, et surtout, les Sudistes commettent une faute politique, celle de lier une action de la France, et de l'Angleterre, en faveur de la Confédération à l'approvisionnement en coton. Le roi coton ne peut contraindre la France à reconnaître le gouvernement de Richmond. Dans un premier temps, si comme le ministère le pense au début du conflit, l'effondrement des importations d'or blanc résulte de la mise en place du blocus des ports du Sud, le coton ne peut, de toute manière, circuler. Une opération militaire apparaît alors plus efficace qu'une intervention diplomatique ; une hypothèse martiale inenvisageable compte tenu des réserves britanniques et de l'expédition mexicaine. Dans un second temps, en examinant les statistiques des forceurs de blocus généreusement fournies par l'administration Davis, le Quai comprend qu'on ne peut imputer à cette entrave l'effondrement des livraisons de coton. Néanmoins, en cherchant ainsi à amener les puissances à contester le blocus jugé ineffectif au regard des règles maritimes, les Sudistes commettent un impair puisque, en insistant sur la perméabilité du dispositif naval, leur volonté de rétorsion apparaît au grand jour. Ce jusqu'au-boutisme, sur fond d'incendies de stocks de coton, contribue à détériorer leur image étant donné que, pour arriver à leurs fins, ils prennent le risque de provoquer une crise économique en Europe. La demande de reconnaissance est de la sorte accolée à un insupportable chantage. La question est donc de savoir s'il faut céder à la pression du Sud, moralement et diplomatiquement inacceptable[200]. C'est une alternative à laquelle le gouvernement impérial, pour des raisons de prestige mais aussi par réalisme, ne peut souscrire. En effet, il n'oublie pas l'autre volet commercial, celui des échanges avec les Etats-Unis où le Nord occupe une place éminente. Donner satisfaction aux Confédérés amènerait à rompre avec l'Union. Une telle complaisance exposerait inutilement à la réplique protectionniste du gouvernement fédéral qui ne manquerait pas de tarir un débouché essentiel pour les produits d'exportation français. En portant son attention tout autant

---

[198] Le président de la Confédération rejette l'achat d'une trentaine de steamers pour l'exportation immédiate de la dernière récolte de coton, celle de 1861, contre des fournitures militaires. Or 200 000 volontaires sudistes sont, au même moment, sans armes. NOIRSAIN S., *op. cit.*, p. 38 ; pp. 74-78.

[199] Paul à Thouvenel ; Richmond, le 2 novembre 1861. A.M.A.E., CPC EU, vol. 9 ff. 260-261.

[200] *Le Journal des Débats* écrit à ce propos : « C'est devant cette impérieuse sommation qu'on nous demande d'abaisser notre drapeau ? » *Le Journal des Débats*, le 27 août 1862. Edouard Laboulaye.

sur la baisse possible des exportations que sur la pénurie des importations de coton, le gouvernement français relativise la menace du Sud et restitue au Nord sa véritable place dans l'économie. Dès lors, la seule issue possible pour se procurer du coton n'est pas de reconnaître le gouvernement des Etats rebelles mais de faire cesser la guerre. Ce sera la tâche de la médiation[201].

[201] Cf. SAINLAUDE Stève, *op. cit.*, pp. 68-88.

CHAPITRE 2 : L'UNION A-T-ELLE VECU ?

Lorsque début janvier 1861 la nouvelle de la sécession de la Caroline du Sud parvient à Paris[1], les diplomates ne sont nullement étonnés par la crise qui s'annonce[2]. Ce sentiment qu'un processus fatal à l'Union est en train de s'opérer s'explique par l'évolution de la réflexion autour d'un éventuel éclatement de la république américaine. Depuis longtemps nombre d'observateurs, à commencer par Tocqueville, s'attendent à la voir disparaître sous les coups de boutoir des demandes sans cesse croissantes des Etats face au pouvoir central[3]. Les agents alertent précocement et inlassablement leur gouvernement sur les risques de scission de l'Union, se faisant plus insistants, durant les années 1850, lorsque la fédération subit un accès de fièvre autour de l'épineuse question de l'esclavage. Ils mettent en évidence la déchirure qui se forme, entre le Nord et le Sud, à l'évocation de ce sujet de division[4]. Même si, lors de l'élection de Lincoln, ils s'étonnent d'une montée aussi rapide aux extrêmes, ils ne sont aucunement surpris de voir un groupe d'Etats écrire le scénario de la sécession en quittant progressivement l'Union pour former un ensemble distinct.

Dès lors cette fragmentation de l'Union interpelle de plusieurs façons le gouvernement impérial. Après avoir vérifié la détermination des deux adversaires à aller jusqu'au bout de l'affrontement, la question se pose

---

[1] *Le Moniteur*, le 8 janvier 1861.

[2] Sain de Boislecomte, ancien ministre à Washington, considère par exemple que « tout était disposé pour cet événement et qu'il avait sa raison d'être dans l'organisation publique, dans les lois et les mœurs de la nation ». BOISLECOMTE Charles Joseph Edmond Sain de, *De la crise américaine et de celle des nationalités en Europe*, Paris, E. Dentu, 1862, 155 p. ; p. 8.

[3] Un des sous-chapitres de l'ouvrage de Tocqueville est intitulé : « Quelles sont les chances de durée de l'Union américaine ? Quels dangers la menacent ? » Tocqueville prévoit que la fin de l'Union viendra de son extension et, conjointement, de l'affaiblissement du pouvoir fédéral. TOCQUEVILLE Alexis de, *De la démocratie en Amérique*, Paris, Garnier Flammarion, 1981, t. 1, 569 p. ; pp. 480-517. N'oublions pas que Tocqueville effectue son voyage lors de la « crise de la nullification » (1832-1833) qui, déjà, laisse planer un risque de sécession puisqu'elle part d'une réaction des Etats contre la législation protectionniste de l'Union. Calhoun, pourtant vice-président, formule la thèse selon laquelle un Etat peut, dans certaines circonstances, se dispenser d'appliquer une loi fédérale. La Caroline du Sud, arguant d'un préjudice, décide donc de passer outre les lois douanières. Le président Jackson invite le Congrès à lui donner les moyens de faire appliquer de force le tarif et menace d'envoyer l'armée fédérale pour faire entendre raison à la Caroline du Sud. Finalement, un compromis est trouvé par la réduction des droits. LACROIX Jean-Michel, *Histoire des Etats-Unis*, Paris, PUF, 1996, 590 p. ; p. 171.

[4] Le consul à Charleston écrit, par exemple, en 1850, que rien ne pourra empêcher une dissolution de l'Union. « Elle peut être retardée de quelques mois, d'une année entière, mais elle aura lieu infailliblement. » Choiseul à La Hitte ; Charleston, le 20 novembre 1850. A.M.A.E., CPC EU, vol. 2 f. 233.

ensuite de savoir si l'Union a effectivement vécu tout en s'interrogeant sur le nouveau visage que pourrait prendre l'ancienne république fédérale désormais scindée en deux.

I. L'UNION EST MORTE

A. L'analyse des observateurs

En octobre 1860, à quelques jours de l'élection de Lincoln, Mercier, le ministre français à Washington, avertit Edouard Thouvenel, son ministre de tutelle, que le vote pourrait conduire les Etats à esclaves à « s'abandonner aux conseils du désespoir ». Toutefois, il pense aussi possible que les propos remplis d'agressivité puissent également être imputés à des manœuvres électorales[5]. Néanmoins, à partir du 6 novembre, l'excitation que suscite dans le sud l'élection de l'ancien avocat de l'Illinois l'amène à ne plus douter de la gravité de la situation[6]. Il confie à Thouvenel que neuf membres du Congrès sur dix lui ont exprimé leur conviction que l'Union ne résistera pas à cette crise[7]. Du côté des consuls le même pessimisme est manifesté. Celui en poste à Richmond, Alfred Paul, évoque lui aussi l'éventualité d'une scission comme conséquence de ce vote[8].

La presse française n'est pas non plus surprise de l'embrasement qui gagne brusquement le Sud car, quatre ans auparavant, elle a pu jauger des conséquences auxquelles pourrait conduire l'élection d'une personnalité antiesclavagiste[9]. Mais, contrairement aux conclusions des diplomates, elle ne s'accorde pas sur les conséquences de l'élection de Lincoln dont la nouvelle parvient à Paris le 24 novembre 1860. Pour la majorité des organes, les sentiments favorables à l'Union seront plus forts que les tendances séparatistes des ultras du Sud. Le scénario de la rupture a été tant de fois écrit qu'il en paraît improbable. Les intérêts sont trop mêlés de part et d'autre et il est vraisemblable que le Sud obtiendra des avantages exorbitants

---

[5] Mercier à Thouvenel ; Washington, le 22 octobre 1860. A.M.A.E., CP EU, vol. 123 f. 352.

[6] *Idem* ; Washington, le 8 novembre 1860. A.M.A.E., CP EU, vol. 123 f. 361.

[7] *Id.* ; Washington, le 7 décembre 1860. A.M.A.E., CP EU, vol. 123 ff. 386v.-389.

[8] Paul à Thouvenel ; Richmond, le 10 novembre 1860. A.M.A.E., CPC EU, vol. 7 f. 320.

[9] La *Revue des Deux Mondes*, 1860 (11/12). Cucheval Clarigny, « La nouvelle élection présidentielle et les partis aux Etats-Unis en 1860 », pp. 650-690 ; p. 651. Face au slogan *Free men, Free soil, Frémont* de l'ancien pionnier John C. Frémont, désigné candidat du nouveau parti républicain en 1856, les Etats du Sud se raidissent et évoquent l'idée d'une sécession. Son échec face à Buchanan retarde ce qui apparaît déjà comme une échéance fatale. Frémont ne l'emporte dans aucun Etat du sud.

pour rester dans l'Union[10]. Rares sont les quotidiens qui anticipent le contrecoup fatal de la victoire des républicains[11].

Le 20 décembre 1860, le retrait de la Caroline du Sud de l'Union américaine ne fait que renforcer la conviction de Mercier que « l'Union américaine touche à son agonie ». Il lui paraît probable que, lors de son investiture, le nouveau président soit contraint d'entériner la scission[12]. A Washington les personnalités qu'il interroge sont du même avis[13]. A la vue du processus sécessionniste qui s'enclenche - six autres Etats emboîtent le pas à la Caroline du Sud[14] - les consuls se montrent encore plus alarmistes et envisagent que davantage d'Etats encore fassent défection. Le consul à Richmond note que, même en Virginie où l'esprit de la population est pourtant habituellement plus calme que dans les autres Etats du Sud, « on ne parle plus d'Union ni de compromis ni de tentative quelconque pour arriver à conserver la fédération intacte »[15]. Celui à La Nouvelle-Orléans est d'un avis semblable ; la transition politique sera fatale à l'Union[16].

Le 11 mars 1861, l'adoption par les Etats rebelles d'une constitution, le début de la guerre civile, un mois plus tard, et le ralliement de nouveaux Etats à la Confédération, amènent les diplomates à tirer les leçons de la naissance d'une nouvelle république en Amérique du Nord. Puisque la fédération américaine a vécu, Mercier recommande que les puissances européennes agissent sur cette base pour le règlement de leurs intérêts

[10] *Le Constitutionnel*, le 21 novembre 1860. Martin. BLACKBURN George M., *French Newspaper opinion on the American Civil War*, contributions in American History n° 171, Greenwood Press, Westport Connecticut, London, 1997, 158 p. ; p. 29. *Le Journal des Débats*, le 4 décembre 1860. Auguste Léo. *Le Journal des Débats*, le 7 décembre 1860. John Lemoinne. *Le Journal des Débats*, le 30 décembre 1860. Auguste Léo. La *Revue des Deux Mondes*, 1860 (11/12). Cucheval Clarigny, *op. cit.*, pp. 650-690 ; p. 690.

[11] *Le Siècle*, le 24 novembre 1860.

[12] Mercier à Thouvenel ; Washington, le 31 décembre 1860. A.M.A.E., CP EU, vol. 123 f. 411.

[13] *Id.* ; Washington, le 7 janvier 1861. A.M.A.E., CP EU, vol. 124 ff. 8-11. Au Nord beaucoup d'observateurs comme Horace Greeley, le directeur du *New York Tribune*, rejettent l'idée d'une coercition à l'endroit du Sud. AMEUR Farid, *La guerre de Sécession*, Paris, PUF, 2004, 127 p. ; p. 41.

[14] Il s'agit de la Caroline du Sud, le 20 décembre 1860, suivie du Mississipi, le 9 janvier 1861, la Floride, le 10, l'Alabama, le 11, la Géorgie, le 19, la Louisiane, le 26, le Texas, le 1er février. Ils seront rejoints, après la chute de Fort Sumter, par la Virginie, le 17 avril, l'Arkansas et le Tennessee, les 6 et 7 mai, et la Caroline du Nord, le 20 mai 1861.

[15] Paul à Thouvenel ; Richmond, le 9 janvier 1861. A.M.A.E., CPC EU, vol. 9 f. 136.

[16] Méjan à Thouvenel ; La Nouvelle-Orléans, le 12 janvier 1861. A.M.A.E., CPC EU, vol. 9 f. 4.

futurs[17]. Pour Paul, le consul à Richmond, il est inutile que le Nord aille à l'encontre du choix du Sud ; il doit admettre le fait accompli[18].

Avec l'arrivée de la nouvelle du premier acte de la sécession, la presse revoit son jugement sur les conséquences du vote de novembre et ne doute plus de l'ampleur de la crise. L'élection de Lincoln semble n'être que le premier acte d'un terrible drame qui a pour toile de fond le renoncement des deux sections à demeurer sous le même toit. La profondeur du divorce est telle que la scission de l'Union est malheureusement probable[19]. Si la presse est unanime pour reconnaître la gravité de la crise, elle se divise sur ses origines. Pour les organes les plus hostiles au pouvoir les événements de 1861 soldent les comptes et mécomptes des années antérieures. Les prémisses de la guerre sont même discernables dès la formation des Etats-Unis[20], même si, par la faute des Sudistes, le fossé s'est creusé petit à petit entre les deux sections de l'Union[21]. Pour les légitimistes, qui trouvent un intérêt certain aux maux d'une république, c'est moins l'opposition Nord/Sud qui est en cause que la nature du régime[22]. En dehors de ces derniers qui se félicitent des tourments américains, avant mai 1861 les journaux de tous bords déplorent la sécession considérée comme une tragédie et rappelle la fierté de la France d'avoir contribué à l'édification de l'Union[23].

B. La position française

Le ministre des Affaires étrangères, Edouard Thouvenel, est inquiet des résultats de l'élection présidentielle et de l'annonce des défections qui suivent celle de la Caroline du Sud[24]. Dans les premiers mois du conflit il

---

[17] Mercier à Thouvenel ; Washington, les 29 mars et 26 avril 1861. A.M.A.E., CP EU, vol. 124 f. 122, f. 171.

[18] Paul à Thouvenel ; Richmond, le 28 avril 1861. A.M.A.E., CPC EU, vol. 9 f. 175v. *Id.* ; Richmond, le 9 mai 1861. A.M.A.E., CPC EU, vol. 9 f. 185v.

[19] *Le Constitutionnel*, le 20 janvier 1861. H-Marie Martin. WEST W. Reed, *Contemporary French opinion on the American Civil War*, Baltimore, Johns Hopkins University Press, 159 p. ; p. 21. *Le Journal des Débats*, le 10 janvier 1861. J. J. Weiss.

[20] *Le Journal des Débats*, le 17 mai 1861. Baudrillart.

[21] *Le Temps*, le 15 juin 1861. E. Scherer. La *Revue des Deux Mondes*, 1861 (11/12). Auguste Laugel, « Les causes et caractères de la guerre civile aux Etats-Unis », pp. 140-162 ; pp. 140-141, p. 147.

[22] *Le Monde*, les 8 janvier et 4 mars 1861. Coquille. BLACKBURN G. M., *op. cit.*, p. 30 ; p. 34.

[23] *Le Constitutionnel*, le 2 février 1861. *id.*, p. 32. *Le Journal des Débats*, le 17 mai 1861. Baudrillart.

[24] Thouvenel à Méjan ; Paris, le 29 novembre 1860. A.M.A.E., CPC EU, vol. 7 f. 291. Thouvenel à Paul ; Paris, le 29 novembre 1860. A.M.A.E., CPC EU, vol. 7 f. 325. Thouvenel à Mercier ; Paris, le 24 janvier 1861. A.M.A.E., CP EU, vol. 124 f. 37.

plaide plusieurs fois pour que subsiste, dans son intégralité, l'œuvre des fondateurs de la république américaine[25]. Il ne dissimule pas cette préférence aux envoyés de la Confédération[26]. Loin de rester indifférent à la séparation, Thouvenel espère pouvoir contribuer à la conjurer[27]. Du côté de l'Empereur, pas question non plus de cautionner la sécession. Face à Faulkner, le représentant des Etats-Unis dont il n'ignore pas les préférences en faveur du Sud, le souverain marque explicitement, à plusieurs reprises, son attachement à l'Union[28]. Selon Thouvenel, Napoléon III est prêt à proposer ses services pour ramener la paix et conserver la fédération intacte :

> « S'il venait donc à se produire telles circonstances où l'intervention toute amicale de l'Empereur parût propre à amener un rapprochement entre les Etats du Sud et ceux du Nord, Sa Majesté se prêterait, avec le plus cordial empressement, à contribuer, dans la mesure de son influence, au raffermissement et au maintien de l'Union. »[29]

Si la dissolution de la république américaine laisse un goût amer au gouvernement français, c'est dans les souvenirs de la guerre d'Indépendance, à laquelle la France a participé aux côtés des Américains, qu'il faut rechercher l'explication. La rupture du lien fédéral démontre en effet l'inutilité d'un effort auquel la monarchie a consenti huit décennies plus tôt et dont le coût a contribué à l'emporter. Au début du conflit, en dépit des divergences et de la méfiance qui prévalent à l'égard des Etats-Unis sous

---

[25] Thouvenel à Mercier ; Paris, les 25 avril et 16 mai 1861. A.M.A.E., CP EU, vol. 124 ff. 161-163, ff. 216-217.

[26] *Id.* ; Paris, le 20 juin 1861. A.M.A.E., LJ EU, 1861, p. 99.

[27] *Id.* ; Paris, le 29 avril 1861. A.M.A.E., CP EU, vol. 124 f. 161. Alors que Slidell compte déposer une demande de reconnaissance, dans une correspondance à Mercier, de juillet 1862, Thouvenel reprend ce thème d'une participation de la France à la construction de l'Union pour justifier son opposition : « Il faudrait, en effet, que nous eussions oublié les événements qui, à un moment solennel de l'histoire des Etats-Unis, ont intimement lié ce pays à la France [...] pour n'être pas bien sincèrement affectés d'une lutte dont le seul résultat, jusqu'ici, a été la destruction d'incalculables richesses et une effroyable et toujours croissante effusion de sang. » *Id.* ; Paris, le 23 juillet 1862. A.M.A.E., LJ EU, 1862, p. 136.

[28] Faulkner à Cass ; Paris, le 2 janvier 1861. Faulkner à Black ; Paris, le 24 janvier 1861. *Id.* ; Paris, le 19 mars 1861. Faulkner résume l'attitude de l'Empereur : « He looks upon the dismembrement of the American Confederacy with no pleasure, but a calamity to be deplored by every enlightened friend of human progress. » WILSON Beckles, *America's ambassadors to France (1777-1927), A narrative of franco-american diplomatic relations*, London, John Murray, 1928, 433 p. ; p. 260. CASE Lynn M., « La sécession aux Etats-Unis, un problème diplomatique français en 1861 » in *Revue d'histoire diplomatique*, SHGD, 77e année, 1963 (10/12), Paris, A. Pedone, pp. 290-313 ; p. 296. CASE Lynn M., SPENCER Warren F., *The United States and France. Civil War Diplomacy*, Philadelphia, University of Pennsylvania Press, 1970, 747 p. ; pp. 21-24. Dans les derniers mois de l'administration Buchanan J. S. Black remplace Lewis Cass au secrétariat d'Etat.

[29] Thouvenel à Mercier ; Paris, le 16 mai 1861. A.M.A.E., CP EU, vol. 124 ff. 216-217. *Archives diplomatiques*. 1861, Paris, Amyot, t. 1, 479 p. ; p. 110.

l'Empire, la force des liens anciens qui unissent la France à l'Union, par ce passé commun, perdure néanmoins.

Après l'été 1861 Henri Mercier, le ministre français à Washington, ne doute plus du funeste destin de l'Union[30] mais, au Quai, on ne suit pas l'avis de cet agent sur place et c'est toujours la même opinion qui prévaut. Une conviction que Thouvenel réaffirme avec force au nouvel émissaire confédéré, John Slidell, en février 1862. Il cherche à détruire toutes les illusions auxquelles ce dernier pourrait se laisser aller sur les dispositions du gouvernement impérial « à admettre comme définitif le fractionnement de l'Union »[31]. Tant et si bien qu'en mars Slidell est persuadé que Napoléon III considère la disparition de la fédération comme « une grande infortune pour la France ». Slidell croit que les espérances du monarque sont dans une reconstruction[32]. La série de victoires remportées par le Nord, dans cette première moitié de l'année 1862, laisse supposer qu'à défaut d'amener les parties à s'entendre, la défaite contraindra le Sud à se soumettre à la force.

Une nette évolution se produit pourtant après la campagne des Sept Jours de Lee, ce retournement inespéré de la situation militaire qui se situe entre le 25 juin et le 1er juillet 1862. A Paris, on s'attend à recevoir la nouvelle de la prise de Richmond et c'est celle d'une déroute des Nordistes, pourtant campés à quelques encablures de la capitale confédérée, qui parvient en France. C'est une douche froide pour ceux qui misent sur un retour de la situation *ante bellum*. Les arguments des représentants de la Confédération sur la mort de l'Union reçoivent à présent une oreille attentive. Napoléon III mêle ce constat à ses considérations personnelles sur les avantages à tirer, pour le Mexique, de cette situation inédite. Lors de sa rencontre de juillet 1862, il dit à Slidell qu'il considère le rétablissement de l'Union comme impossible et la séparation finale comme une question de temps[33]. De son côté, même s'il admet les échecs imprévus du Nord à faire plier le Sud et la volonté arrêtée et indéfectible des Confédérés à ne pas céder, Thouvenel se montre plus nuancé. Certes, il accrédite de plus en plus l'hypothèse d'une impossibilité de rétablir l'Union, mais dans sa forme antérieure. Il penche pour que les rapports entre le Nord et le Sud s'établissent sur de nouvelles bases[34].

---

[30] Flahaut à Thouvenel ; Londres, le 14 octobre 1861. A.M.A.E., PT, vol. 8 f. 191. Mercier à Thouvenel ; Washington, le 28 avril 1862. A.M.A.E., PT, vol. 13 f. 446v.

[31] Thouvenel à Mercier ; Paris, le 27 février 1862. A.M.A.E., CP EU, vol. 126 f. 188.

[32] Rost a Hunter ; Madrid, le 21 mars 1862. *ORN*, ser. II, vol. 3, pp. 367-370.

[33] Mémo. de Slidell in Slidell à Benjamin ; Paris, le 25 juillet 1862. *ORN*, ser. II, vol. 3, pp. 479-487.

[34] Thouvenel à Flahaut ; Paris, le 21 juillet 1862. A.M.A.E., ADP EU, vol. 30 f. 215. Thouvenel à Mercier ; Paris, le 24 juillet 1862. THOUVENEL Louis, *Le secret de l'Empereur*, Paris, Calmann-Levy, 1889, t. 2, 571 p. ; pp. 348-349.

C'est à l'automne 1861 que la presse hostile au régime rejoint *Le Constitutionnel* et ses sectateurs pour écrire que l'Union est irréversiblement divisée. Pour ses auteurs, la défaite nordiste de Bull Run en juillet 1861 fait l'effet d'un électrochoc car le Sud témoigne de sa capacité à résister à son adversaire[35]. Ils ne voient pas très bien l'intérêt de prolonger la lutte. Puisque le Sud ne veut plus être uni au Nord, il est inutile de vouloir le contraindre, par la puissance des armes, à rentrer dans le giron de l'Union[36]. Cependant, si la fatalité du diagnostic fait l'unanimité, les réponses à apporter à cette disparition de l'Union soulèvent le voile des divergences. Les journaux proches du pouvoir veulent profiter des blessures de l'Union pour reconnaître le Sud, tandis que leurs antagonistes sont de l'avis que cette décision appartient au seul gouvernement fédéral, volontairement ou forcé par les événements militaires[37].

II. UN ACTE DE DECES DIFFICILE A DELIVRER

A. De la difficulté de dater la fin de l'Union

Le refus de reconnaître le Sud vient d'abord de la difficulté de dater la fin de l'Union. L'embarras vient en fait d'une double incertitude liée au résultat des combats et au sort de la guerre. Durant les deux premières années du conflit fratricide il est difficile de se faire une idée arrêtée de la situation militaire qui passe par plusieurs phases successives sans que l'un ou l'autre camp ne prenne nettement l'avantage. Ainsi, la fin de l'hiver 1861 et le printemps 1862 apportent une moisson de victoires pour le Nord. En mars 1862, le consul à Boston rend compte de nombreux témoignages de personnes convaincues que « la guerre sera terminée au bout de trois mois »[38], tandis que Paul à Richmond estime que les fournitures que le Sud vient de recevoir en poudre et en fusils n'inverseront pas le résultat[39]. En avril, pour la première fois, ce dernier évoque la menace qui pèse sur la capitale de la Confédération[40], cependant qu'en mai son collègue à Boston

[35] Les Confédérés lui donnent le nom de Manassas. En réalité, la victoire du 21 juillet 1861 est en trompe-l'œil car les Sudistes ont, de justesse, évité une défaite. KEEGAN John, *La guerre de Sécession*, Paris, Perrin, 2011, 507 p. ; pp. 157-158. Un an plus tard une nouvelle bataille au même endroit sera de nouveau remportée par le Sud.

[36] *Le Journal des Débats*, les 28 septembre et 25 octobre 1861. F. Camus. *Le Temps*, le 19 octobre 1861. E. Scherer. La *Revue des Deux Mondes*, 1861 (11/12). Auguste Laugel, « Les causes et caractères de la guerre civile aux Etats-Unis », pp. 140-162 ; pp. 140-141.

[37] *Le Journal des Débats*, le 19 octobre 1861. Auguste Léo. *Le Journal des Débats*, le 7 décembre 1861. Prévost-Paradol. *Le Temps*, le 15 novembre 1862. L. Legault.

[38] Souchard à Thouvenel ; Boston, le 18 mars 1862. A.M.A.E., CPC EU, vol. 12 f. 169-v.

[39] Paul à Thouvenel ; Richmond, le 23 mars 1862. A.M.A.E., CPC EU, vol. 12 f. 39.

[40] *Id.* ; Richmond, le 2 avril 1862. A.M.A.E., CPC EU, vol. 12 f. 44.

promet un prochain dénouement[41]. Le même mois ce sentiment est confirmé par Mercier, le représentant de la France à Washington, qui déclare : « Je crois que nous tombons enfin au moment décisif de la crise. Avant peu les Fédéraux seront à Richmond, cela ne fait plus l'ombre d'un doute. »[42] C'est à peine s'il signale, début juin, la victoire confédérée dans la vallée de Shenandoah ; il se concentre sur l'avancée des troupes de McClellan qui campent aux abords de Richmond et s'apprêtent à porter le coup décisif[43]. Pendant ce temps, le secrétaire d'Etat Seward fournit à son ministre à Paris, William Dayton, un aperçu plus complet de la situation militaire afin qu'il soit à même de « démontrer à M. Thouvenel qu'elle autorise les nations amies à regarder l'échec de l'insurrection comme une certitude »[44].

Fin juin 1862, le ministre des Affaires étrangères, qui s'appuie essentiellement sur les rapports de ses consuls et de son ministre à Washington, ne doute donc pas de l'issue de la guerre. On perçoit d'autant plus sa surprise lorsque, à l'été 1862, après la campagne des Sept Jours, un retournement survient. C'est d'ailleurs à ce moment que Thouvenel évoque, pour la première fois, l'impossible rétablissement de l'Union. Il paraît en effet stupéfiant que l'élan des Nordistes ait pu être coupé de façon aussi brutale. Si la capitale de la Confédération est sauvée, il faut s'attendre à ce que la guerre se prolonge encore. Mercier doute désormais que le Nord puisse obtenir prochainement des succès militaires de quelque importance[45]. Le contenu des dépêches des consuls s'inverse brusquement. L'agent en poste à New York décrit, en juillet, une situation pleine d'incertitude pour le Nord tant sur le plan financier, que sous le rapport militaire et politique[46]. En août, avec la marche des 100 000 hommes de Lee sur Washington, il juge cette fois que la situation pourrait tourner à l'avantage des rebelles[47]. Mais, après la seconde victoire sudiste de Bull Run, le 30 août 1862, le succès des Fédéraux à l'Antietam, le 17 septembre, finit par déconcerter plus d'un observateur. Mercier écrit à Thouvenel que le sort semble « près de toucher à son point culminant pour, ensuite, se précipiter dans un sens ou dans un autre »[48]. C'est bien cette incertitude qui persiste ensuite. Les victoires des Bleus, comme la prise de Corinth le 4 octobre 1862, alternent avec celles des Gris, le 13 décembre à Fredericksburg ou le 6 mai 1863 lors de la terrible

---

[41] Souchard à Thouvenel ; Boston, le 13 mai 1862. A.M.A.E., CPC EU, vol. 12 f. 188.
[42] Mercier à Thouvenel ; Washington, le 12 mai 1862. A.M.A.E., PT, vol. 13 f. 452.
[43] *Id.* ; Washington, le 15 juin 1862. A.M.A.E., PT, vol. 13 f. 461.
[44] Seward à Dayton ; Washington, le 15 avril 1862. A.M.A.E., ADP EU, vol. 30 f. 172.
[45] Mercier à Thouvenel ; Washington, le 19 juillet 1862. A.M.A.E., PT, vol. 13 f. 471.
[46] Montholon à Thouvenel ; New York, le 22 juillet 1862. A.M.A.E., CPC EU, vol. 10 f. 142.
[47] *Id.* ; New York, le 26 août 1862. A.M.A.E., CPC EU, vol. 10 f. 156.
[48] Mercier à Thouvenel ; Washington, le 30 septembre 1862. A.M.A.E., PT, vol. 13 ff. 510-513.

correction de Chancellorsville qu'inflige Lee à Hooker[49]. Les consuls avouent leur perplexité dans la capacité du Nord à soumettre son adversaire et dans celle du Sud à obtenir un renoncement de son ennemi[50].

De ce fait, entre l'été 1862 et l'été 1863, comme aucun des deux camps en lutte n'enregistre de victoire décisive, il est de la sorte impossible de préjuger définitivement de l'issue des combats. Si les chancelleries occidentales considèrent que l'Union est entrée en agonie, toute la difficulté est de déterminer le moment de son décès. La république américaine a probablement vécu mais, pour autant, les Confédérés n'ont pas contraint les Fédéraux à abandonner la lutte. Dans ces conditions, pour les diplomates, c'est l'expectative qui prévaut car la reconnaissance du Sud dépend de la disparition de l'Union, elle-même conditionnée par le renoncement du Nord à poursuivre une guerre qui semble ne devoir jamais finir.

Faut-il dès lors que le gouvernement français anticipe sur les événements pour décider d'une action diplomatique en faveur du Sud ? C'est à quoi s'efforcent de parvenir les agents de ce dernier après la victorieuse campagne de Lee, au début de l'été 1862. John Slidell, l'émissaire de la Confédération en France, écrit à Thouvenel que le cours des événements justifie l'espoir et l'attente d'une reconnaissance de son gouvernement[51]. C'est aussi la position du ministre français à Washington à l'automne 1862. Pour Mercier il est vain d'attendre une victoire totale du Sud pour reconnaître la Confédération ; puisque celui-ci confirme son aptitude à résister au Nord, sa ténacité doit suffire à emporter la décision[52].

Devancer les événements n'est visiblement pas l'option retenue par le ministre des Affaires étrangères. Dès les premières heures du conflit Thouvenel fixe la ligne de conduite à laquelle il ne dérogera pas. Il écrit à Mercier que la France ne prendra pas le risque politique d'anticiper sur les développements de la guerre. Il arrêtera sa position lorsque le fait accompli sera devenu « irrévocable »[53]. Lorsque, le 7 février 1862, Thouvenel reçoit

[49] La bataille de Chancellorsville est considérée comme le « chef-d'œuvre militaire » de Lee. KEEGAN J., *op. cit.*, p. 439.

[50] Souchard à Drouyn de Lhuys ; Boston, le 17 février 1863. A.M.A.E., CPC EU, vol. 15 f. 95v. Montholon à Drouyn de Lhuys ; New York, le 14 avril 1863. A.M.A.E., CPC EU, vol. 13 f. 32.

[51] Slidell à Thouvenel ; Paris, le 21 juillet 1862. A.M.A.E., ADP EU, vol. 32 f. 47v. Slidell, parlant de lui à la troisième personne, écrit : « Le cours des événements lui semble justifier l'espoir et l'attente que votre excellence ne regardera pas aujourd'hui comme prématurée ou non motivée la demande de reconnaissance que le soussigné a l'honneur de lui adresser officiellement. »

[52] Mercier à Thouvenel ; New York, le 2 novembre 1862. A.M.A.E., PT, vol. 13 ff. 493-495.

[53] Thouvenel à Mercier ; Paris, le 29 avril 1861. A.M.A.E., CP EU, vol. 124 f. 161. *Id.* ; Paris, le 11 mai 1861. A.M.A.E., CP EU, vol. 124 f. 194.

pour la première fois Slidell, il s'exprime dans les mêmes termes[54]. En mai, il réaffirme à son ambassadeur au Royaume-Uni qu'aucune décision n'interviendra tant qu'une « incertitude pèsera sur les conséquences dernières du conflit »[55].

On verra plus loin qu'en réalité, pour Thouvenel, et plus encore pour son successeur, c'est moins un exploit militaire du Sud, que le processus démocratique, qui pourrait décider du sort de l'Union. Il attend ainsi le résultat des élections de mi-mandat de novembre 1862 pour arrêter une position définitive[56]. Si, pour les Britanniques, c'est bien la chute de Washington, ou de Baltimore, qui pourrait amener le gouvernement à proposer un arrangement sur la base de la séparation[57], en France on compte plus sûrement sur la pression de l'opinion publique pour parvenir à ce résultat. En tout état de cause, Thouvenel, comme Drouyn de Lhuys, considère peut-être que l'Union est morte mais juge qu'il n'appartient pas à la France d'en prononcer l'acte de décès tant que le Nord ne s'est pas lui-même résigné à la séparation. Le Quai reste ainsi fidèle au cadre ancien.

B. La division de l'Union n'a pas d'avenir

En juillet 1862, dans la dépêche qu'il adresse à Thouvenel, Slidell juge que la Confédération offre « des éléments suffisants d'ordre et de stabilité » pour lui donner le droit de prendre son rang dans la grande famille des nations[58]. Mais cette vision n'est pas partagée, loin de là, par les diplomates qui doutent sérieusement de telles possibilités d'avenir. Le secrétaire d'Etat britannique aux Affaires étrangères, Lord Russell, répondant à Mason, l'émissaire de la Confédération en Grande-Bretagne, rappelle que « pour être rangé parmi les nations industrielles de la Terre » un Etat doit posséder « non seulement des forces et des ressources temporaires, mais il doit présenter des chances de stabilité et de durée »[59]. Ce sont ces « chances de stabilité et de durée » auxquelles les consuls réfléchissent lorsqu'ils évoquent le futur de la Confédération. Le consul à New York résume d'un trait de plume ce que beaucoup de diplomates n'osent pas exprimer à voix

---

[54] C'est en juillet, dans la correspondance qu'il adresse à Thouvenel, que Slidell reprend les propos tenus par le ministre des Affaires étrangères le 7 février précédent : Slidell à Thouvenel ; Paris, le 21 juillet 1862. A.M.A.E., ADP EU, vol. 32 f. 47-v.

[55] Thouvenel à Flahaut ; Paris, le 15 mai 1862. A.M.A.E., ADP EU, vol. 30 ff. 189-190v. *Id.* ; Paris, le 15 mai 1862. A.M.A.E., CP A, vol. 721 f. 193v.

[56] Thouvenel à Mercier ; Paris, le 2 octobre 1862. THOUVENEL L., *op. cit.*, t. 2, pp. 414-416.

[57] Palmerston à Russell ; Londres, le 14 septembre 1862. ADAMS E. D., *Great Britain and the American Civil War*, New York, Russell & Russell, 1958, vol. 2, 338 p. ; p. 38.

[58] Slidell à Thouvenel ; Paris, le 21 juillet 1862. A.M.A.E., ADP EU, vol. 32 f. 47v.

[59] Russell à Mason ; Londres, le 2 août 1862. A.M.A.E., CP A, vol. 722 f. 31-v.

haute : « A mon avis la Confédération du Sud n'est pas viable. »[60] Le mieux placé pour confirmer ou infirmer cette opinion est le consul Alfred Paul à Richmond qui va dans le sens de son collègue. Il est un des premiers diplomates à donner son avis sur le processus de sécession enclenché le 20 décembre 1861 et se montre, dès le départ, très critique. La défection de la Caroline du Sud lui apparaît comme une décision insensée, un « exemple déplorable » qu'il espère ne pas faire d'autres émules[61]. Constatant les appuis qu'elle reçoit dans le Sud, il blâme la passivité des autres Etats méridionaux qui ne désavouent pas le mouvement insurrectionnel[62]. Paul pressent très tôt que la décision de rompre le pacte fédéral est une folie qui ne peut conduire qu'à une impasse. Avec le recul, insistant sur son manque d'unité et les éléments hétérogènes qui composent la Confédération, il dresse un tableau très pessimiste du nouvel ensemble. Si d'aventure la jeune république parvenait à s'imposer en dehors de l'Union, il lui prédit un avenir sombre car elle se trouvera, comme avant, confrontée à l'esclavage, à la souveraineté des Etats, aux prétentions forcées du gouvernement général ou, encore, à l'antagonisme des Etats agricoles de l'extrême Sud contre ceux de la frontière qui ont des tendances à devenir Etats libres et manufacturiers[63].

Parmi ces faiblesses structurelles de la Confédération, pour beaucoup d'observateurs la principale complication vient du lien qui apparie les Etats au pouvoir central[64]. La France jacobine et centralisatrice est sensible à ces remarques. Alfred Paul met l'accent sur la nécessité que le gouvernement confédéré maintienne une force pour contrer « les volontés irréfléchies et les prétentions embarrassantes des Etats ou des catégories d'Etats ». Paul fait référence à l'utilisation des milices territoriales dont les gouverneurs sont seuls juges de l'emploi. Elles constituent un frein à la conscription décrétée par le gouvernement de Richmond. Il observe, d'autre part, que le lien entre les Etats sécédés est bien ténu selon que l'on réside aux limites des Etats libres ou que l'on voisine avec le Golfe du Mexique[65]. La Confédération serait-elle victime du principe qui l'a fait naître ?

---

[60] Borg à Drouyn de Lhuys ; New York, le 15 décembre 1863. A.M.A.E., CPC EU, vol. 13 ff. 172-176.

[61] Paul à Thouvenel ; Richmond, le 22 décembre 1860. A.M.A.E., CPC EU, vol. 7 ff. 328-329.

[62] *Id.* ; Richmond, le 9 janvier 1861. A.M.A.E., CPC EU, vol. 9 f. 136-v.

[63] Paul à Drouyn de Lhuys ; Richmond, le 5 juillet 1864. A.M.A.E., CPC EU, vol. 19 f. 222-v.

[64] Avant de s'embarquer pour les Etats-Unis, le général Watson Webb, un ami de l'Empereur, lui remet un mémoire. Il prédit que la Confédération se trouvera amoindrie par la division des Etats. Mémo. du g[al] Webb ; le 2 août 1861. A.M.A.E., ADP EU, vol. 30 f. 40v.

[65] Paul à Drouyn de Lhuys ; Richmond, le 4 janvier 1863. A.M.A.E., CPC EU, vol. 15 ff. 12-15. Les milices territoriales donnent l'occasion aux citoyens d'échapper à la conscription. Comme le font remarquer les historiens américains, les efforts des Etats du Sud pour la défense commune sont à mettre en parallèle avec leur volonté d'autonomie à l'égard du gouvernement central. BERINGER R. E., HATTAWAY H., JONES A., STILL W. N. Jr,

Une autre faiblesse relevée par les spectateurs du conflit vient de la cohabitation future entre une république esclavagiste et une république libre. Sain de Boislecomte, ancien ministre à Washington, insiste sur ce point : si le Sud triomphait, ce succès ne changerait rien aux difficultés de la situation politique. Il s'instaurerait, en effet, une situation permanente de tension entre la fédération établie au nord et celle située au sud[66]. L'exemple des conflits qui ont émaillé les années 1850, en particulier sur la question des Noirs fugitifs, démontre qu'aucun apaisement ne pourra jamais survenir tant que des hommes se trouveront privés de leur liberté sur une partie du territoire des Etats-Unis.

Les diplomates ne sont pas les seuls à relever cette absence de perspective. La presse libérale juge absurde le combat que mène le Sud et annonce qu'il ne pourra survivre à la mort de l'Union. Ses succès seront forcément stériles[67]. Plusieurs organes de presse s'appesantissent sur la dépendance du Sud à l'égard des banques du Nord. Séparé de lui, il ne pourra jamais financer ses investissements[68]. Mais, là aussi, c'est l'impuissance venue du poids des Etats qui est mise en cause. Les auteurs se plaisent à souligner que, forts de leur souveraineté, les Etats esclavagistes ont pris les armes mais, par une ironie de l'histoire, ce droit se retourne à présent contre le gouvernement Davis[69]. L'autre remarque concerne également l'avenir des deux républiques en Amérique du Nord pressenti comme conflictuel. L'affrontement viendra à la fois du besoin des Etats du Sud d'étendre l'esclavage aux territoires encore épargnés par cette calamité, d'une rivalité commerciale née d'un dilemme autour du partage des eaux du Mississipi et du déséquilibre économique, démographique et matériel qui continuera de s'accentuer entre les deux sections[70]. L'indépendance de la Confédération est ainsi associée à une lutte perpétuelle.

Why the South lost the Civil War, Athens & London, The University of Georgia Press, 1986, 582 p. ; pp. 427-429.

66 BOISLECOMTE Sain de, *op. cit.*, pp. 54-55. Le prince Napoléon, qui voyage aux Etats-Unis à l'été 1861, fait la même remarque : « Je doute qu'ils aient des hommes d'Etat qui croient à une existence séparée du Nord avec l'esclavage ! » *La Revue de Paris*, le 15 septembre 1933, « Le prince Napoléon : voyage aux Etats-Unis I. » Publié par Ernest d'Hauterive, pp. 241-272 ; p. 264.

67 *Le Journal des Débats*, le 25 octobre 1861. F. Camus. *Le Journal des Débats*, le 25 janvier 1863. J. J. Weiss.

68 *Le Journal des Débats*, le 3 juin 1861. Baudrillart. *Le Journal des Débats*, le 27 août 1862. Edouard Laboulaye.

69 La *Revue des Deux Mondes*, 1864 (11/12). Auguste Laugel, « Les Etats-Unis pendant la guerre. L'élection présidentielle de 1864 », pp. 777-801 ; p. 801.

70 *Le Journal des Débats*, les 7 décembre 1861 et 15 avril 1863. Prévost-Paradol. *Le Journal des Débats*, le 16 janvier 1863. J. J. Weiss. La *Revue des Deux Mondes*, 1862 (5/6). E. Forcade, « Chronique de la quinzaine. Histoire politique et littéraire », pp. 486-497 ; p. 496. Voir aussi le *New York Times* du 16 avril 1861 http//www.query.nytimes.

Dans ces conditions c'est bien la conservation d'une fédération qui est jugée préférable. Napoléon III a peut-être rêvé d'une confédération d'Etats américains en quatre parties égales[71] ; c'est un dessein auquel Thouvenel et son successeur n'ont jamais adhéré. Outre l'irréalisme d'une république méridionale pouvant mener une existence distincte de la septentrionale, on peut trouver plusieurs explications à ces réserves[72]. Une des raisons est à chercher dans la volonté de maintenir un équilibre international : défendre l'unité des Etats-Unis permet de contrebalancer la suprématie du commerce maritime britannique et son hégémonie politique tout court. Certes l'expansion américaine est redoutée mais la puissance britannique demeure une préoccupation première, ne serait-ce que par la prééminence des intérêts européens. En recevant Slidell, en juillet 1862, l'Empereur lui-même admet que la division de l'Union n'a pas que des avantages pour la France. Il se laisse aller à cette confidence : pour les intérêts français, les Etats en guerre devraient être soudés pour faire contrepoids à l'Angleterre[73]. Ces propos démontrent que le souverain est bien partagé entre ses ambitions américaines et les réalités européennes. Une position contraire le mettrait en porte à faux avec la politique suivie par son oncle lorsqu'il vendit la Louisiane aux Etats-Unis en espérant en faire, à terme, une puissance rivale de l'Angleterre.

On comprend mieux pourquoi les hypothèses échafaudées par les diplomates, pour imaginer ce qui pourrait remplacer la défunte Union, n'ont jamais sérieusement envisagé l'existence de deux entités rigoureusement séparées. Au contraire, ils ont toujours souhaité le maintien d'un cadre liant les deux républiques. Henri Mercier, reprenant un vieux projet de Calhoun[74],

---

[71] C'est ce qu'avance Charles Hubbard sans véritablement en faire la démonstration. HUBBARD Charles M., *The burden of Confederate diplomacy*, Knoxville, University of Tennessee Press, 1998, 253 p. ; p. 140. Cette réflexion de Napoléon III lui vient peut-être de Tocqueville qui notait : « Si la confédération actuelle venait à se briser, il me paraît incontestable que les Etats qui en font partie ne retourneraient pas à leur individualité première. A la place d'une Union il s'en formerait plusieurs. » TOCQUEVILLE Alexis de, *op. cit.*, t. 1, p. 481.

[72] Les autres raisons, à savoir l'inutilité d'une division pour le commerce français ou pour limiter l'expansion des Etats-Unis sont développées dans le 1er chapitre de cette partie et le chapitre 4 de la seconde partie.

[73] Mémo. de Slidell in Slidell à Benjamin ; Paris, le 25 juillet 1862. *ORN*, ser. II, vol. 3, pp. 479-487. *Le Journal des Débats* rappelle que l'aide de Louis XVI aux colons insurgés a eu pour but d'élever, sur les rivages de l'Atlantique, un peuple pour faire concurrence à l'Angleterre et lui disputer l'empire des mers. Edouard Laboulaye écrit qu'en acceptant la division de l'Union « c'est nous qui la rétablirions sur cette terre d'où nos pères l'ont chassée. » *Le Journal des Débats*, le 27 août 1862.

[74] John Caldwell Calhoun (1782-1850) est, comme Clay et Webster, une des grandes figures de la politique américaine dans les années 1830/1840. Originaire de Caroline du Sud, il occupe différentes fonctions politiques tour à tour congressiste, secrétaire à la Guerre du président Monroe, vice-président de John Quincy Adams et de Jackson, secrétaire d'Etat de Tyler. Cet orateur talentueux est un esclavagiste convaincu ; il est favorable aux droits des

suggère le premier un projet d'union douanière avec deux administrations séparées. Quinze jours après l'attaque de Fort Sumter, il préconise que les deux républiques, enfantées par la séparation, « adoptent un système douanier commun basé sur un tarif modéré qui serait une transaction entre les prétentions du Sud et celles du Nord »[75]. Quelques mois plus tard il revient à la charge, se demandant si la France ne pourrait admettre l'indépendance politique d'un certain nombre d'Etats, mais en la conditionnant toujours à une association douanière[76].

Les services du ministère travaillent sur cette idée et bâtissent un projet qu'ils soumettent à Thouvenel le 4 juillet 1862. Il s'agit d'un plan de délimitation entre le Nord et le Sud qui, dans l'hypothèse d'une séparation, suivrait la division déjà établie par l'esclavage. Il serait tenu compte des succès militaires. Le Missouri, le Kentucky et le Tennessee, ainsi qu'une partie de la Virginie, reviendraient au Nord puisqu'il les occupe déjà ; il resterait au Sud onze Etats. Mais, pour autant, les concepteurs du projet appuient la conservation d'un cadre commun puisqu'ils proposent, pour les douanes, une même frontière avec un tarif uniforme. Chacune des républiques prendrait à sa charge la part proportionnelle de l'ancienne dette des Etats-Unis[77].

Un mois et demi plus tard, une correspondance privée de Thouvenel à l'ambassadeur de France au Royaume-Uni nous informe que le ministre des Affaires étrangères a pris connaissance du projet qui lui a été soumis. Dans l'hypothèse où la France serait sollicitée pour proposer sa médiation, il apporte quelques modifications en suggérant des institutions communes aux deux républiques qui naîtraient des cendres de l'Union :

> « Ce que je voudrais, si l'on était le maître de ses désirs et de ses rêves, ce serait la formation de deux confédérations fédérées, passez-moi le barbarisme. Le Nord et le Sud feraient chacun leurs lois et s'ils ne se les garantissaient pas, s'engageraient tout au moins à respecter réciproquement leurs institutions, fussent-elles particulières. Ils auraient la même représentation au dehors et le même régime économique. On aurait à examiner la question de savoir s'il est possible de s'entendre sur la formation d'un Sénat mixte, peu nombreux et chargé uniquement de constater l'existence de la fédération des deux républiques. »[78]

Etats (il forge la théorie de la « nullification »). On peut dire qu'il est le père de « l'idéologie sudiste ».

[75] Mercier à Thouvenel ; Washington, le 12 mai 1861. A.M.A.E., CP EU, vol. 124 f. 209.

[76] *Id.* ; Washington, le 24 février 1862. A.M.A.E., PT, vol. 13 f. 434-v.

[77] Note pour le ministre : plan de délimitation entre le Nord et le Sud ; Paris, le 4 juillet 1862. A.M.A.E., ADP EU, vol. 30 ff. 199-202v.

[78] Thouvenel à Flahaut ; Paris, le 20 août 1862. THOUVENEL L., *op. cit.*, t. 2, pp. 364-365.

On le voit, loin d'entériner la séparation, Thouvenel souhaite reconstruire l'Union sur de nouvelles bases. Dans son esprit les deux républiques bénéficieraient d'une même représentation diplomatique, d'un seul espace douanier, et au niveau politique une chambre mixte servirait à régler les litiges. Le 12 septembre 1862, Thouvenel rencontre le représentant des Etats-Unis en France. Evoquant devant lui ce dessein, il va encore plus loin dans son idée de renforcer l'union des deux Etats puisque, en plus des Affaires étrangères, il propose que ceux-ci s'appuient sur une défense commune[79]. Si la séparation est avérée, Thouvenel fera donc tout pour maintenir une union partielle ; un cas de figure qui s'inspire de celui des provinces unies de Moldavie et de Valachie[80].

Pour Drouyn de Lhuys, son successeur au ministère des Affaires étrangères, la scission de l'Union ne va pas non plus de soi. Dans la proposition de médiation, qu'il formule en janvier 1863, il plaide pour que le Nord et le Sud recherchent si les souvenirs d'une existence commune, si les liens de toute nature qui ont fait d'eux un seul et même Etat et l'ont porté à « un si haut degré de prospérité » ne sont pas plus puissants que les causes qui les ont amenés à prendre les armes[81]. En recadrant son offre dans une perspective historique, en rappelant tout ce que les Etats-Unis ont gagné à se fédérer, il établit que la lutte des onze Etats en rébellion va à l'encontre du sens de l'histoire. De ce point de vue, il se range aux avis du gouvernement Lincoln qui martèle que la lutte des Etats de Dixie est contraire et à la constitution et à la tradition politique des Etats-Unis. Dans *Le Constitutionnel* du 20 janvier 1863 un article signé Paulin Limayrac, mais qui s'avère publié sur les instances du ministre des Affaires étrangères, exprime le souhait d'une restauration de « la grande confédération américaine dans son intégrité »[82]. On ne peut donc pas dire que Thouvenel et Drouyn de Lhuys acceptent de gaieté de cœur la séparation ; c'est un euphémisme.

---

[79] Dayton à Seward ; Paris, le 17 septembre 1862. CASE L. M. *et al.*, *op. cit.*, p. 336.

[80] Lors de la conférence de Paris, d'août 1858, il est établi pour les principautés de Valachie et de Moldavie des institutions législatives communes. Elles élisent un même gouverneur, l'hospodar Alexandre Couza, et donnent ainsi naissance à la Roumanie. DROZ Jacques, *Histoire diplomatique de 1648 à 1919*, Paris, Dalloz, 2005, 614 p. ; pp. 384-385.

[81] Drouyn de Lhuys à Mercier ; Paris, le 9 janvier 1863. A.M.A.E., CP EU, vol. 129 f. 15.

[82] *Le Constitutionnel*, le 20 janvier 1863. WEST W. R., *op. cit.*, pp. 96-97.

Conclusion

Admettre la fin de l'Union conduit, d'une part, à déterminer le moment de son trépas et, d'autre part, à réfléchir à ce qui pourrait remplacer les anciens Etats-Unis. Or, dans les deux cas, il y a une incertitude : incertitude sur la disparition définitive de l'Union, impossible à acter tant que le Nord est décidé à abattre le Sud, et doute sur la pérennité de la Confédération, qui ne démontre pas sa capacité à survivre à la guerre civile. En mars 1862, le consul à Boston résume en quelques mots ce qui s'impose vite aux yeux du ministère : la solution d'un rétablissement de l'Union est « la seule possible, la seule désirable, pour les Américains comme pour les puissances étrangères »[83].

Bien sûr, à l'été 1862, devant la résistance inattendue des Sudistes, la disparition des Etats-Unis est, un temps, envisagée par le Quai d'Orsay. Il s'agit là d'une résignation, non d'un choix intentionnel. Mais, paradoxalement, c'est au moment où l'Union apparaît la plus menacée que son existence se renforce, car l'hypothèse d'un tel fatum pousse les observateurs à se projeter dans un futur plus inquiétant encore car annonciateur de tensions perpétuelles. C'est ce qui explique que la solution de rechange élaborée par les diplomates - un plan qui pourrait être soumis aux deux parties en cas de médiation - ne propose qu'un réaménagement du cadre fédéral. Cette reconstruction, qui fait du neuf avec de l'ancien, est finalement rassurante et prouve à quel point, pour le ministère, il est inconcevable que le Sud ne conserve des liens solides avec le Nord. Pour Thouvenel, comme pour Drouyn de Lhuys, l'avenir des Etats-Unis passe par une nouvelle union, non un partage entre deux républiques. Un désir d'innover que partage Lincoln ; en publiant sa déclaration d'émancipation en septembre 1862[84], ne prouve-t-il pas que lui aussi aspire, non à restaurer la fédération *ante bellum*, mais à donner naissance à une autre pour que s'accomplisse une seconde révolution américaine ? Le vent nouveau que fait souffler Lincoln, et l'absence patente de perspective d'une république esclavagiste, démontre aisément à quel point l'idée d'un Sud émancipé est illusoire.

[83] Souchard à Thouvenel ; Boston, le 18 mars 1862. A.M.A.E., CPC EU, vol. 12 f. 172.
[84] Cf. premier chapitre de la seconde partie.

CHAPITRE 3 : UNE INCLINATION DE LA FRANCE POUR LE SUD ?

Pour certains auteurs, une des premières raisons qui pousse une partie des Français à choisir le camp des Etats confédérés vient de la sympathie instinctive qu'ils éprouvent pour leur lutte. Cette inclination partirait du refus obstiné du Nord de laisser son rival quitter une fédération à laquelle il a librement adhéré. En interdisant aux rebelles de s'affranchir de ce cadre, qui ne leur permet pas d'exprimer une différence qu'ils jugent constitutive de leur identité, le Nord bafouerait leur droit à l'émancipation. L'image positive du « vieux Sud » viendrait aussi de son caractère d'authenticité et de pureté originelle, tout autant que de son art de vivre qui serait l'héritier d'une aristocratie de mœurs et de culture européennes. Enfin, cette lutte ne serait pas une guerre civile mais le combat d'une nationalité émergente que le Nord tenterait d'étouffer. Derrière ces images d'Epinal se cacherait, à l'inverse, une antipathie pour le Nord, symbole d'intolérance, jugé matérialiste, orgueilleux, fasciné par l'argent, replié derrière ses frontières douanières. Si, une fois n'est pas coutume, la politique étrangère est affaire de sentiments, cette perception coïncide-t-elle au moins avec celle des diplomates avisés ?

I. LA POPULARITE DU COMBAT DU SUD

A. Une sympathie de l'élite pour le plus faible

Il y a d'abord l'Empereur dont on pourrait penser que cette inclination repose, pour l'essentiel, sur la seule donnée géopolitique, c'est-à-dire une évaluation objective de la situation mexicaine. Pourtant, au-delà de son grand dessein, il exprime une réelle sympathie pour la lutte acharnée que mènent les Etats confédérés pour parvenir à l'indépendance. C'est aussi le résultat de son aversion pour les Etats du nord des Etats-Unis où il s'est rendu à la fin des années 1830, un séjour qu'il a peu goûté[1]. A chacune de leurs rencontres, Napoléon III réaffirme à John Slidell, l'émissaire de la Confédération, sa prédilection pour le Sud[2]. En public, l'Empereur ne dissimule d'ailleurs pas ses préférences[3], ce qui explique que ses penchants

[1] FENTON Bresler, *Napoléon III. A life*, Hammersmith, London, HarperCollins publishers, 1999, 438 p. ; pp. 125-127.

[2] Slidell à Benjamin ; Paris, le 1er juin 1862. *ORN*, ser. II, vol. 3, pp. 428-429.

[3] Napoléon III n'hésite pas à afficher ses marques de sympathie à l'égard de Slidell. Slidell à Benjamin ; Biarritz, septembre 1863. *ORN*, ser. II, vol. 3, pp. 905-907.

pro-sudistes soient très tôt connus du plus grand nombre[4]. En retour, Alfred Paul, le consul à Richmond, note que ce choix procure à Napoléon III une bienveillance clairement manifestée par le gouvernement, la presse et la population du Sud[5]. Dans son discours du 12 janvier 1863, Jefferson Davis rend hommage au « monarque éclairé de la nation française » auquel il estime être redevable de la première manifestation officielle de sympathie pour les souffrances endurées par son peuple[6]. L'Impératrice, qui n'est pas sans influence sur son époux, dévoile, elle aussi, sa propension pour la cause que défend activement Slidell. Ce dernier est d'ailleurs surpris qu'Eugénie soit autant au fait des affaires américaines[7].

Dans l'entourage de l'Empereur rares sont ceux qui expriment une opinion contraire à celle du souverain. Selon Billaut, il existe au sein du cabinet un courant considérable en faveur des Etats entrés en rébellion[8]. Persigny, ministre de l'Intérieur et directeur du *Constitutionnel*, est un ami de Slidell. Il confie qu'il est avec les Sudistes « dans son cœur et dans son âme ». De même, les ministres de la Justice, Jules Baroche, des Finances, Achille Fould, de la Marine, Chasseloup-Laubat, témoignent à Slidell de l'estime pour le combat de la Confédération[9]. Morny, le demi-frère du souverain, est tout autant gagné à la cause du Sud[10] que Rouher, le ministre de l'Agriculture, du Commerce et des Travaux publics et Walewski, l'ancien ministre des Affaires étrangères[11]. La cour impériale, la haute banque, les

---

[4] Plusieurs consuls soulignent que le grand public a conscience de cette « évidente sympathie » de l'Empereur pour le Sud. Ex : Nuyen (consul gérant) à Thouvenel ; New York, le 11 juin 1861. A.M.A.E., CPC EU, vol. 8 f. 31.

[5] Paul à Drouyn de Lhuys ; Richmond, le 19 décembre 1862. A.M.A.E., CPC EU, vol. 12 ff. 136-140v.

[6] Paul à Drouyn de Lhuys ; Richmond, le 15 janvier 1863. A.M.A.E., CPC EU, vol. 15 f. 20. *Archives diplomatiques.* 1863, Paris, Amyot, t. 1, 504 p. ; p. 404.

[7] Le 7 septembre 1863 Slidell est invité avec sa famille à un bal donné par l'Empereur à la villa Eugénie à Biarritz. A cette occasion, l'Impératrice s'entretient avec lui durant une demi-heure. Il la rencontre de nouveau quelques jours plus tard. Slidell à Benjamin ; Biarritz, le 16 septembre 1863. *ORN*, ser. II, vol. 3, pp. 905-907.

[8] Slidell à Benjamin ; Paris, le 1er juin 1862. *ORN*, ser. II, vol. 3, pp. 428-429. Adolphe Billaut est un des trois ministres sans portefeuille. Il s'occupe des questions liées aux Affaires étrangères, à la Marine, aux Colonies, à l'Instruction publique et aux Cultes. Il défend avec éloquence la politique étrangère du régime devant les parlementaires. Il décède en octobre 1863. LIVET Christophe, « Adolphe Billaut » in *Dictionnaire du Second Empire*, Paris, Fayard, 1995, 1347 p. ; pp. 150-151.

[9] Note concernant les entretiens avec Thouvenel, Persigny, Baroche et Fould in Slidell à Benjamin ; Paris, le 11 février 1862. *ORN*, ser. II, vol. 3, pp. 339-341. Slidell à Benjamin ; Paris, le 11 juillet 1864. *ORN*, ser. II, vol. 3, pp. 1169-1170. Remarquons que, dans ses souvenirs, l'épouse de Baroche ne fait à aucun moment état de ce sentiment. BAROCHE Madame Jules, *Second Empire : notes et souvenirs de 16 années (1855-1871)*, Paris, G. Crès & Cie, 1921, 661 p. ; p. 197.

[10] Slidell à Benjamin ; Paris, le 20 août 1862. *ORN*, ser. II, vol. 3, pp. 518-520.

[11] *Idem* ; Paris, le 10 mars 1862. *ORN*, ser. II, vol. 3, p. 356.

officiers français penchent généralement en faveur des chefs du Sud, de même que les catholiques[12]. Faulkner, envoyé extraordinaire et ministre plénipotentiaire des Etats-Unis en France jusqu'en mai 1861, note qu'au bal de la cour seuls les Sudistes sont présents[13]. Hotze, le propagandiste du Sud en Grande-Bretagne, juge les trois quarts des journaux parisiens favorables à son gouvernement et qu'il en va de même en province[14]. Un tableau qui désespère Montalembert, le directeur du *Correspondant*, qui écrit ces mots à Prévost-Paradol : « Vous ne sauriez croire à quel point cette cause du Nord est impopulaire non seulement dans le monde religieux ou fanatique mais encore dans le monde politique, dans notre monde. »[15]

Pour ce qui concerne les diplomates, Henri Mercier, premier collaborateur du gouvernement impérial, premier informateur des événements qui se déroulent au nord et premier contact avec le gouvernement fédéral, se distingue lui aussi par ses sympathies marquées pour la cause des révoltés[16]. Il est probable que cette disposition lui vienne de ses amitiés puisque la société que fréquente Mercier réunit, pour l'essentiel, un milieu pro-sudiste[17]. Il tente de maîtriser cette partialité, mais elle transparaît néanmoins dans son compte rendu des événements et sa description des personnes[18]. Ses préjugés se manifestent assez vite puisque, dès le début de la guerre, un de ses correspondants exprime auprès du ministre des Affaires étrangères la crainte que Mercier « n'ait peut-être laissé voir des sentiments trop favorables au Sud ». L'accusateur juge que cette

---

[12] HUNTLEY Stephen McQueen, *Les rapports de la France et de la Confédération pendant la guerre de Sécession*, Thèse, Toulouse, Imprimerie régionale, 1932, 276 p. ; p. 151.

[13] WILSON Beckles, *America's ambassadors to France (1777-1927), A narrative of franco-american diplomatic relations*, London, John Murray, 1928, 433 p. ; p. 255, p. 259.

[14] WEST Warren Reed, *Contemporary French Opinion on the American Civil War*, Baltimore, Johns Hopkins University Press, 1924, 156 p. ; pp. 11-12, p. 108.

[15] GUIRAL Pierre, *Prévost-Paradol (1829-1870). Pensée et action d'un libéral sous le Second Empire*, Paris, PUF, 1955, 844 p. ; pp. 296-297. Charles Forbes, comte de Montalembert (1810-1870), est un catholique libéral membre du Corps législatif. Jusqu'à son ralliement tardif en 1870, Antoine Prévost-Paradol (1829-1870) est un des plus brillants opposants libéraux à l'Empire. A l'époque de la guerre civile il écrit pour le *Journal des Débats*.

[16] Slidell partage cet avis. Slidell à Benjamin ; Paris, le 25 janvier 1864. *ORN*, ser. II, vol. 3, pp. 1011-1012. Carroll est moins affirmatif. CARROLL Daniel B., *Henri Mercier and the American Civil War*, Princeton, New Jersey, Princeton University Press, 1971, 396 p. ; pp. 356-359. Richard Korolewicz-Carlton estime qu'il fait son métier avec objectivité mais lui reproche de ne pas hésiter à afficher des préférences lorsqu'il s'agit de personnes. KOROLEWICZ-CARLTON Richard, *Napoléon III, Thouvenel et la guerre de Sécession*, thèse de doctorat de l'Université de Paris, 1951, 202 p. ; pp. 8-10.

[17] CARROLL D. B., *op. cit.*, p. XV.

[18] Il dresse ainsi un portrait très flatteur de Jefferson Davis, considéré comme « un véritable homme d'Etat ». Mercier à Thouvenel ; Washington, le 25 février 1861. A.M.A.E., CP EU, vol. 124 f. 78. Portrait qu'il oppose caricaturalement à Lincoln jugé insuffisant et inexpérimenté. *Id.* ; Washington, le 17 mars 1861. A.M.A.E., CP EU, vol. 124 f. 105.

prédilection pourrait contribuer à affaiblir son influence auprès de l'administration fédérale[19]. La plupart des consuls français affichent également des préférences en direction du combat des Sudistes[20]. Certains, comme celui de Charleston, vont même jusqu'à s'identifier à ce camp[21] ou s'efforcent, comme celui de La Nouvelle-Orléans, de faciliter les enrôlements en faveur des Confédérés[22]. D'ailleurs, en dépit des consignes très strictes de neutralité, quelques Français se rangent aux côtés du Sud. L'exemple le plus connu est celui du prince Camille de Polignac (fils du prince de Polignac, ancien ministre de Charles X), qui s'engage comme lieutenant-colonel dans l'armée du général Beauregard[23]. Il servira ensuite sous les ordres du général Bragg[24].

B. Mythification et mystifications

1. Le souvenir de la Louisiane

Il faut souligner le travail entreprenant des propagandistes du Sud en Europe. Ils vont contribuer à populariser la lutte de la Confédération et à forger ses mythes[25]. En France, le plus actif d'entre eux est Edwin de Leon

---

[19] Résumé d'une lettre d'un correspondant de Mercier ; Paris, le 28 mai 1861. A.M.A.E., ADP EU, vol. 30 f. 25v.

[20] DUNNING William Archibald, « The French consuls in the Confederate States » in *Studies in Southern history and politics*, New York, Columbia University Press, 1914, IV, pp. 83-107 ; p. 84.

[21] Ainsi, par exemple, le gérant du consulat de Charleston. Lanen à Drouyn de Lhuys ; Charleston, le 25 décembre 1863. A.M.A.E., CCC Charleston, vol. 7 f. 324 v.

[22] Dayton informe Thouvenel que, au mépris du devoir de neutralité, des Français résidant à La Nouvelle-Orléans ont constitué une troupe sous les auspices du consul Méjan. Il soupçonne cette unité de prêter main forte aux autorités de la ville pour défendre le port assiégé. Thouvenel à Méjan ; Paris, le 18 juillet 1861. A.M.A.E., CPC EU, vol. 9 f. 81.

[23] Paul à Thouvenel ; Richmond, le 20 juillet 1861. A.M.A.E., CPC EU, vol. 9 f. 210. *Id.* ; Richmond, le 2 novembre 1861. A.M.A.E., CPC EU, vol. 9 f. 259.

[24] LA MARDIERE Gérard de, *La guerre de Sécession (1861-1865) vue par les Français*, thèse de 3e cycle, Paris IV, 1985, 301 p. ; p. 45. Le général Braxton Bragg (1817-1876) est un des sept grands généraux confédérés. Il a surtout guerroyé sur le théâtre d'opérations occidental. Les princes d'Orléans, de leur côté, combattent aux côtés des Nordistes. Le comte de Paris (23 ans), petit-fils de Louis-Philippe, est affecté avec son frère, le duc de Chartres, dans l'armée du Potomac auprès du général français de Trobriand. Devant Napoléon III, Slidell ne manque pas d'évoquer la présence des princes d'Orléans dans les troupes du Nord. Mémo. de Slidell in Slidell à Benjamin ; Paris, le 25 juillet 1862. *ORN*, ser. II, vol. 3, pp. 479-487. Par un décret du 22 janvier 1852 les Orléanistes sont, en effet, frappés pour certains de proscription et leurs biens sont confisqués.

[25] C'est Henry Hotze qui décide Jefferson Davis, en 1862, à créer un réseau de propagande pour l'Europe afin de populariser la lutte de la Confédération. Il fondera à Londres le célèbre journal de propagande pro-sudiste, l'*Index*. CULLOP Charles P., *Confederate propaganda in*

qui fait publier ses lettres dans la presse et écrit des articles dans le journal *La Patrie*[26]. Slidell, l'émissaire de la Confédération en France, a bien compris que la guerre se gagne aussi dans les esprits ; il réclame à Napoléon que les navires de guerre français amènent les journaux du Sud pour contrer les positions de la presse du Nord[27].

Aux côtés de de Leon on trouve des Louisianais, comme Paul Pequet du Bellet, qui élaborent des stratégies pour rallier le monde politique et l'opinion publique à leur cause. Ils mettent principalement l'accent sur l'héritage latin commun[28]. Dans cette guerre civile, dont les raisons paraissent obscures à beaucoup, le souvenir de la Louisiane, vendue en 1803 aux Etats-Unis, permet en effet d'amener les Français à trouver un point familier. Comme l'écrit Mercier c'est une « population française, de mœurs, de langue, et de sentiments » qui habite cet Etat[29]. A Slidell, le 16 juillet 1862, Napoléon III parle avec émotion des descendants français en Louisiane qui conservent encore les habits et le langage[30]. Thouvenel rappelle au consul à La Nouvelle-Orléans qu'on compte 30 000 Français dans cette ville, ce qui en fait la communauté étrangère la plus nombreuse[31]. Leur présence offre à ce diplomate une place de premier plan parmi les autres consuls[32].

La presse la plus en phase avec le régime impérial s'engouffre dans la brèche du souvenir de la province perdue. Elle tente de présenter la Louisiane comme une contrée française par sa culture et ses usages[33]. Le but

---

Europe, 1861-1865, Coral Gables, University of Miami Press, 1969, 160 p. ; pp. 18-21 ; pp. 27-29.

[26] LEON Edwin de, *Secret history of Confederate diplomacy abroad*, Lawrence, University Press of Kansas, 2005, 224 p. ; pp. XII-XVII.

[27] Mémo. de Slidell in Slidell à Benjamin ; Paris, le 25 juillet 1862. *ORN*, ser. II, vol. 3, pp. 479-487.

[28] Salwa Nacouzi, « Les créoles louisianais défendent la cause du Sud (1861-1865) ». Transatlantica, 2002, Jeune République. http//www.transatlantica.org. Le meilleur exemple est fourni par Paul Pequet du Bellet, un créole qui réside à Paris pendant la guerre de Sécession. La première série d'articles de du Bellet est publiée dans *Le Pays* où il défend l'esclavage (les 8, 13 et 20 février 1861). Il publie *Lettre à l'Empereur : de la reconnaissance des Etats confédérés d'Amérique*, Paris, Schiller aîné, 1862, 14 p. puis, *Lettre au Corps législatif*, Paris, Tinterlin et Cie, 1864, 24 p.

[29] Mercier à Thouvenel ; Washington, le 26 novembre 1860. A.M.A.E., CP EU, vol. 123 f. 377.

[30] Mémo. de Slidell in Slidell à Benjamin ; Paris, le 25 juillet 1862. *ORN*, ser. II, vol. 3, pp. 479-487.

[31] Thouvenel à Méjan ; Paris, le 3 avril 1862. A.M.A.E., CPC EU, vol. 11 f. 216. Le comte Méjan est consul à La Nouvelle-Orléans depuis 1856. Le chiffre donné par Thouvenel est très exagéré. Cependant, 3/4 des Français vivant dans le Sud résident en Louisiane.

[32] DUNNING W. A.,*op. cit.*, p. 97.

[33] *La Presse*, le 25 février 1861. Gaillardet. BLACKBURN George M., *French Newspaper opinion on the American Civil War*, contributions in American History n° 171, Greenwood Press, Westport Connecticut, London, 1997, 158 p. ; p. 32. *Le Constitutionnel*, le 12

suivi par les journaux conservateurs est de démontrer qu'il existe une « affinité de races » et de « traditions d'origine » entre la France et la Louisiane et, d'autre part, que ces derniers vestiges de la latinité et de la catholicité sont menacés par les Etats du nord anglo-saxons et protestants[34].

Cette idée d'une compétition ethnique entre Anglo-saxons et Latins se trouve confortée, durant l'année 1862, par l'intervention française au Mexique, tout d'abord, dont le panlatinisme est une des justifications et, ensuite, par le comportement du général nordiste Butler qui, après la prise de La Nouvelle-Orléans, en mai 1862, met le port en coupe réglée. Beaucoup y voient la confirmation de leurs pressentiments, la logique appliquée par le Nord de la domination absolue et de l'éradication de tout ce qui pourrait rappeler le passé français. Dans un mémorandum remis au Quai, en décembre, Slidell recense les propriétés des habitants de Louisiane qui ont été confisquées, sans procès, par ordre de Butler[35]. L'idée est de suggérer que la guerre que mène le Nord recèle un but secret, celui d'établir son hégémonie sur tout le continent, jusqu'au Cap Horn, et de ruiner ce qui subsiste de latinité sur le sol américain. Il en va de la survie de la culture latine en Amérique et il faut considérer les Confédérés comme la dernière digue pour bloquer l'avancée destructrice des Yankees. Ces arguments sont repris par les propagandistes louisianais qui ne craignent pas la caricature et s'appuient à démontrer que le panlatinisme doit être un ciment pour s'opposer au flot envahisseur des Anglo-saxons[36].

A travers la défense du panlatinisme ressort l'idée d'un Nord agressif. Le Sud est ainsi perçu comme une victime de la brutalité des autorités fédérales. Les consuls jugent que sa détermination à privilégier l'option militaire ne peut que jeter de l'huile sur le feu. A l'aube du bombardement de Fort Sumter, celui en poste à La Nouvelle-Orléans, réagissant au départ de bateaux de guerre de New York, prédit une radicalisation des séparatistes[37].

---

novembre 1861. Gaillardet, GAVRONSKY Serge, *The French liberal opposition and the American Civil War*, New York, Humanities Press, 1968, 304 p. ; p. 78.

[34] *Le Constitutionnel*, le 13 décembre 1861. *La Patrie*, le 12 janvier 1864. ROGER Philippe, *L'Ennemi américain. Généalogie de l'antiaméricanisme français*, Paris, Le Seuil, 2002, 602 p. ; p. 127.

[35] Mémo. de Slidell ; Paris, le 22 décembre 1862. A.M.A.E., ADP EU, vol. 32 f. 101-v. Benjamin Butler dirige le corps d'armée nordiste qui occupe La Nouvelle-Orléans après sa conquête. Les mesures drastiques qu'il prend pour administrer la ville vont laisser un souvenir calamiteux. Il sera rappelé en décembre. Les Sudistes l'ont surnommé « Beast Butler ».

[36] En 1863 le Dr Alfred Mercier publie une brochure, *Du Panlatinisme : nécessité d'une alliance entre la France et la Confédération du Sud,* Paris, Lib. Centrale, 1863, 31 p. Il suggère, comme contrepoids aux Anglo-saxons, une alliance entre la France, les Confédérés, le Mexique et les autres pays latins d'Amérique. Il ne faut pas confondre ce Mercier avec le ministre plénipotentiaire avec lequel il ne possède aucun lien de parenté.

[37] Méjan à Thouvenel ; La Nouvelle-Orléans, le 11 avril 1861. A.M.A.E., CPC EU, vol. 9 f. 53.

Certains diplomates n'hésitent pas à parler de « guerre d'extermination » pour qualifier le combat que livre le Nord contre son rival[38]. Pour Mercier, le représentant du gouvernement impérial aux Etats-Unis, cette obstination trahit ses véritables buts de guerre, à savoir la crainte de perdre « une sorte de colonie » dont le Nord mesure chaque jour sa dépendance à son égard. S'il réagit avec vigueur c'est qu'il est bien conscient que les conséquences de la séparation lui seront néfastes sinon funestes[39]. Dans cette guerre qui oppose David contre Goliath, certains agents se plaisent à soutenir le faible contre le fort, surtout si ce dernier dissimule ses intentions véritables derrière de nobles desseins et cherche à priver le plus vulnérable de ses dernières ressources.

2. Le Sud défend sa liberté

Par un singulier retournement des choses, le Sud est aussi présenté comme le défenseur de la liberté. Il le doit d'abord à sa conception des échanges économiques. En février 1861, au moment de la naissance de la Confédération, le consul à La Nouvelle-Orléans souligne que son président, Jefferson Davis, dans le discours d'inauguration de la convention, affirme que la politique de la nouvelle république doit se baser sur la liberté des échanges[40]. Contrairement à son adversaire, le Sud n'abuse pas d'un protectionnisme rigide, un point de vue auquel l'Empereur est sensible. Ce dernier croit en effet que l'idée de progrès vient du libre-échange qui stimule le commerce et doit conduire au rapprochement des peuples et à la disparition des guerres. Les rapports remis au Quai laissent entendre que le développement du Nord ne doit rien à sa capacité à innover mais s'explique par son tarif prohibitif. Les habitants du Sud sont victimes de l'essor de ce droit de douane qui grève les consommateurs d'une taxe encaissée par le Nord[41]. La France pâtit tout autant de ce protectionnisme puisqu'il pénalise ses exportations[42].

---

[38] Montholon à Thouvenel ; New York, le 12 mai 1862. A.M.A.E., CPC EU, vol. 10 f. 75v. L'expression est souvent utilisée par les propagandistes du Sud. Paul du Bellet parle de « guerre d'extermination », A. Mercier de « guerre d'anéantissement ». BELLET P. du, *Lettre au Corps législatif*, *op. cit.*, p. 4. MERCIER A., *op. cit.*, p. 11.

[39] Mercier à Thouvenel ; Washington, le 12 mai 1861. A.M.A.E., CP EU, vol. 124 f. 210. Analyse d'un ouvrage de statistiques transmis par Mercier ; 1861-1862. A.M.A.E., ADP EU, vol. 30 ff. 2-13.

[40] Méjan à Thouvenel ; La Nouvelle-Orléans, le 20 février 1861. A.M.A.E., CCC La N-O, vol. 13 f. 286.

[41] Analyse… *op. cit.* ; 1861-1862. A.M.A.E., ADP EU, vol. 30 ff. 2-13.

[42] Lettres sur la question américaine par E. Bellot des Minières ; Paris, le 7 mai 1861. A.M.A.E., MD EU, vol. 25 ff. 193v.-194. Pour la France le tarif est de 25 % sur les eaux de vie, 10 % en moyenne sur les autres articles. Les vins payent 50 % de droits, les soieries 40 %. FOHLEN Claude, « La guerre de Sécession et le commerce franco-américain », in

D'autre part, pour justifier son combat, le Sud invoque le droit des Etats à faire sécession. Pourquoi la fédération américaine, qui forme une association d'Etats, ne laisserait-elle pas partir certains d'entre eux s'ils le souhaitent ?[43] Les diplomates reprennent cette antienne. Mercier, commentant la scission de la Caroline du Sud, estime que ni l'exécutif, ni le Congrès, ne peuvent s'opposer à une décision d'un Etat souverain[44]. Même conclusion pour le consul à La Nouvelle-Orléans qui juge la politique de Lincoln illégale[45]. Compte tenu du vide juridique qui existe sur la possibilité de faire sécession, Sain de Boislecomte, l'ancien ministre de la France aux Etats-Unis, s'interroge sur la légitimité d'une action contre le Sud. S'il faut interpréter la Constitution dans un sens plutôt que dans un autre, il estime qu'en écrivant dans ce texte « nous le peuple des Etats-Unis », l'Union a accepté de diminuer le lien général en donnant aux représentations locales le plus grand pouvoir[46]. Dans sa correspondance à Thouvenel du 21 juillet 1862, l'émissaire de la Confédération défend ce point de vue avec force et voit dans le refus de reconnaître les droits fondamentaux du Sud un désir du Nord de conquérir son territoire[47].

Comme les colons américains jadis face à l'Angleterre, le Sud, s'il estime ses intérêts fondamentaux menacés, peut user du droit de révolution[48]. Pour justifier la révolte Slidell invoque, auprès de Thouvenel, le principe du *self government* cher aux Anglo-saxons[49]. En se soumettant au résultat de l'élection de Lincoln, le Sud remettrait son destin, qui repose sur le maintien

---

Revue d'Histoire Moderne et Contemporaine, t. 7, 1961 (10/12), pp. 259-270 ; p. 266. L'inverse est vrai aussi. Le gouvernement français applique un droit de 20 F pour 100 kilos de coton américain. BLUMENTHAL Henry, *A reappraisal of Franco-American Relations (1830-1871)*, Chapel Hill, The University of North Carolina Press, 1959, 255 p. ; p. 95.

[43] En 1835, Tocqueville évoque ce droit des Etats : « La Confédération a été formée par la libre volonté des Etats ; ceux-ci, en s'unissant, n'ont point perdu leur nationalité et ne se sont point fondus dans un seul et même peuple. Si aujourd'hui un de ces mêmes Etats voulait retirer son nom du contrat, il serait assez difficile de lui prouver qu'il ne peut le faire. » TOCQUEVILLE Alexis de, *De la démocratie en Amérique*, Paris, Garnier Flammarion, 1981, t. 1, 569 p. ; p. 487.

[44] Mercier à Thouvenel ; Washington, le 31 décembre 1860. A.M.A.E., CP EU, vol. 123 ff. 414-416.

[45] Méjan à Thouvenel ; La Nouvelle-Orléans, le 29 avril 1861. A.M.A.E., CPC EU, vol. 9 f. 64v.

[46] BOISLECOMTE Charles Joseph Edmond Sain de, *De la crise américaine et de celle des nationalités en Europe*, Paris, E. Dentu, 1862, 155 p. ; p. 15.

[47] Slidell à Thouvenel ; Paris, le 21 juillet 1862. A.M.A.E., ADP EU, vol. 32 f. 61-64v.

[48] Si les Nordistes ne nient pas le droit de révolution, puisqu'ils se reconnaissent tout autant que les Sudistes comme les héritiers de la guerre d'Indépendance, à leurs yeux la révolution ne se justifie que si la cause qui en est l'origine est fondée. Or celle-ci n'est pas légitime puisque l'événement qui précipite la sécession est l'élection d'un président démocratiquement élu. McPHERSON James, *La guerre de Sécession* (1861-1865), Paris, Robert Laffont, 1991, 1004 p. ; p. 271.

[49] Slidell à Thouvenel ; Paris, le 21 juillet 1862. A.M.A.E., ADP EU, vol. 32 f. 48.

de l'esclavage, entre les mains du Nord abolitionniste. Il est donc normal qu'il se soulève. Alfred Paul, le consul à Richmond, allègue un état de légitime défense[50].

Tous ces arguments se retrouvent développés par les journaux qui soutiennent le régime et dénoncent la « brutalisation » dont le Nord fait preuve à l'égard du Sud. C'est d'abord l'option militaire privilégiée par le Nord qui est vilipendée et le fait apparaître comme responsable de la guerre[51]. Ces organes comparent la situation des Sudistes à celle des Polonais, tous deux victimes d'une puissance qui refuse la dissidence[52]. Même au sein du libéral *Journal des Débats*, pourtant acquis sans réticence à la cause du Nord, on hésite à donner raison au gouvernement fédéral de recourir à la force pour faire entendre raison au Sud[53]. Le journal rappelle que l'entretien d'une force militaire est très onéreux et qu'il vaudrait mieux réfléchir avant de se lancer dans une entreprise dont le coût humain et matériel pourrait être élevé pour les défenseurs de l'Union[54].

C'est ensuite le droit des Etats que la presse hostile au Nord considère être bafoué. Elle juge que l'Union est établie indépendamment de la souveraineté des Etats. Dès lors, les Etats du Sud ont le droit de faire sécession. Le Nord ne peut imposer au Sud un gouvernement dont il ne veut pas[55]. Mais, là encore, les quotidiens a priori les plus favorables au premier ne contestent pas au second le droit de sortir de l'Union[56].

---

[50] Paul à Thouvenel ; Richmond, le 10 octobre 1862. A.M.A.E., CPC EU, vol. 12 ff. 129v.-131. Paul à Drouyn de Lhuys ; Richmond, le 4 janvier 1863. A.M.A.E., CPC EU, vol. 15 f. 11. Notons que Paul émet un point de vue équilibré. Il désapprouve l'usage de la force par le Nord pour faire plier son adversaire mais, pour autant, ne ressent aucune sympathie pour les Etats en révolte.

[51] *Le Constitutionnel*, les 7 et 16 mai 1861. Edouard Gaulhiac. *Le Constitutionnel*, le 19 mai 1861. F. Gaillardet. WEST W. R., *op. cit.*, pp. 28-29.

[52] *La Patrie*, 1863. La date exacte n'est pas fournie par Philippe Roger. Delamarre, le propriétaire du journal, affirme que Napoléon III aurait cautionné cet article. De Leon à Benjamin, 19 juin 1863. ROGER P., *op. cit.*, p. 125.

[53] *Le Journal des Débats*, le 3 juin 1861. Baudrillart.

[54] *Le Journal des Débats*, le 24 juin 1861. F. Camus.

[55] *Le Constitutionnel*, le 16 mai 1861. Edouard Gaulhiac. WEST W. R., *op. cit.*, p. 29. *Le Pays*, les 11 et 17 septembre 1862. Paul Becquet du Bellet. BLACKBURN G. M., *op. cit.*, pp. 95-96.

[56] *Le Journal des Débats*, le 3 juin 1861. Baudrillart. *Le Journal des Débats*, le 24 avril 1862. F. Camus. *Le Temps*, le 18 juillet 1861. Jules Grenier. En fait, *Le Temps* est tout autant attaché à la légalité qu'à la liberté et sa position, qui peut paraître surprenante, s'explique avant tout par son rejet du despotisme. S'il se range d'emblée dans le camp du Nord, il lui semble malgré tout difficile d'approuver son inflexibilité à laisser partir les Etats sécédés. Cependant, observons que cet article est écrit avant le premier engagement militaire de la guerre civile américaine. La réaction des autorités fédérales, qui répondent à cette défaite par une mobilisation massive, prouve au *Temps* que Lincoln ne cèdera pas devant la résistance du Sud. Le journal adoptera dès lors une position beaucoup plus nette en faveur de l'Union.

Ce sont enfin les motifs poursuivis par le Nord que la presse la plus conservatrice soupçonne d'être dissimulés. Pour elle, la question du tarif est la seule cause de la guerre, une conflagration encouragée par des ambitions matérielles et des spéculateurs[57]. Comme aux Etats-Unis Dieu a été banni du monde des affaires, il n'y a pas à s'étonner de la résolution des Fédéraux. La société américaine n'obéit qu'à une seule religion : celle de l'argent[58].

3. Le combat d'une nation

Les amis du Sud tentent d'assimiler son combat à la cause des nationalités opprimées. L'idée a d'autant plus de facilité à s'enraciner que la sécession survient au moment où, avec l'appui de la France, les Italiens accomplissent leur unification[59]. Il s'agit de démontrer que les Sudistes constituent une nation émergente qui lutte pour son indépendance. L'argument porte auprès de l'Empereur. En juillet 1862, lors de sa première entrevue avec l'émissaire de la Confédération, il dit à Slidell que ses sympathies ont toujours été pour le Sud car ce peuple se bat pour le principe du gouvernement autonome dont il est un « ferme et constant avocat »[60]. Un raisonnement repris quelques jours plus tard par Slidell dans sa correspondance à Thouvenel[61]. C'est aussi le message que fait passer le gouvernement de Richmond auprès des diplomates français. En avril 1862, le secrétaire d'Etat de la Confédération, Judah Benjamin, affirme à Mercier, lors de sa visite dans la capitale confédérée, que désormais Nord et Sud forment deux peuples distincts[62].

La presse pro-sudiste sent bien qu'il y a ici matière à gagner des sympathies. Elle enfourche ce cheval de bataille : une nouvelle nation émerge dans le sud des Etats-Unis que le Nord tente d'écraser. Les différences sont trop marquées entre les deux sections en lutte pour vouloir

---

[57] *Le Pays*, le 27 août 1862. Lomon. *Le Pays*, le 9 janvier 1863. Melvil. *La Patrie*, le 9 mai 1865. Galland. BLACKBURN G. M., *op. cit.*, p. 63, p. 74, p. 112.

[58] *Le Monde*, le 1er septembre 1861. Coquille. BLACKBURN G. M., *Id.*, p. 36.

[59] De Leon parle des Sudistes comme d'un « peuple qui, combattant pour son indépendance et sa constitution, se montre digne, comme dernièrement l'Italie, d'être reconnu par les nations de l'Europe ». LEON Edwin de, *La vérité sur les Etats confédérés d'Amérique*, Paris, E. Dentu, 1862, 32 p. ; pp. 5-6.

[60] Mémo. de Slidell in Slidell à Benjamin ; Paris, le 25 juillet 1862. *ORN*, ser. II, vol. 3, pp. 479-487. Il n'est d'ailleurs pas le seul homme d'Etat à faire l'amalgame ; début octobre 1862 le chancelier de l'échiquier, William Gladstone, déclare dans un discours : « Il n'y a pas de doute que Jefferson Davis et d'autres leaders du Sud ont formé une armée ; ils sont en train de faire, apparemment, une marine et ils ont fait, ce qui est plus que tout, une nation. » COOPER William J., *Jefferson Davis American*, New York, Alfred A. Knopf, 2000, 757 p. ; p. 404.

[61] Slidell à Thouvenel ; Paris, le 21 juillet 1862. A.M.A.E., ADP EU, vol. 32 f. 47v.

[62] Mercier à Thouvenel ; Washington, le 28 avril 1862. A.M.A.E., CP EU, vol. 127 ff. 50-78.

les rassembler[63]. Etrangement, *Le Temps*, d'inspiration républicaine, souscrit lui aussi à cette interprétation mais pour des raisons d'antagonisme à l'égard des esclavagistes qu'il ne peut assimiler à des Américains[64].

Le Sud représente donc une nation émergente et, ce qui lui attire d'autant plus d'estime, c'est sa résistance inattendue, sa ténacité homérique, ce romantisme du désespoir. Comment ne pas se laisser gagner à la bienveillance pour ce peuple qui lutte avec une volonté acharnée pour sa survie, qui laisse à penser qu'il se fera tuer jusqu'au dernier pour préserver ses intérêts ? Slidell parle à l'Empereur de la détermination de ses compatriotes à combattre et même de l'enthousiasme des femmes du Sud[65]. Napoléon III salue ce courage[66].

Par son identité particulière, cette nation se distinguerait de celle du Nord. Une aristocratie de grands propriétaires raffinés, pétris de traditions, s'emploierait à préserver un art de vivre et des coutumes venues tout droit d'Europe. Face à un Nord jugé effronté, inculte, uniquement préoccupé par l'appât du gain, s'opposeraient, dans l'imaginaire européen, les manières plaisantes, la bonne éducation, le désintérêt pour les choses matérielles des gentlemen du Sud[67]. Napoléon III et Mercier auraient été conquis par cette vision de la société sudiste[68].

4. Le Sud : un avenir plein de promesses

Cette sympathie pour les Confédérés dissimule aussi un calcul : le Sud émancipé apparaît comme porteur d'avenir. Avant même que la Caroline du Sud ne fasse sécession, son intérêt commercial pour la France est souligné par Mercier, tant pour se procurer du coton que pour trouver un nouveau

---

[63] *La Presse*, le 25 février 1861. Gaillardet. BLACKBURN G. M., *op. cit.*, p. 32. *Le Constitutionnel*, le 19 novembre 1861. Gaillardet. *La Patrie*, le 15 juin 1861. Louis Bellet. WEST W. R., *op. cit.*, p. 29, pp. 37-38.

[64] *Le Temps*, le 15 juin 1861. E. Scherer.

[65] Mémo. de Slidell in Slidell à Benjamin ; Paris, le 25 juillet 1862. *ORN*, ser. II, vol. 3, pp. 479-487.

[66] *Id.* ; Paris, le 21 juin 1863. *ORN*, ser. II, vol. 3, pp. 812-814. Pour *Le Journal des Débats*, la sympathie pour le Sud s'explique seulement par la bravoure dont font preuve les Sudistes. *Le Journal des Débats*, le 8 mai 1865. John Lemoinne.

[67] Dans son premier opus de *De la Démocratie en Amérique*, Tocqueville oppose l'homme du Sud avec « les goûts, les préjugés, les faiblesses et la grandeur de toutes les aristocraties » à celui du Nord qui a « les qualités et les défauts qui caractérisent la classe moyenne ». TOCQUEVILLE A. de, *op. cit.*, t. 1, p. 495.

[68] KOROLEWICZ-CARLTON R., *op. cit.*, p. 34. Notons que quasiment aucun organe de presse ne livre cette analyse. Les rares articles qui se penchent sur cette élite sudiste se chargent de la stigmatiser. *Le Journal des Débats*, le 7 décembre 1861.

marché à ses exportations[69]. Le consul à La Nouvelle-Orléans entrevoit que la politique commerciale des Etats sécédés, basée sur le *free trade* avec toutes les nations du globe, est une opportunité à saisir pour la France si elle veut vendre ses produits puisqu'ils seront libres de droits aux frontières du nouvel Etat[70]. Alfred Paul, le consul à Richmond, rapporte les propos des autorités sudistes qui affirment que la nation qui reconnaîtra la première le nouvel Etat sera favorisée sur toutes les autres[71]. Une aubaine pour les milieux d'affaires qu'expose aussi Slidell dans sa lettre à Thouvenel de juillet 1862[72].

D'autre part, dans le Sud tout est à construire. Mercier transmet un ouvrage de statistiques qui démontre que cet espace, encore épargné par la révolution industrielle, pourrait profiter des investissements et du savoir-faire français. Il pressent que la séparation se fera au bénéfice des Etats méridionaux[73]. Le consul à La Nouvelle-Orléans joint à sa dépêche le journal *L'Abeille*, du 10 janvier 1861, qui insiste sur les précieuses ressources du Sud qui n'attendent que d'être exploitées[74].

Enfin, puisque le Sud ne dispose pas de marine marchande, son coton pourrait être transporté sous pavillon européen. Le consul à La Nouvelle-Orléans conseille au gouvernement français de tirer parti de l'apparition du nouvel Etat pour concurrencer l'Angleterre. Il souhaite donner à la ligne de bateaux à vapeur projetée entre Le Havre et New York une autre destination plus rentable[75]. C'est aussi ce qu'un ingénieur, Bellot des Minières, s'efforce de faire comprendre au Quai lorsqu'il lui adresse, au début de la guerre, un long rapport pour que la France choisisse le camp des rebelles. Ce dernier a obtenu la concession d'un canal pour relier la *James river* à partir de Richmond ; un projet qui, selon lui, prend tout son sens si une liaison est établie entre Le Havre et Norfolk[76].

---

69 Mercier à Thouvenel ; Washington, le 26 novembre 1860. A.M.A.E., CP EU, vol. 123 f. 377.

70 Méjan à Thouvenel ; La Nouvelle-Orléans, le 9 janvier 1861. A.M.A.E., CCC La N-O, vol. 13 ff. 261-262v. *Id.* ; La Nouvelle-Orléans, le 12 février 1861. A.M.A.E., CPC EU, vol. 9 ff. 23v.-24v. Voir aussi *Le Pays*, le 28 février 1861. A. de Lauzières. WEST W. R., *op. cit.*, p. 33.

71 Paul à Thouvenel ; Richmond, le 30 mai 1862. A.M.A.E., CPC EU, vol. 12 ff. 97v.-98.

72 Slidell à Thouvenel ; Paris, le 21 juillet 1862. A.M.A.E., ADP EU, vol. 32 f. 56.

73 Analyse… *op. cit.*, A.M.A.E., ADP EU, vol. 30 ff. 2-13.

74 Méjan à Thouvenel ; La Nouvelle-Orléans, le 12 janvier 1861. A.M.A.E., CPC EU, vol. 9 f. 8.

75 *Id.* ; La Nouvelle-Orléans, le 9 janvier 1861. A.M.A.E., CCC La N-O, vol. 13 ff. 261-262v.

76 A.M.A.E., ADP EU, vol. 69. La *James River* débouche dans l'Océan Atlantique au fleuve Ohio.

II. UNE IMAGE DU SUD BIEN ECORNEE

A. Les soutiens du Nord au sein de la société française

Si Prévost-Paradol ne constate pas dans l'histoire de France un aveuglement comparable à celui « d'une partie du public français partisan du Sud dans la guerre d'Amérique »[77], compte tenu des lacunes qui sont les nôtres sur le sujet une telle prédilection reste difficile à établir[78]. Si plusieurs membres du gouvernement impérial semblent incliner vers le Sud, il est difficile de se faire une idée précise des motivations de chacun. On serait tenté d'écrire qu'il y a chez eux autant de conviction que de flagornerie pour complaire à l'Empereur ou aux interlocuteurs sudistes qui rapportent leurs propos.

Face au souverain, et certains de ses conseillers, on sait que le Quai ne manifeste pas les mêmes ardeurs à l'endroit du Sud[79]. Pour Thouvenel, la pratique de l'esclavage est rédhibitoire et condamne définitivement toutes les incantations des Sudistes pour embrasser leur cause[80]. Il est donc naturellement favorable au Nord[81], ce qui ne l'empêche pas de réprouver la méthode musclée que l'administration Lincoln emploie pour ramener ses adversaires dans le giron de l'Union. Lors de la nomination de Drouyn de Lhuys, les Sudistes parient plutôt sur un changement d'attitude à leur égard. Slidell écrit à Benjamin que le nouveau chef de la diplomatie française a toujours été considéré comme positivement disposé envers leur gouvernement[82]. Un des premiers actes diplomatiques de Drouyn de Lhuys est d'ailleurs de suivre l'Empereur pour proposer une médiation avantageuse pour les Confédérés. De son côté, Thouvenel s'inquiète des lacunes de son successeur sur les questions américaines dont il redoute un jugement hâtif influencé par le souverain[83]. Cependant, Drouyn de Lhuys est un conservateur ; en l'occurrence, le principe qui le guide est la stabilité[84]. C'est

---

[77] GUIRAL P., *op. cit.*, pp. 296-297.

[78] Sur le regard que porte l'opinion française sur la guerre de Sécession une étude des milieux sociaux reste à faire, étude qu'il serait intéressant de comparer aux travaux déjà consacrés à ce sujet pour l'Angleterre. La thèse de Gérard de LA MARDIERE, *op. cit.*, traite surtout des aspects militaires.

[79] Cf. SAINLAUDE Stève, *Le gouvernement impérial et la guerre de Sécession*, Paris, L'Harmattan, 2011, 146 p.

[80] Voir le 1er chapitre de la seconde partie.

[81] THOUVENEL Louis, *Le secret de l'Empereur*, Paris, Calmann-Levy, 1889, t. 2, 571 p. ; p. 339.

[82] Slidell à Benjamin ; Paris, le 20 octobre 1862. *ORN*, ser. II, vol. 3, pp. 560-561.

[83] THOUVENEL L., *op. cit.*, p. 449.

[84] PRICE Roger, *The French Second Empire. An anatomy of political power*, Cambridge, Cambridge University Press, collection New Studies in European history, 2001, 507 p. ; p. 408. DARIMON A., *L'opposition libérale sous l'Empire (1861-1863), souvenirs de*

bien pour cette raison qu'il est instinctivement opposé à la rébellion du Sud et à sa fronde à l'encontre du pouvoir central. Son hostilité à l'égard des mouvements révolutionnaires l'amène à souhaiter le rétablissement de l'Union. C'est encore plus vrai s'il s'avère que la révolte se confond avec celle des nationalités pour lesquelles Drouyn de Lhuys ne se sent aucune affinité. Il semble donc que Slidell se méprenne car, sans être un chaud partisan du Nord, le ministre se range clairement parmi les adversaires du Sud. Progressivement, Drouyn de Lhuys prend ses distances avec les sympathisants de la cause sudiste et évite d'être aperçu à leurs côtés ; ils sont devenus encombrants. Au printemps 1863 il fait savoir à Slidell qu'il n'est plus approprié qu'ils se rencontrent au Quai d'Orsay. Il suggère de ne communiquer que par l'intermédiaire de son ami au ministère des Affaires étrangères[85]. Il critique ensuite sévèrement les indiscrétions que Slidell laisse filtrer dans la presse[86].

Il faudrait mener une étude poussée du personnel du ministère des Affaires étrangères pour se faire une idée de ceux qui épousent, confortent et peut-être forgent l'avis des deux ministres[87]. D'autre part, le Sénat et le Corps législatif, favorables au protectionnisme, ne partagent pas les critiques de ceux qui s'en prennent au tarif du Nord. Il ne faut pas non plus sous-estimer le rôle que certaines personnalités, comme le prince Napoléon, jouent au sein des chambres. Ce proche de l'Empereur, qui plaide inlassablement la cause du Nord dans son journal *L'Opinion Nationale*[88], apporte, avec force, la contradiction aux propos des avocats du Sud et contrebalance efficacement leur pression auprès du monarque. Si sa sympathie est clairement du côté du Nord, il n'en est pourtant pas un inconditionnel[89] ; son avis n'en est que plus écouté.

---

l'ancien député de la Seine, Paris, E. Dentu, 1886 ; 417 p. ; p. 281. Tout le monde ne partage pas cette vision. J. Maurain dit que la position de Drouyn de Lhuys est plus proche d'un libéral clérical. MAURAIN Jean, *La politique ecclésiastique du Second Empire de 1852 à 1869*, Paris, 1931, 991 p. ; p. 16, p. 34, p. 631.

[85] Slidell à Benjamin ; Paris, le 4 mars 1863. *ORN*, ser. II, vol. 3, pp. 705-707. Cet intermédiaire est Pierre Cintrat, un collaborateur du ministre.

[86] Dayton à Seward ; Paris, le 6 mars 1863. CASE L. M. *et al.*, *op. cit.*, p. 402.

[87] Il s'agirait, par exemple, de connaître la position sur ce sujet du marquis de Banneville, dont on sait le tempérament anti-républicain. En novembre 1861, il prend pour cinq ans la direction politique du département des Affaires étrangères. ROTH François, « Banneville » in *Dictionnaire des ministres des Affaires étrangères*, Paris, Fayard, 2005, 660 p. ; pp. 375-376.

[88] Jérôme Joseph Charles Paul Napoléon (1822-1891), dit « Plonplon », est le fils de Jérôme, le dernier frère de Napoléon Ier.

[89] Le 27 juillet 1861 il est accueilli par Mercier et Montholon à New York. Il repart le 26 septembre 1861. S'il reconnaît à l'Amérique les qualités de sa jeunesse il souligne « une décadence des mœurs politiques » car le Nord souffre de l'individualisme et d'un amour de l'argent. Mais au moins, il ne pratique pas l'esclavage. *La Revue de Paris*, le 15 septembre

Et puis, ce n'est pas parce qu'une partie de l'élite est gagnée à la cause du Sud que le public qui s'intéresse à la crise américaine partage cette inclination[90]. Pour l'historien Frank L. Owsley l'opinion française, comme l'anglaise, est contre le Sud et presque « universellement en sympathie avec le Nord »[91]. Mais nous devons reconnaître que ce point de vue relève plus d'une impression et une étude plus fine reste à faire sur les réactions des différentes strates de la société française[92]. D'ailleurs, une même catégorie sociale peut exprimer un avis contraire en fonction de ses intérêts. Les milieux d'affaires sont ainsi tout autant concernés par le manque de coton que par la préservation d'une bonne entente avec le Nord qui achète les produits français, même s'il leur applique un tarif exorbitant. Enfin, ne perdons pas de vue que, pour beaucoup, les origines de la discorde sont difficiles à appréhender. Pour les contemporains, il est malaisé de se faire une idée précise des enjeux de la guerre et donc, pour les historiens, de déterminer avec certitude quels individus, les plus informés du conflit, penchent d'un côté ou de l'autre des belligérants.

Nous l'avons vu, il existe une presse favorable au gouvernement Lincoln et elle rencontre une certaine audience. Les journaux « libéraux » et « républicains », sont, dans leur majorité, du côté du Nord (le plus talentueux orateur de sa cause étant sans conteste Prévost-Paradol, qui écrit dans *Le Journal des Débats*). Il en va de même des milieux protestants. Bien que le contrôle exercé par le régime ne lui permette pas pleinement d'exposer ses vues, il n'en demeure pas moins que cette presse jouit d'une influence : *Le Phare de la Loire* cite ainsi *L'Opinion Nationale*, *Le Siècle*, la *Revue des Deux Mondes*, *Le Journal des Débats*, *Le Temps*, *Le Nord*, *La Gironde*, *Le Journal du Havre*, *Le Progrès de Lyon*, *Le Mémorial des Deux-Sèvres*, *L'Union de l'Ouest*, *L'Indépendance Belge* comme organes favorables au

---

1933, « Le prince Napoléon : voyage aux Etats-Unis I. » Publié par E. d'HAUTERIVE, pp. 241-272 ; p. 243 ; p. 251.

[90] On note un désintérêt de l'homme de la rue pour la guerre de Sécession. Les commentaires des procureurs généraux et des préfets indiquent que sur la moitié des rapports reçus entre avril 1861 et janvier 1862 seulement 18 mentionnent une réaction relative à la guerre. CASE Lynn M., SPENCER Warren F., *The United States and France. Civil War Diplomacy*, Philadelphia, University of Pennsylvania Press, 1970, 747 p. ; p. 43.

[91] OWSLEY Frank Laurence, *King Cotton Diplomacy. Foreign Relations of the Confederate States of America*, Chicago, The University of Chicago Press, 1959, 575 p. ; pp. 197-201. Owsley l'explique par la haine de l'esclavage, la vieille amitié entre la France et les Etats-Unis, la volonté d'encourager la puissance maritime américaine face à la Grande-Bretagne. Pour lui, la presse libérale, hostile au Sud, représente l'opinion de la majorité de la nation française, du moins celle qui peut en formuler une.

[92] Les ouvriers se rangeraient du côté du Sud. SANCTON, Thomas A., « The myth of French worker support for the North in the American Civil War » in *French Historical Studies*, 11 n°1 (printemps 1979), pp. 58-80. Mais au final, en dehors des ouvriers du textile ou de la viticulture, peu ressentent les effets de cette crise.

Nord[93]. On peut y ajouter *Le Courrier du Dimanche* et *Le Courrier de La Rochelle*. D'ailleurs, il faut observer qu'en ce qui concerne la somme des tirages, les journaux « semi-officiels » ne dépassent pas, loin de là, les autres organes de presse. *La Patrie* tire à 22 904 exemplaires, *Le Constitutionnel* à 19 448, *Le Pays* à 7 000[94], quand *Le Siècle* vend 52 300 de ses exemplaires, un peu moins que les trois premiers réunis[95], *Le Temps* 3 000, *L'Opinion nationale* 10 000[96], *Le Journal des Débats*, 12 842 (presque autant que *Le Monde*, 13 982), et la *Revue des Deux Mondes*, 13 400[97]. On pourra objecter que le nombre de publications n'est pas tout et que l'influence d'un journal ne se résume pas à ses seuls tirages. Mais justement, là encore, on peut constater que les journaux qui critiquent avec le plus d'ardeur la Confédération rencontrent davantage d'audience parce que leurs articles émanent souvent de rédacteurs salués pour leur connaissance des sujets tout autant que pour leur hauteur de vue. Benjamin, le secrétaire d'Etat de la Confédération, doit le reconnaître pour ce qui concerne la *Revue des Deux Mondes*[98].

B. Un gouvernement qui néglige les lois de la guerre

L'octroi du droit de belligérance au Sud confère aux insurgés le statut de sujets juridiques de droit international. Ils sont dès lors soumis au droit de la guerre et donc jugés responsables de leurs actes, en particulier à l'égard des étrangers résidant sur leur sol. Ce qui frappe les diplomates, ce sont les libertés que se donnent les Sudistes à l'égard de ces règles.

Il y a d'abord l'attitude du secrétariat d'Etat de la Confédération envers les consuls étrangers. En mars 1862, le consul à Charleston indique que, contrairement à son prédécesseur, Judah Benjamin, fraîchement désigné à la tête de la diplomatie sudiste, exige des consuls étrangers l'*exequatur* du gouvernement de Richmond[99]. Or cette procédure ne peut être acceptée par les consuls puisque le gouvernement de Jefferson Davis n'est pas reconnu par les puissances européennes. En conséquence, en mars 1862, le cabinet

---

93 *Le Phare de la Loire*, le 26 novembre 1864. E. Mangin. WEST W. R., *op. cit.*, p. 109, p. 112.

94 CHARLE Christophe, *Le siècle de la presse (1830-1939)*, Paris, Le Seuil, 2004, 400 p. ; p. 95.

95 Ce qui en fait le plus fort tirage de la presse parisienne. CHARLE C., *op. cit.*, p. 96.

96 *Le Temps* atteindra les 11 000 exemplaires à la fin de l'Empire. Pour *L'Opinion nationale*, chiffres de mars 1869. Centre d'études du 19e siècle français Joseph Sablé. Presses de l'Université de Montréal, 2001. www.chass.utoronto.ca.

97 BLACKBURN G. M., *op. cit.*, p. 9. La *Revue des Deux Mondes* atteindra même les 16 650 abonnés (elle paraît tous les 15 jours) en 1866. FEYEL Gilles, *La presse en France des origines à 1944. Histoire politique et matérielle*, Paris, Ellipses, 1999, 192 p. ; p. 118.

98 Benjamin à Hotze ; Richmond, le 9 janvier 1864. WEST W. R., *op. cit.*, p. 109, p. 110.

99 Saint-André à Thouvenel ; Charleston, le 23 mars 1862. A.M.A.E., CPC EU, vol. 11 f. 33.

Davis envisage d'envoyer leur passeport aux consuls de France et d'Angleterre. La Chambre des représentants du Congrès confédéré renchérit dans la provocation. Alfred Paul, le consul à Richmond, informe son gouvernement que cette assemblée a voté une résolution tendant à obliger le gouvernement de la Confédération à n'admettre, dans les différents sièges consulaires, que des agents munis d'un *exequatur* du président Davis[100]. En d'autres termes, on invite les consuls qui ne se sont pas présentés au nouveau gouvernement, pour qu'il les accrédite, à quitter leur lieu de résidence. Finalement ce projet est abandonné, mais cette maladresse, qui donne l'impression de vouloir forcer la main de la France et de l'Angleterre, laisse des traces. Elle est mal vécue par les diplomates.

En juin 1863, Paul est témoin d'une mesure de rétorsion prise à l'endroit de Moore, son homologue britannique. Le consul déplore à cette occasion qu'une sanction collective soit appliquée. La transmission de la correspondance des consulats d'Angleterre, mais aussi de France, entre Richmond et Washington, est interrompue[101]. Paul décide alors de convoyer lui-même ses dépêches pour les faire partir de New York. C'est une mesure vexatoire qui apparaît injuste à cet agent qui ne peut déplorer aucun différend avec le gouvernement Davis.

Ce qui fait réagir les consuls c'est encore l'attitude adoptée par le gouvernement Davis à l'égard des Français résidant dans les Etats serviles. Ce sont d'abord leurs activités qui sont visées. En septembre 1861, l'article 2 des instructions envoyées par l'*Attorney général*, à ses correspondants, stipule que les sujets des nations neutres qui font du commerce avec les Etats en guerre avec la Confédération sont considérés comme « étrangers ennemis »[102]. Il devient donc impossible aux Français installés dans les Etats du Sud, qui jadis commerçaient avec le Nord, de poursuivre leur fructueux négoce. Cette discrimination est condamnée avec fermeté par le ministre à Washington qui s'en ouvre à Thouvenel[103].

L'autre motif d'agacement concerne les biens des nationaux domiciliés dans les Etats sécédés. Le 30 août 1861, le Congrès confédéré vote une résolution qui donne le droit au gouvernement de séquestrer les biens des étrangers considérés comme ennemis parce qu'étant susceptibles d'aider les forces nordistes. Paul parle d'un « système odieux de confiscation ». Ceux

---

[100] Paul à Thouvenel ; Richmond, le 3 avril 1862. A.M.A.E., CPC EU, vol. 12 f. 48v. L'*exequatur* signé par un gouvernement reconnu autorise l'exercice des consuls et donne plein effet aux privilèges et immunités attachés à la fonction.

[101] Paul à Drouyn de Lhuys ; Richmond, le 19 juin 1863. A.M.A.E., CPC EU, vol. 15 f. 60-v. *Id.* ; Richmond, le 24 août 1863. A.M.A.E., CPC EU, vol. 15 f. 63. L'acheminement du courrier des consulats du Sud s'effectue en effet par le biais du Nord.

[102] Paul à Thouvenel ; Richmond, le 14 septembre 1861. A.M.A.E., CPC EU, vol. 9 ff. 243v.-244.

[103] Mercier à Thouvenel ; New York, le 29 septembre 1861. A.M.A.E., PT, vol. 13 f. 408-v.

qui manqueront de recenser leurs biens, et d'en remettre la liste au gouvernement, seront regardés comme coupables[104]. D'autre part, leurs productions n'échappent pas aux destructions car, en même temps que le coton, les Sudistes jettent au feu le tabac exporté vers l'Europe[105]. Le consul à Boston dénonce cet acte gratuit qui, à l'inverse du coton, ne trouve aucune justification[106]. Alfred Paul, le consul à Richmond, sollicite une entrevue avec le secrétaire d'Etat Benjamin pour l'exhorter à épargner les tabacs de Virginie qui appartiennent à la régie française. Benjamin rejette cette requête et lui promet que le gouvernement impérial sera remboursé ensuite des préjudices qui lui auront été causés. Cette fin de non-recevoir amène Paul à adresser une protestation écrite au secrétaire d'Etat qui finit par assouplir sa position[107]. Pourtant, l'année suivante, en Louisiane le problème demeure[108]. Lors de l'évacuation de Richmond, Paul supervise lui-même les exportations de tabac pour s'assurer que l'expédition se fait convenablement[109].

Une dernière cause d'exaspération vient du désir du Sud, qui prévoit qu'il va manquer de bras, d'enrôler des Français. C'est évidemment contraire aux lois de la guerre puisque ces nationaux doivent être considérés comme neutres. Alors que le consul à Boston déclare que dans tous les Etats restés fidèles à l'Union aucun étranger n'a été contraint au service militaire[110], au même moment, dans le camp adverse, on cherche à les intégrer à la milice. Cette fois Thouvenel, le ministre des Affaires étrangères, réagit avec vigueur jugeant qu'il serait « monstrueux » que les Français fussent exposés à se voir violentés ou ruinés en cas de refus de participer à la conscription[111]. Pour Paul, il s'agit d'une forme de chantage qui s'exercera tant que la nouvelle confédération ne sera pas reconnue[112]. Cependant, dès les premiers mois de la guerre, la mise en garde de Thouvenel demeure lettre morte. A La Nouvelle-Orléans, plus de dix mille français sont soumis d'office au service de la milice locale imposée par la loi de l'Etat. Grâce à l'action du consul,

[104] Paul à Thouvenel ; Richmond, le 14 septembre 1861. A.M.A.E., CPC EU, vol. 9 ff. 242-243v. En août 1862 le *Richmond Enquirer* se fait l'écho des exactions de l'armée sudiste à l'endroit de sa propre population : « Nous entendons souvent répéter que nos propres troupes nous font plus de tort que les Yankees. » NOIRSAIN Serge, *La Confédération sudiste (1861-1865), Mythes et réalités*, Paris, Economica, 2006, 302 p. ; pp. 211-212.

[105] Il ne faut pas oublier le rôle du tabac dans les importations françaises. Jusqu'à la guerre civile, le tabac américain occupe presque 75 % de l'entière consommation en France. BLUMENTHAL H., *op. cit.*, p. 104.

[106] Souchard à Thouvenel ; Boston, le 13 mai 1862. A.M.A.E., CPC EU, vol. 12 f. 189-v.

[107] Paul à Thouvenel ; Richmond, le 14 mai 1862. A.M.A.E., CPC EU, vol. 12 ff. 78v.-80.

[108] Fauconnet à Drouyn de Lhuys ; La Nouvelle-Orléans, le 4 septembre 1863. A.M.A.E., CPC EU, vol. 14 ff. 268v.-269.

[109] Paul à Drouyn de Lhuys ; New York, le 11 avril 1865. A.M.A.E., CPC EU, vol. 23 f. 146.

[110] Souchard à Thouvenel ; Boston, le 29 juin 1861. A.M.A.E., CPC EU, vol. 9 f. 303-v.

[111] Thouvenel à Nuyen ; Paris, le 4 juin 1861. A.M.A.E., CPC EU, vol. 8 ff. 38v.-39v.

[112] Paul à Thouvenel ; Richmond, le 23 mars 1862. A.M.A.E., CPC EU, vol. 12 f. 25-v.

auprès des autorités de l'Etat, ils sont uniquement enrôlés pour la garde de la ville[113]. Paul accuse la police des Etats rebelles de traquer les Français pour les forcer à prendre les armes. Les récalcitrants sont envoyés dans des camps ou en prison. Le consul décide d'une démarche commune avec son collègue d'Angleterre. Finalement, les Français sont relâchés après que Paul a écrit au secrétaire d'Etat par intérim[114].

A partir de l'été 1863, compte tenu des pertes de plus en plus considérables enregistrées par le Sud, le besoin en hommes se fait encore plus crûment sentir. Les entreprises pour embrigader des Français sont de nouveau à l'ordre du jour. La Caroline du Sud rouvre ce dossier explosif, de sorte que le consul à Charleston se propose d'offrir aux Français les moyens de quitter la Confédération pour éviter qu'ils ne soient soumis à cette mesure[115]. Il sollicite l'intervention du général Beauregard qui finit par accepter de ne pas prendre de Français dans son armée, en dehors des volontaires, et de les dispenser de service militaire[116]. L'année suivante, le même consul s'émeut du décret publié par le gouverneur de Georgie en vertu duquel tous les étrangers qui résident dans cet Etat, s'ils refusent de se mobiliser pour sa défense, seront forcés de le quitter dans un délai de dix jours[117]. L'agent signale qu'au même moment la Floride a pris une semblable décision, sans toutefois laisser le choix du départ aux nationaux. L'Alabama suit[118].

Tant et si bien que l'activité des consuls se trouve presque entièrement absorbée par ces manquements aux droits des neutres. Certains, comme celui à La Nouvelle-Orléans, en viennent à réclamer une intervention de la marine française pour faciliter l'évacuation des nationaux[119]. Ces adjurations sont entendues par Thouvenel qui donne des ordres dans ce sens[120]. Cette

---

[113] Méjan à Thouvenel ; La Nouvelle-Orléans, le 4 octobre 1861. A.M.A.E., CPC EU, vol. 9 ff. 94v.-95.

[114] Paul à Thouvenel ; Richmond, le 23 mars 1862. A.M.A.E., CPC EU, vol. 12 f. 27-v. Il arrive aussi au Nord de ne pas ménager les Français. Le consul à New York décrit les arrestations d'étrangers enfermés ensuite au Fort Lafayette dans la baie de New York. Mais ces écarts sont nettement moins fréquents que dans le Sud, ce qui explique que le ministre ne les évoque pas. Montholon à Thouvenel ; New York, le 27 août 1861. A.M.A.E., CPC EU, vol. 8 f. 61.

[115] Lanen à Drouyn de Lhuys ; Charleston, le 5 octobre 1863. A.M.A.E., CPC EU, vol. 14 ff. 79-80.

[116] *Id.* ; Charleston, le 16 novembre 1863. A.M.A.E., CPC EU, vol. 14 ff. 103-105v.

[117] *Id.* ; Charleston, le 9 août 1864. A.M.A.E., CPC EU, vol. 18 ff. 286-289v.

[118] *Id.* ; Charleston, le 13 août 1864. A.M.A.E., CPC EU, vol. 18 ff. 291-292.

[119] Méjan à Thouvenel ; La Nouvelle-Orléans, le 19 février 1862. A.M.A.E., CPC EU, vol. 11 ff. 188v.-189.

[120] Thouvenel à Mercier ; Paris, le 28 novembre 1861. A.M.A.E., CPC EU, vol. 9 f. 112. Thouvenel à Méjan ; Paris, le 3 avril 1862. A.M.A.E., CPC EU, vol. 11 ff. 216-217. Finalement, la prise de la ville par les Fédéraux rassure Méjan et l'option navale perd tout intérêt. *Id.* ; Paris, le 15 mai 1862. A.M.A.E., CPC EU, vol. 11 f. 255v.

assistance est renouvelée à la fin de l'année 1864. Drouyn de Lhuys annonce au consul à Charleston que des bâtiments de la marine impériale ont été dépêchés pour permettre l'embarquement des ressortissants français, à partir de New York[121].

C. Le choix malheureux des hommes

Le regard que porte le gouvernement français sur le Sud a cruellement pâti de la personnalité de ceux qui ont conduit la politique étrangère de la Confédération et des agents qu'ils ont envoyés en Europe pour la représenter. Face à ceux du Nord, rôdés aux arcanes de la diplomatie, le choix du gouvernement Davis a souvent été mal inspiré. Il a manqué une personnalité expérimentée pour nouer des liens étroits avec le gouvernement impérial et redorer le blason de la Confédération. En la matière, tisser des relations personnelles n'est pas secondaire.

Début 1861, au moment où éclate la sécession, le premier contact du Quai avec l'Union est Faulkner, un diplomate qui a basculé dans le camp du Sud. En conséquence, il est rappelé par Washington mais, le temps que William Dayton, son remplaçant, parvienne en France, c'est avec lui que Thouvenel s'entretient des événements d'Amérique. Sa biographie, publiée l'année précédente, indique qu'il est connu pour être un ardent défenseur de l'esclavage ; en 1850 il a élaboré une loi sur les Noirs fugitifs[122]. En dehors de convictions qui peuvent heurter Thouvenel, le ministre des Affaires étrangères n'apprécie pas que Faulkner laisse filtrer la teneur de leurs entretiens. Il s'en ouvre à son successeur et demande à ce que le secrétariat d'Etat en soit averti. Dayton ne manque pas de signaler cette faute à son gouvernement[123].

Pour ce qui concerne les différents agents de la Confédération en Europe, il faut reconnaître que les émissaires envoyés en France et en Angleterre au début de la guerre sont peu au fait des réalités diplomatiques. Certes, Rost est d'origine française mais, à un moment clé où la guerre n'a pas encore éclaté et qu'une reconnaissance anticipée pourrait être possible, c'est un piètre interlocuteur que les Confédérés désignent pour entrer en relation avec le Quai. Cet obscur ancien juge de Louisiane est aussi un propriétaire d'esclaves[124]. De plus, il n'est pas rompu aux discussions diplomatiques et se

---

[121] Drouyn de Lhuys à Lanen ; Paris, le 9 septembre 1864. A.M.A.E., CPC EU, vol. 18 f. 308-v.

[122] LAUZAC Henry, « Son excellence M. C-J Faulkner» in *Galerie historique et critique du XIX*[e], Paris, Bureau de la galerie historique, 1860, 18 p. ; p. 11, p. 14.

[123] Dayton à Thouvenel ; Paris, le 13 août 1861. A.M.A.E., ADP EU, vol. 30 ff. 63-69v.

[124] Méjan à Thouvenel ; La Nouvelle-Orléans, le 6 mars 1861. A.M.A.E., CPC EU, vol. 9 f. 39.

montre trop direct, ce qui embarrasse les Sudistes expatriés[125]. Les deux autres émissaires, Dudley Mann et William Yancey, qui sont chargés de nouer des contacts avec Londres, sont aussi des symboles de la dévotion du Sud pour l'esclavage, le second plus encore que le premier, ce qui dérange même ses propres collègues[126]. Dudley Mann est regardé avec méfiance par les gouvernements européens. Il a été commissaire en Hongrie et en 1848, lors du Printemps des Peuples, il a pris ouvertement la défense des insurgés.

On pourrait penser qu'avec John Slidell le Sud tient enfin un représentant de qualité. Parce qu'il est imprégné de culture française et parle couramment la langue de Molière, Jefferson Davis le nomme « commissionnaire des Etats confédérés d'Amérique » auprès de l'Empereur[127]. Mais le choix n'est pas très heureux. D'abord, parce qu'il traîne les pieds pour se rendre en France. Dans un premier temps il décline la proposition qui lui est faite. Son nom est en effet déjà mentionné, en février 1861, par le consul à La Nouvelle-Orléans qui fait état de ce refus[128]. Surtout, Slidell ne possède pas les qualités d'un bon diplomate. Il s'emballe vite, comme par exemple lorsqu'il pense que les intentions de l'Empereur sont définitives. Il manque de nuance et échoue à prendre en compte les rapports de force diplomatiques. Il met ainsi du temps à comprendre que le ministère des Affaires étrangères résiste aux emportements de l'Empereur. Surtout, le défaut principal de Slidell est de trop entrevoir la diplomatie au travers des relations personnelles. Il croit que les liens privilégiés qu'il tisse avec Napoléon et son épouse, tout comme les soutiens qu'il compte au sein de l'élite, amèneront à coup sûr la reconnaissance tant espérée de son gouvernement. S'il ne mesure pas ses efforts pour arriver à ses fins, au total il ne remporte aucun succès.

Sartiges, ancien ministre de la France aux Etats-Unis dans les années 1850, propose d'éclairer Thouvenel sur la personnalité de Slidell. On peut estimer que Thouvenel prête une oreille très attentive au jugement de cet ancien agent à Washington, indubitablement un des meilleurs diplomates français envoyés outre-Atlantique. Sartiges le met en garde : Slidell est un homme dangereux pour qui il ressent de « la défiance et même de la répulsion », un homme de caractère violent qui n'hésite pas à user des moyens les plus extrêmes pour parvenir à ses fins, un individu « roué sans

---

[125] HUBBARD Charles M., *The burden of Confederate diplomacy*, Knoxville, University of Tennessee Press, 1998, 253 p. ; p. 32.

[126] EATON Clement, *Jefferson Davis*, London, Macmillan Publishers, 1977, 334 p. ; p. 166.

[127] TREGLE Joseph G., « Slidell » in *Encyclopedia of the Confederacy*, Simon and Schuster, New York, Londres, Tokyo, Sydney, Singapour, 1993, vol. 4, 493 p. ; p. 1454. Slidell est désigné pour ce poste le 23 septembre 1861. Slidell à Thouvenel ; Paris, le 21 juillet 1862. A.M.A.E., ADP EU, vol. 32 f. 47.

[128] Méjan à Thouvenel ; La Nouvelle-Orléans, le 12 février 1861. A.M.A.E., CPC EU, vol. 9 f. 25v.

mesure »[129]. Une fois n'est pas coutume, Henri Mercier, le représentant de la France à Washington, doit faire un sort à ses sympathies sudistes lorsqu'il décrit Slidell comme « un homme habile, très énergique mais sans scrupule et d'un caractère peu estimable »[130].

Toutes ces critiques atteignent leur but. Entre Slidell et Thouvenel le courant ne passe pas, l'atmosphère reste glaciale[131]. En juillet 1862, Thouvenel parle à Mercier de la note qui doit être envoyée par les émissaires confédérés pour décider la Grande-Bretagne et la France à reconnaître le Sud. Il insiste sur le manque de savoir-faire des émissaires sudistes et note que leur démarche ne saurait réussir[132].

Vu de Paris, le gouvernement confédéré n'a pas bonne presse. Le nom de son président, Jefferson Davis, est accueilli avec circonspection. Lors de son séjour à Washington Sartiges récapitule la carrière du secrétaire à la Guerre du gouvernement Pierce[133]. Son passage n'a pas laissé de bons souvenirs car il est marqué sous le sceau du soupçon. A l'époque, les agents suspectent Davis d'avoir accepté le poste de secrétaire à la Guerre dans la perspective d'une annexion de Cuba ou de territoires mexicains. Par ailleurs, sa demande insistante pour qu'une mission d'observation américaine soit envoyée durant la guerre de Crimée est reçue avec méfiance par la France. Le ministre des Affaires étrangères d'alors, Drouyn de Lhuys, suspecte une activité d'espionnage au profit des Russes[134].

Avec la guerre civile les diplomates se plaisent à souligner les insuffisances de Jefferson Davis. Sa responsabilité dans les échecs de la Confédération est régulièrement mise en cause. Alfred Paul, le consul à Richmond, se fait une spécialité de dénoncer les erreurs tactiques et le manque de stratégie globale de celui qui change six fois de secrétaire à la Guerre, quand Lincoln conserve Edwin M. Stanton durant tout le conflit. Déjà, après Bull Run, il impute à Davis l'erreur de n'avoir pas su profiter de la confusion dans le camp nordiste pour laisser le général Beauregard s'avancer vers le nord. Paul transmet à Thouvenel le rapport du général Beauregard qui affirme que son élan a été brisé sur ordre du président[135]. Il

[129] Sartiges à Thouvenel ; La Haye, le 28 octobre 1861. A.M.A.E., PT, vol. 17 ff. 246-247v.

[130] Mercier à Thouvenel ; New York, le 29 septembre 1861. A.M.A.E., PT, vol. 13 f. 408.

[131] SEARS Louis Martin, « A Confederate diplomat at the court of Napoléon III » in *American Historical Review*, vol. 26 n°2, janvier 1921, pp. 255-281 ; p. 256, p. 263.

[132] Thouvenel à Mercier ; Paris, le 24 juillet 1862. THOUVENEL L., *op. cit.*, t. 2, p. 247, p. 349. On entend les mêmes critiques à l'égard du choix de Mason pour le Royaume-Uni, un pays leader de l'abolition. Il a jadis porté la parole des plus esclavagistes si bien qu'il a pu apparaître, à un certain moment, comme l'héritier de John Calhoun. HUBBARD C. M., *op. cit.*, p. 56.

[133] Sartiges à Drouyn de Lhuys ; Washington, le 8 avril 1855. A.M.A.E., PS, vol. 8.

[134] *Id.* ; Washington, le 8 avril 1855. A.M.A.E., PS, vol 8. Vaillant à Drouyn de Lhuys ; Paris, le 3 mai 1855. A.M.A.E., ADP EU, vol 27.

[135] Paul à Thouvenel ; Richmond, le 19 décembre 1861. A.M.A.E., CPC EU, vol. 9 f. 291-v.

critique aussi les appuis incompréhensibles qu'il peut apporter à certains généraux[136]. Et puis, plus on avance dans le conflit, plus l'autoritarisme du président est décrié. Les diplomates sont ainsi scandalisés par l'ordre qu'il donne à tous les agents consulaires anglais de quitter la Confédération, sous prétexte qu'ils ont tenté de soustraire leurs nationaux aux obligations du service militaire[137]. Ils craignent, eux aussi, de devoir un jour imiter les Britanniques.

La conduite de la politique étrangère de la Confédération est assurée successivement par Robert Toombs, jusqu'en juillet 1861, puis Robert Hunter, jusqu'en février 1862, et enfin Judah Benjamin, jusqu'à la fin de la guerre. Ainsi, à un moment où le Sud a plus que tout besoin d'une continuité pour s'adresser aux puissances européennes, c'est l'instabilité qui domine. De surcroît, le choix des hommes installés à la tête de la diplomatie sudiste se révèle, là encore, discutable. Avec Robert Toombs et Robert Hunter elle verse pendant un an dans l'amateurisme. Le dernier, Benjamin, a davantage de qualités que ses prédécesseurs ; c'est un euphémisme. Cependant, sa proximité avec Jefferson Davis - ils sont intimes - affaiblit sa position. De plus, il focalise sur sa personne toutes les mesures impopulaires prises par la Confédération à l'égard des consuls et des nationaux. Dès son arrivée au secrétariat d'Etat, le consul à Charleston relaye les craintes de son homologue britannique qu'une objection soit faite aux consuls du droit d'exercer leurs fonctions sans l'*exequatur* de la Confédération[138]. Un peu plus tard c'est Alfred Paul, le consul à Richmond, qui attribue à Benjamin le souhait d'enrôler dans la milice tous les étrangers[139]. Plus la guerre se poursuit, et l'hypothèse d'une reconnaissance de la France s'éloignant, plus les contacts entre les consuls et Benjamin se tendent. A quelques mois de la fin de la guerre Drouyn de Lhuys déplorera que Paul n'ait pu constater, chez Benjamin, des dispositions favorables[140].

A ces défauts s'ajoutent les difficultés rencontrées par le secrétariat d'Etat confédéré pour faire parvenir ses instructions à ses agents et, en retour, prendre connaissance de leurs dépêches. Ce retard pénalise le Sud. Ainsi, la correspondance de Slidell, l'émissaire sudiste en France, datée du 25 juillet 1862, qui relate son premier entretien avec l'Empereur, n'est-elle réceptionnée à Richmond que le 28 octobre suivant ! En mai 1863 Benjamin décide d'envoyer ses dépêches via Nassau, grâce aux briseurs de blocus,

---

[136] Ainsi, par exemple, Paul trouve irresponsable de maintenir à son poste le général Bragg qui a essuyé une grave défaite le mois précédent à Chattanooga. Paul à Drouyn de Lhuys ; Richmond, le 23 décembre 1863. A.M.A.E., CPC EU, vol. 15 ff. 87v.-88.

[137] Lanen à Drouyn de Lhuys ; Charleston, le 19 octobre 1863. A.M.A.E., CPC EU, vol. 14 f. 88.

[138] Bunch à Russell ; Charleston, le 19 mars 1862. A.M.A.E., ADP EU, vol. 30 f. 122.

[139] Paul à Thouvenel ; Richmond, le 23 mars 1862. A.M.A.E., CPC EU, vol. 12 f. 26v.

[140] Drouyn de Lhuys à Paul ; Paris, le 9 novembre 1864. A.M.A.E., CPC EU, vol. 19 f. 242-v.

mais il faut quand même encore deux mois pour que celles-ci parviennent à destination[141].

Au total, le gouvernement confédéré ne s'est pas donné les moyens de décrocher la reconnaissance qu'il convoite pourtant ardemment. Sa politique étrangère n'apparaît pas vraiment comme une priorité aux yeux de son administration qui, pour trouver une place parmi les nations, mise bien davantage sur les succès militaires[142]. Benjamin ne mesure pas l'importance des efforts déployés par Slidell pour obtenir l'appui de la France. On a l'impression que, pour faire pencher la balance vers son camp, l'émissaire de la Confédération est livré à lui-même. Pénétré de la croyance du pouvoir absolu du coton, le cabinet Davis néglige l'action diplomatique. Peut-être fait-il aussi un complexe de supériorité en pariant sur une guerre courte[143]. Enfin, il y a bien un manque de compréhension des réalités politiques. La politique sudiste ne prend pas en compte l'actualité européenne ou mexicaine, qui module la situation diplomatique. Les Confédérés n'ont pas conscience que des événements s'écoulent parallèlement et que leur crédit peut évoluer au gré des circonstances.

On conçoit, dès lors, pourquoi la diplomatie du Nord donne une meilleure impression. Le secrétaire d'Etat Seward est bien connu du gouvernement français[144]. Si le prince Napoléon lui reproche sa suffisance et sa vanité, il ne lui reconnaît pas moins de l'intelligence, ce qui est essentiel pour les relations qu'entretient le gouvernement fédéral avec ses homologues. La place de Seward au sein du cabinet est d'autant plus éminente qu'il conseille étroitement Lincoln pour les Affaires étrangères[145]. Du point de vue de l'habileté et du prestige politique peu de ses contemporains peuvent égaler Seward qui peut s'appuyer sur son expérience au comité du Sénat des

---

[141] MEADE Robert Douthat, *Judah P. Benjamin and the American Civil War*, Chicago, août 1935, University of Chicago Press, 1944, 34 p. ; p. 17.

[142] Le secrétariat d'Etat de la Confédération dispose d'ailleurs d'un budget réduit et il connaît des difficultés pour payer ses agents extérieurs. Il ne possède pas de locaux propres et est installé au même étage que la présidence. HUBBARD C. M., *op. cit.*, pp. 104-105.

[143] BLUMENTHAL Henry, « Confederate Diplomacy : Popular Notions and International Realities » in *The Journal of Southern History*, vol. 32, n° 2, 1966 (5), pp. 151-171 ; p. 151.

[144] Il est venu en France en mai 1859, à Compiègne, où il a été reçu par Napoléon III et Eugénie. VAN DEUSEN Glyndon G., *William Henry Seward*, New York, Oxford University Press, 1967, 666 p. ; p. 231.

[145] *La Revue de Paris*, *op. cit.*, pp. 241-272 ; p. 256. Pour une mise au point sur le sujet voir TAYLOR, John M. *William Henry Seward: Lincoln's Right Hand*, New York, HarperCollins, 1991, 340 p. L'ouvrage (controversé) de Dean Mahin nuance quelque peu ce jugement et attribue un rôle plus important à Lincoln en matière de politique étrangère. MAHIN Dean B., *One War at a Time: The International Dimensions of the American Civil War*, Washington, Potomac Books, 1999, 343p.

Affaires étrangères[146]. Les agents de l'Union en Europe sont, eux aussi, des diplomates chevronnés et compétents. Le meilleur d'entre eux est sans doute Sanford, le ministre en Belgique, qui joue un rôle décisif au début du conflit. Il entre en contact avec le gouvernement impérial[147] et apporte ses conseils à Dayton, qui vient d'arriver en France mais qui ne parle pas français. Si Dayton est un peu fade, il est habilement secondé par Bigelow, le consul général de la légation. Par les articles qu'il publie dans les journaux d'opposition, ce dernier se livre aussi à une contre-propagande[148]. Dans les mois qui précèdent la mort de Dayton, le 1er décembre 1864, c'est Bigelow qui s'affirme de plus en plus comme le chef de la légation[149]. Il conserve de bons rapports avec Drouyn de Lhuys. Le mérite de Bigelow est d'avoir su rassurer les Français sur les intentions de son gouvernement à propos du Mexique.

III. LA REALITE PLUS FORTE QUE LE MYTHE

Il est possible que l'échec des propagandistes du combat de la Confédération ait contribué à la faible inclination des acteurs de la politique étrangère française pour le Sud. Les propagandistes ont préféré véhiculer, auprès de l'opinion européenne, une image très éloignée des réalités du Sud, une représentation trop artificielle pour ne pas se trouver exposée au doute. Là encore, le choix des hommes n'est pas des plus heureux. Edwin de Leon, est maladroit et, de plus, il est un séide bien connu de l'esclavage. Il joue contre son camp qui concentre tous ses efforts pour faire oublier la servitude. D'autre part, il manque de coordonner ses démarches avec celles de Slidell. Les deux hommes sont antagonistes[150].

---

146 STUART Graham H., *The Department of State. A history of its organisation, procedure and personnel*, New York, The Macmillan Company, 1949, 517 p. ; p. 129.

147 Thouvenel à Seward ; Paris, le 25 avril 1861. A.M.A.E., ADP EU, vol. 30 f. 24.

148 BIGELOW Paultney, « John Bigelow and Napoléon III » in *New York History* 13 n°2, Albany, New York State Historical Association, avril 1932, pp. 154-165.

149 Au cours des derniers mois de sa vie Dayton exprime, dans ses lettres privées, un complexe de persécution à l'égard de l'Empereur et de son entourage. CASE L. M. *et al.*, *op. cit.*, pp. 558-560.

150 CULLOP, C. P., *op. cit.*, pp. 74-76, pp. 117-123. EATON C., *op. cit.*, p. 169. Slidell obtiendra son départ et le fera remplacer par Hotze qui finance le journal *La Patrie*.

A. Le Sud est l'ennemi de la liberté

1. La confiscation des libertés

Avant même le déclenchement de la guerre, la mort de l'abolitionniste John Brown[151], pendu par l'Etat de Virginie le 2 décembre 1859, et le climat qui entoure cette exécution expéditive, vont avoir des répercussions considérables pour l'image des Etats esclavagistes. A cette occasion, mauvais présage pour l'avenir, le Sud démontre aux diplomates qu'il souhaite étouffer toute contestation. Alfred Paul, le consul à Richmond, est révolté par les décisions arbitraires prises à l'encontre des rares citoyens de l'Etat qui se risquent à souhaiter le maintien de l'Union. Cette opinion est considérée comme un délit et, au mépris du droit, le prévenu ne peut envisager une liberté sous caution[152].

L'année suivante, en novembre 1860, c'est le refus des Etats méridionaux de reconnaître une consultation régulière, et un président démocratiquement choisi, qui est mis en accusation par les soutiens du Nord[153]. Ils ne manquent pas de comparer cette élection avec celle de Davis et de son vice-président, le 9 février, qui se fait à l'unanimité des délégués des Etats[154].

Avec la montée en puissance des hostilités, l'autoritarisme devient la marque distinctive du gouvernement de Richmond. On peut, à cette occasion, comparer les jugements singulièrement déséquilibrés des diplomates quant à la suspension de l'*habeas corpus* par les gouvernements Lincoln et Davis. Cette décision frappe les contemporains car elle se rapporte au principe fondateur de la liberté individuelle dans le droit anglo-saxon[155]. C'est Lincoln qui le premier, le 27 avril 1861, suspend le décret d'*habeas corpus* dans certaines parties du Maryland[156], ce qui conduit à l'instauration de la loi martiale. Dans les archives, on relève peu de critiques car l'acte n'a en soi rien d'illégal puisque l'article I, section 9.2 de la Constitution fédérale stipule que l'*habeas corpus* peut être suspendu « dans les cas de rébellion ou d'invasion, où la sécurité publique pourra

---

[151] Nous n'abordons pas ici la question de l'esclavage qui fait l'objet d'un traitement spécifique dans le 1er chapitre de la seconde partie.

[152] Paul à Walewski ; Richmond, le 4 décembre 1859. A.M.A.E., CPC EU, vol. 7 ff. 106-111.

[153] Mémo. du g[al] Webb ; le 2 août 1861. A.M.A.E., ADP EU, vol. 30 f. 38.

[154] *id.*, f. 45v.

[155] Une personne ne peut être appréhendée sur de simples présomptions ; il faut prouver qu'elle a commis un acte délictueux. C'est au juge qu'il revient de statuer sur la validité de son arrestation.

[156] *Arch.dip.*, 1863, t. 1, p. 422.

l'exiger »[157]. C'est non la suspension, mais bien l'application plus ou moins rigoureuse de la loi martiale qui inquiète les agents.

A son tour, le 27 février 1862, le Congrès confédéré autorise le président à suspendre le *writ* (l'acte) d'*habeas corpus,* en contradiction pourtant avec les traditions du vieux Sud jalousement attaché aux libertés civiles[158]. Alfred Paul, le consul à Richmond, ne manque pas de souligner l'antinomie entre le discours de Davis, du 22 février, où celui-ci s'insurge contre les arrestations arbitraires et les freins à la liberté de parole, et sa décision, cinq jours plus tard, de suspendre les libertés civiles à Richmond et dans d'autres grandes villes[159]. Mais ce sont surtout les événements qui suivent cette proclamation qui suscitent le plus de commentaires de la part de ce consul. En effet, dans la capitale confédérée, le général John H. Winder est placé à la tête d'un corps de police militaire qui se charge de mettre sous les verrous les citoyens qu'il juge dangereux pour les intérêts de son gouvernement. Paul s'offusque aussi des mauvais traitements administrés aux prisonniers nordistes enfermés dans les geôles de Libby. D'autre part, compte tenu de la nature impérieuse de Jefferson Davis, Paul estime qu'on assiste progressivement à une dérive du pouvoir politique vers la personnalisation et l'autocratie. Le régime est assimilé à une « dictature » menée par une « main de fer » qui prend « au collet toute une population pour en faire une armée ». Un despotisme d'autant plus facile à s'imposer que l'opposition est aphone ; le Congrès confédéré ressemble à une chambre d'enregistrement[160]. La réélection de Lincoln, en novembre 1864, accroît les tensions et renforce la pression exercée sur l'opinion. Paul mentionne qu'à des fins de propagande Jefferson Davis voudrait enrôler les éditeurs et les rédacteurs des journaux[161].

La presse française, pas forcément la moins indulgente à l'égard de l'Empire, s'emploie, elle aussi, à accuser la pratique anti-démocratique du Sud. Elle admet qu'en ne reconnaissant pas l'élection d'un président élu, le plus régulièrement du monde, les Sudistes violent la constitution. D'autre part, avant même qu'il ne prenne ses fonctions, elle juge que Lincoln est victime d'un faux procès car il n'a jamais invoqué l'abolition pour les

---

[157] BRANAA Jean-Eric, *La constitution américaine et les institutions*, Paris, Ellipses, 1999, 144 p. ; p. 123.

[158] THOMAS Emory M., *The Confederate nation (1861-1865)*, New York, Harper and Row, 1979, 384 p. ; pp. 150-151.

[159] Paul à Thouvenel ; Richmond, le 27 février 1862. A.M.A.E., CPC EU, vol. 12 f. 17. Le gouvernement confédéré ne fait pas confiance aux Etats ou aux pouvoirs locaux pour la discipline intérieure. C'est sans doute pourquoi la mesure est appliquée plus vigoureusement au Sud qu'au Nord. THOMAS E. M., *id*., pp. 150-151.

[160] Paul à Thouvenel ; Richmond, le 27 février 1862. A.M.A.E., CPC EU, vol. 12 f. 17. Paul à Drouyn de Lhuys ; Richmond, le 15 janvier 1864. A.M.A.E., CPC EU, vol. 19 ff. 174v.-175. *Id.* ; Richmond, le 28 janvier 1865. A.M.A.E., CPC EU, vol. 23 f. 131.

[161] Paul à Drouyn de Lhuys ; New York, le 18 novembre 1864. A.M.A.E., CPC EU, vol. 19 ff. 247-248.

territoires esclavagistes[162]. Sa réélection, en 1864, est citée en exemple par les plus libéraux. Il y a de la grandeur à interroger un peuple en plein conflit. Au milieu des convulsions de la guerre civile les citoyens américains accomplissent, aussi tranquillement qu'en pleine paix, leur devoir démocratique[163]. L'enjeu de la lutte va donc plus loin que le combat entre deux factions qui se divisent sur la question de l'esclavage, car il s'agit clairement de préserver le modèle démocratique le plus ancien et le plus abouti[164]. On retrouve d'autre part la condamnation des excès commis par le Sud au regard des libertés individuelles. Malgré la suspension par Lincoln de l'*habeas corpus* dans certains Etats, il n'y a eu à déplorer aucune atteinte aux libertés ; contrairement à son adversaire, le Nord n'a pas profité de la guerre pour user de l'arbitraire et de la rigueur[165].

2. L'agressivité instinctive

Le désir d'en découdre est un autre argument à charge contre le Sud . Le gouvernement fédéral insiste particulièrement sur cette question de la responsabilité de l'agression. Il est opportunément servi par l'attaque du Fort Sumter par les Confédérés. Il s'estime donc en situation de légitime défense.

En dépit de leur plus ou moins grande sympathie pour les Confédérés, les consuls conviennent de cette violence instinctive. En février 1861, alors qu'un premier groupe d'Etats a fait sécession, le consul à La Nouvelle-Orléans adresse à Thouvenel le discours de Jefferson Davis. Le diplomate note que rien n'indique dans ses propos la volonté d'aboutir à une

---

[162] *Le Constitutionnel*, le 10 janvier 1861. Martin. BLACKBURN G. M., *op. cit.*, p. 37. La *Revue des Deux Mondes*, 1861 (11/12). Auguste Laugel, « Les causes et caractères de la guerre civile aux Etats-Unis », pp. 140-162 ; p. 152. La *Revue des Deux Mondes*, 1863 (3/4). Elisée Reclus, « Les Noirs américains depuis la guerre civile des Etats-Unis I. Les partisans du Kansas et les Noirs libres de Beaufort », pp. 364-394 ; p. 369. De décembre 1860 à mai 1861, *Le Constitutionnel* montre de la sympathie pour le Nord. Mais, après l'épisode de Fort Sumter il assume une attitude pro-sudiste et s'y tient pour le reste de la guerre.

[163] *Le Journal des Débats*, le 4 octobre 1864. Prévost-Paradol. La *Revue des Deux Mondes*, 1864 (11/12). Auguste Laugel, « Les Etats-Unis pendant la guerre. L'élection présidentielle de 1864 », pp. 777-801 ; pp. 800-801. Depuis Jackson, en 1832, aucun président n'a effectué de second mandat. Lors des élections de novembre, seuls les Etats de l'Union se prononcent mais, pour autant, il existe bien une opposition à Lincoln. Ce dernier obtient une majorité de 500 000 voix, sur 4 millions de suffrages exprimés. 212 voix contre 21 chez les grands électeurs. Très significatif, les soldats ont voté massivement pour le président. LONG E. B., LONG Barbara, *The Civil War day by day. An Almanac (1861-1865)*, New York, Da Capo Press, 1971, 1135 p. ; p. 594.

[164] *Le Journal des Débats*, le 16 septembre 1864. Prévost-Paradol.

[165] *Le Journal des Débats*, les 13 janvier 1862 et 27 novembre 1864. Prévost-Paradol. *Le Temps*, le 27 avril 1862. Jules Grenier.

réconciliation[166]. A la déclaration de Davis, Alfred Paul, son homologue à Richmond, oppose l'exhortation conciliatrice de Lincoln début mars, un président qu'il juge n'être animé que de « bonnes intentions ». Les propos dont use le nouveau locataire de la Maison Blanche sont pourtant considérés en Virginie comme une déclaration de guerre. Pour Paul ce jugement est symptomatique d'une volonté belliqueuse qui a perdu toute objectivité[167]. Au fil des mois la résolution martiale du Sud est de plus en plus avérée. L'affaire du *Trent* démontre que les puissances européennes doivent se garder de sa volition car, en leur tendant un guet-apens, le Sud cherche à les entraîner dans la guerre[168].

La presse libérale tente de présenter le Sud comme intrinsèquement agressif. Du fait de sa pratique de l'esclavage qui pousse les relations sociales à des habitudes de brutalité, il use d'une violence consubstantielle dont il ne peut maîtriser les emportements[169]. Si le Sud est belliciste c'est parce qu'il est moins pénétré des principes démocratiques que son ennemi. Il fait d'ailleurs la preuve de sa récusation de tout accommodement puisqu'il désavoue le résultat du vote de novembre et attaque le Fort Sumter[170]. On ne peut transiger avec lui ; il rejette toute idée de réconciliation. Pis, il n'hésite pas à s'affranchir des lois de la guerre. Les journaux condamnent la menace proférée par Jefferson Davis de traiter les soldats du Nord en ennemis de l'humanité[171].

3. La tyrannie de la minorité

Les conditions dans lesquelles le choix de la sécession a été effectué retiennent l'attention. Il semble bien que, lors des conventions, une minorité résolue arbitre, sinon pour la majorité, du moins pour une autre minorité silencieuse. Alors qu'en 1776 le second Congrès continental délibère quatorze mois avant de déclarer l'indépendance des Etats-Unis, que la rédaction de la constitution américaine demande près de deux ans, les Etats confédérés s'organisent en trois mois. Cette précipitation donne l'impression de vouloir mettre la nouvelle administration devant le fait accompli. S'ajoute

---

166 Méjan à Thouvenel ; La Nouvelle-Orléans, le 12 février 1861. A.M.A.E., CPC EU, vol. 9 f. 27.

167 Paul à Thouvenel ; Richmond, le 9 mars 1861. A.M.A.E., CPC EU, vol. 9 f. 151, f. 160.

168 Voir le 1er chapitre de la 1ère partie, note 46.

169 *Le Siècle*, le 8 février 1860. H. Lamarche.

170 *Le Journal des Débats*, le 17 mai 1861. Baudrillart. *Le Journal des Débats*, le 14 décembre 1861. Auguste Léo. Point de vue très Tocquevillien : « Les mêmes intérêts, les mêmes craintes, les mêmes passions qui écartent les peuples démocratiques des révolutions les éloignent de la guerre ; l'esprit militaire et l'esprit révolutionnaire s'affaiblissent en même temps et par les mêmes causes. » TOCQUEVILLE A. de, *op. cit.*, p. 325.

171 *Le Temps*, le 10 décembre 1861. A. Hébrard.

à cette célérité suspecte, la marginalisation des citoyens des Etats du Sud qui ne sont pas consultés sur cette question qui engage pourtant leur avenir. En effet, en dehors du Texas, ce sont les délégués aux conventions qui ratifient ces ordonnances, non les électeurs, ce qui vaut aux Etats du Sud d'être accusés d'avoir conspiré à la désunion contre la volonté de la population[172]. Cette confiscation du vote par certains Sudistes démontre que ce ne sont pas les citoyens des Etats rebelles qui choisissent la sécession mais une frange de la population d'accord avec le « lobby du coton »[173]. Une escroquerie dont les consuls n'hésitent pas à rendre compte[174].

Si les journaux favorables au pouvoir impérial se gardent bien de constater cette manipulation, les organes les moins cléments avec le régime ne manquent pas de dénoncer cette spoliation[175]. Une éviction des votants d'autant plus inexcusable que les Etats sécessionnistes comptent des partisans de l'Union. Il subsisterait au Sud « un parti considérable » qui n'attendrait que la présence des troupes fédérales pour proclamer son désir de se rallier au drapeau de l'Union. L'argument est martelé par Washington mais bien sûr contesté par les agents de la Confédération[176]. A un moment ou à un autre de la crise les diplomates français sur place attestent formellement de l'existence d'un tel sentiment. A la veille de l'élection présidentielle de novembre 1860, Henri Mercier, le représentant de la France aux Etats-Unis, faisant allusion aux menaces de sécession, ne doute pas que dans le Sud « l'immense majorité » souhaite conserver l'Union[177]. Un an plus tard, alors que les hostilités sont déclarées, c'est au tour du consul Paul, à Richmond, de faire état de la persistance d'un attachement au cadre ancien au sein de la population de la Confédération[178]. En 1862, son collègue à Boston parle de

---

[172] Ce n'est pas le mode de fonctionnement qui est en cause - la constitution de 1787 est ratifiée par des conventions - mais l'exclusion du vote populaire.

[173] La rhétorique de ces leaders sudistes est qu'ils manquent de temps pour convaincre la masse inculte du danger que Lincoln fait courir au Sud (de 30 à 40 % des hommes de 18 à 45 ans signent avec une croix, faute de savoir écrire). NOIRSAIN S., *op. cit.*, pp. 14-16, p. 41, p. 222.

[174] Ex. Méjan à Thouvenel ; La Nouvelle-Orléans, le 1er avril 1861. A.M.A.E., CPC EU, vol. 9 f. 50. Dans le mémorandum qu'il remet à Napoléon III, J. Watson Webb écrit que « dans aucun cas les rebelles n'ont osé soumettre au peuple la question de la séparation ». Mémo. du gal Webb ; le 2 août 1861. A.M.A.E., ADP EU, vol. 30 f. 45v .

[175] La *Revue des Deux Mondes*, 1861 (11/12). Auguste Laugel, « Les causes et caractères de la guerre civile aux Etats-Unis », pp. 140-162 ; p. 151. Même argument développé par le journaliste dans son ouvrage : les ordonnances de sécession furent votées si vite que les citoyens n'ont pu se prononcer. LAUGEL Auguste, *Les Etats-Unis pendant la guerre (1861-1865)*, Paris, G. Baillière, 1866, 365 p. ; pp. 17-18. *Le Temps*, le 27 avril 1862. Jules Grenier.

[176] Slidell à Thouvenel ; Paris, le 21 juillet 1862. A.M.A.E., ADP EU, vol. 32 ff. 60v.-61.

[177] Mercier à Thouvenel ; Washington, le 31 octobre 1860. A.M.A.E., CP Etats-Unis, vol. 123 f. 356.

[178] Paul à Thouvenel ; Richmond, le 2 novembre 1861. A.M.A.E., CPC EU, vol. 9 ff. 253v.-254.

cette frange défavorable à la sécession que des meneurs exaltés ont fait taire, mais qui n'attend qu'un signal pour se réveiller et renouer avec le Nord[179]. Quelques semaines avant la réélection de Lincoln, la dépêche du consulat de New York reprend l'analyse d'un Français qui compare le procédé utilisé, lors des conventions, à la révolution de 1848 qui, selon lui, « fut amenée par les clameurs d'un parti qui n'aurait pas compté loyalement 5000 votants »[180].

Sans même lire les réflexions de ses agents, le ministre des Affaires étrangères peut s'appuyer sur un certain nombre de résultats qui trahissent la permanence d'un attachement à l'Union dans le Sud. Le résultat de la première élection de Lincoln, communiqué par Mercier, indique clairement que la limite entre Etats esclavagistes et Etats libres, ne se confond pas avec la fidélité ou l'hostilité à l'Union. Si, au Sud, John C. Breckinridge, démocrate dissident, obtient le soutien des plus exaltés prêts à toutes les extrémités, face à lui John Bell conduit une « Union constitutionnelle ». Au Nord, le rival de Lincoln, Stephen Douglas, le démocrate officiel, même s'il défend la souveraineté des Etats contre l'intervention du Congrès, se présente comme un candidat national. Au total, à l'issue du vote de novembre 1860, une majorité des Américains demeure favorable à l'Union[181]. Mieux, dans le Sud, si Breckinridge recueille 45% des suffrages exprimés, Bell enregistre un score tout à fait honorable de 39 % des voix[182]. L'exemple des *Border States* contribue tout autant à renforcer les doutes sur l'unanimité dont se prétendent dépositaires les leaders de la Confédération. Ces quatre Etats frontaliers des Etats libres, le Maryland, le Kentucky, le Missouri, le Delaware, bien qu'esclavagistes, expriment leur loyauté à l'égard de l'Union. D'autre part, la Virginie se coupe en deux en 1863 ; restant fidèle à Washington, la Virginie occidentale décide de former un Etat distinct de la Virginie orientale[183]. Rien n'indique donc que, dans le Sud, la

---

[179] Souchard à Thouvenel ; Boston, le 18 février 1862. A.M.A.E., CPC EU, vol. 12 f. 154. *Id.* ; Boston, le 18 mars 1862. A.M.A.E., CPC EU, vol. 12 f. 169-v.

[180] Extrait d'un journal de New York annexé à la dépêche politique de Boilleau à Drouyn de Lhuys ; New York, le 12 octobre 1864. A.M.A.E., CPC EU, vol. 18 f. 33. Le baron Gauldrée Boilleau est nommé à New York en novembre 1863 pour remplacer Montholon.

[181] Mercier à Thouvenel ; Newport, le 14 août 1860 ; Washington, les 8 novembre et 17 décembre 1860. A.M.A.E., CP EU, vol. 123 ff. 309-313 ; ff. 360-364, f. 403 (annexe à la dép.). Mercier donne comme résultats : 1 865 179 voix pour Lincoln, 998 376 pour Douglas, 903 806 pour Breckinridge, 593 508 pour Bell, et 4 747 522 électeurs. Les résultats définitifs sont respectivement : 1 865 908 voix, (près de 40 % des suffrages nationaux, mais Lincoln est majoritaire dans le nord) et 180 grands électeurs, 1 380 201 (un peu plus de 30 %), 848 019 (environ 18 %), 590 901 (13 %). Douglas trouve ses voix dans le nord et dans un seul Etat esclavagiste, tandis que Bell reçoit le soutien des Etats tampons. Une majorité de l'électorat souhaite donc le maintien de l'Union.

[182] McPHERSON J., *op. cit.*, pp. 254-255.

[183] La Virginie occidentale devient ainsi le 35e Etat des Etats-Unis. On peut noter que dans l'ouest de la Caroline du Nord, ou l'est du Tennessee, ou encore le nord de l'Arkansas

majorité de l'opinion choisisse la sécession. Même les votes aux conventions, pourtant animées par les plus radicaux, trahissent le trouble d'une partie d'entre eux de se séparer de l'Union[184]. On peut supposer qu'une minorité s'est arrogée le droit de parler pour le plus grand nombre.

Même si la division tant redoutée a eu lieu, les journalistes les plus critiques à l'égard du Sud continuent d'y trouver des défenseurs de l'Union, surtout dans les Etats, ou les circonscriptions des Etats, qui rassemblent peu d'esclaves[185]. Leur présence explique les discordes qui éclatent au grand jour dans certains Etats, surtout lorsque la menace des troupes fédérales se précise[186]. Le sentiment unioniste soulève la question de la légitimité de l'action révolutionnaire. La presse d'esprit libéral regrette la mise à bas de l'Union par des « fanatiques » qui mènent une « œuvre d'anéantissement »[187]. Plusieurs raisons sont avancées pour refuser aux rebelles de quitter la fédération. Pour certains, une fédération ne peut être dissoute sans l'aval du pouvoir qui coordonne et centralise son action. Le président Lincoln ne fait que son devoir en défendant l'Union puisqu'il a prêté un serment solennel à la constitution des Etats-Unis[188]. D'autre part, admettre le principe de la sécession entraînerait un éclatement de l'Union en de multiples souverainetés. Ce serait introduire un principe d'anarchie condamnable pour le bon ordre et la sûreté des Etats[189]. Enfin, et c'est sans doute la démonstration la plus convaincante, la supériorité des Etats est un mythe car aucun ne peut se prévaloir des attributs de la souveraineté en matière monétaire, de politique étrangère ou de défense. Il n'y a qu'une seule souveraineté et elle est placée tout entière dans le président, dans la

---

subsiste aussi un sentiment unioniste prononcé mais seule la Virginie occidentale réussit à se détacher de la Confédération. McPHERSON J., *op. cit.*, pp. 323-330.

[184] En Georgie, Alabama, Mississipi, Louisiane, Floride, l'ensemble des délégués aux conventions, défendant une forme quelconque de coopération, recueille au moins 40 % des suffrages. En Alabama et en Georgie, respectivement 39 et 30 % des délégués votent contre la résolution finale de faire sécession. En juillet 1861, Lincoln se demande « s'il y a vraiment aujourd'hui dans n'importe quel de ces Etats, sauf peut-être la Caroline du Sud, une majorité d'électeurs, légalement habilités à voter, favorable à la désunion. » McPHERSON J., *op. cit.*, p. 262.

[185] La *Revue des Deux Mondes*, 1861 (11/12). Auguste Laugel, « Les causes et caractères de la guerre civile aux Etats-Unis », pp. 140-162 ; pp. 153-154. *Le Journal des Débats*, le 9 août 1862. Augustin Cochin.

[186] *Le Temps*, le 25 avril 1862. A. Hébrard.

[187] *Le Journal des Débats*, le 20 janvier 1861. Auguste Léo. *Le Journal des Débats*, le 27 juin 1861. F. Camus. Il faut souligner que F. Camus n'hésite pas à contredire ce qu'écrivait Baudrillart, dans le même journal, au début du mois de juin, lorsque ce dernier préconisait que le gouvernement fédéral consente de « bonne grâce » à la séparation. Voir note 52.

[188] *Le Journal des Débats*, le 27 août 1862. Edouard Laboulaye. La *Revue des Deux Mondes*, 1861 (11/12). A. Laugel *op. cit.* ; pp.151-152.

[189] La *Revue des Deux Mondes*, *id.* *Le Journal des Débats*, le 17 mai 1861. Baudrillart. *Le Journal des Débats*, le 27 août 1862. E. Laboulaye.

cour suprême et dans le Congrès. Les Sudistes oublient que si les Etats ont existé avant l'Union, ils ont cessé d'exister en devenant les Etats-Unis. Cette antériorité chronologique n'est d'ailleurs vraie que pour les treize Etats existants, puisque vingt sont venus s'ajouter depuis à ceux qui formaient jadis les anciennes colonies britanniques[190].

Observons qu'avec la poursuite des hostilités, les Sudistes sont amenés à dissocier le principe de son application. La définition de la Confédération laisse à penser qu'il s'agit d'une somme de souverainetés dont l'action est coordonnée par un président et son gouvernement. On ne peut donc parler de gouvernement central. Cependant, la conduite de la guerre accentuant nécessairement la centralisation, un conflit intérieur oppose les partisans du droit des Etats contre les empiètements de la présidence. La volonté du gouvernement Davis de renforcer son emprise sur la politique de la Confédération le conduit à dénier aux gouverneurs des Etats une conduite autonome. Ainsi, les Sudistes reproduisent-ils en leur sein le débat qui les a opposés à l'Union. Involontairement, en expérimentant leur propre gouvernance, ils font la preuve de l'efficacité du fédéralisme et, subséquemment, donnent raison au Nord.

B. Ce n'est pas un combat des nationalités

En juillet 1862, dans la dépêche qu'il adresse à Thouvenel, Slidell juge qu'il est temps que la France et l'Angleterre reconnaissent son gouvernement car la Confédération forme « un peuple organisé et indépendant »[191]. Pourtant, l'évidence s'impose assez vite : le nationalisme sudiste est une pure création des propagandistes. Le sillon de l'histoire n'est pas assez profond pour opérer une telle distinction entre les hommes du sud et ceux du nord des Etats-Unis. Ce sont des Américains qui se combattent et leur origine commune n'a pas été si facilement gommée[192]. Les diplomates ne trouvent aucune spécificité « ethnique » au Sud mais observent plutôt ce qui unit les Américains : une communauté linguistique, des traditions semblables, des souvenirs historiques, le même projet d'extension vers l'Ouest. Jusqu'à la veille de la guerre ces valeurs constituent un facteur

[190] La *Revue des Deux Mondes*, *op.cit.* ; pp. 145-146. LAUGEL A., *op. cit.*, p. 10. *Le Temps*, le 27 avril 1862. Jules Grenier. *Le Journal des Débats*, le 27 août 1862. E. Laboulaye. Auguste Laugel (1830-1914) : ce jeune journaliste débarque aux Etats-Unis en 1864 pour suivre les élections présidentielles. Il visite ensuite, l'armée de Grant. Il est reçu par Lincoln. Il écrit régulièrement dans la *Revue des Deux Mondes* et le *Temps*.

[191] Slidell à Thouvenel ; Paris, le 21 juillet 1862. A.M.A.E., ADP EU, vol. 32 f. 47v.

[192] Nombre de familles sont écartelées entre les deux camps. Les trois frères de l'épouse de Lincoln combattent dans l'armée confédérée, où ils trouveront la mort, tandis que des parents de Davis luttent aux côtés du Nord. KASPI André, *Les Américains. Naissance et essor des Etats-Unis (1607-1945)*, Paris, Le Seuil, 1986, t. 1, 339 p. ; p. 179.

important dans le développement du sentiment national[193]. Preuve s'il en est de leur incapacité à s'émanciper du passé commun, les Sudistes copient leurs lois sur celles de l'Union. Leur constitution est très proche de celle de 1787, leur drapeau s'inspire de la bannière étoilée et, pour finir, ils s'approprient l'histoire de l'Union. Ils ne forment pas une nouvelle nationalité puisqu'ils se persuadent qu'ils sont les Américains légitimes. Ce qui les cimente c'est leur hostilité aux Yankees[194].

Preuve qu'ils ont conscience que le concept est totalement inadapté à la situation, l'argument d'une nationalité sudiste en train d'émerger n'est jamais évoqué par les diplomates pour commenter le combat du Sud. Sain de Boislecomte, ancien ministre à Washington, analyse la crise comme la séparation d'une portion du peuple du reste de la nation[195]. Le consul à Boston se demande comment on peut admettre l'existence de deux nationalités issues d'un même peuple[196].

La presse la plus distante du pouvoir napoléonien se plaît à souligner les traits communs à tous les Américains et à faire un sort à l'analyse inappropriée d'un combat de nationalités rapproché de celui des Italiens ou des Polonais[197]. Elle rappelle que le Sud s'est satisfait, pendant des années, de la constitution ; il ne l'a du reste modifiée que pour l'adapter à la nouvelle confédération sur les points relatifs à l'esclavage[198].

[193] Il en ira d'ailleurs de même de la guerre civile qui unifiera la nation et soudera les différentes parties comme aucun processus plus lent n'aurait pu le faire. COMMAGER Henry Steele et NEVINS Allan, *Histoire des Etats-Unis*, Paris, Economica, 1986, 1036 p. ; p. 371.

[194] C'est la thèse centrale de l'ouvrage de Richard Beringer et de ses collègues de l'Université de Géorgie. Le Sud a perdu car il n'existait pas de nationalisme sudiste. BERINGER Richard E., HATTAWAY Herman, JONES Archer, STILL William N. Jr, *Why the South lost the Civil War*, Athens and London, The University of Georgia Press, 1986, 582 p. ; pp. 75-79, pp. 425-427. Tocqueville le notait déjà près de trente ans plus tôt : « En même temps que les Américains se mêlent, ils s'assimilent ; les différences que le climat, l'origine et les institutions avaient mises entre eux diminuent. Ils se rapprochent de plus en plus d'un type commun. » TOCQUEVILLE A. de, *op. cit.*, t. 1, p. 506.

[195] BOISLECOMTE Sain de, *op. cit.*, pp. 7-8.

[196] Souchard à Thouvenel ; Boston, le 18 mars 1862. A.M.A.E., CPC EU, vol. 12 ff. 173-174.

[197] *Le Siècle*, le 15 juillet 1860. Texier. La *Revue des Deux Mondes*, 1861 (1/2). Elisée Reclus, « De l'esclavage aux Etats-Unis. II. Les planteurs et les abolitionnistes », pp. 118-154 ; p. 152. La *Revue des Deux Mondes*, 1861 (11/12). A. Laugel, *op. cit.* ; pp. 154-155. *Le Journal des Débats*, le 27 août 1862. E. Laboulaye. La *Revue des Deux Mondes*, 1865 (3/4). Louis Reybaud, « La guerre d'Amérique et le marché du coton », pp. 189-208 ; p. 190.

[198] *Le Journal des Débats*, le 31 juillet 1861. Auguste Léo.

C. L'élitisme du Sud

A aucun moment les diplomates français ne dressent le portrait d'un Sud aristocratique qui serait le parangon d'un monde raffiné et racé hérité du vieux continent. Il s'agit là d'un stéréotype qui ne correspond en rien à la réalité sociale[199]. A quelques jours de l'exécution de John Brown, fin 1859, le consul à Richmond remet en cause les préjugés favorables qui circulent sur les patriciens qui peuplent l'Etat des premiers présidents américains :

> « On parle de l'esprit chevaleresque des Virginiens ! Ah ! Qu'un homme qui a été élevé et a vécu au milieu d'une société civilisée vienne passer une semaine dans ce pays-ci et il s'en ira dégoûté, écœuré d'un pareil spectacle ! »[200]

C'est en effet une image très négative de l'élite du Sud que renvoient les dépêches des consuls. Celui à La Nouvelle-Orléans la présente comme une bande d'intrigants qui jouent avec la sécession pour exclure les capitalistes du Nord des affaires et améliorer leur fortune[201]. Son homologue à Boston les réduit à une oligarchie de possesseurs d'esclaves qui œuvre pour son profit exclusif[202] ; elle a contraint le peuple à divorcer du Nord pour préserver ses propres intérêts. On est loin d'une aristocratie qui aurait conservé quelques valeurs[203].

Un autre aspect qui fait réagir les diplomates est la conscription à laquelle échappent les plus fortunés, soit par le biais d'un substitut en payant un remplaçant pour ne pas subir la conscription, soit tout simplement parce qu'ils en sont dispensés puisque les propriétaires de plus de vingt esclaves sont exemptés des obligations militaires. Si bien que le conflit apparaît comme une guerre faite par des pauvres au profit des nantis. Dès les premiers revers militaires du printemps 1862, le consul à Boston fournit le témoignage de certains prisonniers confédérés qui expriment leur exaspération et leur découragement d'avoir combattu « pour la cause des riches »[204].

La presse libérale n'est pas dupe de cette mystification et stigmatise cette admiration pour ceux qu'elle ne regarde que comme de vulgaires frondeurs[205]. Pour beaucoup de ses auteurs l'origine de la guerre est à

---

[199] Notons, à ce propos, que l'image de grands propriétaires fonciers, à la tête d'immenses domaines, peuplés de centaines d'esclaves, est un cliché qu'on ne trouve nulle part dans les dépêches des agents sur place. Voir note 3 du chapitre 1 de la seconde partie.

[200] Paul à Walewski ; Richmond, le 10 novembre 1859. A.M.A.E., CPC EU, vol. 7 f. 91.

[201] Méjan à Thouvenel ; La Nouvelle-Orléans, le 15 janvier 1861. A.M.A.E., CPC EU, vol. 9 f. 11.

[202] Souchard à Thouvenel ; Boston, le 18 mars 1862. A.M.A.E., CPC EU, vol. 12 f. 172v.

[203] Les planteurs ont fabriqué une image aristocratique dont les racines ne remontent qu'à deux ou trois générations. NOIRSAIN S., *op. cit.*, pp. 7-8.

[204] Souchard à Thouvenel ; Boston, le 18 mars 1862. A.M.A.E., CPC EU, vol. 12 f. 172v.

[205] *Le Journal des Débats*, le 7 décembre 1861. Prévost-Paradol.

rechercher dans le refus de quelques notables des Etats serviles de perdre leur influence politique. L'oligarchie du Sud a été maîtresse du pouvoir grâce à d'iniques privilèges électoraux (les esclaves sont comptés dans la population alors qu'ils ne sont pas électeurs). Elle a su profiter de la lâcheté du Nord, qui a trop longtemps cédé à son chantage à la sécession[206]. Elle s'est soulevée lorsqu'elle a senti que la direction politique de l'Union allait lui échapper. La rébellion ne peut donc être assimilée à la révolte unanime d'un peuple contre un gouvernement tyrannique ; c'est un coup de force de propriétaires d'esclaves déterminés à sortir de la république plutôt que d'en perdre la direction[207]. Jusqu'à l'élection de Lincoln, le partage du pouvoir politique entre les Etats du nord et du sud s'était opéré en raison inverse de la puissance réelle des deux sections de la république[208]. C'est le rééquilibrage qui a allumé la mèche du conflit.

Conclusion

Les nouvelles de l'assassinat de Lincoln et, concomitamment, de l'attentat contre le secrétaire d'Etat Seward[209], arrivent en France moins de deux semaines plus tard. Les réactions de stupeur, de consternation et d'indignation qui accompagnent cet événement démontrent, s'il en est besoin, que la vision d'une France pro-sudiste mérite d'être nuancée. On pourra toujours objecter que les manifestations chaleureuses, à l'égard du gouvernement fédéral, interviennent alors que le conflit est terminé, mais l'émotion est profonde et la sincérité indéniable. Ce président, d'abord sous-estimé, s'est révélé au cours du conflit, par sa constance, son intégrité et sa fermeté, un grand dirigeant[210]. Si, en Grande-Bretagne, la mort de Lincoln

[206] *Le Temps*, le 18 juillet 1861. Jules Grenier. *Le Temps*, le 8 décembre 1861. A. Nefftzer.
[207] *Le Journal des Débats*, le 14 février 1861. F. Camus. La *Revue des Deux Mondes*, 1861 (11/12). *op. cit.* ; pp.149-153, p. 161. La *Revue des Deux Mondes*, 1862 (5/6). E. Forcade, « Chronique de la quinzaine. Histoire politique et littéraire », pp. 486-497 ; p. 496. *Le Journal des Débats*, le 9 août 1862. Augustin Cochin. Dans le mémorandum qu'il adresse à son ami Napoléon III, le général Webb estime, lui aussi, que la perte de pouvoir des Etats esclavagistes a conduit à la guerre. Mémo. du g[al] Webb ; le 2 août 1861, A.M.A.E., ADP EU, vol. 30 f. 38. Tocqueville écrivait en 1835 : « Le Sud, qui a fourni quatre présidents à la confédération, sait aujourd'hui que la puissance fédérale lui échappe. Chaque année, il voit diminuer le nombre de ses représentants au Congrès et croître ceux du Nord et de l'Ouest ; le Sud peuplé d'hommes ardents et irascibles s'irrite et s'inquiète. » TOCQUEVILLE A. de, *op. cit.*, p. 502.
[208] *Le Journal des Débats*, le 15 avril 1863. Prévost-Paradol. 12 présidents sur 18 ont été choisis parmi les hommes du Sud.
[209] Le 14 avril 1865, le président Lincoln est mortellement blessé dans une loge du théâtre Ford à Washington. Au même moment un homme entre dans la chambre de Seward et le poignarde. Seward survit à l'attentat.
[210] En 1861 le prince Napoléon, pourtant pro-nordiste, dresse de lui un portrait peu flatteur : « Quelle différence entre ce triste représentant de la grande république et ses

suscite « une émotion extraordinaire »[211], il en va de même en France où son assassinat amène le commentaire suivant de la part de Drouyn de Lhuys: « L'histoire n'hésitera pas à le placer au rang des citoyens qui ont le plus honoré leur pays. »[212] Bigelow, le responsable de la légation des Etats-Unis, est surpris de l'émotion considérable occasionnée par la mort du chef de l'exécutif lorsqu'il constate, les 27 et 28 avril, que, spontanément, la foule se rassemble devant sa résidence[213]. Il admet ne pas avoir imaginé à quel point la mort de Lincoln serait ressentie en France[214]. Le 2 mai 1865, à l'initiative du gouvernement français, le Sénat et le Corps législatif rendent hommage à Lincoln[215].

Une fois n'est pas coutume, la presse est à l'unisson. Des plus conservateurs aux plus libéraux on loue Lincoln pour sa droiture, son honnêteté et son sens du devoir[216], on salue un « homme bon, un grand citoyen qui a eu foi en sa mission »[217], un « homme à jamais illustre qu'un crime abominable vient d'enlever à la grande république américaine »[218]. Il est désormais le premier dans le panthéon des présidents américains. Sans, pour autant, que la démocratie américaine en sorte affaiblie[219], son successeur aura du mal à combler le vide politique[220].

Ces réactions encouragent à ne pas trop se polariser sur les soutiens que les Confédérés ont pu trouver au sein du gouvernement impérial. Il faut aussi garder en mémoire que la sympathie inspire rarement la politique étrangère. Le lobby sudiste fait une erreur en imaginant que la dilection, dont fait part une certaine élite à son égard, va automatiquement conduire à une reconnaissance de la Confédération car, en la matière, la Pologne peut en témoigner, la défense des intérêts nationaux triomphe toujours des sentiments. L'amitié crée un climat, non une politique.

---

premiers fondateurs ! C'est un président d'expédients que l'on a nommé [...]. Un triste spécimen de président. » *La Revue de Paris*, *op. cit.* ; p. 257.

[211] La Tour d'Auvergne à Drouyn de Lhuys ; Londres, le 27 avril 1865. A.M.A.E., CP A, vol. 732 f. 270-v.

[212] Drouyn de Lhuys à Montholon ; Paris, le 28 avril 1865. A.M.A.E., CP EU, vol. 133 f. 265. *Le Moniteur* du 2 mai 1865 publie la lettre, du 28 avril, de Drouyn de Lhuys à Seward en hommage à Lincoln.

[213] VINCENT Bernard, *Lincoln, l'homme qui sauva les Etats-Unis*, Paris, L'Archipel, 2009, 426 p. ; pp. 360-361.

[214] Bigelow à Seward ; Paris, le 28 avril 1865. GAVRONSKY S., *op. cit.*, p. 238.

[215] *Le Temps*, le 3 mai 1865. A. Nefftzer.

[216] *Le Journal des Débats*, le 29 avril 1865. Prévost-Paradol.

[217] *La Patrie*, le 28 avril 1865. Dréolle. *Le Pays*, le 28 avril 1865. BLACKBURN G. M., *op. cit.*, pp. 131-132.

[218] *Le Temps*, le 29 avril 1865. Ulysse Cadet.

[219] *Le Temps*, *id.* La *Revue des Deux Mondes*, 1865 (5/6). Auguste Laugel, « Le président des Etats-Unis Abraham Lincoln ; souvenirs personnels », pp. 476-496 ; p. 495.

[220] *Le Temps*, le 27 avril 1865. G. Isambert. La *Revue des Deux Mondes*, 1865 (5/6). A. Laugel, *op. cit.* ; p. 476.

De toute façon, et c'est bien là l'essentiel, pour des raisons différentes, par choix personnel et par réalisme, ceux qui élaborent et mettent en œuvre cette politique sont clairement hostiles au Sud. Le Sud n'a donc pas rallié à sa cause les bons acteurs. Et puis, il faut bien convenir qu'entre la dialectique des Sudistes, qui joue principalement sur le registre de l'émotion, et la démonstration nourrie d'éléments probants des appuis du Nord, la raison amène à douter des premiers pour écouter les arguments des seconds.

DEUXIÈME PARTIE

LES OBSTACLES

À

LA RECONNAISSANCE DU SUD

CHAPITRE 1 : UNE AVERSION POUR L'ESCLAVAGE ?

Même si, à la veille de la guerre de Sécession, sa pratique n'a été abandonnée par la France que depuis un peu plus d'une décennie, l'esclavage répandu dans les Etats du sud de l'Union apparaît à beaucoup comme une survivance anachronique. Pour l'observateur du moment il est difficile de concevoir qu'outre-Atlantique il puisse encore subsister, à quelques milles des îles sucrières françaises, un usage que la morale instinctivement déplore et qui cohabite mal avec les valeurs démocratiques dont se réclament les Américains[1]. Dans ces conditions on peut être tenté de penser que l'esclavage causerait en France une telle répulsion, que ce pays ne pourrait s'associer à une Confédération qui revendique le maintien en servitude de près de quatre millions d'hommes et de femmes ; une tradition qu'elle dit faire partie intégrante de sa « civilisation ».

Pourtant, on peut remarquer que ce qui apparaît aujourd'hui comme une monstrueuse spécificité du Sud est cependant très peu évoqué dans les comptes-rendus des agents sur place[2]. Curieusement, il faut passer longuement au crible les dépêches pour trouver quelques allusions succinctes à la condition des maîtres et de leurs serviteurs. L'esclavage n'est souvent évoqué que pour expliquer, du reste assez schématiquement, le fossé qui se creuse entre les deux parties de l'Union. La réponse à ce défaut de commentaires se trouve sans doute dans le nombre de propriétaires d'esclaves, attendu que sur 8 041 800 Sudistes blancs, seuls 385 000 sont propriétaires de cette « marchandise » humaine[3]. Si on considère l'ensemble des Sudistes avec leur famille, plus des trois quarts ne sont pas concernés par cette pratique[4]. La répartition des domaines esclavagistes dans l'intérieur des terres, loin des villes où résident les consuls, peut aussi expliquer les faibles

---

[1] Philippe Roger écrit : « Nous touchons ici à l'aspect le plus déconcertant, peut-être, de l'attitude française : une sympathie majoritaire pour le Sud fait bon ménage avec une condamnation massive de l'esclavage. » ROGER Philippe, *L'ennemi américain*, Paris, Editions du Seuil, 2002, 602 p. ; p. 117.

[2] C'est encore plus vrai pour le sort réservé aux Indiens dont l'élimination est vécue comme un mal nécessaire. C'est par exemple la seule grâce que trouve Jackson aux yeux des observateurs français lorsqu'il agit avec brutalité contre les Séminoles. La Forest à de Broglie ; New York, le 10 janvier 1836, A.M.A.E., CP EU, vol. 91 f. 38.

[3] Parmi les propriétaires d'esclaves, près de la moitié en possède moins de cinq et 72 % utilisent moins de dix esclaves. Le cultivateur, sa famille et ses esclaves vivent souvent sur de petites exploitations. LONG E. B., LONG Barbara, *The Civil War day by day. An Almanac (1861-1865)*, New York, Da Capo Press, 1971, 1135 p. ; p. 702.

[4] *Idem.* Si on prend le chiffre de six individus par famille, on peut estimer à un peu plus de deux millions les personnes qui côtoient des esclaves, soit un quart de la population des Etats serviles.

mentions de cet usage. D'ailleurs, pour plus de commodité, d'utilité, et de sécurité - les opérations militaires sont menées en périphérie des villes - les agents sont invités à demeurer sur place. Dans cette compétition compassionnelle, les épreuves des réfugiés, ou le flot des soldats blessés qui échouent en ville, éclipsent de très loin la condition des esclaves dont la plupart sont encore maintenus sur les plantations ; les réalités sociales des cités l'emportent largement sur la spécificité productive du Sud.

Et puis, ne nous le dissimulons pas, cette lacune vient aussi de ce que, contrairement à l'Angleterre, l'abolitionnisme français, qui se recrute surtout parmi les milieux républicains ou libéraux, n'a pas une base populaire aussi large. Le combat abolitionniste qui a eu lieu avant la Seconde République - l'article 8 du décret du 27 avril 1848 interdit à tout Français, même en pays étranger, « de posséder, vendre ou hériter d'esclaves sous peine de sa perte de la qualité de citoyen français » - semble bien avoir éteint les passions que le sujet pouvait susciter[5]. Cette attitude différencie la France de l'Angleterre pour laquelle les mesures d'interdiction de la traite, et la croisade menée en faveur de l'abolition, forment un combat constant qui s'appuie sur un large consensus[6].

Compte tenu de la place modeste qu'il tient dans les communications diplomatiques, alors que paradoxalement il reste perçu comme une pratique moralement indigne, la question qui se pose est donc de savoir dans quelle mesure l'esclavage a pu contribuer à ternir l'image du Sud et à éloigner la reconnaissance de son gouvernement.

I. L'ESCLAVAGE DESSERT LA CAUSE DU SUD

A. Une image négative

Les responsables de la diplomatie française sont conscients que le système esclavagiste est une survivance anachronique et que le sens du progrès doit conduire à son extinction. Au Quai les positions des deux ministres des Affaires étrangères sont tranchées. Le 25 avril 1861, Thouvenel exprime à Sanford, le ministre des Etats-Unis en Belgique, l'incompatibilité qui existe entre le principe qui fonde la Confédération et le monde civilisé[7]. Le même jour il écrit à Mercier, le représentant de la France

---

[5] Les romans abolitionnistes français ont été écrits essentiellement avant l'abolition de l'esclavage en France (Victor Hugo, *Bug Jargal,* 1818 ; Prosper Mérimée, *Tamango*, 1829 ; Alexandre Dumas, *Georges*, 1843).

[6] C'est en 1833 que le Royaume-Uni abolit l'esclavage dans ses colonies.

[7] Sanford à Seward ; Paris, le 25 avril 1861. Bigelow à Seward ; Paris, le 31 octobre 1861. CASE Lynn M., SPENCER Warren F., *The United States and France. Civil War Diplomacy*, Philadelphia, University of Pennsylvania Press, 1970, 747 p. ; p. 40, p. 182.

aux Etats-Unis : « Nos sentiments sont tous en faveur de l'Union. Je considérerais cette dissolution comme une grande catastrophe, un coup porté à la liberté et au progrès. »[8] Drouyn de Lhuys, à peine en fonction, rappelle au représentant du gouvernement fédéral, William Dayton, qu'il n'est pas non plus un ami de l'esclavage [9]. A la fin de la guerre, il ne cache pas son enthousiasme au ministre des Etats-Unis quant à son abolition : « Nous ne pouvions qu'applaudir au sentiment généreux qui a inspiré à votre gouvernement une mesure si conforme au progrès général de l'humanité. »[10]

Les défenseurs du Sud sont lucides. Le propagandiste de la Confédération en France, E. de Leon, esclavagiste convaincu, essaye de minimiser la question de l'esclavage en insistant sur la loyauté des esclaves à l'égard de leurs maîtres, mais il ne peut se dissimuler les réticences françaises[11]. Slidell, le représentant de la Confédération en France, pense qu'au plus haut niveau l'esclavage contrarie ses efforts de reconnaissance et affaiblit sa position[12]. Son gouvernement en est bien conscient ; en mars 1865, il envoie Duncan Kenner à Paris et à Londres pour tenter, dans un ultime sursaut, d'échanger la reconnaissance du gouvernement de Richmond contre l'abolition[13].

Il ne faut pas laisser de côté les faits marquants qui accompagnent la chronologie de l'abolitionnisme et frappent l'opinion en profondeur. A l'aube de la guerre de Sécession, en moins d'une décennie, deux événements sont venus réveiller les consciences. Il s'agit tout d'abord de l'impact retentissant obtenu par la publication de *La case de l'oncle Tom*. En France l'ouvrage remporte un succès considérable puisque, dès sa première année, il paraît dans onze éditions françaises[14].

Si le livre n'est pas commenté par les milieux gouvernementaux et diplomatiques, à l'inverse la presse libérale prend la mesure du choc provoqué par la lecture des supplices infligés à Tom. Pour ses rédacteurs le roman porte un coup plus rude à la cause esclavagiste que tous les discours

---

[8] Thouvenel à Mercier ; Paris, les 25 avril et 16 mai 1861. A.M.A.E., CP EU, vol. 124 ff. 161-163, ff. 216-217.

[9] Dayton à Seward; Paris, le 12 novembre 1862. CASE L. M. *et al.*, *op. cit.*, p. 368.

[10] Drouyn de Lhuys à Bigelow ; Paris, le 8 janvier 1866. A.M.A.E., LJ EU, 1866, p. 96.

[11] LEON Edwin de, *Secret history of Confederate diplomacy abroad*, Lawrence, University Press of Kansas, 2005, 224 p. ; p. XVII.

[12] WILLSON Beckles, *John Slidell and the Confederates in Paris (1862-1865)*, New York, Minton, Balch and Company, 1932, 296 p. ; p. 276.

[13] Le consul résidant à La Nouvelle-Orléans estime lui aussi que l'esclavage ne peut qu'éloigner l'Europe, du Sud. Méjan à Thouvenel ; La Nouvelle-Orléans, le 12 février 1861. A.M.A.E., CPC EU, vol. 9 f. 23v.

[14] George Sand écrit à propos du livre : « Le livre est dans toutes les mains, dans tous les journaux. Il y aura, il y a des éditions dans tous les formats. ». George Sand, *Critique de la Case de l'oncle Tom*, 1852.

tenus par les abolitionnistes qui enflamment l'opinion du Sud[15]. Ils insistent sur la bonne fortune de l'ouvrage en Europe[16].

L'autre événement qui reçoit un large écho est l'affaire John Brown. A partir de 1856 cet abolitionniste, qui lutte auprès de ceux qui s'opposent à l'intégration du Kansas à l'Union comme Etat esclavagiste[17], commence à faire parler de lui. Une guérilla s'organise et le combat de Brown popularise les thèmes anti-esclavagistes[18]. Il ébranle certaines consciences comme celle d'Alfred Paul, le consul à Richmond :

> « Il faut venir dans le sud des Etats-Unis pour être témoin d'un si déplorable aveuglement et pour entendre dire, par exemple par des hommes du monde, que l'esclavage est une institution divine, précieuse et sacrée ; que les pays qui en sont dotés sont des pays privilégiés ; qu'il faut défendre et conserver l'esclavage quand même et toujours, que les esclaves sont des êtres heureux, qu'ils le savent et qu'ils sont prêts à prendre les armes pour rester esclaves. Cette calomnie, qui atteint toute une population déshéritée et horriblement malheureuse, quoi qu'on en dise, est un blasphème [...] »[19]

En 1859, alors qu'il tente de s'emparer de l'arsenal fédéral d'Harper's Ferry, en Virginie, avec l'intention de délivrer les esclaves, John Brown est capturé par les hommes de Robert Lee. Lors de son procès, Paul dessine un portrait très flatteur de l'indomptable lutteur, pourtant considéré, par beaucoup, comme un agitateur exalté. Il loue son énergie peu commune mise au service

---

[15] La *Revue des Deux Mondes*, 1852 (10/12). Emile Montégu, « Le roman abolitionniste en Amérique (*Uncle Tom's cabin* de Harriett Beecher Stowe) », pp. 155-187 ; p. 185. *Le Journal des Débats*, le 5 février 1856. Edouard Laboulaye. Rappelons que Laboulaye est un spécialiste de la constitution américaine. Il enseigne au Collège de France et rédige une étude sur l'esclavage aux Etats-Unis.

[16] *Le Journal des Débats*, le 12 novembre 1852. John Lemoinne. La *Revue des Deux Mondes*, 1856 (10/12). John Lemoinne, « Le roman de la vie des Noirs en Amérique. Mme B. Stowe. », pp. 162-187 ; p. 164.

[17] En mai 1854, le Congrès vote le *Kansas-Nebraska Act* qui offre aux colons de ces deux nouveaux territoires la possibilité de choisir entre pratiquer l'esclavage ou le travail libre. Cet accord abolit le compromis du Missouri de 1820 qui interdisait la pratique de l'esclavage au nord du 36°30' ce qui excluait théoriquement le Kansas et le Nebraska. En réaction, les abolitionnistes menacent de ne pas respecter la loi sur les esclaves fugitifs et créent un nouveau parti, le parti républicain. Le texte est également vivement dénoncé par Abraham Lincoln alors avocat de l'Illinois. L'année suivante, de violents affrontements éclatent au Kansas entre les colons esclavagistes et anti-esclavagistes, ces derniers instaurant un gouvernement parallèle à celui en place dont ils contestent l'élection. ELSON Henri William, *Histoire des Etats-Unis*, Paris, Payot, 1930, 1079 p. ; pp. 586-597. LACROIX Jean-Michel, *Histoire des Etats-Unis*, Paris, PUF, 1996, 590 p. ; p. 217.

[18] John Brown (1800-1859). Ce père de vingt enfants, profondément religieux, se révolte dès l'adolescence contre les mauvais traitements infligés aux Noirs. C'est en juin 1855 qu'il part pour le Kansas combattre les colons esclavagistes. En mai 1856, en réponse à des assassinats, il enlève cinq colons esclavagistes et les fait exécuter à coups de sabre. C'est l'année suivante que naît son projet : déclencher le soulèvement des esclaves dans tous les Etats du Sud. www.medarus.org.

[19] Paul à Walewski ; Richmond, le 5 janvier 1857. A.M.A.E., CP EU, vol. 116 ff 5-9.

d'un principe, son courage et son abnégation[20]. Le 2 décembre 1859 Brown est pendu.

La nouvelle des malheurs de Brown ne laisse pas indifférent. Une pétition appuyée par Victor Hugo circule pour obtenir la clémence à l'égard de John Brown et elle recueille une large publicité[21]. La presse en délicatesse avec le régime impérial part du supplice de Brown pour élargir ses commentaires sur l'esclavage en puisant ses arguments dans les ouvrages qui font des révélations sur cette « institution »[22], ou en s'appliquant à réfuter les arguments de ceux qui défendent une propriété qu'on ne peut admettre un instant sans nier, du même coup, le droit, la justice et la dignité humaine[23].

Avec la guerre de Sécession se pose la question d'une reconnaissance de la Confédération. La presse « d'opposition » exhorte la France à ne pas accepter la main tendue d'une république qui pratique l'esclavage[24]. Elle refuse de faire passer l'esclavage sous les fourches caudines de l'intérêt commercial, y compris pour combler les besoins en coton[25]. Un certain nombre d'organes libéraux considèrent d'ailleurs que la supériorité morale du Nord finira par triompher de la servitude. Servitude condamnée pour *Le Siècle* et *Le Temps* du fait de la rentabilité du travail libre[26]. Servitude blâmée pour *Le Journal des Débats* et la *Revue des Deux Mondes* parce que l'esclavage est devenu, en cette seconde moitié du XIXe, « une pratique anachronique » ; le progrès est bien du côté des Etats libres[27].

---

[20] *Id.* ; Richmond, le 10 novembre 1859. A.M.A.E., CPC EU, vol. 7 ff. 88-95.

[21] Victor Hugo écrit : « Au point de vue politique le meurtre de John Brown serait une faute irréparable. Il ferait à l'Union une fissure latente qui finirait par la disloquer [...]. Oui que l'Amérique y songe ; il y a quelque chose de plus effrayant que Caïn tuant Abel, c'est Washington tuant Spartacus. » Hauteville-House, le 2 décembre 1859. HUGO Victor, *Actes et Paroles, II. Pendant l'exil*, Paris, J. Hetzel & Cie, A. Quantin, 1883, 586 p. ; p. 239.

[22] *Le Siècle*, les 2, 3, 12, 13 janvier 1860. H. Lamarche et Louis Jourdan. Il s'agit du livre de Hinton Rowan HELPER, *Impending crisis of the South*. L'auteur (1829-1909) a la particularité d'être un homme du Sud opposé à l'esclavage. La thèse centrale de son livre est que l'esclavage est une entrave au développement de l'économie du Sud. Il ne fait aucune allusion à la condition des esclaves eux-mêmes, ce qui explique peut-être qu'après la guerre il devient un ferme partisan de l'expulsion des Noirs vers l'Amérique centrale.

[23] *Le Journal des Débats*, le 16 juin 1860. La *Revue des Deux Mondes*, 1860 (11/12). Elisée Reclus, « De l'esclavage aux Etats-Unis. I. Le code noir et les esclaves », pp. 868-901 ; pp. 869-870. La *Revue des Deux Mondes*, 1861 (1/2). Elisée Reclus, « De l'esclavage aux Etats-Unis. II. Les planteurs et les abolitionnistes », pp. 118-154 ; p. 119.

[24] *Le Journal des Débats*, le 14 décembre 1861. Auguste Léo.

[25] *Le Temps*, le 18 juillet 1861. Jules Grenier.

[26] *Le Siècle*, le 13 janvier 1860. Louis Jourdan. *Le Temps*, le 19 octobre 1861. E. Scherer.

[27] La *Revue des Deux Mondes*, 1860 (11/12). Cucheval Clarigny, « La nouvelle élection présidentielle et les partis aux Etats-Unis en 1860 », pp. 650-690 ; p. 690. La *Revue des Deux Mondes*, 1861 (1/2). Elisée Reclus, *op. cit.*, p. 154. *Le Journal des Débats*, le 7 décembre 1861. Prévost-Paradol.

B. L'esclavage affaiblit le Sud

L'esclavage affaiblit le Sud parce qu'il révèle son vrai visage. Un certain nombre de critiques des agents se concentrent sur les entorses aux libertés couramment pratiquées au sud du 36°30'. En réponse à l'agitation provoquée par l'affaire Brown, le consul à Richmond signale que les ouvrages abolitionnistes y sont interdits[28]. Si besoin en était, au-delà de la privation de liberté des Noirs, cette décision démontre l'incompatibilité qui existe entre démocratie et république esclavagiste. D'autre part, l'esclavage est une pratique qui ne demande qu'à s'étendre. Comme le rappelle Sartiges, l'ancien ministre de la France aux Etats-Unis devenu ambassadeur de France aux Pays-Bas, en étant lié à la production cotonnière, il est tributaire de l'épuisement des sols[29]. Ainsi l'esclavage désigne-t-il la direction de l'expansion vers les territoires qui restent encore à organiser ou d'autres qu'il faudrait conquérir, une tendance expansionniste qui n'échappe pas aux autres diplomates[30]. Enfin, le maintien de l'esclavage ne peut se suffire d'un renouvellement par le simple accroissement naturel. Le besoin d'étendre la culture du coton à de nouveaux espaces relance l'idée d'un assouplissement des règles de la traite que l'Union a pourtant prohibée[31]. Dans le mémorandum qu'il adresse à son ami Napoléon III, à l'été 1861, le général Watson Webb rappelle que, quatre ans plus tôt, les Etats du Sud ont introduit au Congrès une résolution dans ce but. Il cite une estimation selon laquelle le Sud aurait fait débarquer 11 000 Noirs sur ses côtes en 1860[32]. Or, il est clair que sur cette question la vigilance du Quai est sans faille et la condamnation sans équivoque[33]. Preuve que les autorités françaises ne baissent pas la garde, l'ambassadeur de France au Royaume-Uni, le comte de Flahaut, écrit à Thouvenel le 8 juin 1862 qu'il a remis sur le tapis la question de la traite[34].

Ensuite, à tous ceux qui pensent que l'avenir du négoce européen se trouve dans les échanges avec les Etats en rébellion, les rapports des

---

[28] Paul à Walewski ; Richmond, le 4 décembre 1859. A.M.A.E., CPC EU, vol. 7 ff. 106-111.

[29] Sartiges à Thouvenel ; La Haye, le 28 décembre 1861. A.M.A.E., ADP EU, vol. 30 f. 72.

[30] Voir le dernier chapitre de cette partie.

[31] Les législations de plusieurs Etats américains refusent d'admettre sur leur territoire des Noirs et gens de couleur étrangers, même lorsqu'ils sont libres et font partie d'équipages. En effet, comme les Etats-Unis ont aboli la traite, ils ne veulent pas que clandestinement, ou de façon détournée, on « importe » des Noirs dans l'Union.

[32] Mémo. du g[al] Webb ; le 2 août 1861. A.M.A.E., ADP EU, vol. 30 f. 38, ff. 53v.-54. Début 1861, la *Revue des Deux Mondes* fait état de cette rumeur selon laquelle le Sud voudrait bien rétablir la traite. La *Revue des Deux Mondes*, 1861 (1/2). Elisée Reclus, *op. cit.*, pp. 133-134.

[33] Thouvenel à Treilhard ; Paris, le 23 février 1860. A.M.A.E., CP EU, vol. 123 f. 80.

[34] Flahaut à Thouvenel ; Londres, le 8 juin 1862. A.M.A.E., PT, vol. 8 f. 356v. Avant de devenir Empereur, Napoléon III défendait plutôt la traite qui se faisait au grand jour et de façon organisée. Il déplorait qu'une contrebande s'y soit substituée. NAPOLEON III, « La traite des nègres » in *Œuvres*, Paris, Plon, Amyot, MDCCCLVI, t. 1, 477 p. ; pp. 463-464.

diplomates ne manquent pas de rappeler que l'usage de la main-d'œuvre servile amoindrit le dynamisme économique. D'abord parce que ce mode de production est incertain. Les consuls à New York et Boston insistent sur les risques d'une baisse de la production de coton du Sud, si la guerre conduisait à une défection ou à une émigration définitive de cette main-d'œuvre. Une situation particulièrement inquiétante lorsque toute une économie se trouve assise sur cette ressource[35]. Ensuite parce que, comme le fait remarquer Sartiges, il s'agit d'un capital improductif. De La Haye, il rappelle à Thouvenel qu'un esclave est une acquisition coûteuse qu'il chiffre à 1 000 dollars d'achat sans qu'il y ait retour sur investissement[36]. L'esclavage détourne ainsi de l'argent qui serait bien plus utile pour la mise en valeur des Etats. Enfin, parce que la servitude bride la liberté d'entreprise, le consul à Richmond, Alfred Paul, oppose à l'esclavage le travail libre au Nord qui pousse les hommes à entreprendre et à s'enrichir[37].

Le dernier signe de faiblesse vient de ce que l'esclavage minore les potentialités militaires du Sud. Il fait d'abord peser une menace sur la paix sociale. Tout au long de la guerre, les diplomates redoutent une révolte servile, un conflit de l'intérieur comme une cinquième colonne qui se réveillerait dans les moments les plus critiques pour les Confédérés[38]. En octobre 1862 la dépêche, communiquée par le Quai à Londres et Saint-Petersbourg, pour rallier les deux cabinets à la tentative de médiation de Napoléon III, mentionne d'ailleurs ce risque de guerre servile pour parvenir au plus tôt au terme de la lutte[39]. D'autre part, il est impossible, pour la Confédération, d'enrégimenter les esclaves ; elle ne peut donc compter que sur les quelques cinq millions de Blancs pour la défendre. Lorsque, dans les derniers mois de l'année 1864, le gouvernement confédéré envisage d'armer les Noirs en leur offrant la liberté[40], le consul Alfred Paul interprète cette suggestion, qualifiée de « désespérée », comme l'aveu patent d'une situation militaire dont l'issue ne fait plus aucun doute[41]. C'est le principe même de

[35] Rapport de Montholon d'après une communication du 22 octobre ; note pour le Ministre ; Washington, 1861. A.M.A.E., ADP EU, vol. 30 f. 85. Souchard à Thouvenel ; Boston, le 18 mars 1862. A.M.A.E., CPC EU, vol. 12 ff. 173-174.

[36] Sartiges à Thouvenel ; La Haye, le 28 décembre 1861. A.M.A.E., ADP EU, vol. 30 f. 72v.

[37] Paul à Drouyn de Lhuys ; Richmond, le 15 janvier 1864. A.M.A.E., CPC EU, vol. 19 f. 173. *Le Siècle* pose la question de la pérennité d'une économie alanguie par la servitude : *Le Siècle*, le 12 janvier 1860. H. Lamarche.

[38] Paul à Thouvenel ; Richmond, le 9 janvier 1861. A.M.A.E., CPC EU, vol. 9 f. 145-v.

[39] Copie d'une dépêche pour Londres et Saint-Petersbourg ; Paris, le 30 octobre 1862. A.M.A.E., CP A, vol. 722 f. 135.

[40] Geoffroy à Drouyn de Lhuys ; Washington, le 15 novembre 1864. A.M.A.E., CP EU, vol. 132 f. 183. C'est dans son message au Congrès de novembre 1864 que Jefferson Davis propose de libérer les esclaves et de les enrôler dans l'armée.

[41] A. Paul à Drouyn de Lhuys ; Washington, le 31 octobre 1864. A.M.A.E., CPC EU, vol. 19 f. 239.

son combat qui est maintenant contesté par le Sud ; une contradiction qui en dit long car, en rejetant l'esclavage, le Sud abandonne un élément spécifique de sa lutte[42].

II. 1861 : UNE GUERRE CONTRE L'ESCLAVAGE ?

A. Naissance d'une méprise

Longtemps avant que le divorce ne soit prononcé, les diplomates ont conscience que l'esclavage est une pomme de discorde qui risque d'amener le Nord et le Sud au bord du gouffre[43]. Mais c'est réellement dans les années 1850 que le scénario d'une rupture est envisagé. Ainsi, par exemple, six ans avant le début de la guerre, après l'adoption de l'accord Kansas-Nebraska qui tente de nouveau de réglementer l'extension de l'esclavage mais ne contente personne[44], Sartiges, qui dirige la légation de France depuis 1852, évoque clairement les risques de séparation[45]. A la fin de la décennie les pyrrhonismes s'effacent derrière les certitudes. Fin 1859, le climat délétère qui entoure l'exécution de John Brown persuade le remplaçant provisoire de Sartiges de l'intention de la Caroline du Sud de réunir tous les Etats à esclaves en une confédération séparée[46].

On comprend donc qu'à la lecture de ces dépêches le Quai considère que la question de l'esclavage est la clé de compréhension du conflit entre les deux parties de l'Union et ce d'autant plus que Lincoln, élu en novembre 1860, est connu pour ses positions abolitionnistes. Le 12 septembre 1862, lors d'une rencontre avec Dayton, Thouvenel estime que l'esclavage est la cause de l'insurrection[47]. Dans ces conditions, il paraît légitime de simplifier les positions de chaque camp ; le Nord combattrait pour abolir l'esclavage et le Sud pour le conserver.

---

[42] Beringer écrit qu'en niant ainsi le motif original pour l'établissement d'une contrée séparée, la Confédération sape la base fondamentale de sa tentative nationaliste et enlève à beaucoup de ses citoyens un motif de poursuivre la lutte. BERINGER Richard E., HATTAWAY Herman, JONES Archer, STILL William N. Jr, *Why the South lost the Civil War*, Athens and London, The University of Georgia Press, 1986, 582 p. ; pp. 425-426.

[43] Ce ne sont pas seulement les diplomates qui prédisent que la question de l'esclavage peut mener à une scission de l'Union. En 1834 Tocqueville écrit : « Le plus redoutable de tous les maux qui menacent l'avenir des Etats-Unis naît de la présence des Noirs sur leur sol. » TOCQUEVILLE Alexis de, *De la démocratie en Amérique*, Paris, Garnier Flammarion, 1981, t. 1, 569 p. ; p. 454.

[44] Cf. précédemment.

[45] Sartiges à Drouyn de Lhuys ; Washington, le 6 mai 1855. A.M.A.E., CP EU, vol. 112 f. 278.

[46] Treilhard à Walewski ; Washington, le 4 décembre 1859. A.M.A.E., CP EU, vol. 122 f. 313.

[47] Dayton à Seward ; Paris, le 13 septembre 1862. CASE L. M. *et al.*, *op. cit.*, pp. 328-329.

Cette grille de lecture va très vite se révéler non seulement simpliste mais inexacte. Dans le programme du parti républicain pour l'élection présidentielle de 1860 on ne trouve nulle trace d'une volonté d'abolir l'esclavage dans les Etats du Sud. Il souhaite simplement, à terme, le voir disparaître et s'oppose à ce que de nouveaux territoires soient gagnés à cette pratique. Ce n'est donc pas l'existence de l'esclavage qui est le vrai motif du conflit mais la question de son extension. En septembre 1861 le nouveau président s'empresse d'abroger le décret hâtivement pris par le général Frémont pour affranchir les esclaves des Etats rebelles[48]. Le 22 août 1862 sa célèbre réponse à Horace Greeley, rédacteur en chef du *New York Tribune*, précise sa position :

> « Mon objectif principal dans cette lutte est de sauver l'Union, non de sauver ou de détruire l'esclavage. Si je pouvais sauver l'Union sans libérer un seul esclave, je le ferais ; et si je pouvais la sauver en libérant tous les esclaves, je le ferais ; et si je pouvais la sauver en libérant quelques esclaves, sans toucher aux autres, je le ferais aussi. Ce que je fais à propos de l'esclavage et de la race noire, je le fais parce que je crois que cela contribue au salut de l'Union. »[49]

Derrière ce postulat il y a une stratégie : celle de retenir, au sein de l'Union, les quatre Etats frontaliers qui pratiquent l'esclavage et n'ont pas fait sécession. Il y a aussi l'idée de ne pas amplifier le vote de l'opposition démocrate qui pourrait mettre en danger la majorité républicaine lors des élections de mi-mandat en novembre. Tant et si bien qu'avant l'été 1862, il est difficile de dire exactement quelle est la position réelle de Lincoln car il joue souvent sur l'ambiguïté et semble avoir constamment évolué sur cette question[50].

---

[48] Rappelons que Frémont était le candidat du parti républicain aux élections de 1856. En 1861 il est à la tête des armées nordistes de l'Ouest. C'est à cette occasion qu'il prend un décret pour confisquer les biens des sécessionnistes et libérer les esclaves du Missouri. Pour des raisons politiques Lincoln annule ce décret.

[49] http//showcase.netins.net.

[50] GIENAPP William E, *Abraham Lincoln and Civil War in America : a biography*, New York, Oxford University Press, 2002, 239 p. ; p. 199. Selon Stephen Oates, comme beaucoup de ses contemporains, Lincoln croit à la supériorité de la race blanche et ne pense pas que la cohabitation soit possible entre Noirs et Blancs ; en août 1862 il propose même aux Noirs de s'expatrier au Libéria. OATES Stephen B., *Lincoln*, Paris, Fayard, 1977, 570 p. ; pp. 381-382. Pour Robert Johannsen, Lincoln est avant tout un pragmatique. Il est pour une émancipation graduelle. D'ailleurs son modèle est Henry Clay, un Sudiste, un partisan des compromis. JOHANNSEN Robert W., *Lincoln, The South and slavery. The political dimension*, Baton Rouge, Louisiana State University Press, 1991, 128 p. ; p. 2. Selon James McPherson, il louvoie entre l'aile radicale du parti républicain, qui veut l'émancipation immédiate, et l'aile conservatrice qui préfère que la disparition de l'esclavage intervienne par la volonté des Etats esclavagistes. Lincoln représente l'aile modérée, qui déteste l'esclavage mais redoute les conséquences de l'émancipation en masse. McPHERSON James, *La guerre de Sécession*, Paris, Robert Laffont, 1991, 1004 p.; p. 539.

Avec le déclenchement de la crise, les diplomates mettent en garde leur gouvernement pour qu'il ne se méprenne pas sur son origine[51]. Le calcul de Lincoln les déconcerte car il brouille l'image d'une querelle née du refus ou de l'approbation de l'esclavage. Il affaiblit les positions des Nordistes en les faisant apparaître comme les défenseurs d'un droit plus que d'un principe. Ces agents soulignent l'hypocrisie qui refuse au Sud une pratique que le Nord est paradoxalement prêt à tolérer pour sauver l'Union[52].

La presse évolue elle aussi. Au départ, pour l'ensemble de ses rédacteurs, il ne fait pas de doute que l'esclavage arrive en tête des causes de la guerre puisque la sécession est déclenchée par l'élection d'un anti-esclavagiste et que le Sud a, dès lors, décidé de protéger son institution vitale[53]. Cependant, les journaux prennent progressivement conscience que ce président n'a pas été élu pour pratiquer une politique abolitionniste. Les plus conservateurs prennent un malin plaisir à rappeler qu'il réclame la prohibition de la servitude dans les territoires, tout en mettant une sourdine pour les Etats où elle existe déjà[54]. Ils produisent la lettre de Lincoln à Greeley et tentent de démontrer que l'esclavage n'est qu'un prétexte pour soumettre le Sud[55]. Leurs concurrents du bord opposé sont bien obligés d'en convenir ; les républicains supportent moins l'abolition que l'extension de l'esclavage[56]. A leurs yeux cela prouve que le Nord n'est pas en situation d'agression puisqu'il ne cherche pas à éradiquer ce à quoi le Sud est si profondément attaché[57]. Au contraire, il pratique une « conciliation à outrance » pour garder le Sud dans le giron de l'Union[58]. C'est habile. En démontrant que la révolte n'a aucun fondement, libéraux et républicains font passer les Sudistes

---

[51] Paul à Thouvenel ; Richmond, le 10 novembre 1860. A.M.A.E., CPC EU, vol. 7 ff. 320-322. Montholon à Thouvenel ; New York, le 27 août 1861. A.M.A.E., CPC EU, vol. 8 f. 58.

[52] Ex. BOISLECOMTE Charles Joseph Edmond Sain de, *De la crise américaine et de celle des nationalités en Europe*, Paris, E. Dentu, 1862, 155 p. ; pp. 38-42.

[53] *Le Pays*, le 3 janvier 1861. A. Granier de Cassagnac. WEST Warren Reed, *Contemporary French Opinion on the American Civil War*, Baltimore, Johns Hopkins University Press, 1924, 156 p. ; pp. 12-13. *Le Pays*, les 9, 15, 21 février 1861. *Le Constitutionnel*, les 10, 24, 28 janvier 1861. BLACKBURN George M., *French Newspaper opinion on the American Civil War*, contributions in American History n° 171, Greenwood Press, Westport Connecticut, London, 1997, 158 p. ; pp. 30-31, p. 63. *Le Journal des Débats*, le 4 décembre 1860. Auguste Léo.

[54] *Le Constitutionnel*, les 21 novembre 1860 et 10 janvier 1862. Martin. BLACKBURN G. M., *op. cit.*, p. 29, p. 62.

[55] *La Charente-Inférieure*, le 19 avril 1863. *Le Monde*, le 3 juin 1864. Chantrel. BLACKBURN G. M., *op. cit.*, pp. 112-113.

[56] *Le Temps*, le 19 octobre 1861. E. Scherer. La *Revue des Deux Mondes*, 1863 (3/4). Elisée Reclus, « Les Noirs américains depuis la guerre civile des Etats-Unis I. Les partisans du Kansas et les Noirs libres de Beaufort », pp. 364-394 ; p. 366.

[57] La *Revue des Deux Mondes*, 1861 (11/12). Auguste Laugel, « Les causes et caractères de la guerre civile aux Etats-Unis », pp. 140-162 ; p. 152.

[58] La *Revue des Deux Mondes*, 1863 (3/4). Elisée Reclus, *op. cit.*, pp. 370-371.

pour des impétueux qui se saisissent des prétextes les plus fallacieux pour quitter l'Union. Ils transforment ainsi en atout cet embarras du Nord.

B. La portée de la déclaration du 22 septembre 1862 en France

Il ne faudrait cependant pas oublier que Lincoln ne reste pas inerte et prend graduellement un certain nombre de mesures qui entament doucement la pratique de l'esclavage[59]. Le 6 mars 1862, il soumet au Congrès une offre pour que le gouvernement fédéral compense ce préjudice auprès des Etats qui accepteraient l'octroi de l'émancipation. Le consul général de France à New York fait parvenir à Thouvenel les termes de la proposition[60]. Elle aboutit, le 16 avril 1862, à abolir l'esclavage dans le district de Columbia. Son message, tenu à la suite du vote du Congrès, reçoit une large publicité (il est publié en France dans les recueils d'archives diplomatiques)[61]. Le 19 juin 1862, l'esclavage est aboli dans les territoires de l'Ouest.

A partir de l'été 1862, Lincoln penche de plus en plus vers une solution radicale, une déclaration d'affranchissement. Le 17 septembre 1862 la victoire de l'Antietam lui offre cette opportunité. Cinq jours plus tard, le président publie sa proclamation d'émancipation qui annonce qu'en date du 1er janvier 1863 les esclaves des Etats rebelles seront considérés comme libres (les « Etats bordiers » restés dans l'Union en sont exemptés, 433 000 esclaves sont donc écartés de la disposition). La nouvelle de la proclamation d'émancipation du 22 septembre arrive à Paris début octobre[62] et se trouve reproduite textuellement dans le recueil d'archives diplomatiques qui paraît début 1863[63].

Le moins que l'on puisse dire c'est que la déclaration n'est pas accueillie avec enthousiasme par les diplomates. Henri Mercier, le ministre de la France aux Etats-Unis, y voit une déclaration de circonstance formulée à l'intention de la France et de la Grande-Bretagne au cas où les derniers événements militaires les auraient poussées à vouloir reconnaître le Sud. Il s'agit pour lui de la dernière cartouche tirée par le Nord pour tenter de faire oublier sa déconfiture[64]. Pour le consul à Saint-Louis, ce n'est qu'un acte tardif qui vise, principalement, à affaiblir le Sud plus qu'à venir en aide aux

---

[59] Il est vrai que les décisions sont rendues plus simples par l'absence au Congrès de représentants des Etats en sécession (mais pas des Etats esclavagistes unionistes).

[60] Montholon à Thouvenel ; New York, le 7 mars 1862. A.M.A.E., CPC EU, vol. 10 f. 46-v.

[61] *Archives diplomatiques*, 1863, Paris, Amyot, t. 1, 504 p. ; p. 413.

[62] *Le Moniteur*, le 6 octobre 1862.

[63] *Arch. dip.*, 1863, t. 1, pp. 418-421. Voir aussi la circulaire de Seward transmettant, le 22 septembre 1862, la proclamation de Lincoln aux autres nations.

[64] Mercier à Thouvenel ; Washington, le 23 septembre 1862. A.M.A.E., PT, vol. 13 ff. 502-503. *Id.* ; New York, le 30 septembre 1862. A.M.A.E., CP EU, vol. 128 f. 107.

esclaves[65]. Un geste qui complique même la situation ; le consul à New York dénonce un mauvais choix tactique car de nature à stimuler davantage la résistance du Sud[66].

Sans surprise, la proclamation d'émancipation de septembre 1862 trace une ligne de partage entre journaux conservateurs et journaux libéraux. Les premiers alertent leurs lecteurs pour qu'ils ne se méprennent pas. Ils font valoir qu'il n'est pas question d'une proclamation abolitionniste, d'une part parce que les *border states* ne sont pas concernés et, d'autre part, parce qu'il y a fort à parier que si les Etats en rébellion déposent les armes ils pourront toujours conserver leurs esclaves[67]. Pour eux l'indépendance du Sud demeure la manière la plus aisée d'accéder à l'abolition[68]. Si la presse en délicatesse avec le régime considère que la proclamation de Lincoln va dans le bon sens, certains organes sont insatisfaits et parlent d'une demi-mesure[69]. Cependant, dans leur ensemble, ces derniers observateurs jugent que les propos de Lincoln marquent un tournant de la guerre car désormais son sort est irrémédiablement lié à celui de l'esclavage[70]. Par ses propos, qui entreront dans l'histoire, Lincoln vient de prendre sa place au panthéon des grands hommes[71]. Le gouvernement fédéral en sort renforcé[72].

Au total, on peut estimer qu'en clarifiant la position du Nord, la déclaration du 22 septembre 1862 facilite le travail de persuasion des libéraux auprès des indécis. Toutefois, elle est loin d'avoir convaincu les diplomates qui ont été décontenancés par l'attitude de Lincoln, le président républicain s'avérant à leurs yeux un plus grand défenseur de l'Union que de l'abolition. Cela contribue à les persuader que l'esclavage n'est pas un enjeu fondamental de la lutte que se livrent le Nord et le Sud et que cette question ne requiert pas une position diplomatique dans la perspective d'une reconnaissance du Sud.

---

65 Levasseur à Thouvenel ; St-Louis, le 15 octobre 1862. A.M.A.E., CPC EU, vol. 11 f. 153v.

66 Montholon à Thouvenel ; New York, le 23 septembre 1862. A.M.A.E., CPC EU, vol. 10 ff. 196-198. Montholon à Drouyn de Lhuys ; New York, le 4 janvier 1863. A.M.A.E., CPC EU, vol. 13 f. 12v.

67 *Le Constitutionnel*, le 8 octobre 1862. Auguste Vitu. WEST W. R., *op. cit.*, pp. 85-86.

68 *Le Pays*, le 9 janvier 1863. Melvil. BLACKBURN G. M., *op. cit.*, p. xi, p. 63.

69 *Le Siècle*, le 12 octobre 1862. Léon Plée. *La Presse*, les 8 et 15 octobre 1862. Elias Regnault. WEST W. R., *op. cit.*, pp. 85-86.

70 *Le Journal des Débats*, les 9 octobre 1862 et 15 janvier 1863. J. J. Weiss. La *Revue des Deux Mondes*, 1863 (3/4). Elisée Reclus, « Les Noirs américains depuis la guerre. II. Les planteurs de la Louisiane et les régiments africains », pp. 691-722.

71 *Le Temps*, le 13 janvier 1863. A. Nefftzer.

72 La *Revue des Deux Mondes*, 1864 (9/10). Elisée Reclus, « Deux années de la grande lutte américaine », pp. 555-624 ; p. 561.

C. La fin de l'esclavage

La déclaration d'émancipation ne coïncide pas avec la décision de mettre fin à l'esclavage sur l'ensemble du territoire des Etats-Unis. D'une part, parce que, comme nous l'avons vu, pour se conserver leur fidélité, le Nord place les quatre Etats frontières à l'abri de cette mesure. D'autre part, comme tout le territoire des Etats-Unis est concerné, il est nécessaire d'obtenir un vote des deux tiers du Congrès. Or, l'opposition des démocrates bloque le processus. Si le 8 avril 1864 le Sénat vote le 13e amendement qui abolit l'esclavage sur tout le territoire des Etats-Unis, ce n'est que le 31 janvier suivant que la Chambre fait de même[73]. La mesure est finalement promulguée le 18 décembre 1865. On peut donc dire que, sans en avoir été la cause, la guerre de Sécession décide pourtant de la fin de l'esclavage[74].

Loin de soulever l'enthousiasme, cette issue suscite de l'inquiétude de la part des agents. Pour Montholon, qui vient d'être nommé à la tête de la légation de France en remplacement de Mercier, la liberté donnée aux Noirs est une menace pour l'Union restaurée. Le péril vient de la cohabitation avec les hommes libres qu'il juge impossible :

> « Le nègre libre et soldat ne sera-t-il pas, peut-être, un élément plus redoutable qu'utile ? Si, à la liberté individuelle, on ajoute les droits politiques, si l'homme de couleur prend part au suffrage universel dont dépend, dans ce pays, jusqu'à la plus minimum fonction, que deviendront les Etats-Unis du Sud où la population noire domine numériquement ? Si, au contraire, la liberté est limitée, si on la transforme en apprentissage en maintenant les gens de couleur en demi-servitude, si, enfin, on leur refuse ce que les abolitionnistes n'ont cessé de leur promettre depuis le commencement de la guerre, comment compter sur le dévouement d'une armée de couleur ? Il me paraît, chaque jour plus évident, que des embarras, chaque jour croissant, que va causer au pays l'émancipation subite des Noirs, doit résulter la nécessité de conserver pendant longtemps encore, une armée de Blancs très considérable […]. »[75]

Montholon part du constat qu'il ne peut y avoir de société où Blancs et Noirs vivent sur un pied d'égalité[76]. Il annonce déjà la ségrégation qui suivra. Le préjugé profondément ancré est, qu'à la différence des Blancs, les Noirs ne

---

[73] CATTON Bruce, *La guerre de Sécession*, Paris, Payot, 2002, 629 p. ; p. 567.

[74] Claude Fohlen observe que, contrairement à la plupart des pays latino-américains, les Etats-Unis n'ont pas aboli l'esclavage en même temps qu'ils proclamaient leur indépendance. Ils sont, avec Saint-Domingue, le seul pays où l'affranchissement des esclaves résulte d'un affrontement meurtrier. FOHLEN Claude, « L'émancipation aux Etats-Unis » in *Esclavage, Résistance et Abolition*, Paris, Editions du CTHS, 1999, 575 p. ; pp. 389-396.

[75] Montholon à Drouyn de Lhuys ; Washington, le 23 mai 1865. A.M.A.E., CP EU, vol. 134 f. 85. Montholon affirme un peu vite que les Noirs sont majoritaires dans les anciens Etats esclavagistes ; c'est seulement vrai pour la Caroline du Sud et le Mississipi.

[76] *Id.* ; Washington, le 8 août 1865. A.M.A.E., CP EU, vol. 135 f. 17.

savent pas quoi faire de la liberté. A Charleston le consul regrette la fin de la servitude, jugeant que, désormais, les hommes de couleur manquent d'occupation, se livrent au vagabondage, au refus du travail et ne comptent pour subsister que sur les vols[77]. Il regrette la promesse du gouvernement fédéral de donner des terres à des affranchis car il les a encouragés à l'oisiveté[78].

On pourrait penser que, plus on s'éloigne de la guerre, plus le temps serait un gage de discernement. Pourtant Berthémy, qui succède à Montholon, emporté par l'aversion qu'il voue aux nouveaux affranchis, ne se distingue pas plus par l'intelligence du propos. Désormais, selon lui, au sud les Noirs ont pris le pouvoir et on ne peut réintégrer ces Etats dans l'Union au risque de favoriser une « guerre de races » qui amènerait au pouvoir une « oligarchie noire »[79].

Ce qui frappe, d'autre part, c'est le soin évident mis à passer sous silence, ou à interpréter de façon mensongère, non seulement les décisions arbitraires, mais aussi les assassinats dont sont victimes les hommes de couleur. A la Noël 1865 est fondé à Pulaski, dans le Tennessee, le Ku Klux Klan. Fin avril 1866, des émeutes éclatent à Memphis et quarante-six Noirs sont massacrés. En juillet de la même année on compte quarante victimes de plus à La Nouvelle-Orléans[80], mais les correspondances restent vagues sur la relation des événements ou les ravalent au rang de simples affrontements entre communautés. Sans provoquer un quelconque émoi des consuls, des codes noirs sont institués dans certains Etats qui restreignent la liberté nouvellement acquise en matière de droit du travail par exemple. Au fond, ce n'est pas au sein du milieu diplomatique qu'il faut rechercher le moindre encouragement à tendre vers ce qui apparaît aux libéraux et républicains comme un progrès, sans doute parce que l'abolition semble depuis longtemps, à beaucoup d'agents, un remède pire que le mal.

---

[77] Saint-André à Drouyn de Lhuys ; Charleston, le 26 octobre 1865. A.M.A.E., CCC Charleston, vol. 7 ff. 435-437.

[78] *Id.* ; Charleston, le 20 novembre 1865. A.M.A.E., CCC Charleston, vol. 7 f. 443v. En mars 1865, le Congrès crée un bureau des affranchis afin d'aider les esclaves libérés à se réinsérer.

[79] Berthémy à Moustier ; Washington, le 22 août 1867. A.M.A.E., CP EU, vol. 139 f. 286.

[80] BROGAN Hugh, *Longman History of the United States of America*, London, Guild Publishing, 1988, 740 p. ; pp. 362-363. Le Ku Klux Klan est une organisation américaine défendant par la violence la suprématie de la race blanche. En 1867 il se choisit comme chef Nathan Bedford Forrest, un ancien général de l'armée confédérée.

III. L'ABOLITION FAIT PEUR

A l'époque, les préjugés racistes interdisent de concevoir une société égalitaire[81]. A la merci du maître, le Noir a ainsi un statut conforme à l'infériorité communément admise par les sociétés européennes. En 1837, au large du Brésil, le futur empereur observe de loin des esclaves. Il livre un jugement qui reflète assez bien la répulsion instinctive de ses contemporains pour les hommes de couleur : « Notre amour-propre serait blessé de voir des hommes qui ressemblent à des singes jouir de tous nos privilèges. »[82]

Ensuite, au-delà d'un mode de production, l'esclavage est regardé comme une institution conçue pour régler les rapports entre Blancs et Noirs plutôt qu'entre maîtres et esclaves. Pour Eugène Musson, un créole qui écrit à Napoléon III au début de la guerre civile américaine, en établissant une hiérarchie, il est presque un gage de paix sociale, un moyen de faire cohabiter deux races antagonistes[83]. D'autres considèrent que l'esclavage est nécessaire pour éduquer chrétiennement ceux qui resteraient à l'état primitif. Pour Henry Lauzac, auteur en 1860 d'une courte biographie de Faulkner, ministre des Etats-Unis en France et pro-sudiste notoire, la servitude a ainsi domestiqué le sauvage. Il n'y a qu'à comparer la condition des Noirs américains avec ceux demeurés en Afrique[84].

D'autre part la condamnation morale a-t-elle un sens et ne vaut-il pas mieux s'interroger sur la condition de l'esclave[85] ? Pour ce qui concerne le

---

[81] Les libéraux sont divisés sur la question de l'égalité entre Noirs et Blancs. E. Reclus se marie avec une femme de couleur, ce qui effraie Gasparin et Montalembert. KARSKY Barbara, « Les libéraux français et l'émancipation des esclaves aux Etats-Unis. 1852-1870 » in *Revue d'Histoire Moderne et Contemporaine*, 1974 (10/12), t. 21, pp. 575-590 ; pp. 581-583.

[82] Les propos du prince sont cités par Eric Anceau d'après son récit de voyage conservé aux Archives Nationales. ANCEAU, Eric, *Napoléon III*, Paris, Tallandier, 2008, 750 p. ; p. 73. A cette époque, même le libéral *Journal des Débats* partage cet avis : « Nous ne dirons pas que les Noirs sont en tout les égaux des Blancs. A dire vrai nous ne le croyons pas. » Le *Journal des Débats*, le 7 août 1840.

[83] MUSSON Eugène, *Lettre à Napoléon III sur l'esclavage aux Etats du Sud, par un créole de Louisiane*. Paris, Dentu, 1862, 160 p. ; p. 39.

[84] LAUZAC Henry, « Son excellence M. C-J Faulkner» in *Galerie historique et critique du XIX*[e], Paris, Bureau de la galerie historique, 1860, 18 p. ; p. 10.

[85] Le débat a opposé les historiens. Au début du siècle dernier les premiers travaux sur la question sont issus de l'école sudiste dont un des chefs de file est Ulrich Bonnell Phillips. Il invoque l'existence d'un esclavage sans brutalité et qui contribue à civiliser. Des jours de repos sont accordés aux esclaves, certains travaux sont rémunérés et ils peuvent posséder des lopins de terre. Une réaction intervient dans les années 1950 avec le combat pour les droits civiques. Des historiens comme Kenneth Stamp ou Stanley M. Elkins prennent le contre-pied de cette analyse et insistent sur la dureté du quotidien pour cette main-d'œuvre. S'y ajoute dans les années 1960/1970 l'interprétation marxiste d'Eugène D. Genovese qui parle d'une société seigneuriale et paternaliste qui exploite et déshumanise les esclaves. La contestation repart de plus belle dans les années 1970 avec l'étude menée par John W. Blassingame qui

Sud, la pratique est souvent jugée plus abusive qu'inacceptable. C'est même un tableau idyllique que dessinent les défenseurs de la cause du Sud. Un courrier adressé à Thouvenel, en mai 1861, par l'ingénieur Bellot des Minières, qui a obtenu une concession pour la construction d'un canal en Virginie, va même jusqu'à prétendre que, trop heureux de défendre la terre de leur maître, les esclaves se battront à ses côtés[86]. Si on établit la comparaison entre les Noirs vivant dans les Etats libres et ceux résidant dans les autres Etats, bien des auteurs affirment qu'il vaut mieux être esclave au Sud qu'ouvrier au Nord[87]. Bellot des Minières insiste sur la misère des prolétaires exploités par les industriels pendant que « le planteur du Sud adoucit le sort de son travailleur »[88].

Côté diplomatique, on trouve parfois des considérations semblables sur le quotidien presque enviable des esclaves[89]. Le consul en poste à Charleston, dans les années 1840, considère que l'esclavage répond à une mutuelle nécessité. Contraint de travailler, il bénéficie en retour de la protection de celui qui tire profit de sa sueur : il est « nourri, logé, habillé, soigné dans les maladies et dans sa vieillesse »[90]. Après que la France a accordé la liberté aux esclaves, le discours ne semble pas s'inverser. Au début des années 1850 le consul à New York affirme que l'esclave représente un tel investissement pour son propriétaire qu'il ne peut pas ne pas en prendre soin[91].

Si les diplomates conviennent de la nécessité de mettre fin à la servitude, car elle va à l'encontre des droits humains fondamentaux, ils s'empressent de souligner les risques que fait courir l'abolition. Si détestable soit-il, l'esclavage est d'abord considéré comme indispensable à l'économie des plantations et ils ne voient pas très bien ce qui pourrait venir le remplacer. Le même consul à New York prédit que l'abolition amènerait la mort du Sud car elle tuerait son agriculture et donc son commerce[92]. Après l'élection

parle d'une semi-autonomie des esclaves qui leur permet de développer leurs propres cultures et de celle de Robert Fogel et Stanley Engerman qui rejoignent sur certains points Phillips (pour les grandes plantations). Sans omettre les fuites vers les Etats libres, ils insistent aussi sur le petit nombre d'insurrections serviles. Pour faire un point sur les travaux américains se reporter à l'indispensable travail de Robert William FOGEL, *The Slavery Debates, 1952-1990. A Retrospective*, Baton Rouge, Louisiana State University Press, 2003, 106 p.

[86] Lettres sur la question américaine par E. Bellot des Minières. A.M.A.E., Paris, le 7 mai 1861, MD EU, vol. 25 ff. 193v.-194v.

[87] LACOUTURE Edouard, *La vérité sur la guerre d'Amérique*, Paris, E. Dentu, 1862, 16 p. ; p. 5.

[88] Lettres, *op.cit.*, vol. 25 ff. 193v.-194v.

[89] Nous ne devons pas généraliser à partir des opinions de ces diplomates, car les propos qui suivent demeurent exceptionnels puisque, le plus souvent, c'est l'indifférence qui prévaut.

[90] Choiseul à Guizot ; Charleston, le 10 juin 1842. A.M.A.E., CCC Charleston, vol. 6 f. 144v.

[91] Lacoste à Turgot ; New York, le 12 avril 1852. A.M.A.E., CPC EU, vol. 3 f. 174.

[92] *Id.* ; New York, le 12 avril 1852. A.M.A.E., CPC EU, vol. 3 ff. 172-173v.

d'Abraham Lincoln à la présidence, le consul à La Nouvelle-Orléans tient un raisonnement semblable[93].

Argument qui l'emporte sur tous les autres, et auquel beaucoup d'agents sont sensibles, dans la pratique l'affranchissement soudain de millions d'êtres humains apparaît difficile à conduire[94]. Mercier, le ministre de la France à Washington, fait valoir qu'il ne suffit pas de donner leur liberté aux Noirs ; encore faut-il réfléchir à ce qui pourrait se substituer à l'assujettissement. Il écrit que « le sentiment d'aversion ne doit pas être poussé jusqu'à l'aveuglement »[95]. Il est vrai que, contrairement à la France de la fin des années 1840, dans les Etats serviles, où on dénombre près de 4 000 000 d'esclaves en 1861, le problème de l'abolition revêt une toute autre ampleur[96]. Les esclaves sont majoritaires en Caroline du Sud (57 %) et au Mississipi (55 %), tandis qu'en Louisiane, en Alabama, en Floride ou en Georgie, ils représentent pas loin de la moitié de la population (entre 44 et 47 % des habitants)[97]. Ces chiffres font réfléchir les diplomates sur l'opportunité d'affranchir massivement et simultanément cette population. En Amérique l'abolition fait peur.

Car, l'autre conséquence de l'abolition très redoutée est la vengeance que les anciens esclaves pourraient tirer de la délivrance. En septembre 1861 Mercier, le représentant du gouvernement impérial aux Etats-Unis, consigne dans son journal que la guerre, en amenant brusquement l'affranchissement, ne fera qu'engendrer le chaos[98]. Propos qu'il réitère au début de 1862 en mettant de nouveau en garde contre une décision trop hâtive qui « ne pourrait conduire qu'à d'affreux désordres, à la ruine et aux massacres »[99].

De ce fait, les abolitionnistes sont perçus comme des apprentis sorciers. Sous la monarchie de Juillet, les diplomates ne reconnaissent pas aux

---

93 Méjan à Thouvenel ; La Nouvelle-Orléans, le 28 novembre 1860. A.M.A.E., CCC La N-O, vol. 13 f. 250.

94 Tocqueville observe que, dans l'Antiquité, l'affranchissement était plus aisé car, chez les Anciens, l'esclave était de la même race que son maître. TOCQUEVILLE A. de, *op. cit.*, t. 1, pp. 456-457.

95 Mercier à Thouvenel ; Washington, le 28 janvier 1862. A.M.A.E., CP EU, vol. 126 f. 71.

96 Au total le décret Schoelcher a affranchi 248 500 esclaves dont 87 000 en Guadeloupe, 74 450 en Martinique, 60 650 à la Réunion, 12 500 en Guyane, 10 000 au Sénégal. Le républicanisme du *Siècle* ne l'empêche pas de reconnaître qu'affranchir plusieurs millions d'esclaves concentrés sur une partie de l'Union n'est pas du même ordre que donner la liberté à plusieurs milliers, disséminés dans plusieurs îles, sur plusieurs points du globe. *Le Siècle*, le 28 mars 1852. H. Lamarche.

97 LONG E. B. *et al.*, *op. cit.*, p. 702. Cependant l'Etat qui compte le plus d'esclaves est la Virginie.

98 Mercier à Thouvenel ; Québec, le 13 septembre 1861. A.M.A.E., PT, vol. 13 f. 404v.

99 *Id.* ; Washington, le 28 janvier 1862. A.M.A.E., CP EU, vol. 126 f. 74. Dès 1843, dans son article au *Progrès du Pas-de-Calais*, le futur empereur fait état du sentiment de crainte des propriétaires d'esclaves s'ils devaient un jour leur donner la liberté. NAPOLEON III, *op. cit.*, t. 1, pp. 462-463.

abolitionnistes les qualités morales dont on les créditerait aujourd'hui. Le chef de la diplomatie, le comte Molé, s'inquiète des répercussions de leur discours pour les colonies françaises[100]. Le consul à Charleston les dépeint comme des « fanatiques » à qui « peu importe la ruine des Etats du Sud pourvu qu'ils abolissent l'esclavage »[101].

Les critiques contre les anti-esclavagistes retrouvent de la vigueur à partir des années 1850 lorsqu'il s'avère que l'Union pourrait pâtir des mesures visant à freiner l'extension de l'esclavage. Le consul à New York les qualifie de « négrophiles à gages »[102]. L'apparition d'un nouveau parti anti-esclavagiste relance les jugements contre les abolitionnistes. A la fin de la décennie, le consul à La Nouvelle-Orléans redoute qu'ils ne fassent de nouveau parler d'eux à l'occasion de l'élection présidentielle de novembre 1860[103]. Henri Mercier, le ministre de la France aux Etats-Unis, s'en prend à cette « petite église abolitionniste dont le fanatisme est en raison de l'infériorité numérique de ses fidèles ». Après le déclenchement de la guerre civile, ce dernier regrette que le combat anti-esclavagiste (attribué un peu vite au nouveau président) trouve une oreille attentive en France[104]. Il va jusqu'à qualifier les abolitionnistes de « séparatistes du Nord »[105].

Il nous semble qu'on peut trouver trois raisons pour expliquer cette inquiétude et ce rejet des activités abolitionnistes de la part des diplomates. Il y a, en premier lieu, cette peur que l'affranchissement déclencherait un soulèvement des esclaves. On peut parler sans exagération d'un syndrome « Toussaint Louverture », un rapprochement sans doute hasardeux puisque la révolte du meneur de Saint-Domingue précède de trois ans la première abolition, non l'inverse[106]. Il n'empêche, la liberté des esclaves est assimilée à un climat de violence et on ne doute pas que, sitôt libres, ils s'en prendront à leurs anciens maîtres, au besoin pour prendre leur place. Au passage, on peut souligner la contradiction : si les esclaves sont aussi bien traités que l'écrivent certains agents, pourquoi, une fois affranchis, voudraient-ils punir ceux qui les ont asservis ?

---

[100] Molé à Pontois ; Paris, le 6 mars 1838. A.M.A.E., CP EU, vol. 93 f. 164.

[101] Choiseul à Guizot ; Charleston, le 10 juin 1842. A.M.A.E., CCC Charleston, vol. 6 f. 144.

[102] Lacoste à Turgot ; New York, le 12 avril 1852. A.M.A.E., CPC EU, vol. 3 ff. 172-173v.

[103] Méjan à Thouvenel ; La Nouvelle-Orléans, le 31 janvier 1860. A.M.A.E., CCC La N-O, vol. 13 f. 200.

[104] Mercier à Thouvenel ; Newport, le 14 août 1860 ; Washington, le 28 janvier 1862. A.M.A.E., CP EU, vol. 123 f. 310v. ; vol. 126 f. 71.

[105] *Id.* ; Washington, le 8 avril 1862. A.M.A.E., CP EU, vol. 127 f. 22. Si l'Empereur ne s'exprime pas clairement sur le sujet, on peut se reporter à l'essai déjà cité pour connaître le fond de sa pensée. Il s'en prend aux philanthropes qui critiquent l'esclavage en Amérique sans se soucier des misères du peuple en France. NAPOLEON III, *op. cit.*, t. 1, pp. 461-462.

[106] Rappelons que Toussaint Louverture est le leader de la révolte qui conduit, à la fin du XVIIIe siècle, à l'émancipation des esclaves haïtiens.

D'autre part, les abolitionnistes sont considérés comme des ultras qui ne reculent devant aucune extrémité, même celle consistant à menacer l'existence de l'Union qui s'est construite à coups de subtils compromis. Ainsi, ils sont perçus comme des hommes dangereux, non seulement parce qu'ils font naître un péril qui risque de rompre l'équilibre institutionnel qui s'est affermi graduellement depuis les origines de l'Union, mais aussi parce que leurs idées constituent une menace pour l'ordre social communément admis.

Enfin, il existe une concorde naturelle entre les libéraux et les séides de la fin de la servilité, une entente suspecte sous l'Empire. De surcroît, la cause abolitionniste est accusée de servir les desseins de la « perfide Albion ». Peu après que la Grande-Bretagne a relancé l'administration Lincoln pour obtenir une coopération plus étroite des deux marines pour combattre la traite[107], Mercier parle avec dédain des « sentences habituelles de l'Angleterre » ainsi que des « préoccupations et scrupules abolitionnistes de Lord John Russell »[108]. Etre sensible aux thèses abolitionnistes c'est donc s'exposer à être accusé de collusion avec les libéraux et les Britanniques, c'est-à-dire avec les rivaux de la France dans le monde et, à l'intérieur de l'Empire, les opposants à son régime.

Si, comme nous l'avons vu, tous les articles réprouvent l'esclavage, pour autant l'ensemble des organes de presse ne bascule pas dans le camp des abolitionnistes. La presse conservatrice insiste sur l'atteinte à la propriété que constitue pour le maître la privation d'une marchandise qu'il a légalement acquise[109]. Même les libéraux se laissent aller à une attaque en règle contre les abolitionnistes « qui combattent l'esclavage en vertu de principes abstraits » mais nullement « par commisération pour la race opprimée et par impulsion sympathique »[110]. Ils invoquent les difficultés qu'engendrerait l'abolition, non seulement pour l'économie des Etats esclavagistes, mais aussi pour la France. Ils mettent en garde contre des considérations qui ne seraient qu'humanitaires et ignoreraient les réalités commerciales, en particulier celle du coton. L'affranchissement brutal des esclaves trouve donc ses limites dans les réalités économiques et sociales car on ne peut se passer de ces travailleurs à bon marché, les mieux adaptés au

107 Com. d'une dépêche ; Londres, août 1862. A.M.A.E., CP A, vol. 722 f. 39.
108 Mercier à Thouvenel ; Washington, le 30 septembre 1862. A.M.A.E., PT, vol. 13 f. 510v.
109 GAVRONSKY Serge, *The French liberal opposition and the American Civil War*, New York, Humanities Press, 1968, 304 p. ; p. 71. Il s'agit du compromis de 1850.
110 La *Revue des Deux Mondes*, 1856 (3/4). Emile Montégut, « La question de l'esclavage et la vie des esclaves aux Etats-Unis », pp. 269-297 ; pp. 274-275, p. 277.

climat étouffant de Dixie[111]. Le risque d'un soulèvement général des Noirs ayant recouvré leur liberté est également évoqué[112].

On peut noter que les journalistes comme les diplomates réservent leurs critiques aux abolitionnistes. En effet, on remarque qu'après la publication de *La Case de l'oncle Tom*, à de rares exceptions près, aucun observateur ne se risque plus à défendre « l'institution particulière » ou à minimiser les souffrances des Noirs. A partir du milieu des années 1850, la plupart sont convaincus que la liberté des esclaves doit être un but vers lequel doit tendre l'humanité, mais ils ne s'accordent pas sur les modalités proposées par les abolitionnistes. Au fond, c'est l'abolition immédiate et massive qui pose problème car beaucoup pensent qu'elle engendrerait un brusque déséquilibre non seulement pour l'Union mais aussi pour l'Europe. Les Noirs affranchis pourraient choisir de quitter les exploitations sur lesquelles on les maintient de force, ce qui provoquerait une rupture des livraisons de coton. Ils pourraient aussi se faire rémunérer et, dès lors, c'est le prix des matières premières importées qui s'envolerait. Et puis, journalistes comme diplomates se retrouvent pour exprimer leur crainte d'une guerre servile parce que le chiffre de 4 000 000 d'hommes, accédant subitement à la liberté, représente une force considérable, une force d'autant plus redoutable qu'elle pourrait légitimement exprimer sa rancœur. C'est donc une abolition progressive pour laquelle optent les observateurs. Elle permettrait, selon eux, d'accoutumer petit à petit les esclaves à la liberté[113].

Conclusion

Dès le début de la guerre, Mercier résume assez bien la position des diplomates en rangeant la servitude à une place secondaire dans l'échelle des préoccupations[114]. Comme le perçoit bien Slidell, dès son arrivée en France, le sujet laisse beaucoup de membres du gouvernement impérial indifférents[115]. Si Thouvenel, comme Drouyn de Lhuys, sont hostiles à l'esclavage, cette aversion compte peu dans leur opposition à la reconnaissance du gouvernement confédéré. De son côté, l'Empereur se montre plus compréhensif à l'égard de « l'institution particulière ». Lors de

[111] *Le Journal des Débats*, le 17 septembre 1857. Nombre d'observateurs estiment que, pour fournir ce travail, les Noirs sont mieux adaptés aux conditions climatiques que les Blancs. Louis-Napoléon Bonaparte ne se montre pas choqué que « dans la plupart des pays brûlants d'Amérique » la terre soit cultivée exclusivement par les Noirs. Selon lui « la race africaine est nécessaire à ce climat » NAPOLEON III, *op. cit.*, t. 1, p. 462.

[112] *Le Journal des Débats*, le 17 mai 1861. Baudrillart. *Le Temps*, le 15 juin 1861. E. Scherer.

[113] Napoléon III parle de son côté d'un « apprentissage graduel » pour passer insensiblement du travail forcé au travail libre. NAPOLEON III, *op. cit.*, p. 465.

[114] Mercier à Thouvenel ; Washington, le 29 mars 1861. A.M.A.E., CP EU, vol. 124 f. 122.

[115] Slidell à Benjamin ; Paris, le 11 février 1862. *ORN*, ser. II, vol. 3, pp. 336-339.

leur entretien de juillet 1862, John Slidell, l'émissaire de la Confédération, s'étonne même qu'une seule allusion ait été faite à ce propos ; encore qu'il s'agisse pour Napoléon III de s'inquiéter non des rudes conditions des esclaves, mais du danger potentiel qu'ils peuvent représenter, en cas de soulèvement, pour les Etats sécessionnistes[116]. On en a de nouveau la confirmation lors de sa dernière visite au souverain, à la fin de la guerre. Le 4 mars 1865 l'Empereur lui dit que la question de l'esclavage n'a jamais influencé sa décision à l'égard de la Confédération[117].

On peut donc écrire que la servitude n'a pas constitué un point d'achoppement majeur tel que son rejet aurait pu conduire à écarter d'emblée l'idée d'une reconnaissance de la Confédération. Ne versons pas dans l'anachronisme qui consisterait à passer les postures diplomatiques au crible des droits de l'homme. Une condamnation sur des bases morales relève d'une vision trop contemporaine pour être partagée par les hommes de ce temps. Mais, tout comme cette pratique ne vaut pas au Sud le blâme auquel on pouvait s'attendre, on peut symétriquement affirmer que, pour le Nord, ne pas avoir dès le départ transformé la guerre en une croisade contre l'esclavage n'est pas aussi pénalisant qu'on aurait pu le croire.

Si, au total, l'esclavage n'a pas joué un rôle central dans la position diplomatique française, pour autant il n'en a pas été complètement absent. A un moment où l'Empereur fait le choix des premières concessions libérales[118], tandis qu'aux élections de 1863 l'opposition rassemble près de deux millions de suffrages, trois fois plus qu'en 1857, en dépit de ses sympathies pour les Sudistes il lui est tout de même difficile d'envisager sérieusement un rapprochement avec les Etats esclavagistes. La crédibilité de son entreprise est en jeu et, à la Chambre, l'opposition menée par Thiers

[116] Mémo. de Slidell in Slidell à Benjamin ; Paris, le 25 juillet 1862. *ORN*, ser. II, vol. 3, pp. 479-487.

[117] Slidell à Mason ; Paris, le 6 mars 1865. Mason à Benjamin ; Londres, le 31 mars 1865. *ORN*, ser. II, vol. 3, pp. 1270-1271 ; p. 1274. Il en va de même pour Palmerston. Le 14 mars 1865 il aurait dit à Mason et Kenner que ce n'est pas l'esclavage qui a empêché la reconnaissance mais bien l'échec du Sud à obtenir un succès militaire.

[118] Le 15 août 1859 l'Empereur accorde l'amnistie aux proscrits de 1851. Le décret du 24 novembre 1860 donne au Corps législatif le droit d'adresse en réponse au discours du trône. Dès le mois de mars 1861 des orateurs de l'opposition, il est vrai très restreinte, critiquent la politique du gouvernement en séance, le compte-rendu des débats étant retranscrit intégralement dans Le *Moniteur*. Le Sénatus-consulte du 31 décembre 1861 précise que le Corps législatif votera désormais le budget par section et non plus par ministère, ce qui accroît son contrôle. Les crédits supplémentaires et extraordinaires ne seront plus décrétés sans vote du Corps législatif. On est encore très loin d'un régime parlementaire mais c'est un début de renaissance de la vie politique. PLESSIS Alain, *De la fête impériale au mur des fédérés (1852-1871)*, Paris, Le Seuil, 1976, 253 p. ; pp. 200-201. OLIVESI Antoine, NOUSCHI André, *La France de 1848 à 1914*, Paris, Nathan Université, 1997, 444 p. ; pp. 100-101. ENCREVE André, *Le Second Empire*, Paris, PUF, 2004, 125 p. ; p. 105.

et Ollivier, à partir de janvier 1864, ne manquerait pas de le lui rappeler. Et puis, le sujet donne l'occasion d'attaquer indirectement le régime, mettant implicitement en parallèle la violation des droits de l'esclave et la répression de la liberté en France[119]. L'Empereur, qui est jugé sur sa capacité à faire évoluer les institutions impériales, ne peut ignorer cette critique ; son attitude à l'égard de la Confédération prend dès lors un relief tout particulier.

[119] KARSKY B., *op. cit.*, p. 576. *Le Temps* écrit que la chute de Richmond est une victoire pour les intérêts libéraux du monde entier. *Le Temps*, le 16 avril 1865. A. Nefftzer.

CHAPITRE 2 : UNE POLITIQUE DEPENDANTE DE CELLE DE L'ANGLETERRE ?

Pour la plupart des historiens l'échec des Confédérés à obtenir une reconnaissance de la France vient de ce que, sur la question américaine, elle s'attache à maintenir un front commun avec la Grande-Bretagne et ne peut envisager intervenir isolément[1]. Bien que favorable au Sud, la France se montrerait incapable de se démarquer de la politique de neutralité britannique[2]. Le plus ardent défenseur de cette union diplomatique semble être l'Empereur lui-même. Il se refuse à aller à l'encontre de la volonté de l'Angleterre dont il dépend à la fois pour sa liberté d'action, et pour la stabilité internationale[3]. Certains vont même plus loin et décrivent un souverain aux ordres du gouvernement Palmerston[4]. Son recul sur la reconnaissance du gouvernement de Richmond serait à mettre au crédit de l'opiniâtreté des responsables britanniques[5]. A force de voir ses propositions rejetées par l'Angleterre, l'Empereur se serait lassé et aurait abandonné ce dessein qui lui tenait pourtant à cœur[6].

Cependant, cette thèse soulève deux objections majeures. D'une part le projet de l'Empereur de restituer à la France le rang qu'elle a perdu, après le congrès de Vienne, lui interdit de lier son sort à celui de la Grande-Bretagne

---

1 OWSLEY Frank Laurence, *King Cotton Diplomacy. Foreign Relations of the Confederate States of America*, Chicago, The University of Chicago Press, Second Edition, 1959, 575 p. ; p. 508.

2 En 1970, Lynn Case et Warren Spencer trouvent dans l'alliance de la France avec la Grande-Bretagne l'explication principale de la déconvenue du Sud. CASE Lynn M., SPENCER Warren F., *The United States and France. Civil War Diplomacy*, Philadelphia, University of Pennsylvania Press, 1970, 747 p. ; p. 5, p. 335, p. 590. Warren Spencer le réaffirme quinze ans plus tard. SPENCER Warren F., « Recognition question » in William E. ECHARD, *Historical dictionary of the French Second Empire (1852-1870)*, London, Aldwych Press, 1985, 829 p. ; p. 541. JONES Howard, *Blue and Gray diplomacy ; a history of Union and Confederate foreign relations*, The University of North Carolina Press, 2010, 416 p. ; p. 293.

3 McPHERSON James M., *La guerre de Sécession (1861-1865)*, Paris, Robert Laffont, 1991, 1004 p. ; p. 417. NERE Jacques, *La guerre de Sécession*, Paris, PUF, 1975, 126 p. ; p. 53. DONALDSON Jordan, PRATT Edwin J., *Europe and the American Civil War*, Boston and New York, Houghton Mifflin Company, 1931, 300 p. ; p. 203.

4 ADAMS Ephraïm Douglas, *Great Britain and the American Civil War*, New York, Russell and Russell, 1958, t. 2, 338 p. ; p. 39. Adams écrit: « The Emperor was at any moment ready to impose his will if only England would give the signal. »

5 THOMAS Benjamin P., *Abraham Lincoln, a biography*, New York, Alfred A. Knopf, 1952, 548 p. ; p. 283.

6 HUBBARD Charles M., *The burden of Confederate diplomacy*, Knoxville, University of Tennessee Press, 1998, 253 p. ; p. 108.

qui apparaît encore comme sa rivale en Europe et dans le reste du monde. La politique de grandeur, et le rejet des traités de 1815, ne peut s'accommoder de cette dépendance, voire de cette tutelle. D'autre part, la politique étrangère française démontre, à plusieurs reprises, que, loin de se conformer à la position britannique, au contraire elle s'en affranchit régulièrement. Dès lors, quelle place réserver à l'entente avec l'Angleterre dans la constitution de la politique américaine de la France après 1860 ?

I. UN APPARENT SUIVISME

A. Une Angleterre pro-sudiste ?

Pour établir un rapide point historiographique on peut considérer, schématiquement, qu'en ce qui concerne la perception de la guerre civile américaine par la Grande-Bretagne, deux interprétations se sont distinguées au cours du XXe siècle. Un premier groupe d'historiens, à commencer par E. D. Adams, *Great Britain and the American Civil War*, dans les années vingt, et Pratt et Jordan, *Europe and the American Civil War*, dans les années trente, tout comme, plus récemment, l'étude de Brian Jenkins, *Britain and the war for the Union*, ou celle de Duncan A. Campbell, *English Public Opinion and American Civil War*, contestent le mythe d'une Grande-Bretagne pro-sudiste. Toutefois, les deux derniers équilibrent quelque peu leur jugement en relativisant les liens unissant le pays au Nord. A l'inverse, d'autres travaux comme ceux d'Owsley, en 1956, avec *King cotton diplomacy*, ou D. P. Crook, *The North, The South and the Powers*, au début des années 1970, laissent entendre que les sentiments favorables au Sud sont bien marqués mais pâtissent des incontournables réalités diplomatiques. R. J. M. Blackett, *Divided hearts. Britain and the American Civil War*, s'appuyant sur des recherches récentes, mais partielles, estime qu'en Angleterre les sympathies sudistes sont plus répandues qu'on ne le croit.

Pour cerner plus précisément cette faveur dont bénéficie le Sud au Royaume-Uni il faut prendre en compte les différentes strates de la société. Plusieurs historiens comme Perry Belmont, *La politique des Etats-Unis et l'Europe (1778-1919)*, E. D. Adams, Benjamin Thomas, *Abraham Lincoln, a biography*, ou encore Henry Steel Commager, *The Blue and the Grey : The story of the Civil War told by participants*, se plaisent à reconnaître que, de façon habituelle, l'aristocratie britannique et la frange supérieure de la classe moyenne, opposées aux institutions démocratiques et au tarif, se sentent proches du combat du Sud. Plus généralement dans les milieux politiques, chez les Tories comme chez les Whigs, le combat de la Confédération est populaire[7]. Du reste, Slidell dit à Napoléon III qu'une grande majorité des Communes incline vers le Sud[8]. A l'inverse, il y a consensus pour considérer que les plus réformateurs des hommes politiques britanniques, comme Cobben, Bright et Forster, très hostiles à l'esclavage et convaincus que les progrès de la démocratie en Grande-Bretagne sont liés au triomphe de l'Union, de même que les radicaux, dissidents et libéraux (pour la plupart) sont du côté du Nord. Le débat porte en fait sur l'opinion de la classe ouvrière dont une partie est touchée de plein fouet par la crise cotonnière. Les premiers historiens qui se penchent sur les relations diplomatiques entre le Royaume-Uni et les Etats-Unis durant cette période estiment que le prolétariat se range massivement du côté du Nord « par solidarité de classe » à l'égard de ceux que le Sud asservit[9]. Mais cette thèse a été remise en cause avec l'étude détaillée (mais partielle) de Mary Ellison, *Support for Secession : Lancashire and the American Civil War*, qui démontre que les travailleurs du coton, confrontés à la crise et au manque de matière première, soutiennent le Sud. Par contre, les leaders syndicaux des ouvriers sont en faveur du Nord[10].

Au total, on peut considérer que, bien plus que la française, l'opinion britannique désapprouve le combat en faveur de l'Union[11]. Si, en France, c'est dans la presse libérale qu'il faut chercher les soutiens au gouvernement fédéral, de l'autre côté de la Manche l'opinion apparaît, dans son ensemble, plus unanime dans son hostilité au Nord[12]. Cette animosité appuyée trouve sans doute son origine dans les soubresauts de l'histoire commune, lorsque les treize colonies américaines se sont émancipées de la tutelle britannique, puis lors de la guerre de 1812. Le sentiment anti-nordiste est également plus marqué en Angleterre parce que la part des ouvriers, victimes de la pénurie

---

[7] BLACKETT R. J. M, *Divided hearts. Britain and the American Civil War*, Louisiana State University Press, Baton Rouge, 2001, 273 p. ; p. 11.

[8] Mémo. de Slidell in Slidell à Benjamin ; Paris, le 25 juillet 1862. *ORN*, ser. II, vol. 3, pp. 479-487. Dès juin 1861 Flahaut indique qu'un débat s'est tenu à la chambre des Communes pour discuter de la reconnaissance de l'indépendance des Etats du Sud. Flahaut à Thouvenel ; Londres, le 7 juin 1861. A.M.A.E., CP A, vol. 720 f. 21.

[9] Les manifestations d'ouvriers, qui se rassemblent au nord de Londres, en décembre 1862, pour exprimer leur soutien au Nord en proclamant les droits des travailleurs partout dans le monde, ont sans doute été à l'origine de cette vision discutable. JONES Howard, *Union in Peril. The crisis over british intervention in the Civil War*, Chapel Hill, London, The University of North Carolina Press, 1992, 300 p. ; p. 225.

[10] ELLISON Mary, *Support for Secession : Lancashire and the American Civil War*, Chicago, University of Chicago Press, 1973, 259 p.

[11] Un avis que partage l'ambassadeur de France à Londres. Gros à Drouyn de Lhuys ; Londres, le 4 octobre 1863. A.M.A.E., CP A, vol. 726 ff. 178v.-179.

[12] COMMAGER Henry Steel, *The Blue and the Grey : The story of the Civil War told by participants*, New York, Indianapolis, The Bobs-Merrill Company, INC Publishers, 1950, t. 1, 588 p. ; pp. 517-519.

de coton, est plus importante qu'ailleurs. Cependant, l'opinion publique britannique est aussi plus sensible que la française aux thèmes abolitionnistes. C'est ce qui explique qu'elle se tienne à égale distance des deux camps.

Pour ce qui concerne la question d'une intervention diplomatique en faveur du cabinet Davis, il semble qu'à la fin de l'été 1862 le gouvernement britannique a été assez près de céder aux sirènes des Confédérés. On peut concevoir que la seconde victoire confédérée à Bull Run, les 29 et 30 août 1862, crédibilise l'abandon par l'Angleterre de sa neutralité[13]. Lorsque la nouvelle du succès de Lee parvient à Londres et vient s'ajouter à la série de victoires enregistrées début juillet, le cabinet britannique croit un retournement possible et envisage la séparation. Londres s'attend à ce que le général en chef des armées de Virginie septentrionale s'empare de Washington et de Baltimore. Le 14 septembre 1862 le Premier ministre, Lord Palmerston, interroge Lord Russell, le secrétaire d'Etat aux Affaires étrangères. Il se place dans l'hypothèse où un tel événement surviendrait et se demande, dès lors, s'il ne serait pas temps que l'Angleterre et la France conseillent aux parties en lutte d'accepter la séparation[14]. Russell lui répond qu'il songe à offrir une médiation avec, en cas de refus du cabinet Lincoln, une reconnaissance du gouvernement que combat le pouvoir fédéral[15].

La plupart des historiens admettent que la volte-face de Palmerston doit être attribuée à deux nouvelles : le triomphe de l'Antietam et la déclaration d'émancipation de Lincoln, ces deux faits étant d'ailleurs liés. En effet, le succès militaire précipite la divulgation du texte bienfaiteur. L'Antietam est la première véritable victoire nordiste sur le théâtre de l'Est, là ou se trouve le cœur de la Confédération[16]. Le 2 octobre, Palmerston, à l'annonce de la retraite de Lee, décide de se donner plus de temps et estime qu'il faut attendre des événements plus décisifs pour que l'Angleterre change de position[17]. C'est pourquoi la bataille d'Antietam est souvent présentée comme un tournant dans l'histoire diplomatique de la guerre[18]. A cette bonne fortune fédérale s'ajoute la proclamation d'abolition de l'esclavage annoncée par Lincoln, le 22 septembre 1862, qui va considérablement marquer les consciences[19]. Elle marque non seulement le gouvernement anglais mais aussi son opinion publique. La guerre entre les Etats s'apparente désormais à

[13] JONES H., *Blue and Gray diplomacy*, *op. cit.*, p. 215.

[14] ADAMS E. D., *op. cit.*, p. 38.

[15] ADAMS E. D., *idem*. CROOK D. P., *The North, the South and the powers (1861-1865)*, New York, Londres, Sydney, Toronto, John Wiley and Sons, 1974, 405 p. ; p. 223.

[16] WOLFF Robert S., « Antietam » in *Encyclopedia of the American Civil War*, Santa Barbara, Californie ; Denver, Colorado ; Oxford, England, 2000, vol. 1, 543 p. , pp. 55-67.

[17] ADAMS E. D., *op. cit.*, pp. 43-45.

[18] CROOK D. P., *op. cit.*, p. 224.

[19] HUBBARD C. M., *op. cit.*, p. 123.

une guerre pour la liberté. Il devient difficile aux Britanniques d'accomplir une action qui les placerait du côté des esclavagistes[20]. Le 7 novembre 1862 Lewis, le secrétaire d'Etat anglais à la guerre, produit un mémorandum qui condamne toute intervention et encourage Palmerston à ne pas agir[21]. La reconnaissance du gouvernement confédéré par la Grande-Bretagne s'éloigne définitivement.

B. La coopération franco-britannique en question

Durant la première année de la guerre de Sécession la France et l'Angleterre cherchent activement à coopérer sur la question américaine. Le 5 février 1861 l'ambassadeur de France au Royaume-Uni, le comte de Flahaut, informe Thouvenel de sa rencontre avec Lord Russell, le secrétaire d'Etat aux Affaires étrangères britanniques. Face à la sécession, ce dernier désire que les agents des deux puissances envoyés aux Etats-Unis, Mercier pour la France et Lyons pour le Royaume-Uni, agissent en total accord[22]. Le message est parfaitement relayé outre-Atlantique. Tandis que les hostilités débutent, Mercier et Lyons expriment leur souhait qu'au cas où elle aurait été décidée, la reconnaissance de la nouvelle confédération intervienne de façon conjointe, et simultanée, de la part de la France et de l'Angleterre[23].

Face à la défection de plusieurs Etats, Thouvenel sonde le gouvernement britannique pour connaître la position qu'il compte prendre[24] ; mais à ce moment Londres n'a encore rien arrêté. Flahaut met en évidence l'indécision de Russell qui vient à la fois de son hostilité à la politique tarifaire, que le Nord applique, et de l'esclavage pratiqué par le Sud, qui le rebute[25]. Cependant, lorsqu'il se confirme que la sécession débouche sur un conflit armé et que l'Angleterre produit sa déclaration de neutralité[26], Paris lui

[20] JONES H., *Union in Peril*, *op. cit.*, p. 225. Cette déclaration fut aussi très bien accueillie dans plusieurs pays européens comme en Allemagne. MAHIN Dean B., *One War at a Time: The International Dimensions of the American Civil War*, Washington, Potomac Books, 1999, 343p. ; p. 205.

[21] JENKINS Brian, *Britain and the war for the Union*, Montréal, McGill-Queens University Press, 1980, t. 2, 470 p. ; p. 153.

[22] Flahaut à Thouvenel ; Londres, le 5 février 1861. A.M.A.E., PT, vol. 8 f. 152-v. Thouvenel fait de même. Par exemple, il enjoint à son ministre aux Etats-Unis de se mettre d'accord avec son homologue pour obtenir, du cabinet américain, les déclarations jugées opportunes en faveur des neutres. Thouvenel à Flahaut ; Paris, le 6 juillet 1861. A.M.A.E., CP A, vol. 720 f. 63.

[23] Mercier à Thouvenel ; Washington, le 15 avril 1861. A.M.A.E., CP EU, vol. 124 f. 157.

[24] Thouvenel à Flahaut ; Paris, le 17 avril 1861. A.M.A.E., CP A, vol. 719 f. 280.

[25] Flahaut à Thouvenel ; Londres, le 19 avril 1861. A.M.A.E., PT, vol. 8 f. 112-v. et CP A, vol. 719 ff. 305-306.

[26] *Id.* ; Londres, le 13 mai 1861. A.M.A.E., PT, vol. 8 f. 140.

signifie qu'elle va faire de même[27]. Afin de fixer quelle forme protocolaire adopter pour accueillir les envoyés du Sud, Thouvenel s'enquiert auprès de Flahaut pour savoir si Russell a pris des précautions particulières pour accepter de les rencontrer[28]. Le comte lui indique que le secrétaire au *Foreign Office* les a reçus d'une manière non officielle[29]. C'est la position qu'adopte Thouvenel lorsqu'il accorde une entrevue à Rost fin juin.

De part et d'autre de la Manche, chaque responsable de la diplomatie se félicite de cette convergence de vues. En juillet 1861, dans une note officielle à son agent aux Etats-Unis, Russell réaffirme que sur la question américaine il doit être connu que les deux gouvernements agissent de concert[30]. De son côté, un mois plus tard, Thouvenel écrit à Flahaut, son ambassadeur au Royaume-Uni, qu'il « continue à marcher du même pas que Lord Russell dans les affaires d'Amérique »[31].

Durant les premiers mois de l'année 1862 la nécessité de lier son action à celle de la Grande-Bretagne constitue, plus que jamais, un impératif pour l'Empereur. Comme nous l'avons vu, la crise cotonnière suggère une intervention contre le blocus incriminé dans la chute des importations d'or blanc. Pourtant, Londres fait le choix de la passivité. En mars 1862, après un discours de Billaut au Corps législatif, John Slidell, l'émissaire de la Confédération, se rend à cette évidence : Napoléon III ne décidera pas de briser le blocus sans l'aide de l'Angleterre[32]. En avril, lorsque la même idée lui est soumise par William Lindsay, un membre du parlement britannique, Napoléon III l'écarte de nouveau en alléguant l'absence de réponse du gouvernement de Sa Majesté[33]. Thouvenel assure à Flahaut qu'aucune démarche ne peut être envisagée par l'Empereur sans qu'une position commune ait été préalablement arrêtée avec le cabinet Palmerston[34]. Deux

---

[27] Thouvenel à Mercier ; Paris, le 16 mai 1861. A.M.A.E., CP EU, vol. 124 f. 218.

[28] Thouvenel à Flahaut ; Paris, le 5 juin 1861. A.M.A.E., CP A, vol. 720 f. 7.

[29] Flahaut à Thouvenel (dép. tél.) ; Londres, le 5 juin 1861. A.M.A.E., CP A, vol. 720 f. 18.

[30] *Id.* ; Londres, le 9 juillet 1861. A.M.A.E., CP A, vol. 720 f. 79-v.

[31] Thouvenel à Flahaut ; Paris, le 19 août 1861. THOUVENEL Louis, *Le secret de l'Empereur*, Paris, Calmann-Levy, 1889, t. 2, 571 p. ; pp. 159-160.

[32] Slidell à Benjamin ; Paris, le 26 mars 1862. *ORN*, ser. II, vol. 3, p. 372. Pour Billaut, cf. le chapitre 3 de la première partie, note 7.

[33] Mémo. de Slidell. in Slidell à Benjamin ; Paris, le 14 avril 1862. *ORN*, ser. II, vol. 3, pp. 393-396. En réalité aucune instruction n'a été transmise par Thouvenel à Flahaut. Cf. le chapitre 1 de la première partie.

[34] Thouvenel écrit : « Sa Majesté [...] n'a pas dissimulé la gravité de la situation où vont se trouver nos fabriques dans un délai si limité ; mais elle a déclaré en même temps que les moyens d'y remédier ne sauraient, dans son opinion, être recherchés en dehors d'un accord complet de vue et d'action entre son gouvernement et celui de la Reine [...]. Je le tiens en détail de Sa Majesté elle-même qui a résumé ainsi son entrevue avec M. Lindsay : « Je ne puis ni ne veux, a dit l'Empereur, agir sans l'Angleterre. » Thouvenel à Flahaut ; Paris, le 14 avril 1862. A.M.A.E., CP A, vol. 721 ff. 132v.-133.

semaines plus tard il confirme avoir acquis la certitude que l'Empereur n'entend rien faire, à l'encontre des Etats-Unis, « en dehors d'un complet accord avec l'Angleterre »[35]. En juin 1862, Billaut redit à Slidell qu'en ce qui concerne la reconnaissance de la Confédération par la France la coopération de Londres est indispensable[36].

Peut-on conclure que, pour ce qui touche aux événements américains, le destin de la France est étroitement lié à celui de l'Angleterre ? Napoléon III est le premier à l'affirmer et ses actes ne démentent pas ses propos. Néanmoins, il faut noter qu'il se positionne dans l'optique d'une opération armée, une solution envisagée d'abord pour briser le blocus. Le geste diplomatique en faveur du Sud pose lui aussi l'hypothèse d'une action militaire pour contrer les représailles que ne manquerait pas d'exercer, en retour, le gouvernement fédéral. Si le souverain exclut de se retrouver isolé sur la scène internationale, c'est moins la question diplomatique qui dépend des Britanniques, que les contrecoups que cette décision pourrait engendrer pour la France. Autrement dit, si l'Empereur hésite à reconnaître le Sud ce n'est pas parce que le Royaume-Uni n'y est pas disposé mais parce que, sans son appui, il se retrouverait seul face à Washington. Ce n'est pas du « suivisme » mais du réalisme. De même, en juin 1863, il évoque devant Slidell l'alliance avec Londres au prétexte de l'aide que pourrait lui fournir l'Angleterre pour protéger l'expédition mexicaine à laquelle les Fédéraux ne manqueraient pas de s'attaquer si la France accordait au Sud ce qu'il demande[37].

Du côté du Quai, la collaboration doit servir à confronter les analyses pour convenir d'une posture diplomatique, puis de coordonner au mieux l'action des agents pour que se dessine un front commun. Thouvenel a bien compris que, face aux deux belligérants, la France ne peut sortir que renforcée d'une position conjointe. Elle n'en trouvera que plus d'écho. Pour autant, il ne s'agit pas de calquer la politique du Quai sur celle de Londres. La neutralité britannique ne convainc pas mais conforte la France dans son désir de refuser l'indépendance aux Etats confédérés. Si l'Angleterre, qui se méfie des projets américains vis-à-vis de sa possession canadienne, n'accepte pas d'avaliser ce processus d'émancipation, pourquoi la France, qui n'a pas d'intérêts majeurs à défendre en Amérique du Nord, s'impliquerait-elle plus que sa voisine ? La réserve britannique ne modifie donc en rien la façon de penser de Thouvenel puisqu'il est précocement convaincu de l'inanité d'un tel acte. Cependant, il en use pour apporter la contradiction à Napoléon III. Sans que l'opinion des autorités anglaises

---

[35] Thouvenel à Flahaut ; Paris, le 2 mai 1862. THOUVENEL L., *op. cit.*, t. 2, p. 299.
[36] Slidell à Benjamin ; Paris, le 1er juin 1862. *ORN*, ser. II, vol. 3, pp. 428-429.
[37] Mémo. de Slidell in Slidell à Benjamin. Paris, le 21 juin 1863. *ORN*, ser. II, vol. 3, pp. 812-814.

compte outre-mesure pour déterminer ses choix, le Quai se sert de la position britannique pour ne pas se trouver entraîné dans une aventure téméraire.

C. Deux politiques américaines distinctes

Si l'on regarde les faits avec objectivité, les événements américains attestent d'une conduite de la politique américaine de la France distincte de celle de l'Angleterre. La déclaration de neutralité française ne se calque pas sur celle de la Grande-Bretagne mais s'appuie sur les conclusions du rapport d'un comité d'experts auquel le gouvernement français confie le soin de tirer les leçons de la situation nouvelle créée par la sécession. C'est ce qui explique en partie que le texte soit publié un mois après celui du gouvernement britannique. C'est à partir de ce rapport que la politique américaine de la France va s'organiser.

De surcroît, il arrive que Londres se rallie à la position française. A ce propos, rappelons que le ministre français des Affaires étrangères, Edouard Thouvenel, peut sans exagération être considéré comme un des acteurs les plus brillants de cette période. Il embrasse la carrière diplomatique sous la monarchie de Juillet, devient, en 1852, à seulement 34 ans, directeur des affaires politiques au ministère des Affaires étrangères avant d'être envoyé à Constantinople en pleine guerre de Crimée. Ses connaissances juridiques, la subtilité de ses raisonnements associée à sa capacité d'argumentation - en 1854 Clarendon le considère comme le « plus fort rédacteur de la diplomatie européenne »[38] - en font un des diplomates les plus écoutés par ses homologues. Au début de la guerre, sa perspicacité l'amène ainsi à flairer le piège tendu par le Nord qui se propose d'adopter l'intégralité des articles de la déclaration de Paris. C'est lui qui met en garde les Britanniques contre le danger d'une ratification complète qui pourrait conduire, au mépris de la neutralité, à favoriser un des belligérants. Alors qu'il s'apprête à signer le texte, le gouvernement Palmerston finit par se raviser[39]. D'autre part, le *Foreign Office* peut avoir à rechercher l'appui de Paris. Lors de l'incident du *Trent* l'Angleterre adopte d'entrée une position belliqueuse et prend

---

[38] Clarendon occupe alors le poste de secrétaire d'Etat aux Affaires étrangères. Il exprime ce jugement à Walewski, alors ambassadeur de France au Royaume-Uni. CASE Lynn M., *Edouard Thouvenel et la diplomatie du Second Empire*, Paris, Pedone, 1976, 458 p. ; p. 59.

[39] Thouvenel à Dayton ; Paris, le 20 juillet 1861. A.M.A.E., ADP EU, vol. 44 f. 26. Thouvenel à Flahaut ; Paris, le 19 août 1861. A.M.A.E., ADP EU, vol. 44 f. 59. Si les deux puissances avaient accepté que le Nord ratifie l'intégralité du texte, le Sud se serait vu interdire le droit de recourir à la course qui était pour lui un moyen de rétablir l'équilibre puisqu'il ne disposait pas de marine de guerre. SAINLAUDE Stève, *Le gouvernement impérial et la guerre de Sécession*, Paris, L'Harmattan, 2011, 146 p. ; pp. 29-32.

l'initiative d'un risque de rupture diplomatique. La France de son côté temporise et privilégie la voie diplomatique pour dénouer la crise[40].

De plus, Paris ne suit pas Londres aveuglément. Ainsi, nous l'évoquions plus haut, il est admis que la conjoncture la plus critique pour l'Union se situe durant le mois de septembre 1862. Le cabinet Palmerston est alors près d'accepter la division définitive de la république américaine. Observons, tout d'abord, qu'il s'agit d'une période brève. Le revirement est si soudain que, de toute façon, il ne laisse pas la possibilité à la France de disposer de suffisamment de temps pour prendre une décision aussi capitale. Il est difficile d'imaginer que, sans se laisser un délai de réflexion, elle puisse être tentée d'imiter impulsivement sa voisine[41]. D'autre part, rien n'indique que la France ait jamais été prête à franchir le Rubicon, surtout à ce moment où Thouvenel, contrairement à son homologue britannique, fait montre d'une attitude prudente. Pour décider d'une initiative diplomatique, il privilégie moins le résultat des batailles que celui des élections de mi-mandat qui vont se tenir, quelques semaines plus tard, dans les Etats restés fidèles à l'Union[42]. De plus, les deux tentatives de médiation françaises qui suivent émanent de l'Empereur. La première est, certes, reprise d'une idée du gouvernement britannique, mais arrêtée sans concertation avec lui.

Le successeur de Thouvenel se garde lui aussi de suivre les Britanniques. Sur la question de la construction de navires confédérés, contrairement à la Grande-Bretagne, il s'attache particulièrement à respecter scrupuleusement la neutralité[43]. On peut prendre un autre exemple, celui des livraisons d'armes au Sud sur lesquelles les Anglais ferment les yeux. Un négoce constaté par les consuls[44] et révélé au grand jour à l'occasion de la saisie, par

---

[40] SAINLAUDE Stève, *id.*, pp. 61-68.

[41] Lynn Case le croit pourtant et estime que le renvoi à plus tard de l'action britannique empêche une action française immédiate. CASE L. M. *et al.*, *op. cit.*, p. 5, p. 335, p. 346.

[42] Paris, le 2 octobre 1862 ; Thouvenel à Mercier. THOUVENEL L., *op. cit.*, t. 2, pp. 414-416.

[43] A la fin de la guerre une note remise au ministre rappelle combien l'attitude de la Grande-Bretagne a profité au Sud : « On sait que c'est à peu près uniquement des ports anglais que, dans la dernière guerre civile d'Amérique, les Confédérés ont tiré toutes les ressources de la guerre et, notamment, des corsaires tels que l'*Alabama*, la *Floride*, le *Shenandoah* et autres qui ont fait beaucoup de mal aux navires marchands américains. » Note pour le ministre ; Paris, novembre 1866. A.M.A.E., ADP EU, vol. 48 f. 71-v. Le 14 septembre 1872, le tribunal de Genève rend son verdict et déclare que l'Angleterre a enfreint les règles de la neutralité et la condamne à payer, aux Etats-Unis, une indemnité de 15 millions de dollars au titre de réparations pour les dommages causés par l'*Alabama* et le *Shenandoah*. Sur cette question voir l'ouvrage de référence de Frank J. MERLI, *Great Britain and the Confederate Navy (1861-1865)*, Bloomington, Indiana University Press, 1970 342 p.

[44] Belligny à Drouyn de Lhuys ; Charleston, le 16 janvier 1862. A.M.A.E., CCC Charleston, vol. 7 f. 212. Paul rapporte que, d'après les Confédérés, il y aurait à Nassau 30 000 fusils et 1 200 tonnes de poudre arrivés d'Angleterre. Paul à Thouvenel ; Richmond, le 22 janvier 1862. A.M.A.E., CPC EU, vol. 12 f. 6-v. En réalité, l'Angleterre ravitaille aussi bien le Nord

des croiseurs fédéraux, de quelques navires de commerce anglais soupçonnés d'approvisionner les Confédérés via le port de Matamoros[45]. On ne peut parler d'entorse à la neutralité puisque ce commerce est le fait, non du gouvernement, mais de ses sujets[46]. Cependant, les autorités britanniques sont parfaitement au courant de ce trafic auquel elles participent discrètement[47]. A l'inverse, la France se montre d'une extrême vigilance à ce sujet. Villefort, le responsable du contentieux au Quai d'Orsay, s'en félicite en écrivant que son « commerce n'est pas comme celui des Anglais lancé dans des expéditions aventureuses »[48]. Lorsque des bruits laissent entendre que l'ingénieur Bellot des Minières a passé avec le gouvernement confédéré un marché pour lui fournir des articles d'équipement militaire et des munitions de guerre, le ministre des Affaires étrangères, Drouyn de Lhuys, se saisit immédiatement de l'affaire et ouvre une enquête[49]. Comparé à l'Angleterre, là où son homologue invoque son ignorance et son incapacité à vérifier la destination des navires affrétés par ses négociants, le Quai met un point d'honneur à contrôler étroitement les activités commerciales de ses nationaux.

Pour conclure, l'écart entre les deux politiques américaines s'explique parce que, en Amérique, les intérêts français et anglais diffèrent sensiblement. N'oublions pas que l'Angleterre détient encore des possessions sur ce continent, quand la France y a renoncé depuis le début du siècle. Du même coup, pour chacun des deux Etats, une reconnaissance de la Confédération ne revêt pas la même portée. Pour les Britanniques, l'inquiétude vient de la montée en puissance des Etats-Unis, de la menace

---

que le Sud. Boilleau chargé d'affaires à New York, fait état de l'arrivée de navires venus d'Angleterre avec des armes. Boilleau à Drouyn de Lhuys ; New York, le 27 octobre 1862. A.M.A.E., CCC New York, vol. 21 f. 147-v.

45 Cadorre à Drouyn de Lhuys ; Londres, le 12 septembre 1864. A.M.A.E., CP A, vol. 731 f. 62v.

46 Le *Foreign Enlistment Act* défend seulement les enrôlements pour le service ainsi que l'équipement de navires de guerre, mais contre tout ce qui est considéré comme contrebande de guerre rien ne peut être interdit. Ce trafic se fait aux risques et périls de ceux qui s'y livrent. Si un navire anglais est saisi, le gouvernement britannique ne pose aucune réclamation contre sa capture.

47 Pour plus de discrétion, Londres passe par un intermédiaire, la compagnie *Fraser & Trenholm* de Liverpool. En contrepartie du coton acheté aux Sudistes, la compagnie avance de l'argent aux Confédérés et affrète les steamers pour transporter les armes. Elle financera ainsi presque tous les vaisseaux de guerre et les forceurs de blocus. NOIRSAIN S., *op. cit.*, pp. 129-130.

48 Note pour le ministre ; Paris, le 21 juin 1863. A.M.A.E., ADP EU, vol. 45 f. 84-v.

49 Le 24 avril 1864, le ministre examine avec soin le dossier et exige que les pièces de l'accord lui soient communiquées. Mais, tandis que Bellot des Minières nie toute entente de ce genre, il s'avère que l'authenticité des documents est mise en doute. Drouyn de Lhuys juge donc les renseignements insuffisants pour prendre des sanctions. Note pour le ministre ; Paris, avril 1864. A.M.A.E., ADP EU, vol. 36 ff. 2-3.

qu'ils font peser sur le Canada et du risque que ferait courir leur concurrence commerciale sur le marché de l'Amérique du Nord. Nombre de contemporains, à commencer par l'Empereur, notent que l'Angleterre a plus d'avantages à retirer de la division de l'Union que la France et, qu'à l'inverse, les Etats-Unis devraient être unis pour faire contrepoids à l'Angleterre[50]. Dès lors, la reconnaissance de la Confédération par la France serait une double aberration car elle concentrerait sur elle, qui n'a rien à gagner à la disparition de l'Union, le courroux du Nord et participerait involontairement à consolider la position britannique dans le monde. Une incohérence relevée par Thouvenel à la veille de sa rencontre avec l'émissaire de la Confédération. Le 21 juillet 1862, il écrit à son ambassadeur à Londres :

> « Je ne concevrais pas, enfin, que nous fussions plus pressés que l'Angleterre, que nous risquassions de prendre seuls, à notre charge, une besogne dont elle retirerait le profit et de retourner contre nous les sentiments qu'elle excite chez les Américains. »[51]

C'est d'ailleurs ce que ne manque pas de rappeler la presse. La guerre civile est plus une opportunité pour l'Angleterre que pour la France. La Grande-Bretagne y est présentée comme ayant un double intérêt à la victoire de la sécession : il s'agit de porter un coup d'arrêt au développement de la puissance américaine et aussi, en profitant de la politique de libre-échange, de se lancer dans des investissements massifs au Sud pour développer une économie qui reste encore agricole[52]. Après ses deux guerres perdues contre les Etats-Unis, la guerre de Sécession donnerait ainsi sa revanche à l'Angleterre[53].

---

[50] Mémo. de Slidell in Slidell à Benjamin ; Paris, le 25 juillet 1862. *ORN*, ser. II, vol. 3, pp. 479-487. Raisonnement que tient également Seward à Mercier : Mercier à Thouvenel ; Washington, le 4 juin 1861. A.M.A.E., CP EU, vol. 124 f. 294. Ce propos doit être nuancé car, comme pour la France, il ne faut pas oublier ce que le Nord représente pour la Grande-Bretagne. Elle lui importe 50 % de son grain et investit massivement dans son commerce, ses chemins de fer et ses banques. TULLOCH Hugh, *The debate on the American Civil War*, Manchester and New York, Manchester University Press, 1999, 255 p. ; p. 192.

[51] Thouvenel à Flahaut ; Paris, le 21 juillet 1862. THOUVENEL L., *op. cit.*, t. 2, pp. 339-340.

[52] *Le Journal des Débats*, les 7 décembre 1861 et 5 juillet 1863. Prévost-Paradol.

[53] La *Revue des Deux Mondes*, 1862 (5/6). E. Forcade, « Chronique de la quinzaine. Histoire politique et littéraire », pp. 486-497 ; p. 497.

II. UNE ENTENTE LOIN D'ETRE CORDIALE

A. Méfiance et frustrations

C'est d'abord la relation entre les diplomates qui contribue à l'installation de ce climat. Pour remplacer Persigny à la tête de l'ambassade de France à Londres, le choix de Flahaut est de bon augure puisque, comme Walewski auparavant, il est un ardent défenseur de l'entente avec l'Angleterre[54]. Pourtant, les ambassadeurs du gouvernement impérial au Royaume-Uni souffrent d'avoir Lord Russell comme interlocuteur[55]. Ainsi, le contact passe mal entre La Tour d'Auvergne, nommé à ce poste à la place du baron Gros, et le chef de la diplomatie britannique qu'il juge rude et versatile[56]. A Washington, la mésentente s'installe entre Henri Mercier et Richard Lyons, les agents de la France et du Royaume-Uni. Selon Mercier, les choses se gâtent à partir de septembre 1861 parce que l'agent britannique s'affranchit des démarches communes, en particulier sur la question du blocus où il est prévu qu'il agisse de concert avec son homologue français[57]. C'est peut-être ce qui explique qu'indépendamment de son collègue Mercier décide de se rendre à Richmond où il tente de remporter un succès diplomatique en espérant obtenir l'ouverture de discussions entre les deux parties. Lyons s'étonne de ne pas en avoir été averti et que ce ne soit pas à lui, mais au ministre de la Russie, que le responsable de la légation de France ait demandé de l'accompagner. Il en déduit un changement dans l'attitude de son collègue[58].

Les difficultés viennent aussi du sommet où, depuis le milieu des années 1850, les interlocuteurs ont changé. Il est bien loin le temps de la Crimée où le gouvernement impérial avait en face de lui, comme occupant du 10 Downing Street, le conciliant Aberdeen. Napoléon III le reconnaît lors de l'entrevue qu'il accorde à Slidell en juin 1863 ; il entretient de meilleures relations avec les whigs qu'avec les tories[59].

---

54 BERNARDY Françoise de, *Flahaut, fils de Talleyrand, père de Morny (1785-1870)*, Paris, Perrin, 1974, 383 p. ; p. 333.

55 ARJUZON Antoine d', « Napoléon III et l'Angleterre » in *Napoléon III, l'homme, le politique*, Paris, Editions Napoléon III, 2008, 492 p. ; p. 408.

56 LESUEUR Emile, *Le Prince de la Tour d'Auvergne et le secret de l'Impératrice. Contribution à l'histoire diplomatique du Second Empire*, Paris, Eugène Figuière éditeur, 1930, 317 p. ; p. 178.

57 Mercier à Thouvenel ; Niagara, le 9 septembre 1861. A.M.A.E., PT, vol. 13 f. 385v. En haut de la dépêche le ministre a écrit : « Lettre à communiquer au gouvernement anglais. »

58 Flahaut à Thouvenel ; Londres, le 30 avril 1862. A.M.A.E., PT, vol. 8 f. 337.

59 Mémo. de Slidell in Slidell à Benjamin ; Paris, le 21 juin 1863. *ORN*, ser. II, vol. 3, pp. 812-814. Pour mémoire, en 1843 Aberdeen était à la tête du *Foreign Office* lors de la conclusion de l'Entente cordiale entre la France et le Royaume-Uni. A l'époque Guizot dirigeait les Affaires étrangères. En 1852 Aberdeen devient Premier ministre à la tête d'une

L'inverse est vrai. Le Premier ministre Palmerston se méfie de la France. C'était déjà le cas du temps de Louis-Philippe, après la grave friction intervenue à la suite de la question d'Orient ou lors des mariages espagnols[60] ; c'est encore plus patent avec la politique de grandeur qu'entend mener l'Empereur. L'ambassadeur de France écrit que Palmerston n'a jamais dissimulé le peu de sympathie qu'il porte au gouvernement impérial[61]. Il faut dire que, par deux fois, il a été une victime collatérale des événements tragiques survenus en France. En 1851, à la suite d'un cafouillage diplomatique, il doit remettre sa démission à la reine (il approuve le coup d'Etat de Bonaparte tandis que l'ambassadeur du Royaume-Uni en France, Lord Normanby, le condamne). En 1858, c'est de nouveau un incident, lié à l'actualité française, qui mène à son remplacement. En effet, les conjurés, qui ont attenté à la vie de l'Empereur, se sont réfugiés en Angleterre[62]. Napoléon III s'insurge contre cet asile et Palmerston tente de faire passer un texte jugé liberticide, mais il est renversé par les Communes[63]. Ainsi, à deux reprises, le destin politique du Premier ministre se trouve-t-il intimement lié à celui de l'Empereur[64].

D'autre part, Palmerston garde rancune à Thouvenel. En 1850, ce dernier exerçant la mission de ministre plénipotentiaire à Athènes, proteste contre la présence de la flotte de guerre britannique dans le port du Pirée. Un autre grief vient de ce que Thouvenel, devenu ambassadeur à Constantinople, mène un combat larvé contre le représentant britannique, ce qui conduit au rappel de ce dernier en 1858[65]. Thouvenel est ainsi soumis aux suspicions de

---

coalition de whigs et de peelites (disciples de Robert Peel). C'est lui qui engage son pays, aux côtés de la France, dans la guerre de Crimée.

[60] De 1830 à 1841, Palmerston dirige presque sans discontinuer les Affaires étrangères. Lors de la question d'Orient il fait reculer la France qui défend le pacha d'Egypte lequel doit abandonner la Syrie. Au moment des mariages espagnols il essuie un revers car Guizot parvient à imposer ses deux candidats pour marier la reine Isabelle II d'Espagne et sa sœur. THEIS Laurent « Guizot » in *Dictionnaire des ministres des Affaires étrangères, de 1589 à 2004*, Paris, Fayard, 2005, 660 p., pp. 319-322.

[61] Gros à Drouyn de Lhuys ; Londres, le 24 mai 1863. A.M.A.E., CP A, vol. 724 f. 213-v.

[62] Il s'agit de l'attentat commis le 14 janvier 1858 par un patriote italien, Felice Orsini. Au moment où Napoléon III et Eugénie se rendent à l'opéra de la rue Le Peletier, trois bombes sont jetées sur le cortège impérial. On déplore douze victimes mais le souverain et son épouse sont sains et saufs.

[63] BROWN David, « *Palmerston and Anglo-French relations (1846-1865)* » in Diplomacy and Statecraft, vol. 17 n°4, 2006 (12), pp. 675-692; p. 683.

[64] Palmerston revient au pouvoir en 1859. En 1864, sa dernière entreprise diplomatique sera d'œuvrer à une conciliation dans l'affaire des duchés danois, mais il échouera à convaincre la France et la Russie de prendre une initiative avec l'Angleterre. Il mourra un an plus tard, le 18 octobre 1865, à l'âge de 81 ans.

[65] Horace de Viel Castel écrit que, compte tenu de l'affaire de Constantinople, Thouvenel n'était pas enthousiaste de l'alliance avec l'Angleterre. VIEL CASTEL Horace de, *Mémoires sur le règne de Napoléon III, 1851-1864*, Paris, Robert Laffont, 2005, 1128 p. ; p. 874.

Palmerston et de Russell. Au début de la guerre civile américaine il évoque d'ailleurs régulièrement ce climat de défiance à son égard. Dans une correspondance à Flahaut, son ambassadeur au Royaume-Uni, il exprime son souhait d'une entente avec l'Angleterre. Il déclare : « C'est un programme que nous voudrions suivre si nous y étions encouragés par un peu de confiance ». Thouvenel parle des « impressions erronées de Lord Palmerston sur son compte » et revient sur l'affaire de Grèce[66]. Dans une autre dépêche à Flahaut il se demande ce que Londres a à tirer profit de ces défiances[67].

A partir de la mi-1862 les propos habituellement mesurés de Thouvenel trahissent un agacement lorsqu'il évoque ses rapports avec Lord Russell, le chef de la diplomatie britannique. Il manifeste son irritation face à la suffisance dont ce dernier fait preuve à son endroit. Il écrit au chargé d'affaires français à Londres : « Lord John Russell a pris, depuis quelque temps, une habitude qui ne me plaît pas : celle de m'adresser des mercuriales et des leçons diplomatiques. » Il fait part de ce déplaisir à Cowley, l'ambassadeur de Grande-Bretagne[68]. Quant au successeur de Thouvenel, la préservation de l'union avec Londres n'est pas une priorité pour lui car il est, avant tout, partisan de l'alliance autrichienne[69]. Parallèlement, de l'autre côté de la Manche, à partir de 1864, on assiste à un repli du cabinet britannique sur les affaires intérieures. Il a donc manqué, durant cette période, une relation comme celle tissée entre Guizot et Aberdeen pour établir des liens forts entre les hommes chargés de décider des orientations de la politique étrangère de leur pays.

Le désappointement de la France vient aussi du fait que son intervention dans l'affaire du *Trent* n'a pas été payée de retour. Il est possible que le concours de Thouvenel ait eu pour but de fortifier l'entente avec Londres puisqu'il déclare à Flahaut, en décembre 1861 : « J'espère que notre attitude, dans la grosse question du jour, inspire quelques remords à Lord Palmerston et à Lord Russell et que nous ne verrons pas renaître de sitôt les défiances contre lesquelles vous avez eu à lutter. »[70] Mais, pour ce qui concerne la conduite à tenir par les deux puissances dans le conflit qui déchire l'Amérique, l'Angleterre reste sourde aux suggestions de l'Empereur. En avril 1862, Napoléon III exprime, devant l'armateur Lindsay, une certaine amertume à l'égard de la Grande-Bretagne déplorant qu'en dépit de son appui de décembre précédent, Russell ne souhaite pas coopérer avec lui. De plus, il n'apprécie pas que Russell ait pris imprudemment la liberté de faire

[66] Thouvenel à Flahaut ; Paris, le 23 avril 1861. THOUVENEL L., *op. cit.*, t. 2, pp. 71-72.
[67] *Id.* ; Paris, le 19 août 1861. THOUVENEL L., *ibidem,* pp. 159-160.
[68] Thouvenel à Chateaurenard ; Paris, le 26 août 1862. THOUVENEL L., *ibid.*, p. 370.
[69] GIRARD Louis, *Napoléon III*, Paris, Fayard, 1986, 550 p. ; p. 251.
[70] Thouvenel à Flahaut ; Paris, le 26 décembre 1861. THOUVENEL L., *ibid.*, t. 2, pp. 215-216.

connaître ses ouvertures à son agent à Washington[71]. En juillet, Slidell rapporte que Napoléon III reproche à l'Angleterre de ne pas avoir manifesté beaucoup de gratitude pour son intervention dans le grave différend qui l'a opposée aux Etats-Unis[72]. Il considère que son gouvernement lui a pourtant évité la guerre. Après les critiques, la défiance s'installe. En octobre Napoléon III croit percevoir du machiavélisme dans la politique britannique. Il laisse entendre à Slidell qu'il soupçonne Londres de tenter d'envenimer les rapports entre Paris et Washington[73].

La défiance ajoutée au ressentiment commandent à Napoléon III de ne plus compter sur les dispositions de Russell et Palmerston pour obtenir la reconnaissance des Etats confédérés. On peut noter qu'après le rejet de sa première proposition de médiation par Londres, l'Empereur abandonne sa politique de la main tendue. Désormais, il mise sur les membres des Communes pour faire pression sur leur gouvernement et décider d'une action en faveur du Sud. Faire plier le pouvoir par l'action parlementaire, voilà qui ne manque pas de sel pour un autocrate. Mais c'est une manœuvre risquée car pouvant être perçue, au plus haut sommet du royaume, comme une insupportable ingérence. Elle ne peut qu'accentuer davantage encore le divorce entre les deux pays.

B. La discorde d'octobre 1862

En octobre 1862, Napoléon III reprend à son compte l'idée émise un mois plus tôt par Russell de soumettre la querelle entre le Nord et le Sud à un arbitrage. Plus que l'attitude de Londres, qui rejette la proposition de médiation, ce sont les conditions entourant cette initiative qui engendrent une friction entre les deux pays ; un incident qui ne sera révélé qu'un an plus tard, en juillet 1863.

La crispation survient à la suite de plusieurs accrocs. Il s'avère tout d'abord que le gouvernement britannique a cru bon de ne pas communiquer la demande de médiation française au Parlement et qu'elle est demeurée dans les cartons du *Foreign Office*. D'autre part Layard[74], le sous-secrétaire d'Etat aux Affaires étrangères, déclenche une polémique lorsqu'il évoque les circonstances dans lesquelles la proposition de médiation d'octobre

---

[71] Slidell à Benjamin ; Paris, le 18 avril 1862. *ORN*, ser. II, vol. 3, pp. 395-396. *Le Temps* écrit : « Dans les affaires d'Amérique la France doit se résigner à ne recevoir de l'Angleterre, pour tout concours, que de simples applaudissements. » *Le Temps*, le 15 juin 1862. A. Nefftzer.

[72] Mémo. de Slidell in Slidell à Benjamin ; Paris, le 25 juillet 1862. *ORN*, ser. II, vol. 3, pp. 479-487.

[73] *Id.* ; Paris, le 28 octobre 1862. *ORN*, ser. II, vol. 3, pp. 572-579.

[74] Sir Auten Henry Layard (1817-1894) est un archéologue qui se retrouve sous-secrétaire au *Foreign Office* de 1861 à 1866.

précédent a été transmise par la France à l'Angleterre[75]. Il y a un malentendu quant aux dates. Layard prétend que le 10 novembre 1862 aucune communication officielle n'a été faite à Londres par l'ambassade de France. Drouyn de Lhuys souligne que Layard commet une erreur car sa dépêche, envoyée à Londres, date du 30 octobre et non du 10 novembre 1862. La confusion vient de ce que, le 10 novembre, l'ambassadeur de France, le comte de Flahaut, n'a été en mesure de présenter qu'une copie du texte à Russell puisque l'original était parti dix jours plus tôt. Le gouvernement de Sa Majesté, très sourcilleux sur la forme, s'offusque que la proposition ait été communiquée avant le retour du chef de sa diplomatie parti se reposer à la campagne[76]. Drouyn de Lhuys se défend d'avoir voulu prendre le gouvernement britannique de court. L'explication du décalage est simple : si le gouvernement français s'est hâté de coucher par écrit cette déclaration, avant le retour du chef du *Foreign Office*, c'est tout simplement pour dégonfler les rumeurs qui couraient dans la presse. En outre, le journal de Washington, *Le Courrier des Etats-Unis*, devait être expédié le 13 avec la malle de New York et la proposition de médiation incluse dans ses colonnes. Dans ces conditions, comme le rappelle Drouyn de Lhuys, il « était important que la vérité fût connue de l'autre côté de l'océan en même temps que les appréciations erronées qui s'étaient répandues en Europe ». C'est ce qui explique que le contenu de la dépêche, adressée à Londres le 30 octobre, ait été immédiatement livré aux ambassades et légations avant que Russell ne puisse en prendre connaissance[77].

Enfin, c'est le cabinet des Tuileries qui, cette fois, s'irrite des circonstances dans lesquelles l'offre de médiation française est parvenue au cabinet Lincoln. Des soupçons pèsent sur la coordination des deux agents sur place. Il semble que Richard Lyons, le représentant britannique à Washington, se soit accaparé la proposition pour la soumettre au secrétaire d'Etat Seward. Paris réprouve cette initiative. Attendu que l'Empereur est à l'origine de cette ouverture, les Français estiment qu'il leur revient de droit d'être les premiers à en aviser le cabinet fédéral, via leur ministre à Washington[78]. L'audace dont fait preuve Lyons constitue une entorse grave

[75] Gros à Drouyn de Lhuys (dép. tél.) ; Londres, le 3 juillet 1863. A.M.A.E., CP A, vol. 725 f. 131.

[76] Russell ne regagne Londres que le 10 novembre 1862.

[77] Drouyn de Lhuys à Gros ; Paris, le 6 juillet 1863. A.M.A.E., CP A, vol. 725 f. 133-v. *Id.* ; Paris, le 8 juillet 1863. A.M.A.E., CP A, vol. 725 ff. 144-148. Voir aussi *Le Temps*, le 2 juillet 1863.

[78] Cette version est contestée par Layard. Gros à Drouyn de Lhuys ; Londres, le 3 juillet 1863. A.M.A.E., CP A, vol. 725 f. 131. Dans cette dépêche, le baron Gros décrit à Drouyn de Lhuys la séance des Communes du 2 juillet où Forster interroge le chef du gouvernement britannique et demande si une proposition de médiation a été communiquée par Lyons à Seward avant de l'avoir été par Mercier.

aux lois de la diplomatie. On comprend pourquoi Slidell reconnaît lui-même que l'entente cordiale n'existe plus ou, tout au moins, est sérieusement altérée[79].

L'affaire méconnue de *La Blanche* révèle le fossé qui s'est creusé entre les deux nations. Le 4 octobre 1862, dans les eaux cubaines, un navire anglais dénommé *La Blanche* est poursuivi et incendié par un navire fédéral. Tout comme il a réagi primitivement à l'égard du commandant Wilkes du *Trent*, Seward estime qu'il n'y a personne à indemniser et que l'incident est clos car le fautif, le capitaine américain, a été renvoyé. Bien entendu, à Londres, on juge cette déclaration très insuffisante ; il s'agit d'une destruction délibérée d'un bâtiment britannique car, même si le bateau a antérieurement été enregistré comme navire confédéré sous le nom de *Général Rusk*, *La Blanche* navigue sous pavillon britannique. Il a été vendu, le 31 juillet précédent, par un Sudiste à un sujet britannique mais le gouvernement américain refuse de reconnaître le transfert de propriété de *La Blanche* qui, en dépit de la transaction, demeure à ses yeux un navire confédéré.

A l'automne 1863, le gouvernement britannique requiert une intervention française pour jouer les intermédiaires dans la crise et entrer en contact avec le gouvernement espagnol puisque l'incident a eu lieu dans ses eaux territoriales. Il souhaiterait que la France et l'Espagne se joignent à lui, en cosignant une déclaration. Celle-ci serait transmise au gouvernement américain, pour lui signifier que les puissances neutres lui dénieront la qualité de tous les droits de belligérance s'il méconnaît les obligations corrélatives à ces droits suivant les règles internationales. Le 10 octobre Russell écrit dans ce sens à son chargé d'affaires à Paris[80]. Mais le gouvernement impérial ignore la dépêche de Russell et aucune instruction n'est communiquée à son ambassadeur à Madrid. Cette passivité mécontente les Britanniques ; John Slidell, l'émissaire du Sud en France, retient cette explication pour justifier que la reine Victoria se refuse à recevoir La Tour d'Auvergne, le nouvel ambassadeur de France au Royaume-Uni[81]. Finalement, la demande de Londres est rejetée et Drouyn de Lhuys annonce catégoriquement qu'il refuse de s'associer à une démarche qu'il juge dangereuse[82]. Il ne risquera pas de froisser le gouvernement fédéral pour complaire à Londres. A la différence du *Trent*, et à l'occasion d'un incident

[79] BIGELOW John, *France and the Confederate navy (1862-1868)*, London, Sampson Low, Harper & Brothers, 1888, 247 p. ; p. 112.

[80] Russell à Grey ; Londres, le 10 octobre 1863. A.M.A.E., ADP EU, vol. 45 f. 117.

[81] Slidell à Benjamin ; Paris, le 25 octobre 1863. *ORN*, ser. II, vol. 3, pp. 937-939.

[82] Drouyn de Lhuys à Barrot ; Paris, le 10 novembre 1863. A.M.A.E., ADP EU, vol. 45 ff. 127-131.

similaire, la France n'intercédera pas. C'est vers le roi Léopold que se tournent les Britanniques. Le divorce est consommé.

C. Des sujets qui divisent

Il faut remettre les événements à leur juste place ; la guerre de Sécession ne constitue pas une priorité des relations diplomatiques entre Londres et Paris. Dans les rapports des ambassadeurs les affaires américaines occupent un rang secondaire[83]. En conséquence, la question de la reconnaissance de la Confédération est loin d'être une monomanie de la diplomatie franco-britannique. Mais l'étude des correspondances des agents permet de confirmer ce que nous subodorions précédemment : on assiste bien à une dégradation sérieuse du climat diplomatique entre les deux nations.

Ce sont d'abord les tensions qui agitent la Syrie. Des chrétiens sont assassinés avec la complicité des autorités ottomanes, ce qui émeut le gouvernement impérial. A l'été 1860 il est décidé que la France enverra un corps expéditionnaire au Proche-Orient, mais l'Angleterre pose comme condition qu'il n'y demeure pas plus de six mois (convention du 5 septembre 1860). Cependant, en mars 1861, les Français sont encore présents et Thouvenel s'agace de l'insistance des Britanniques à vouloir voir les troupes quitter le pays[84]. Afin de calmer l'irritation croissante de Londres, qui considère que cette expédition peut déboucher sur une extension de l'influence française en Orient, alors que parallèlement les travaux du canal de Suez sont en train de débuter, l'Empereur rapatrie ses troupes[85].

C'est ensuite l'intervention française en Italie qui inquiète Londres. A la veille de la désignation de Victor-Emmanuel à la tête d'un royaume incluant l'Italie du nord et du centre, Russell fait savoir qu'il désapprouve le projet impérial[86]. Plus tard, il s'insurge régulièrement contre l'occupation de Rome par les troupes françaises[87]. Début 1861, Thouvenel concède que la politique britannique incommode son gouvernement : « Les dépêches de Lord Russell sur la question de Rome nous créent de sérieux embarras et font déborder les

---

[83] L'examen des archives le démontre, les préoccupations diplomatiques concernent surtout le théâtre européen. Pour prendre un exemple : le volume 720 des correspondances politiques Angleterre, qui intéresse pourtant une période clé de la guerre civile puisqu'il couvre les rapports du printemps 1861 à la fin 1861, examine en premier lieu les affaires d'Italie et la mort du sultan.

[84] Thouvenel à Flauhaut ; Paris les 21 février et 11 mars 1861. THOUVENEL L., *op. cit.*, t. 1, pp. 441-442, p. 485.

[85] GANIAGE Jean, « Syrie » in *Dictionnaire du Second Empire*, Paris, Fayard, 1995, 1347 p. ; pp. 1230-1231.

[86] Thouvenel à Persigny ; Paris, le 1er mars 1860. A.M.A.E., CP A, vol. 715 f. 214.

[87] Russell à Cowley ; Londres, le 31 octobre 1862. A.M.A.E., CP A, vol. 722 f. 147-v. Gros à Drouyn de Lhuys ; Londres, le 24 mai 1863. A.M.A.E., CP A, vol. 724 f. 213-v.

passions de nos catholiques. »[88] Un an plus tard, alors qu'elle lui semble résolue, Thouvenel regrette que Russell songe encore à entretenir le Parlement britannique de la question romaine[89]. Surtout, c'est l'agrandissement territorial résultant de l'annexion par la France de la Savoie et du comté de Nice qui suscite une vive émotion en Angleterre[90] ; Russell s'en ouvre à son ambassadeur à Paris[91]. Une nouvelle expansion française est redoutée. A plusieurs reprises le cabinet britannique réitère son attachement aux conclusions du traité de Vienne qui a sanctionné la défaite du premier Napoléon[92].

Les événements qui surviennent en Europe, à partir de 1863, accentuent l'écart entre les deux gouvernements. Le soulèvement des Polonais contre les Russes divise Français et Anglais[93]. La Grande-Bretagne refuse de s'associer à la France pour la tenue d'un congrès, une idée que la reine Victoria qualifie « d'impertinence »[94]. La Pologne est abandonnée à son triste sort. Lui succède, fin 1863, la question des duchés de Schleswig et de Holstein qui risque de déboucher sur une guerre entre le Danemark, la Prusse et l'Autriche[95]. Cette fois c'est l'Angleterre qui sollicite l'aide de la France[96], mais l'Empereur ne lui apporte aucune assistance[97]. Le Danemark perd ses deux duchés et deux cinquièmes de son territoire[98].

Mais c'est la campagne du Mexique qui porte véritablement un coup aux relations entre Londres et Paris. L'Angleterre se montre hostile à une expédition ayant pour objet une intervention dans les affaires internes du pays ; l'envoi de soldats a pour seul but de faire droit à ses réclamations[99]. La nouvelle du retrait qui s'amorce, avec la signature de la convention de la Soledad, en février 1862, est vécue par l'Empereur comme une

---

[88] Thouvenel à Flahaut ; Paris, le 21 février 1861. THOUVENEL L., *op. cit.*, t. 2, pp. 35-36.
[89] *Id.* ; Paris, le 27 mai 1862. *id.*, pp. 306-307.
[90] Persigny à Thouvenel ; Londres, le 3 février 1860. A.M.A.E., CP A, vol. 715 f. 68.
[91] Russell à Cowley ; Londres, février 1860. A.M.A.E., CP A, vol. 715 ff. 117-119.
[92] Ex : Gros à Drouyn de Lhuys ; Londres, le 9 avril 1863. A.M.A.E., CP A, vol. 724 f. 27.
[93] En janvier 1863 les Polonais se soulèvent contre leur enrôlement forcé dans l'armée russe.
[94] SMITH William, *Napoléon III*, Paris, Hachette, 1982, 394 p. ; p. 270.
[95] Drouyn de Lhuys à Gros ; Paris, le 11 avril 1863. A.M.A.E., CP A, vol. 724 f. 29.
[96] Cor. chiffrée de Drouyn de Lhuys à Napoléon III ; Paris, le 21 juin 1864. A.M.A.E., CP A, vol. 730 f. 176.
[97] THEIS Laurent, « Entre besoin de repos et désir de gloire » in *Histoire de la diplomatie française*, Paris, Perrin, 2005, 1050 p. ; p. 604.
[98] LACAZE Pascal, « Danemark » in *Dictionnaire du Second Empire*, Paris, Fayard, 1995, 1347 p. ; pp. 397-399.
[99] Flahaut à Thouvenel ; Londres, le 29 septembre 1861. A.M.A.E., PT, vol. 8 f. 180v. M. Cunningham indique qu'initialement Russell s'était montré favorable à l'établissement d'un gouvernement stable au Mexique. Elle attribue ce changement brusque à l'engagement de Washington de rembourser les dettes britanniques contractées par Mexico. CUNNINGHAM Michele, *Mexico and the Foreign Policy of Napoléon III*, New York, Palgrave, 2001, 251 p. ; p. 48.

« capitulation »[100]. La convention d'Orizaba, du 9 avril 1862, conclue avec le président légitime du Mexique, B. Juárez, garantit le paiement des créanciers anglais. Imitant les Espagnols, elle permet aux Britanniques de rembarquer leurs troupes. La nouvelle de leur rapatriement est connue à Paris en juin[101]. Thouvenel rapporte à Flahaut les propos de Napoléon III : « Est-ce la récompense que méritait ma conduite lors de l'affaire du *Trent* ? » Le ministre des Affaires étrangères juge que, face aux événements qui secouent les Etats-Unis, les deux puissances auraient dû présenter un front uni au Mexique :

> « Quel intérêt différent du nôtre l'Angleterre a-t-elle au Mexique ? Quelles sympathies peut-elle avoir pour les hommes qui y dominent en ce moment et dont elle avait eu à se plaindre autant que nous ? N'y a-t-il pas enfin la question d'Amérique, plus grave pour elle que pour nous-mêmes, et à laquelle il n'est pas bon de préluder par un désaccord patent sur un point si voisin ? »[102]

La situation se détériore un peu plus encore lorsqu'il apparaît que des navires britanniques, dont le *Sea Queen*, convoient des armes pour Juárez avec la bénédiction du ministre des Etats-Unis à Londres. Comme nous l'avons vu plus haut, les Anglais se réfugient derrière des lois qui ne permettent pas à leur gouvernement de mettre une restriction au commerce avec des parties belligérantes. Le baron Gros, qui représente la France au Royaume-Uni, estime que le gouvernement de la reine fait preuve de duplicité[103]. Enfin, comble de tout, Palmerston pose des conditions draconiennes pour reconnaître le prétendant choisi par la France pour s'asseoir sur le trône du Mexique. Les diplomates français se demandent s'il ne s'agit pas d'un prétexte pour se dérober[104].

En tout état de cause, avec autant de désaccords, rechercher une unité sur les affaires d'Amérique est un vœu pieux. Les Américains découvrent assez vite les divisions qui lézardent l'entente entre les deux pays. Très tôt, Seward, le chef de la diplomatie fédérale, pense que la rivalité entre la France et l'Angleterre les rendra incapables de s'entendre[105]. Il s'étonne que la France, dont les intérêts sont si différents de ceux de l'Angleterre,

---

[100] Thouvenel à Flahaut ; Paris, le 21 mars 1862. THOUVENEL L., *op. cit.*, t. 2, pp. 259-260, p. 266. La convention de la Soledad est conclue, le 19 février 1862, avec B. Juárez entre les plénipotentiaires français, anglais et espagnols ; elle arrête la marche des alliés. Désavouée par le gouvernement impérial, elle est ratifiée par l'Angleterre et l'Espagne.

[101] Thouvenel à Flahaut ; Paris, le 12 juin 1862. A.M.A.E., CP A, vol. 721 f. 246.

[102] *Id.* ; THOUVENEL L., *op. cit.*, t. 2, p. 319.

[103] Gros à Drouyn de Lhuys ; Londres, le 22 avril 1863. A.M.A.E., CP A, vol. 724 ff. 72-76.

[104] La Tour d'Auvergne à Drouyn de Lhuys ; Londres, le 14 mars 1864. A.M.A.E., CP A, vol. 728 f. 351. *Id.* ; Londres, le 8 août 1864. A.M.A.E., CP A, vol. 731 f. 13v.

[105] FERRIS Norman B., *Desperate diplomacy. William H. Seward's Foreign Policy, 1861,* Knoxville, University of Tennessee Press, 1976, 265 p. ; p. 22.

apparaisse disposée à se laisser entraîner dans la même direction[106]. En juin 1861, dans une dépêche à Thouvenel, Mercier, le ministre de la France aux Etats-Unis, soupçonne Seward de vouloir enfoncer un coin dans les relations entre les deux pays. Après la déclaration de neutralité et l'octroi du droit de belligérance par les deux Etats, il observe que Seward refuse de recevoir ensemble les deux ministres plénipotentiaires et réserve les mots les plus durs de son ressentiment à l'Angleterre[107]. Une posture différente qui étonne tout autant le consul à Boston alors que, comme il le fait remarquer, les deux puissances effectuent la même démarche et usent des mêmes principes pour encadrer leur action diplomatique[108]. Durant l'été qui suit, l'ambassadeur de France au Royaume-Uni, le comte de Flahaut, s'en ouvre à son tour à Thouvenel[109]. Flahaut indique qu'il s'efforce de faire comprendre au gouvernement anglais la nécessité d'enlever toute illusion au Nord de jouer sur les oppositions entre les deux gouvernements[110]. Un espoir que partage tout autant son adversaire sudiste. Pour amadouer Napoléon III, l'émissaire du Sud en France, John Slidell, lui parle de l'offre du gouvernement de Richmond intéressant la fourniture de coton contre des marchandises de guerre et s'empresse de souligner qu'une telle proposition n'a pas été faite à la Grande-Bretagne[111]. Les deux belligérants ont bien compris que l'unité affichée par la France et l'Angleterre n'est qu'une façade et que les déceptions mutuelles ont eu raison d'une action diplomatique commune.

Tout comme les diplomates, sans doute devons-nous suspecter une manœuvre de la part des autorités fédérales trop heureuses de pouvoir mettre à mal l'alliance entre la France et l'Angleterre pour leur plus grand profit. Mais il faut aussi considérer que cette différence de traitement vient de l'attitude de Thouvenel. En effet, à chaque fois que les agents de Washington s'inquiètent des projets de Paris à l'égard du Sud, Thouvenel les rassure en réaffirmant solennellement son désir de voir l'Union demeurer le cadre de la fédération américaine. Cette modération donne l'occasion à Seward de renouveler ses bonnes dispositions à l'égard de la France et de son ministre des Affaires étrangères[112]. C'est sans doute ce qui peut

---

[106] Thouvenel à Mercier ; Paris, le 6 juin 1861. A.M.A.E., CP EU, vol. 124 f. 301.

[107] Mercier à Thouvenel ; Washington, le 18 juin 1861. A.M.A.E., CP EU, vol. 124 ff. 339-344v.

[108] Souchard à Thouvenel ; Boston, le 29 juin 1861. A.M.A.E., CPC EU, vol. 9 ff. 305v.-306.

[109] Flahaut à Thouvenel ; Londres, le 9 juillet 1861. A.M.A.E., CP A, vol. 720 f. 80.

[110] *Id.* ; Londres, le 6 août 1861. A.M.A.E., PT, vol. 8 f. 176.

[111] Mémo. de Slidell in Slidell à Benjamin ; Paris, le 25 juillet 1862. *ORN*, ser. II, vol. 3, pp. 479-487.

[112] Dayton dit à Thouvenel que le chef de la diplomatie américaine manifeste une « confiance entière » dans la bonne volonté du ministre des Affaires étrangères à l'égard du gouvernement de l'Union. Dayton à Thouvenel ; Paris, le 13 août 1861. A.M.A.E., ADP EU, vol. 30 ff. 63-69v.

expliquer qu'au-delà de la tactique politique, le bilan que fera Seward de l'action diplomatique française, après une année de guerre, sera somme toute indulgent et bienveillant :

> « Bien que la politique de la France, pendant le cours de nos épreuves, n'ait pas toujours été telle que dans les pénibles embarras que nous avons traversés nous puissions l'approuver entièrement, toutefois, en récapitulant les événements de l'année, je suis prêt à admettre que l'Empereur a pu, non sans raison, considérer cette politique comme nécessaire […]. »[113]

Conclusion

Devant le conflit inédit qui déchire les Etats-Unis, si Paris consulte régulièrement Londres, et réciproquement, on ne peut dire pour autant que la politique française s'inspire de celle de l'Angleterre. L'attention consacrée à la position britannique nourrit la réflexion plus qu'elle ne la conduit. D'autre part, si la France s'oblige à collaborer avec Londres, c'est pour donner plus de poids à ses réclamations. Associées à celles de la première force maritime, ses revendications, en faveur du respect des règles fixées par le droit international, n'en obtiennent que plus de portée. Par cette entente il s'agit de garantir les droits des neutres que les deux pouvoirs craignent de voir foulés aux pieds par les deux adversaires puisque, en leur temps, les Etats-Unis n'ont pas souscrit à la déclaration de Paris.

A partir du printemps 1862, les différences entre les deux politiques s'accentuent. Lorsque Londres rappelle ses troupes du Mexique, la décision britannique laisse un goût amer à la France qui estime ne pas être payée de retour pour les efforts consentis lors de la crise du *Trent*. Côté britannique, les initiatives de Napoléon III, qui entend mener une politique internationale et accroître le prestige de la France, sont mal ressenties. L'alliance avec la France ne consiste pas, pour l'Angleterre, alors qu'elle-même se trouve au faîte de sa puissance, à délaisser le système mis en place en 1815 au risque d'en faire une rivale. Or, cet abandon est un des fondements de la politique impériale ; il y a là une sérieuse pierre d'achoppement entre les deux pays.

Si on se penche sur l'état d'esprit des protagonistes il faut, là encore, distinguer la position de l'Empereur de celle du ministère. Pour le premier, la recherche d'une légitimation de l'action française en faveur du Sud l'incite à se montrer attentif à la position britannique. Napoléon III ne « suit » pas l'Angleterre à proprement parler mais il est dépendant de sa décision car il craint qu'une démarche solitaire ne l'isole diplomatiquement et militairement. Néanmoins, il ne faut pas mésestimer les arguments convaincants du Quai, qui, tout autant que les réticences de Londres, font reculer le souverain. Pour les deux ministres des Affaires étrangères qui se

---

[113] Seward à Dayton ; Washington, le 26 mars 1862. A.M.A.E., ADP EU, vol. 30 f. 131-v.

succèdent, le refus de reconnaître la Confédération ne s'inspire pas de l'attitude de l'Angleterre mais d'une évaluation objective du bénéfice à retirer de la sécession. Tous deux ont bien compris que l'Empire n'avait rien à gagner à voir l'Union divisée, tandis que la scission profite bien davantage au Royaume-Uni. L'attitude de l'Angleterre a valeur de contre-exemple, plus que de modèle, et ne fait donc que renforcer la conviction de Thouvenel, et de Drouyn de Lhuys, de ne pas se départir de la neutralité.

CHAPITRE 3 : UN COMBAT INEGAL

Au premier abord l'issue de la lutte qui oppose le Nord au Sud ne fait guère de doute. Vingt-trois Etats unionistes (bientôt vingt-cinq avec l'ajout de la Virginie occidentale et l'admission du Kansas dans l'Union) sont opposés à onze sécessionnistes. Le déséquilibre démographique pèse nettement en faveur des premiers (deux fois et demie plus peuplés que leurs adversaires, quatre fois si on prend en compte le nombre d'esclaves des Etats rebelles). Un formidable fossé sépare les deux économies ; celle du Sud est traditionnelle, vouée à la monoculture de produits d'exportation, quand l'autre est innovante, possède tous les grands centres industriels, les ports les plus actifs, le réseau ferroviaire le plus dense, le système bancaire le plus sophistiqué, les ressources financières les plus considérables.

Cependant, pour beaucoup d'historiens, l'écart entre les combattants n'est pas aussi marqué que les données chiffrées voudraient bien le laisser croire. Ainsi, face à la domination incontestable du Nord, les chances du Sud sont loin d'être nulles. Un certain nombre d'analystes relèvent que, des guerres Médiques à celle du Vietnam, en passant par la guerre d'Indépendance américaine, l'histoire abonde d'exemples où un belligérant, a priori en situation d'infériorité, finit par l'emporter. Ils en concluent que l'avantage numérique, ou matériel, n'apporte pas le succès à tous les coups car la puissance d'un arsenal industriel ne constitue pas encore une condition de la victoire[1]. Et puis, si la disproportion des forces est aussi écrasante, et que le terme de la guerre ne fait aucun doute, pourquoi le Sud a-t-il engagé un combat qui prend, dès lors, l'allure d'une « criminelle imbécillité »[2]?

Tout l'effort des historiens consiste donc à expliquer non pas pourquoi le Nord a gagné la guerre mais pourquoi le Sud l'a perdue[3]. La Confédération aurait succombé à des causes internes plutôt qu'externes. Pour certains, la vraie raison de l'échec doit être recherchée dans un manque de volonté de se

---

[1] Sans rentrer dans ce débat qui nous éloigne de notre propos, on conviendra que l'inverse est tout de même plus fréquent. D'autre part, tous les conflits ne sont pas de nature comparable et, compte tenu de l'évolution des armes ou de la montée en puissance du poids des opinions publiques, on ne peut se livrer à des rapprochements forcément douteux en mettant en parallèle des conflits que des siècles séparent. De plus, comment faire abstraction de la nature de guerre civile qui oppose le Nord et le Sud pour la résumer un peu vite à la lutte entre deux puissances étrangères. Enfin, dans la plupart des cas cités, la puissance qui mène l'offensive se trouve combattre loin de ses bases, sur un terrain qui ne lui est pas familier, pour une cause qui ne menace pas à proprement parler sa propre existence.

[2] COMMAGER Henry Steele, « The defeat of the Confederacy, an overview » in *Why the North won the Civil War*, New York, Touchstone, 1996, 127 p. ; p. 15.

[3] KASPI André, *Les Américains. Naissance et essor des Etats-Unis (1607-1945)*, Paris, Le Seuil, 1986, t. 1, 339 p. ; p. 179.

battre, surtout après Gettysburg[4] ; pour d'autres, reprenant les arguments de Beauregard, la défaite doit être attribuée à des erreurs de stratégie et, en premier lieu, à la personnalité de Jefferson Davis[5]. Une explication supplémentaire s'intéresse à la faiblesse du nationalisme sudiste et à la résistance des gouverneurs des Etats vis-à-vis du pouvoir central[6].

Cet examen correspond-il à celui auquel se livrent, à l'époque, les diplomates français ? A de nombreux moments l'issue de la guerre semble être sur le point de basculer, un constat qui conforte à priori les analyses menées à posteriori. Toute la question est de savoir pourquoi, en présence d'une résistance du Sud qui s'étire sur quatre années, la France n'a pas jugé utile de modifier sa politique à l'égard de la Confédération.

I. LE SUD PEUT-IL GAGNER LA GUERRE ?

A. La lucidité du consul à Richmond

Il est intéressant de confronter les analyses des événements américains auxquels se livrent au nord Henri Mercier, le ministre de la France aux Etats-Unis et au sud Alfred Paul, le consul de France à Richmond.

A l'occasion de la rédaction de ses dépêches, le premier agent de l'Empereur a du mal à dissimuler la satisfaction qu'il éprouve de la naissance d'une nouvelle république en Amérique du Nord[7]. Plus grave, cette préférence conduit souvent le diplomate à Washington à déformer les faits à dessein et à tenir des propos exagérément alarmistes concernant la situation militaire du Nord. Ainsi, pour ne prendre qu'un exemple, tandis qu'en mai 1862 La Nouvelle-Orléans vient de tomber aux mains des Nordistes, Mercier met sur le même plan les deux armées ennemies[8]. Oubliant que dans l'ouest les Fédéraux victorieux à Shiloh font le siège de Corinth, un nœud ferroviaire hautement stratégique, il se focalise sur

[4] EATON Clement, *Jefferson Davis*, London, Macmillan Publishers, 1977, 334 p. ; p. 175, p. 232. Mais James MCPherson fait très justement remarquer que le Nord est lui aussi traversé par des divisions internes à propos de la conscription, de la suspension de l'*Habeas Corpus*, de la contestation de la politique de Lincoln… McPHERSON James, *La guerre de Sécession*, Paris, Robert Laffont, 1991, 1004 p. ; pp. 939-941.

[5] WOODWORTH Steven E., *Davis and Lee at war*, Hardcover, University Press of Kansas, 1995, 409 p.

[6] BERINGER Richard E., HATTAWAY Herman, JONES Archer, STILL William N. Jr, *Why the South lost the Civil War*, Athens and London, The University of Georgia Press, 1986, 582 p. ; pp. 433-439.

[7] Cf. le 3e chapitre de la première partie.

[8] Mercier à Thouvenel ; Washington, le 6 mai 1862. A.M.A.E., PT, vol. 13 f. 448v.

l'offensive du général Jackson en Shenandoah dont il prédit hâtivement qu'elle va le conduire jusqu'aux portes de la capitale fédérale[9].

Ce décalage entre les conclusions de Mercier et la réalité militaire finissent par filtrer. Au début de l'année 1862 ce dernier doit se défendre des accusations de partialité qui circulent à son endroit. Sans beaucoup d'élégance, il impute ses erreurs d'appréciation à la qualité des informations qui lui sont transmises par les consuls[10]. Thouvenel est contraint de rappeler Mercier à son devoir de réserve. Il le somme de conserver un minimum d'objectivité dans la relation des événements et d'éviter de se laisser gagner par « l'influence des articles du *Constitutionnel* »[11].

Aux insuffisances de Mercier on peut opposer la valeur des informations d'Alfred Paul, le consul de France à Richmond. En installant leur gouvernement dans cette ville les Sudistes procurent, pour la première et unique fois dans l'histoire des Etats-Unis, un rôle diplomatique essentiel à un poste pourvu du seul statut consulaire. Par le hasard de l'histoire celui-ci se retrouve quasiment placé au rang de légation[12]. Si la Confédération n'est reconnue par aucune des puissances, elle s'est bien dotée d'un gouvernement qui siège à Richmond. En l'occurrence, de par sa localisation, sans bouleverser la hiérarchie statutaire, ce consulat jouit du même coup d'une prépondérance de fait[13]. Cette place confère à Alfred Paul, qui dirige le

---

[9] Mercier à Thouvenel ; Washington, le 26 mai 1862. A.M.A.E., PT, vol. 13 f. 457. Une analyse objective démontre qu'on est bien loin de cette perspective. La vallée Shenandoah est située à l'ouest de la Virginie. L'offensive de Jackson permet simplement de diminuer la pression qui s'exerce autour de la capitale confédérée, non de mener une contre-offensive en territoire ennemi.

[10] Mercier écrit à Thouvenel : « Je crois Monsieur que vous vous défiez un peu de mes entraînemens [*sic*]. » Mercier à Thouvenel ; Washington, le 24 février 1862. A.M.A.E., PT, vol. 13 f. 431-v.

[11] Thouvenel à Mercier ; Paris, le 24 juillet 1862. THOUVENEL Louis, *Le secret de l'Empereur*, Paris, Calmann-Levy, 1889, t. 2, 571 p. ; p. 350. En décembre 1863 Mercier est rappelé précipitamment (alors qu'il s'embarque pour la France, la légation reçoit encore les invitations du département d'Etat qui lui sont adressées). *Le Temps* se demande si ce retour ne doit pas être interprété comme un désaveu. *Le Temps*, le 9 octobre 1864. Edouard Hervé. Daniel Carroll, qui a consacré sa thèse à Mercier, ne voit aucune signification particulière au départ de Mercier pour la France. CARROLL Daniel B., *Henri Mercier and the American Civil War*, Princeton, New Jersey, Princeton University Press, 1971, 396 p. ; p. 348 et p. 354. En 1864, Mercier reçoit l'ambassade de Madrid (où il reste jusqu'à la chute de l'Empire) ce qui pourrait suggérer en effet que son rappel n'est pas une sanction. A.M.A.E., Personnel, 1ère série n°2848.

[12] En 1860 Richmond est la 25e ville des Etats-Unis par sa taille. Elle compte 37 910 habitants. Le changement de capitale de la Confédération de Montgomery à Richmond s'effectue en mai 1861. CHESSON Michael B., « Richmond » in *Encyclopedia of the Confederacy*, Simon and Schuster, New York, Londres, Tokyo, Sydney, Singapour, 1993, vol. 4, 493 p. ; pp. 1329-1333.

[13] Les chefs de postes consulaires exercent leurs fonctions en pleine indépendance par rapport au chef de mission diplomatique. Ils ont une totale maîtrise des conditions dans lesquelles ils

poste, l'opportunité d'être, au cœur même de la Confédération, le témoin privilégié de la lutte qu'elle mène pendant quatre ans (il est le seul consul à servir durant toute la guerre civile). Comme il réceptionne les dépêches de tout le Sud, il devient le principal pourvoyeur d'informations des autres pays. A l'inverse, il s'impose comme un intermédiaire obligé pour le gouvernement confédéré qui passe par lui pour s'adresser aux puissances européennes[14]. Il nous faut insister sur ce témoignage de premier plan, d'autant plus précieux que Paul relate scrupuleusement les faits avec le maximum d'objectivité et d'exactitude. En même temps, il va conduire progressivement le Quai à s'en remettre à lui pour obtenir des informations plus conformes à la réalité[15].

L'ensemble de ses rapports détaillés et rigoureux valent à Paul de se voir régulièrement décerner un satisfecit par son ministre de tutelle. Fin 1861 Thouvenel salue la précision de ses informations dont ses services sauront tirer profit[16] et le remercie pour avoir dépeint avec minutie la situation dans laquelle se trouvent les Etats du Sud[17]. En 1863 c'est au tour de Drouyn de Lhuys de se louer de la dépêche de son agent qu'il dit lire avec intérêt, en particulier ses observations sur les positions respectives des deux parties en lutte[18] et les renseignements qu'il lui a fournis sur la bataille de Chancellorsville et les opérations militaires devant Charleston[19]. Jusqu'à l'Empereur lui-même qui, pour répondre à Slidell en octobre 1862, s'appuie sur les articles d'un journal de Richmond qui a été transmis par la voie consulaire[20]. Tant et si bien qu'il n'est pas rare que la dépêche du consul à

estiment devoir mettre en œuvre les instructions du ministre des Affaires étrangères. PANCRADIO Jean-Paul, *Dictionnaire de la diplomatie*, Paris, Dalloz, 2007, 684 p. ; p. 169.

[14] WRIGHT Gordon, « Economic Conditions in the Confederacy as seen by the French Consuls » in *The Journal of Southern History*, vol. 7, No. 2 (May, 1941), pp. 195-214. En 1861, la France a des consuls dans 17 villes du Sud mais les plus importants sont ceux de Richmond, Charleston, Mobile, La Nouvelle-Orléans et Galveston. BONHAM Milledege L., *The French consuls in the Confederate States*, inscribed to William Archibald Dunning, New York, Columbia University Press, 1914, pp. 83-106 ; pp. 85-86.

[15] D'autre part la légation de France a brûlé en 1862 ce qui a profondément perturbé la bonne exécution du travail diplomatique. Pour un portrait d'Alfred Paul voir SAINLAUDE Stève, « Alfred Paul, un diplomate français dans la guerre de Sécession » in Revue d'Histoire diplomatique, Paris, A. Pedone, n°1 2011, 95 p. ; pp. 3-15.

[16] Thouvenel à Paul ; Paris, le 26 décembre 1861. A.M.A.E., CPC EU, vol. 9 f. 301.

[17] *Idem* ; Paris, le 9 janvier 1862. A.M.A.E., CPC EU, vol. 12 f. 4. Il fait référence au rapport de Paul de novembre.

[18] Drouyn de Lhuys à Paul ; Paris, le 12 février 1863. A.M.A.E., CPC EU, vol. 15 f. 36.

[19] *Id.* ; Paris, le 28 mai 1863. A.M.A.E., CPC EU, vol. 15 f. 58-v.

[20] Mémo. de Slidell in Slidell à Benjamin ; Paris, le 28 octobre 1862. *ORN*, ser. II, vol. 3, pp. 572-579.

Richmond soit régulièrement transmise par le ministre à ses correspondants, afin qu'ils se fassent une idée précise des conditions de la lutte[21].

Et puis, outre l'objectivité et la précision dans la relation des faits, on peut aussi considérer que Paul démontre, dès les premières tensions, une capacité rare à prendre la mesure réelle de l'ampleur des événements. Début janvier 1861, alors que la sécession ne concerne encore qu'un seul Etat, il pressent que, dans le cas où les défenseurs de l'Union privilégieraient la force pour lui faire entendre raison, la guerre civile ici serait « plus horrible qu'ailleurs »[22]. Quelques jours après l'attaque de Fort Sumter, en avril, il prédit qu'une intervention du Nord ne se fera pas sans devoir accepter de perdre beaucoup d'hommes car le Sud défendra son sol avec vaillance et énergie[23]. En juillet, à la veille de Bull Run 1, alors que de nombreux observateurs croient encore en une guerre courte, il entrevoit un conflit âpre où le Nord ne parviendra à l'emporter qu'après avoir livré une guerre coûteuse[24]. Paul est conscient qu'un immense effort est nécessaire car ce n'est pas le Sud qui envahit le Nord, mais bien l'inverse. Dès cette date il a compris ce que beaucoup réaliseront deux ans plus tard : le Nord devra mettre toutes ses forces dans la bataille pour faire plier son adversaire qui résistera pied à pied, avec toute sa détermination, pour repousser l'envahisseur de ce territoire étendu et hostile dans lequel il a osé s'aventurer.

En effet, pour Paul, et il l'annonce très tôt, si dure que puisse être cette guerre pour le Nord, il ne peut être vaincu ; l'indépendance des onze Etats est un dessein chimérique et le Sud est appelé à succomber. Cette vision pessimiste lui vient, d'une part, des conclusions qu'il tire d'une analyse fondée exclusivement sur une évaluation du rapport de force militaire, démographique, économique, financier et matériel qui tourne systématiquement à l'avantage du Nord. Ainsi, contrairement à Mercier, Paul a-t-il tendance à relativiser les victoires confédérées car il s'est précocement persuadé que le Sud ne peut gagner seul. Il considère que la guerre d'usure lui sera fatale, un raisonnement qu'il applique dès 1861 alors que le nombre de combattants, de chaque côté, est encore assez équilibré. Il anticipe sur une stratégie qui ne s'appliquera vraiment de façon systématique

[21] Ex. : dép. de Paul transmise par Thouvenel à Flahaut jointe à celle Mercier in Thouvenel à Flahaut ; Paris, le 6 juillet 1861. A.M.A.E., CP A, vol. 720 f. 63. dép. de Paul communiquée par Drouyn de Lhuys à Rouher in Drouyn de Lhuys à Rouher ; Paris, le 24 février 1865. A.M.A.E., ADP EU, vol. 31 f. 113.

[22] Paul à Thouvenel ; Richmond, le 9 janvier 1861. A.M.A.E., CPC EU, vol. 9 f. 136.

[23] *Id.* ; Richmond, le 19 avril 1861. A.M.A.E., CPC EU, vol. 9 f. 170v. Remarque déjà émise par Méjan à La Nouvelle-Orléans : « Si l'attaque est vive, la défense ne le sera pas moins. » Méjan à Thouvenel ; La Nouvelle-Orléans, le 11 avril 1861. A.M.A.E., CPC EU, vol. 9 f. 53v.

[24] *Id.* ; Richmond, le 19 juillet 1861. A.M.A.E., CPC EU, vol. 9 f. 202v.

qu'en 1864. On peut reprocher à cette vision déterministe de négliger les aspects psychologiques et les contingences, car une guerre n'est jamais écrite à l'avance et il survient des retournements inattendus qui peuvent inverser le cours de l'histoire, en particulier durant ce conflit où des chances ont été gaspillées des deux côtés.

Cette prédiction s'explique, d'autre part, par la position centrale de Paul car, en vivant de près les attaques dirigées à l'encontre de la capitale, il est le premier à assister aux difficultés que traverse le Sud. A partir de la fin de l'année 1861 il commence à rendre compte, scrupuleusement, des complications qui touchent tous les domaines de la vie quotidienne. Il relève que, dans ce pays essentiellement agricole et non manufacturier, « on manque littéralement de tout »[25]. Il débute l'année 1862 en notant : « On n'a plus rien. On n'a même plus de papier pour faire les bons du trésor. »[26] Mercier convient que c'est seulement en se rendant à Richmond, en avril 1862, qu'il a pris conscience de ces embarras et reconnaît, implicitement, que ce n'est pas de Washington que l'on peut établir un diagnostic précis de la situation[27]. Mais, en amplifiant outre-mesure les difficultés des rebelles, l'observation de Paul subit un effet déformant. Ainsi, vivant aux premières loges les sièges successifs de Richmond - il perçoit de nombreuses fois le bruit des canons des Fédéraux qui prennent la ville sous leur feu[28] - il prédit régulièrement la chute de la ville et, dans son sillage, celui de la Confédération. Mais il sous-estime les défenses de la capitale qui dispose de vigoureuses capacités pour repousser les assauts répétés des Nordistes ; sa résistance de quatre ans le prouve.

De plus, le coudoiement quotidien de tous ceux qui affluent dans la ville, militaires comme civils, l'amène à ne considérer que l'âpreté du combat pour le Sud en faisant abstraction de la réussite de ses meilleurs officiers. Paul insiste, par exemple, sur les nombreuses carences de l'armée rebelle. En juin 1862 il décrit ainsi les régiments qui stationnent dans la capitale du Sud et font plus penser à une troupe de croquants qu'à une armée régulière :

> « L'armée souffre horriblement. Elle est mal vêtue et mal chaussée. Elle n'a pas de tente près de Richmond. Le soldat n'a ni vin, ni eau-de-vie, ni pain, ni café. Il est nourri avec de la galette et de la viande de porc presque gâtée. On sera peut-être forcé de le mettre à la demi-ration faute de vivres [...]. Une armée exténuée, mal nourrie, mal vêtue, accablée de besoins et de maladies,

---

[25] *Id.* ; Richmond, le 2 novembre 1861. A.M.A.E., CPC EU, vol. 9 ff. 254v.-255.

[26] *Id.* ; Richmond, le 22 janvier 1862. A.M.A.E., CPC EU, vol. 12 ff. 5v.-6.

[27] Mercier à Thouvenel ; Washington, le 28 avril 1862. A.M.A.E., CP EU, vol. 127 f. 50.

[28] Paul à Thouvenel ; Richmond, le 30 mai 1862. A.M.A.E., CPC EU, vol. 12 ff. 93-94. Paul à Drouyn de Lhuys ; Richmond, le 10 juin 1864. A.M.A.E., CPC EU, vol. 19 f. 207.

soumise à des privations qui dépassent ce que les forces humaines, physiques et morales peuvent supporter. »[29]

D'après le consul, même les officiers les plus illustres comme Lee ne sont pas mieux lotis[30]. Il voit aussi arriver un flot de réfugiés des Etats voisins qui fuient les combats et viennent gonfler la population de la ville[31]. Cette marée humaine qui vit dans le dénuement le plus complet ne souffre pas la comparaison avec celle de Washington où il se rend durant la guerre. Elle subit de plein fouet l'inflation galopante des produits de première nécessité[32]. Les famines sont récurrentes et des émeutes éclatent non seulement à Richmond, mais aussi à Petersburg ou Raleigh[33]. A ses yeux, les maux qu'affrontent les civils ne font que trahir le désespoir de la lutte des Confédérés.

C'est pourquoi, à de rares exceptions près, les dépêches du consul ne font qu'exposer, dans une longue litanie, les faiblesses des Etats confédérés[34]. Deux semaines après le déclenchement de la guerre, Paul met l'accent sur l'infériorité manifeste des rebelles[35]. A la veille de Bull Run 1, se fondant sur les déséquilibres démographique et économique entre les deux sections en lutte, il ne doute pas, à long terme, de l'échec de la sédition « contre une force qui tend à devenir colossale »[36]. On peut rapprocher l'analyse de Paul dans ces premiers mois de la guerre de celle de Mercier et, sans surprise, on obtient une conclusion symétriquement inverse. Ce dernier juge que le Nord

---

[29] Paul à Thouvenel ; Richmond, le 5 juin 1862. A.M.A.E., CPC EU, vol. 12 f. 100-v. *Id.* ; Richmond, le 28 avril 1861. A.M.A.E., CPC EU, vol. 9 f. 175v. *Id.* ; Richmond, le 2 novembre 1861. A.M.A.E., CPC EU, vol. 9 ff. 254v.-255.

[30] Paul à Drouyn de Lhuys ; Richmond, le 12 avril 1863. A.M.A.E., CCC Richmond, vol. 5 ff. 261-263. Lorsque Napoléon III rencontre pour la première fois Slidell, ce dernier est forcé d'en convenir. Les soldats qui défendent la cause de la Confédération sont en effet mal nourris et mal vêtus et, de plus, irrégulièrement payés. Le commentaire de l'Empereur aux propos de Slidell prête à sourire. Il se dit surpris que les Sudistes manquent de café. Mémo. de Slidell in Slidell à Benjamin ; Paris, le 25 juillet 1862. ORN, ser. II, vol. 3, pp. 479-487.

[31] Entre 1860 et 1862, la population est multipliée par trois. Beaucoup de réfugiés s'entassent dans des chambres de quatre à six personnes. NOIRSAIN Serge, *La Confédération sudiste (1861-1865), Mythes et réalités*, Paris, Economica, 2006, 302 p. ; p. 36, pp. 202-204.

[32] Durant l'hiver 1861-1862 l'inflation atteint 400 %. Paul à Thouvenel ; Richmond, le 30 avril 1862. A.M.A.E., CPC EU, vol. 12 f. 75.

[33] *Id.* ; Richmond, le 15 mars 1863. A.M.A.E., CCC Richmond, vol. 5 ff. 252v.-255v. Le 1er avril 1863 une émeute du pain éclate au sein de la capitale confédérée. *Id.* ; Richmond, le 23 juin 1864. A.M.A.E., CPC EU, vol. 19 f. 216. Souchard à Drouyn de Lhuys ; Boston, le 14 avril 1863. A.M.A.E., CPC EU, vol. 15 f. 107.

[34] Afin d'éviter les répétitions nous avons dû opérer une sélection et ne retenir que les passages les plus évocateurs.

[35] Paul à Thouvenel ; Richmond, le 28 avril 1861. A.M.A.E., CPC EU, vol. 9 f. 175v. En janvier 1861 Sherman avait annoncé aux Sudistes : « Votre échec est fatal. » DARIDAN Jean, *Abraham Lincoln*, Paris, Julliard, 1983, 383 p. ; p. 141.

[36] *Id.* ; Richmond, le 19 juillet 1861. A.M.A.E., CPC EU, vol. 9 f. 203v.

ne pourra longtemps soutenir « les efforts extraordinaires qu'il fait en ce moment ». C'est pourquoi il doit se presser d'obtenir un résultat[37].

Au printemps 1862, la nouvelle de la prise de La Nouvelle-Orléans est qualifiée par Paul de « coup terrible et fatal pour la Confédération du Sud » car il entrevoit que ses Etats se trouveront bientôt privés du point d'arrivée d'indispensables approvisionnements[38]. Alors que la bataille des Sept Jours (26 juin au 1er juillet 1862) permet de desserrer l'étau autour de Richmond, Paul n'est pas davantage ébranlé. Il maintient que l'écart entre les deux camps finira par décider du sort des armes. Il écrit à Thouvenel : « On ne doit pas perdre de vue Monsieur le Ministre que les ressources du Nord pour faire la guerre sont immenses et que celles du Sud sont à peu près nulles. » Il est convaincu que la capitale du Sud sera probablement assiégée de nouveau[39]. Tandis que Lee vient d'infliger, en décembre, une lourde défaite à ses ennemis devant Fredericksburg, Paul ne perd cependant pas de vue le théâtre général des opérations et persiste à écrire que sans un arrêt des hostilités, ou un soutien extérieur, « les armées du Nord finiront par envahir complètement les Etats confédérés »[40].

La marche de Grant sur Richmond, entre mai et juillet 1864, se solde par une succession de revers pour le commandant des forces de l'Union battu par Lee en mai (à la Wilderness et Spotsylvania) et en juin (à Cold Harbor et Petersburg). La conclusion qu'on pourrait logiquement en tirer serait qu'il s'agit d'une aventure désastreuse. Pourtant Paul, avec une certaine hauteur de vue, constate que le résultat de la campagne est indiscutablement en faveur des Bleus. Les villes de Richmond et Petersburg sont désormais menacées, par des armées solidement retranchées qui ne peuvent plus reculer[41]. D'autre part, il observe que la tactique de Grant, qui privilégie l'attaque massive et de front pour épuiser l'adversaire, se révèle extrêmement coûteuse pour les forces adverses. Contrairement à l'autre camp, Grant, qui enregistre pourtant plus de pertes, renouvelle ses effectifs sans effort[42]. Pour le consul c'est bien la chute d'Atlanta, en septembre, qui

---

[37] Mercier à Thouvenel ; Washington, le 22 octobre 1861. A.M.A.E., CP EU, vol. 125 f. 152.

[38] Paul à Thouvenel ; Richmond, le 30 avril 1862. A.M.A.E., CPC EU, vol. 12 ff. 74v.-75. Cette prise décisive pour le Nord est confirmée par le consul sur place : « En perdant La Nouvelle-Orléans la Confédération du Sud a perdu son principal port, sa seule grande ville, son grand centre commercial et financier. Supposer un instant qu'on pourra le reprendre ce serait oublier par quelles fautes et par quels moyens elle a été conquise. » Méjan à Thouvenel ; La Nouvelle-Orléans, le 2 mai 1862. A.M.A.E., CPC EU, vol. 11 f. 229-v. Mercier doit lui aussi en convenir. Mercier à Thouvenel ; Washington, le 12 mai 1862. A.M.A.E., LJ EU, 1862, p. 129.

[39] *Id.* ; Richmond, le 7 juillet 1862. A.M.A.E., CPC EU, vol. 12 ff. 122-124.

[40] Paul à Drouyn de Lhuys ; Richmond, le 4 janvier 1863. A.M.A.E., CPC EU, vol. 15 ff. 4v.-6v.

[41] *Id.* ; Richmond, le 10 juin 1864. A.M.A.E., CPC EU, vol. 19 f. 207.

[42] *Id.* ; Richmond, le 23 juin 1864. A.M.A.E., CPC EU, vol. 19 f. 216.

précipite la fin de la Confédération[43]. Dans ces conditions, quatre mois avant la reddition de Lee, il annonce la fin du conflit qui ensanglante l'Amérique depuis près de quatre ans. Il y trouve la confirmation de ce qu'il n'a eu de cesse de prophétiser depuis le début de la guerre : « J'ai constamment écrit de manière à faire pressentir que le Nord arriverait à ses fins si aucune intervention étrangère ne venait mettre un terme à cette guerre ou faire pencher la balance en faveur des Etats du Sud [...]. »[44]

Les prévisions de Paul sont-elles partagées par d'autres consuls ? En dehors de Souchard à Boston, peu se montrent aussi catégoriques. Mais la certitude de Souchard d'un triomphe du Nord naît autant d'un examen rigoureux du rapport de force que d'un souhait personnel (il est profondément hostile aux Etats esclavagistes). Les réalités sont ses désirs. Cette conviction est tout autant exprimée dans la foulée d'une offensive prometteuse pour les Fédéraux, comme la campagne qui débute au printemps 1862[45], qu'à la suite d'une défaite du Nord comme Bull Run 1[46] ou Fredericksburg[47]. A partir de l'été 1863 les autres consuls leur emboîtent le pas. Par exemple Borg à New York, en novembre 1863, écrit, après le revers nordiste de Chickamauga, que la cause fédérale devra de toute façon ses avantages militaires tant à la fortune de ses armes qu'à ses ressources innombrables[48].

---

[43] *Id.* ; Richmond, le 6 septembre 1864. A.M.A.E., CPC EU, vol. 19 f. 231-v.

[44] *Id.* ; Richmond, le 28 janvier 1865. A.M.A.E., CPC EU, vol. 23 f. 130v. On peut comparer cette prescience à celle de Geoffroy, le chargé d'affaires de la légation, qui écrit en décembre 1864, alors que Lincoln a pourtant été réélu et qu'il dispose d'une solide majorité au Congrès, que, contraint et forcé, le Nord devra négocier avec le Sud. Geoffroy à Drouyn de Lhuys ; Washington, le 5 décembre 1864. A.M.A.E., CP EU, vol. 132 f. 235. On peut aussi la confronter au sentiment qui prédomine en Angleterre d'une guerre qui ne risque pas d'aboutir. La Tour d'Auvergne à Drouyn de Lhuys ; Londres, le 6 février 1865. A.M.A.E.,CP A, vol. 732 f. 70.

[45] Souchard à Thouvenel ; Boston, le 18 mars 1862. A.M.A.E., CPC EU, vol. 12 f. 172.

[46] *Id.* ; Boston, le 23 juillet 1861. A.M.A.E., CPC EU, vol. 9 f. 313.

[47] Souchard à Drouyn de Lhuys ; Boston, le 14 avril 1863. A.M.A.E., CPC EU, vol. 15 f. 107v.

[48] Borg à Drouyn de Lhuys ; New York, le 23 novembre 1863. A.M.A.E., CPC EU, vol. 13 f. 149v.

B. Vu de Paris

A Paris, outre les rapports de ces consuls, le cabinet des Tuileries subit un lobbying actif de la part des sympathisants de l'Union qui insistent avec constance sur l'invincibilité de leur champion[49]. Le premier à reprendre cette antienne est le général Watson Webb, un ami de l'Empereur. Dans son mémorandum de l'été 1861 il affirme que le Sud succombera faute de posséder les moyens du Nord et qu'il ne pourra résister longtemps, pris en étau entre le blocus et les territoires de l'Ouest où les Nordistes ne manqueront pas de s'assurer le contrôle du Mississipi. Watson Webb ne cache pas la connaissance qu'a Napoléon III de la situation, parfaitement renseigné qu'il est sur tous ces sujets[50]. Dayton, le représentant de Washington, lors de ses entretiens avec Thouvenel puis Drouyn de Lhuys, n'hésite pas à rappeler, aux deux ministres des Affaires étrangères les propos du secrétaire d'Etat Seward concernant la supériorité incontestable des forces du Nord et le succès prévisible de ses armées, même si c'est au prix d'immenses sacrifices[51]. Il le répète aussi à l'Empereur et l'Impératrice lorsque l'occasion se présente[52].

Sans que le ministre des Affaires étrangères se prononce aussi nettement en faveur du Nord, certains de ses propos démontrent qu'il est tout à fait conscient du déséquilibre. En mai 1862, c'est bien l'inégalité des forces que Thouvenel invoque, auprès de Dayton, pour expliquer l'élan victorieux des troupes fédérales. Il ne fait pour lui aucun doute que le Nord dispose de ressources militaires et matérielles écrasantes, ainsi que d'un crédit auquel les Etats du Sud n'ont rien d'égal à opposer. A ne considérer que les efforts de toute espèce qu'il a déjà pu si facilement s'imposer depuis le commencement du conflit, il suppute qu'il est en mesure d'en faire de plus vigoureux encore[53]. Après l'été 1862, qui marque un rééquilibrage de la situation militaire entre les deux parties en lutte, Drouyn de Lhuys évoque lui aussi « l'inégalité du nombre et des moyens financiers », pondérée par

---

[49] De Leon, le propagandiste du Sud, déplore que cette idée soit très répandue. DE LEON E., *La vérité sur les Etats confédérés d'Amérique*, Paris, E. Dentu, 1862, 32 p. ; pp. 14-15.

[50] Mémo. du g[al] Webb ; le 2 août 1861. A.M.A.E., ADP EU, vol. 30 ff. 50-56.

[51] Seward à Dayton ; Washington, le 26 mars 1862. A.M.A.E., ADP EU, vol. 30 f. 133. Drouyn de Lhuys à Dayton ; Compiègne, le 23 novembre 1862. A.M.A.E., LJ EU, 1862, p. 147.

[52] En 1864, un soir de bal, Dayton dit à Eugénie : « Madame, le Nord sortira vainqueur. C'est inévitable. » DELAMARE George, *L'Empire oublié. L'aventure mexicaine, 1861-1867*, Paris, Hachette, 1935, 252 p. ; p. 75.

[53] Thouvenel à Mercier ; Paris, le 21 mai 1862. A.M.A.E., LJ EU, 1862, p. 128. *Archives diplomatiques,* 1863. Paris, Amyot, t.1, pp. 275-277.

l'ardeur que met le Sud à résister et tend à imprimer à la guerre un caractère « d'indomptable acharnement »[54].

Aucun organe de presse n'envisage une défaite du Nord. Au pire, l'héroïsme qui décuple les énergies compensant l'écart des ressources, les journalistes écrivent que la situation finira par un *statu quo*. Du côté légitimiste on dissimule difficilement sa satisfaction de voir un combat sans vainqueur ni vaincu qui affaiblit la république américaine[55]. La presse conservatrice est obligée de reconnaître que les Etats du Nord ont à leur disposition des moyens incomparablement supérieurs à ceux de leurs ennemis. En dépit de ses exploits, s'il ne reçoit aucun renfort, le Sud est appelé à succomber[56]. Plus généralement - le blâme sonne comme un aveu - elle dénonce « la guerre d'extermination » que Lincoln entend mener. En 1863 la situation des Polonais persécutés par le voisin russe offre un point de comparaison opportun[57].

C'est durant l'année 1862 que la presse libérale met en avant la suprématie des Nordistes. Il est vrai que, jusqu'à l'hiver 1861/1862, la rivalité ressemble plutôt à « une guerre d'escarmouches et de partisans »[58]. La prépondérance numérique n'apparaît pas au début puisque l'armée régulière des Etats-Unis représente environ 16 000 hommes qui se sont scindés en deux camps et les affrontements s'apparentent à des combats de milices. Cependant, avec le début de l'offensive du printemps 1862, il devient évident pour les auteurs que la mobilisation des ressources du Nord fera la différence[59]. A la suite du retournement de l'été 1862, si ces observateurs s'étonnent de l'endurance des Confédérés, ils rappellent que le Nord n'a pas mis en branle tout son arsenal (par exemple, contrairement au Sud, il n'a pas encore décrété la conscription)[60]. A l'été 1863, l'échec de Lee à Gettysburg leur confirme que le Sud a joué sa dernière carte car il ne dispose plus de ressources pour se lancer dans une entreprise aussi

[54] Drouyn de Lhuys à Dayton ; Compiègne, le 23 novembre 1862. A.M.A.E., LJ EU, 1862, p. 147.

[55] *Le Monde*, les 9 et 10 juin 1862. Coquille. *Le Monde*, le 15 novembre 1862. Chantrel. BLACKBURN George M., *French Newspaper opinion on the American Civil War*, Contributions in American History n° 171, Greenwood Press, Westport Connecticut, London, 1997, 158 p. ; p. 58.

[56] *Le Pays*, le 19 avril 1862. Lomon. BLACKBURN G. M., *id.*

[57] *La Patrie*, 1863. La date exacte n'est pas fournie par Philippe Roger. ROGER Philippe, *L'Ennemi américain. Généalogie de l'antiaméricanisme français*, Paris, Le Seuil, 2002, 602 p. ; p. 125. Sur cette image du Nord vu comme un envahisseur brutal, voir le chapitre 3 de la première partie.

[58] *Le Journal des Débats*, le 31 juillet 1861. Auguste Léo.

[59] *Le Journal des Débats*, le 24 avril 1862. F. Camus. *Le Temps*, le 25 avril 1862. A. Hébrard.

[60] *Le Phare de la Loire*, le 14 novembre 1862. Victor Mangin. GAVRONSKY Serge, *The French liberal opposition and the American Civil War*, New York, Humanities Press, 1968, 304 p. ; p. 153.

ambitieuse[61]. La prise de Richmond est pour eux sans surprise[62] car « les ressources du Nord étaient bien plus supérieures et presque inépuisables »[63].

Ainsi, pour beaucoup de contemporains, en triomphant de son adversaire le Nord ne fait qu'accomplir son destin. Il écrit une histoire tracée d'avance, une histoire que rien ne peut contrarier à partir du moment où le Sud ne reçoit pas l'appui des puissances européennes.

C. Les éléments de la puissance du Nord

La disproportion entre le nombre d'habitants du Nord et celui du Sud est l'élément liminaire d'évaluation. Pour chiffrer précisément ces populations les diplomates peuvent s'appuyer sur les bordereaux du recensement de 1860 qui ont été publiés : sur les 31 443 321 habitants que comptent les Etats-Unis, les Etats libres représentent 19 127 948 habitants, soit 18 901 917 Blancs, 225 967 Noirs libres et 64 esclaves, tandis qu'on dénombre 12 315 373 habitants dans les Etats à esclaves, dont 8 099 674 Blancs et 3 953 696 esclaves. Les 4 Etats esclavagistes (*border states*) restés fidèles à l'Union inventorient 2 650 212 Blancs et 432 586 esclaves. De ce fait la Confédération, avec ses 11 Etats, ne rassemble que 5 449 462 Blancs (soit 20 % de la population blanche de l'Union) et 3 521 110 esclaves contre 21 778 160 Blancs dans le camp des Fédéraux[64]. Le rapport est donc de 1 à 4 en faveur des Nordistes[65]. A titre de comparaison, pour l'époque, c'est à peu près cet ordre de grandeur qui sépare les populations française et mexicaine[66]. Un écart en constante augmentation car l'émigration européenne profite presque exclusivement au Nord[67]. S'ajoute à cet avantage une répartition urbaine de la population du Nord « plus riche, plus active, plus industrieuse, douée d'une plus grande force d'expansion »[68] quand celle

---

[61] GUIRAL Pierre, *Prévost-Paradol (1829-1870). Pensée et action d'un libéral sous le Second Empire*, Paris, Presses Universitaires de France, 1955, 844 p. ; p. 377.

[62] *Le Journal des Débats*, le 16 avril 1865. F. Camus.

[63] *Le Temps*, le 16 avril 1865. A. Nefftzer.

[64] LONG E. B., LONG Barbara, *The Civil War day by day*, New York, Da Capo Press, 1971, 1135 p. ; pp. 700-703.

[65] Cinq à six millions d'individus révoltés contre une vingtaine de millions c'est l'écart qui est retenu par Thouvenel qui rectifie les chiffres de Slidell. Slidell à Thouvenel ; Paris, le 21 juillet 1862. A.M.A.E., ADP EU, vol. 32 f. 49.

[66] Compte tenu de la faiblesse du Mexique il est probable que le Sud a pu pâtir de la comparaison.

[67] Rapport de Montholon d'après une communication du 22 octobre ; note pour le ministre sur les conséquences que pourrait avoir l'intervention de la France dans le conflit anglo-américain. Washington, 1861. A.M.A.E., ADP EU, vol. 30 f. 83v. New York compte 805 651 habitants. A l'inverse, La Nouvelle-Orléans, qui est la première ville du Sud, ne recense que 168 675 habitants. E. B. LONG *et al.*, *op. cit.*, p. 703.

[68] Rapport de Montholon, *op. cit.*, f. 85.

du Sud demeure rurale. En réalité, cette inégalité ne pèsera qu'à partir du moment où Nord et Sud s'installeront dans une guerre longue, lorsque, par effet d'usure, les ressources supplémentaires du Nord joueront un rôle décisif. En 1861, comme aucune armée n'est véritablement constituée, le Sud a en vérité toute ses chances s'il l'emporte rapidement.

Beaucoup de diplomates font remarquer que l'économie du Nord domine l'Union. Dans les territoires de l'Ouest la valeur des produits manufacturiers représente un peu plus de 13 % de la valeur de la production manufacturière totale contre 70 % pour le Nord et seulement 16 % pour le Sud[69]. D'autre part, comme il est dépourvu d'industries, le Sud est dépendant du Nord qui lui vend pour 150 millions de dollars de produits manufacturés et se charge de fabriquer et d'exporter les filés du coton qu'il récolte[70].

Sur le plan financier les statistiques procurées au Quai d'Orsay relèvent une même subordination. Ce sont les banques du Nord qui font fructifier l'argent des Etats esclavagistes[71]. Il est alors possible aux Nordistes d'assécher les avances à Dixie, ce qu'ils ne se privent pas de faire dès les premiers jours du conflit[72]. Et puis, les Fédéraux ont accès à une ressource supplémentaire : ils peuvent s'appuyer sur l'or venu de Californie pour solder leurs achats en Europe et multiplier par quatre leurs dépenses militaires[73]. Pendant ce temps le Sud accuse une dette de près d'un million, sans un dollar dans ses coffres[74].

Dans le domaine commercial les observateurs de l'époque notent que l'équilibre se rétablit. Grâce au coton, le Sud fournit les 6/10e des exportations totales du pays en valeur[75]. Toutefois, sa dépendance à l'égard du Nord pour l'acheminement de ses exportations relativise cette prééminence[76].

---

[69] Cor. de Maury ; Richmond, le 15 mars 1862. A.M.A.E., ADP EU, vol. 30 ff. 114-117v.

[70] Analyse d'un ouvrage de statistiques transmis par Mercier. A.M.A.E., ADP EU, vol. 30 ff. 2-13. En dehors d'une grosse fonderie en Virginie, la Tredegar, l'industrie lourde de la Confédération est très limitée.

[71] *Id.*, ff. 2-13.

[72] Paul à Thouvenel ; Richmond, le 19 avril 1861. A.M.A.E., CPC EU, vol. 9 ff. 171v.-172.

[73] Elles passent de 80 millions de dollars annuels à 300 millions. Nuyen (consul gérant) à Thouvenel ; New York, le 11 juin 1861. A.M.A.E., CPC EU, vol. 8 f. 32.

[74] Montholon à Drouyn de Lhuys ; New York, le 4 janvier 1863. A.M.A.E., CPC EU, vol. 13 ff. 7v.-8.

[75] Cor. de Maury ; Richmond, le 15 mars 1862. A.M.A.E., ADP EU, vol. 30 ff. 114-117v. Le coton rapporte 80 % du montant des exportations. Analyse..., *op. cit.* A.M.A.E, ADP EU, vol. 30 ff. 2-13.

[76] Le Sud pèse seulement 1/10e du tonnage de toute l'Union. Rapport de Montholon, *op. cit.*, f. 82-v.

La force de l'économie du Nord lui vient aussi de son réseau ferré très développé. Tandis que l'étendue du réseau français (16 465 km en 1870)[77] le rapproche de celui des Etats rebelles, celui des Etats septentrionaux représente plus du double sur une surface deux fois moins étendue que celle de son adversaire, avec des voies de bien meilleure qualité[78]. En plus de cet atout le Nord peut compter sur un système complet de navigation intérieure libre de toute pression militaire comme y est soumis le Mississippi[79].

Pour la plupart des observateurs la seule chance du Sud réside dans sa tradition militaire[80]. La guerre se prolongeant et la résistance des Confédérés déjouant tous les pronostics, les victoires successives du Sud renforcent le sentiment que le nombre peut être tenu en échec lorsqu'il se heurte à la prédisposition guerrière et à la compétence. C'est ce qu'avance Slidell, en octobre 1862, lors de sa rencontre avec Napoléon III. Le souverain se déclare impressionné par les généraux confédérés et exprime son admiration pour la campagne que Lee a menée dans le Maryland[81]. Néanmoins, à force de trop se focaliser sur certains noms et croire que par leur seule aptitude ils parviendront toujours à déjouer les projets des forces nordistes, la disparition des meilleurs de ses hommes n'en apparaît que plus grave pour la Confédération. En mai 1863, la mort de Jackson est qualifiée par Paul de « perte irremplaçable pour le Sud »[82] et la défaite de Gettysburg est attribuée en partie à son absence[83]. D'autre part, la lecture des rapports des consuls conduit à ne pas se laisser abuser par les victoires de Lee ou de ses

---

[77] BRUYERE-OSTELLS Walter, *Napoléon III et le Second Empire*, Paris, Vuibert, 2004, 331 p. ; pp. 75-81.

[78] Rapport de Montholon, *op. cit.*, f. 83v. En fait le rapport recense le réseau ferré des Etats esclavagistes en incluant les 4 Etats restés fidèles à l'Union. Le kilométrage de voies ferrées est donc non de deux fois, mais de deux fois et demie plus important au Nord qu'au Sud. LONG E. B. *et al.*, *op. cit.*, p. 723. Les lignes du Sud sont souvent interrompues à cause de la non standardisation de l'écartement des rails. En 1857 il faut ainsi 42 heures de voyage pour parcourir les 435 km qui séparent Charleston de Memphis. NOIRSAIN S., *op. cit.*, pp. 101-102.

[79] Sartiges à Thouvenel ; La Haye, le 28 décembre 1861. A.M.A.E., ADP EU, vol. 30 f. 75v.

[80] Prévost-Paradol juge que c'est la faiblesse du commandement yankee qui retarde la défaite du Sud. *Le Journal des Débats*, le 14 novembre 1862.

[81] Mémo. de Slidell in Slidell à Benjamin ; Paris, le 28 octobre 1862. *ORN*, ser. II, vol. 3, pp. 572-579. L'Empereur fait référence à l'offensive que mène Lee en septembre 1862 lorsqu'il franchit le Potomac. Il omet de parler de son échec sur l'Antietam qui marque un brusque coup d'arrêt à sa stupéfiante avancée. Voir aussi Paris, le 21 juin 1863. *ORN*, ser. II, vol. 3, pp. 812-814. Robert Lee est probablement le meilleur officier de la guerre. Pour combattre ses adversaires, il s'inspire de la stratégie napoléonienne. C'est pourquoi, sans minimiser ses talents, on ne peut le créditer de la moindre originalité. KEEGAN John, *La guerre de Sécession*, Paris, Perrin, 2011, 507 p. ; pp. 438-439.

[82] Paul à Drouyn de Lhuys ; Richmond, le 15 mai 1863. A.M.A.E., CPC EU, vol. 15 f. 53. Le 18 juin 1863 Napoléon III dit à Slidell qu'il regrette la mort de Jackson. Mémo. de Slidell, *id.*

[83] Paul à Drouyn de Lhuys ; Richmond, le 24 août 1863. A.M.A.E., CPC EU, vol. 15 f. 64-v.

semblables, qui font certes merveille, mais n'excellent que sur une partie du théâtre des opérations. L'hypothèse d'une faiblesse des qualités militaires du Nord doit être nuancée au regard des combats qui se livrent dans l'ouest qui entament, progressivement, le territoire de la Confédération[84]. Ils consacrent la réputation de savoir-faire de certains généraux du Nord comme Sherman et Grant[85].

L'autre atout du Sud c'est sa conviction forte de lutter pour son existence. Au peu d'enthousiasme à se battre du côté du Nord, on oppose le souffle plein d'ardeur qui soulève les masses du Sud[86]. Cette foi profondément ancrée dans le bien-fondé du combat pourrait combler la disproportion entre les deux camps[87]. Slidell, l'émissaire du Sud, sachant que c'est un point qui peut émouvoir l'Empereur, évoque cette mobilisation totale, l'abnégation des hommes et des femmes tout comme la dévotion de l'élite. Il n'a aucune inquiétude quant au résultat final du conflit car les Sudistes sont unis et prêts à tous les sacrifices pour défendre leur cause[88]. Napoléon en convient[89].

Néanmoins, si le Sud est résolu à se défendre, le Nord peut s'appuyer sur la supériorité de son armement[90], une suprématie que Slidell admet devant l'Empereur[91]. Face à la marine fédérale, celle du Sud est quasi inexistante ; les chantiers navals du pays se trouvent au Nord. De plus, même si les ports confédérés sont fortifiés, ce bouclier est insuffisant pour contrer la puissance navale de son adversaire[92]. Ce qui frappe aussi les contemporains c'est la puissance de feu que déploie le Nord. L'usage des canonnières fluviales,

[84] Auguste Laugel écrit : « La marche progressive des Fédéraux est semblable à une inondation : souvent les eaux arrêtées par un obstacle usent en vain leur effort mais jamais elles ne remontent la pente et ne reviennent en arrière. » La *Revue des Deux Mondes*, 1863 (9/10). Auguste Laugel, « La guerre civile aux Etats-Unis (1861-1863). Le gouvernement fédéral, les armées et les partis », pp. 872-897 ; p. 875.

[85] Paul à Thouvenel ; Richmond, le 14 août 1862. A.M.A.E.,CPC EU, vol. 12 ff. 125-126.

[86] Mercier à Thouvenel ; Washington, le 25 février 1861. A.M.A.E., CP EU, vol. 124 f. 79. Méjan à Thouvenel ; La Nouvelle-Orléans, le 29 avril 1861. A.M.A.E., CPC EU, vol. 9 f. 61-v. Paul à Thouvenel ; Richmond, le 28 avril 1861. A.M.A.E., CPC EU, vol. 9 f. 175v. En fait ce sentiment d'unanimité des populations du Sud fut sûrement exagéré. SELLERS Charles Grier, jr, *The Southerner as American*, Chapel Hill, University of North California press, 1960, 216 p. ; p. 70.

[87] Mercier à Thouvenel ; Washington, le 26 avril 1861. A.M.A.E., CP EU, vol. 124 f. 171. *Id.* ; Washington, le 12 mai 1861. A.M.A.E., CP EU, vol. 124 f. 211. Paul à Drouyn de Lhuys ; Richmond, le 4 janvier 1863. A.M.A.E., CPC EU, vol. 15 ff. 4v.-6v.

[88] Mémo. de Slidell in Slidell à Benjamin ; Paris, le 25 juillet 1862. *ORN*, ser. II, vol. 3, pp. 479-487. *Id.* ; Paris, le 28 octobre 1862. *ORN*, ser. II, vol. 3, pp. 572-579.

[89] *Id.* ; Paris, le 21 juin 1863. *ORN*, ser. II, vol. 3, pp. 812-814.

[90] Le secrétaire d'Etat Seward le rappelle à Mercier aux premières heures de la lutte. Mercier à Thouvenel ; Washington, le 23 mai 1861. A.M.A.E., CP EU ; vol. 124 ff. 229-230.

[91] Mémo. de Slidell in Slidell à Benjamin ; Paris, le 25 juillet 1862. *ORN*, ser. II, vol. 3, pp. 479-487.

[92] Montholon à Thouvenel ; New York, le 11 février 1862. A.M.A.E., CPC EU, vol. 10 f. 16.

armées de treize canons, impressionne les diplomates[93]. Le paroxysme semble atteint, à l'été 1863, lorsque les Nordistes s'approchent de Charleston et mènent un bombardement systématique de la ville avec des projectiles contenant du pétrole. Le consul est contraint de se réfugier à bord d'un navire qui mouille au large de la Caroline du Sud[94].

Et puis, à défaut de disposer des meilleurs hommes, le Nord apprend à s'organiser lorsqu'il constitue un comité pour la conduite des opérations. Le temps d'un hiver il corrige ses insuffisances pour mieux exploiter ses potentialités[95]. Il développe une stratégie offensive en rassemblant sur un point donné des forces supérieures en nombre et en matériel, s'appuyant sur le chemin de fer pour transporter ses soldats rapidement et massivement[96]. Le gouvernement impérial, prenant conscience que les Fédéraux mènent une guerre étonnamment moderne, délègue des observateurs[97].

Décision révélatrice du déséquilibre, quand le Nord attend mars 1863 pour établir le service militaire obligatoire, c'est en avril 1862 que le gouvernement Davis fait voter une loi de conscription, la première du genre sur le continent nord américain[98]. Lorsque l'Union n'enrôle que la moitié de sa population en âge de combattre, la Confédération fait appel aux 4/5e[99]. Pour les diplomates, il est de plus en plus manifeste que, les hostilités se prolongeant, le Sud va manquer de soldats car chacun des morts confédérés entame un peu plus encore le capital humain déjà fragilisé ; un souci qu'exprime l'Empereur à Slidell en établissant la comparaison avec Solferino et Magenta[100]. Comme à l'inverse les défaites n'affectent en rien sa

---

93 Paul à Thouvenel ; Richmond, le 10 février 1862. A.M.A.E., CPC EU, vol. 12 f. 9-v. Paul fait allusion à la chute de Fort Henry, le 6 février, qui relève pourtant d'une stratégie classique.

94 Saint-André à Drouyn de Lhuys ; à bord du *Catinat*, le 7 avril 1863. A.M.A.E., CPC EU, vol. 14 f. 32.

95 Mercier à Thouvenel ; Washington, le 31 mars 1862. A.M.A.E., CP EU, vol. 126 f. 308.

96 Paul à Thouvenel ; Richmond, le 10 février 1862. A.M.A.E., CPC EU, vol. 12 f. 9-v.

97 Drouyn de Lhuys à La Tour d'Auvergne ; Paris, le 14 juillet 1864. A.M.A.E., CP A, vol. 730 f. 317. Rapport du capitaine Pigeard. Aperçu du mouvement maritime aux Etats-Unis depuis le commencement de la guerre ; Paris, 1864. A.M.A.E., MD EU, vol. 25 f. 223. Pendant 8 mois le lieutenant-colonel de Chanal étudie l'organisation de l'armée de l'Union. LA MARDIERE Gérard de, *La guerre de Sécession (1861-1865) vue par les Français*, thèse de l'Université Paris IV, 1985, 301 p. ; pp. 17-18, pp. 24-25.

98 Elle concerne les hommes âgés de 18 à 35 ans. C'est ce renfort de nouveaux contingents qui va permettre au général Lee de remporter la bataille des Sept Jours (25 juin-1er juillet 1862). THOMAS Emory M., *The Confederate nation (1861-1865)*, New York, Harper & Row, 1979, 384 p. ; p. 152.

99 TULLOCH Hugh, *The debate on the American Civil War*, Manchester and New York, Manchester University Press, 1999, 255 p. ; p. 157.

100 Mémo. de Slidell in Slidell à Benjamin ; Paris, le 28 octobre 1862. *ORN*, ser. II, vol. 3, pp. 572-579.

capacité à recruter et à aligner toujours plus d'hommes[101], le temps joue en faveur du Nord[102]. Ceci finit par relativiser ses échecs.

Le bilan de toutes ces observations permet de conforter, sur le plan militaire, une conviction déjà bien ancrée lorsque le Quai considère le poids démographique ou les données économiques, à savoir que matériellement le Sud ne peut vaincre le Nord. Le seul espoir du Sud est de compter sur le découragement de son adversaire à poursuivre la lutte en l'obligeant à un effort tellement prolongé qu'il en deviendrait excessivement coûteux. Comme l'ont bien compris les diplomates, à moins d'une surprise, ce n'est pas sur les champs de bataille que se trouve la clé de la guerre mais bien dans la résolution du Nord.

II. QU'EST CE QUI POURRAIT SAUVER LE SUD ?

A. Une intervention en faveur du Sud ?

Pour les observateurs, plus la guerre s'étire, plus il se confirme que, pour renverser le cours de l'histoire, le Sud escompte le soutien d'une puissance européenne[103]. Le meilleur stratège de la guerre, Robert Lee, général talentueux des armées confédérées en est également convaincu[104]. En France, la presse « d'opposition » le formule à plusieurs reprises[105].

Comme son habituelle lucidité peut le laisser supposer, le consul à Richmond partage cette opinion et l'exprime dès les premières semaines de la querelle pour, ensuite, ne jamais cesser de l'affirmer : les Etats révoltés sont incapables d'accomplir, à eux seuls et sans secours, leur révolution ; l'issue de la lutte dépend de l'implication ou non de la France ou de la Grande-Bretagne[106]. A partir de 1863, il est rejoint par d'autres collègues[107].

---

[101] Ex : à la suite des Sept Jours. Paul à Thouvenel ; Richmond, le 7 juillet 1862. A.M.A.E., CPC EU, vol. 12 ff. 122-124. Souchard à Thouvenel ; Boston, le 19 août 1862. A.M.A.E., CPC EU, vol. 12 ff. 208-209. Ex : à Fredericksburg, le 13 décembre 1862, Paul compare les 114 000 hommes de Burnside aux 72 000 hommes de Lee. Paul à Drouyn de Lhuys ; Richmond, le 19 décembre 1862. A.M.A.E., CPC EU, vol. 12 ff. 136v.-137.

[102] Paul à Thouvenel ; Richmond, le 14 août 1862. A.M.A.E., CPC EU, vol. 12 ff. 125-126.

[103] D'après certains historiens cet espoir est même formulé dès le début de la guerre. Ex : CALLAGHAN James Morton, *The diplomatic History of the Southern Confederacy*, Baltimore, The Johns Hopkins Press, 1901, 304 p.

[104] TULLOCH H., *op. cit.*, p. 154.

[105] *Le Journal des Débats*, le 29 avril 1862. Prévost-Paradol. *Le Journal des Débats*, le 18 février 1863. L. Alloury.

[106] Paul à Thouvenel ; Richmond, le 9 janvier 1861. A.M.A.E., CPC EU, vol. 9 f. 145-v. Paul à Drouyn de Lhuys ; Richmond, le 15 janvier 1864. A.M.A.E., CPC EU, vol. 19 f. 172-v. *Id.* ; Richmond, le 28 janvier 1865. A.M.A.E., CPC EU, vol. 23 f. 130v.

Le gouvernement fédéral le martèle, la reconnaissance du droit de belligérance ou les rumeurs de reconnaissance nourrissent les espoirs des rebelles quant à une intervention de l'Europe dans la guerre et ainsi la prolonger[108]. En réalité, il semble bien que les Sudistes se méprennent car cette immixtion n'est concevable qu'au plan diplomatique. Un appui armé au Sud n'a jamais été examiné par la France ; on le constate dans l'application stricte de la neutralité sur l'armement. La seule menace d'intervention militaire, que Napoléon III aurait laissé planer, ne concerne d'ailleurs pas une assistance aux forces confédérées mais l'envoi de navires pour forcer le blocus. Et encore, on l'a vu, suite aux pressions du Quai cette option est vite remisée car on se rend compte, à l'évidence, de son inutilité.

En revanche, comme le laisse entendre le consul à Richmond après la première proposition française de médiation, seule une action diplomatique qui interromprait les combats pourrait sauver le Sud[109]. Mais, en janvier 1863, après l'échec de l'initiative française et le retournement de la guerre favorable au Nord, Paul considère que la probabilité d'une telle ingérence des puissances européennes s'amenuise : « Le Nord dégagé de la seule crainte sérieuse qui le préoccupait au début de la guerre, l'intervention, se dispose à conquérir et subjuguer le Sud lentement, peut-être, mais d'une manière sûre. »[110]

Les diplomates comprennent, progressivement, que derrière le besoin d'une reconnaissance du gouvernement de Richmond se dissimule un calcul : glisser d'une intervention diplomatique vers une intervention militaire car cet acte serait vécu comme un *casus belli* par le Nord. En même temps, ce renfort faussement sollicité démontre aux diplomates que le Sud conditionne sa réussite à un concours extérieur. Aussi déterminé soit-il dans ses buts, il n'en laisse pas moins paraître son infériorité aux yeux des puissances puisqu'il ne peut puiser dans ses propres forces non pour vaincre le Nord, ce qui est hors de portée, mais pour résister à ses assauts. D'autre part, cet impérieux besoin que l'une des deux nations, ou les deux ensemble, se compromettent à son profit laisse supposer, comme il le démontre lors de l'affaire du *Trent*, qu'il est prêt à tout pour les entraîner dans la guerre. Ainsi cherche-t-il doublement à les abuser, d'abord en laissant croire que la révolution qu'il mène a quelque chance de succès et, d'autre part, que ses démarches sont sans arrière-pensée. Ceci explique que le Quai maintienne fermement sa politique de neutralité.

---

[107] Borg à Drouyn de Lhuys ; New York, le 15 décembre 1863. A.M.A.E., CPC EU, vol. 13 ff. 172-176.

[108] Seward à Dayton ; Washington, le 15 avril 1862. A.M.A.E., ADP EU, vol. 30 f. 175-v. Dépêche anonyme ; Londres, le 2 août 1862. A.M.A.E., CP A, vol. 722 f. 30v.

[109] Paul à Drouyn de Lhuys ; Richmond, le 4 janvier 1863. A.M.A.E., CPC EU, vol. 15 f. 6v.

[110] *Id.* ; Richmond, le 15 janvier 1864. A.M.A.E., CPC EU, vol. 19 f. 173-v.

B. La détermination du Nord

Le gouvernement français est fixé quant à la détermination du Sud face au Nord mais l'inverse est-il vrai ? Pour défendre des principes, plus que des intérêts, le Nord est-il prêt à aller jusqu'au bout d'une guerre qui risque d'être coûteuse ? Le Sud peut perdre toutes les batailles, il doit seulement convaincre le Nord que le prix de la victoire sera trop élevé[111].

Au commencement des événements il est probable que les diplomates aient pu être influencés par l'opinion dominante aux Etats-Unis qui a du mal à croire que les Sudistes feront sécession si Lincoln est élu. La menace a trop souvent été brandie par le passé pour être prise au sérieux[112]. Cependant, avec le déclenchement de la crise, les agents parient sur la passivité du nouveau locataire de la Maison Blanche. Comment pourrait-il en être autrement tant une telle évolution semble, pour beaucoup, une chose naturelle et inévitable. D'autre part, Lincoln n'inspire que peu de respect pour sa personne tant l'homme ne semble pas être à la hauteur des événements[113] ? En son temps, Tocqueville, prenant l'exemple de Jackson une personnalité pourtant moins falote, n'estimait-il pas que le pouvoir fédéral se coucherait immanquablement devant les sommations des Etats ?[114] Il est possible que l'Empereur lui-même partage cette opinion, ne pouvant imaginer que le Nord ne finisse par s'incliner devant la décision du Sud[115]. Seul Alfred Paul fait entendre une voix discordante. Dès le 22 décembre

---

[111] COMMAGER Henry Steele, « The defeat of the Confederacy, an overview », *op. cit.*, p. 15.

[112] Lincoln lui-même ne s'attend pas à une bien redoutable tentative de briser l'Union. Il le déclare au *New York Herald*, le 18 octobre 1860 ; il pense que les habitants du Sud ont trop de bon sens pour chercher à causer la ruine du gouvernement. McPHERSON J., *op. cit.*, pp. 252-253.

[113] Mercier écrit : « On a de Monsieur Lincoln une assez pauvre opinion. » Mercier à Thouvenel ; Washington, le 18 février 1861. A.M.A.E., CP EU, vol. 124 f. 63.

[114] « Si la souveraineté de l'Union entrait aujourd'hui en lutte avec celle des Etats, on peut aisément prévoir qu'elle succomberait ; je doute même que le combat s'engageât jamais d'une manière sérieuse. Toutes les fois qu'on opposera une résistance opiniâtre au gouvernement fédéral, on le verra céder. » TOCQUEVILLE Alexis de, *De la démocratie en Amérique*, Paris, Garnier Flammarion, 1981, t. 1, 569 p. ; p. 486, pp. 515-516. Le jugement de Tocqueville sur Jackson est éloigné de la réalité car il n'a jamais envisagé de conférer plus de droits aux Etats qu'au pouvoir central.

[115] Seward à Dayton ; Washington, le 15 avril 1862. A.M.A.E., ADP EU, vol. 30 f. 172. Seward rappelle à Dayton que Napoléon III lui a confié que le droit de belligérance a été conféré parce que l'opinion était généralement répandue chez les hommes d'Etat de l'Europe que le gouvernement fédéral ne pourrait maintenir l'autorité de l'Union américaine.

1860 il prévient Thouvenel que la sécession ne pourra être effective sans une guerre civile[116].

A Paris, les sympathisants de la cause confédérée essaient de persuader le ministre des Affaires étrangères que Lincoln ne réagira pas. Ils s'appuient sur le discours inaugural du nouveau président, le 4 mars, où il rappelle son attachement à l'Union et réaffirme son refus d'abolir l'esclavage dans les Etats du Sud, une position qui augure peut-être une issue pacifique à la crise. Celle-ci, comme les autres qui l'ont précédée, peut encore se terminer par un compromis honorable. C'est aussi ce que laisse entendre Faulkner, le ministre des Etats-Unis à Paris, avant d'être rappelé par son gouvernement pour ses préférences en faveur de la Confédération. Il certifie à Thouvenel que la coercition ne sera point employée contre les Etats entrés en rébellion car la majorité des Américains est favorable au respect du *self government* et de la souveraineté des Etats. Le ministre américain considère que des modifications constitutionnelles résoudront la crise et engageront les Etats séparés à rentrer pacifiquement dans l'Union. Thouvenel lui dit qu'employer la force contre eux ne fera qu'amener une prompte dissolution de la fédération en engageant les Etats du Sud, restés fidèles à l'Union, à faire cause commune avec ceux qui ont déjà pris une résolution définitive. Le secrétaire d'Etat Seward est obligé d'apporter un démenti[117]. Lors de sa rencontre du 6 juin 1861 avec Mercier, le ministre de la France aux Etats-Unis, Seward confirme la détermination de son gouvernement à écraser les rebelles et se refuse à envisager une dissolution de l'Union[118].

En plus des mots, les actes démontrent que l'équipe au pouvoir ne verra pas l'Union disparaître sans réagir. Concomitamment à l'agression de Fort Sumter, la nouvelle de la décision de Lincoln de résister parvient à Paris. Le 15 avril 1861, le nouveau locataire de la Maison Blanche se donne comme objectif de mater en trois mois la rébellion et appelle 75 000 miliciens sous les drapeaux, ce qui, pour l'époque et l'armée américaine, est considérable. Jour hautement symbolique, le Congrès est convoqué en session extraordinaire pour le 4 juillet[119]. Le 19, Lincoln décide de bloquer les côtes du Sud. Paul voit se vérifier ce qu'il pressentait depuis le début : on entre bien dans une guerre civile avec toutes les incertitudes qu'elle peut

---

[116] Paul à Thouvenel ; Richmond, le 22 décembre 1860. A.M.A.E., CPC EU, vol. 7 f. 330v. Paul écrit : « Il n'est pas admissible que la scission s'accomplisse en évitant une guerre civile. »

[117] Le document versé aux Affaires Diverses et Politiques, daté du mois d'août 1861, reprend le détail de la conversation entre Faulkner et Thouvenel quatre mois plus tôt. Dayton à Thouvenel ; Paris, le 13 août 1861. A.M.A.E., ADP EU, vol. 30 ff. 63-69v. Seward à Dayton ; Washington, le 6 juillet 1861. *Arch. dip.*, 1861, t. 3, p. 129.

[118] Mercier à Thouvenel ; Washington, le 10 juin 1861. A.M.A.E, CP EU, vol. 124 ff. 301→.

[119] VINCENT Bernard, *Lincoln, l'homme qui sauva les Etats-Unis*, Paris, L'Archipel, 2009, 426 p. ; p. 246.

comporter : « Les illusions sur la prétendue faiblesse de Washington commencent à tomber. »[120]

A la veille de la première bataille de Bull Run Lincoln demande au Congrès l'autorisation de recruter 400 000 volontaires pour trois ans[121]. Pour le gouvernement impérial, Bull Run marque un tournant. Il comprend que Lincoln ne sera pas un nouveau Buchanan[122]. Deux jours après la défaite de son armée, le chef de l'exécutif annonce qu'il faut poursuivre les efforts pour rendre le blocus efficace et renforcer les troupes de l'Union en Virginie afin de les préparer à une invasion. Le mémorandum signé de la main du général Watson Webb indique que le gouvernement fédéral est pleinement résolu à terminer cette guerre civile durant l'hiver suivant. Webb écrit qu'il est prêt à employer, s'il le faut, un million d'hommes[123]. Le consul à New York, confirme lui aussi ce regain de détermination[124].

L'hiver passé, les victoires nordistes, qui interviennent dans la première moitié de 1862, et la marche sur Richmond dévoilent les intentions radicales qui animent le gouvernement fédéral. L'ambassadeur de France à Londres est consterné par cette position absolue, sans accommodement possible, qui confère à la guerre une apparence de guerre totale où l'objectif est moins de gagner que d'écraser l'ennemi[125]. Le revers de l'été 1862 n'entame aucunement le moral des défenseurs de l'Union et c'est peut-être ce qui impressionne le plus les agents. Au contraire, à chaque mauvaise nouvelle, il répond par une plus forte mobilisation encore. Rien ne semble devoir ébranler la confiance qui le pousse à conduire la lutte et l'assurance de venir à bout de la sécession[126].

Le ministre des Affaires étrangères ne soupçonne plus le cabinet Lincoln d'impuissance. Thouvenel admet que l'énergie déployée par le Nord « témoigne de la confiance persistante du gouvernement fédéral dans un retour prochain de la fortune »[127]. Au début de l'année 1863, Drouyn de Lhuys attribue l'échec de sa proposition de médiation à la ténacité du gouvernement fédéral[128]. Celui-ci vient pourtant d'enregistrer un revers

[120] Paul à Thouvenel ; Richmond, le 28 avril 1861. A.M.A.E., CPC EU, vol. 9 f. 175.

[121] *Id.* ; Richmond, le 19 juillet 1861. A.M.A.E., CPC EU, vol. 9 f. 201v.

[122] L'ancien président Buchanan (1857-1861) avait précisé que, malgré sa volonté de maintenir l'Union, il ne prendrait aucune sanction si une sécession intervenait.

[123] Mémo. du g[al] Webb ; le 2 août 1861. A.M.A.E., ADP EU, vol. 30 ff. 55-56.

[124] Montholon à Thouvenel ; New York, le 27 août 1861. A.M.A.E., CPC EU, vol. 8 f. 59.

[125] Flahaut à Thouvenel ; Londres, le 4 mars 1862. A.M.A.E., CP A, vol. 721 ff. 60v.-61.

[126] Mercier à Thouvenel ; Washington, le 1er juillet 1862. A.M.A.E., CP EU, vol. 128 f. 5. Souchard à Thouvenel ; Boston, le 19 août 1862. A.M.A.E., CPC EU, vol. 12 ff. 208-209.

[127] Thouvenel à Flahaut ; Paris, le 27 septembre 1862. A.M.A.E., CP A, vol. 722 f. 115.

[128] Drouyn de Lhuys à Mercier ; Paris, le 23 janvier 1863. *Arch. dip.*, 1863, t. 4, pp. 276-277.

cuisant à Fredericksburg mais la poursuite de la lutte n'a pas entamé sa confiance dans le succès définitif de ses efforts[129].

Contrairement aux diplomates, la presse n'attend pas la première bataille rangée pour se convaincre de l'opiniâtreté du nouveau président et de son cabinet. Loin de voir de l'indécision dans le discours inaugural de Lincoln, les journaux conservateurs jugent que les mots employés sonnent comme une sentence de mort. Il ne reconnaîtra pas le fait accompli[130]. Leurs contradicteurs pensent aussi que la guerre est probable[131]. La proclamation de Lincoln de mobiliser 75 000 hommes, après la reddition de Fort Sumter, ne fait que confirmer ce pressentiment[132]. Cependant, quant la presse libérale salue cette obstination[133], sa concurrente conservatrice insiste sur l'inanité d'une action armée qui voudrait ramener dans la fédération « 10 à 12 millions d'individus »[134].

Pour autant, le gouvernement fédéral a-t-il l'appui de son opinion publique ? Exclus du vote pour le Congrès, ou pour la désignation du président, les Etats en rébellion misent sur un désaveu du cabinet Lincoln par le corps électoral. Pour les diplomates c'est là que se trouve la seule chance du Sud de réussir sa révolution. En juillet 1862, Mercier, extrapolant sur l'attitude du gouvernement nordiste bientôt confronté au suffrage de ses concitoyens, écrit : « Si le vent changeait, il changerait avec lui, je n'en doute pas un instant. »[135]

Ces élections au Congrès, qui interviennent en novembre 1862, sont l'occasion pour Thouvenel d'exprimer ses doutes à Dayton, le ministre des Etats-Unis en France, lorsqu'il évoque le soutien du peuple du Nord à son gouvernement. Pour trancher cette question, le responsable de la diplomatie française préconise d'évaluer cet appui au regard de cette consultation[136]. Cependant, les élections du *mid-term*, même si elles reflètent une forte poussée des démocrates, ne se soldent pas pour autant par un échec des

---

[129] Seward à Dayton ; Washington, le 4 février 1863. A.M.A.E., ADP EU, vol. 31 f. 17v.

[130] *La Presse*, le 26 mars 1861. Gaillardet. *Le Constitutionnel*, les 4 et 26 mars 1861. BLACKBURN G. M., *op. cit.*, pp. 33-34.

[131] *Le Journal des Débats*, le 20 mars 1861. J. J. Weiss.

[132] *Le Journal des Débats*, les 27 avril et 1er mai 1861. L. Alloury et Auguste Léo. *Le Temps*, les 1er et 4 mai 1861. E. Charpentier et de A. Nefftzer.

[133] *Le Journal des Débats*, le 20 juillet 1861. J. J. Weiss. *Le Journal des Débats*, le 31 juillet 1861. Auguste Léo.

[134] *Le Constitutionnel*, le 7 juillet 1861. A. Grandguillot. WEST W. Reed, *Contemporary French opinion on the American Civil War*, Baltimore, Johns Hopkins University Press, 159 p. ; p. 21. Le nombre d'habitants des Etats du Sud donné par *Le Constitutionnel* est très exagéré. En réalité, esclaves compris, les Etats sécessionnistes ne représentent qu'environ neuf millions d'individus.

[135] Mercier à Thouvenel ; Washington, le 19 juillet 1862. A.M.A.E., PT, vol. 13 f. 472.

[136] Thouvenel à Mercier ; Paris, le 2 octobre 1862. THOUVENEL L., *op. cit.*, t. 2, pp. 414-415.

républicains qui conservent la majorité. Toutefois, si Lincoln et son administration, sans avoir à faire face à un Congrès hostile, conservent tous les leviers de commande, à Paris, au regard des résultats, l'impression est bien qu'il existe une lassitude de la guerre. C'est pourquoi, au ministère, à partir de ce moment, on redouble d'attention pour surprendre un quelconque revirement de l'opinion dans les Etats restés fidèles à l'Union[137].

Cette hypothèse semble prendre corps durant l'année 1864. Alfred Paul fait état des dissensions qui traversent l'opinion publique du Nord après la série de défaites qu'il a déplorées en mai, à la Wilderness et Spotsylvania[138], et en juin, à Cold Harbor[139]. Début juillet, alors que Lincoln vient d'être désigné candidat du parti républicain à la convention de Baltimore, le consul à Richmond pense que des « aspirations vers un état de choses nouveau qui permette un commencement d'entente se feront peut-être jour avec une impétuosité salutaire au pays ». Il évoque l'hypothèse d'un succès des démocrates aux prochaines élections du Congrès si le Sud arrive à tenir jusqu'en novembre[140]. Après le raid du général confédéré Early, dans la vallée de Shenandoah, qui lui permet d'atteindre les portes de Washington le 11 juillet 1864[141], de Geoffroy, le premier secrétaire de la légation qui remplace Mercier, se montre plus affirmatif que Paul en estimant que le bilan de ces derniers mois profitera aux démocrates pacifistes[142].

En France, la presse conservatrice, focalisée sur les revers des Nordistes, doute aussi de la réélection de Lincoln qu'elle pressent être une future

---

137 Drouyn de Lhuys demande à ses consuls de le tenir informé des variations de l'opinion dans le Nord. Drouyn de Lhuys à Souchard ; Paris, mars 1863. A.M.A.E., CPC EU, vol. 15 f. 103. Montholon à Drouyn de Lhuys ; New York, le 16 juin 1863. A.M.A.E., CPC EU, vol. 13 ff. 52v.-56. Le 11 juillet 1863, des New Yorkais se livrent à des pillages systématiques contre des bureaux de conscription ou des bâtiments fédéraux, des maisons d'abolitionnistes ou de membres du parti républicain. Le ministère de la Guerre est obligé de rappeler en catastrophe des régiments de Pennsylvanie qui font un bain de sang pour mater la révolte. McPHERSON J., *op. cit.*, pp. 666-667.

138 Ces deux victoires de Lee sur Grant se déroulent en Virginie entre le 5 et le 12 mai 1864. A cette occasion, l'armée du Potomac perd 32 000 hommes, morts, blessés ou portés disparus. Ce total excède celui des pertes de toute l'armée de l'Union pendant n'importe quelle semaine déjà écoulée du conflit. McPHERSON J., *ibidem*, p. 804.

139 Nouvelle victoire de Lee sur Grant. En une seule journée 7 000 Nordistes trouvent la mort contre moins de 1 500 de leurs ennemis. Grant regrettera amèrement cette attaque. McPHERSON J., *ibid.*, pp. 807-810.

140 Paul à Drouyn de Lhuys ; Richmond, le 5 juillet 1864. A.M.A.E., CPC EU, vol. 19 ff. 217-221v.

141 En réalité Washington est très bien fortifié et Early a bien compris que son assaut pourrait être très meurtrier. Il lui aurait fallu plus de 15 000 hommes pour s'en emparer. Et puis, Grant réagit très rapidement en dépêchant le 6e corps d'armée pour défendre la capitale.

142 De Geoffroy à Drouyn de Lhuys ; Washington, le 22 août 1864. A.M.A.E., CP EU, vol. 132 f. 16.

victime du parti de la paix[143]. Cependant, les journaux adverses se montrent plus prudents, ne s'arrêtant pas au triomphe en trompe l'œil du Sud mais considérant le théâtre d'opération dans sa globalité. Ils rappellent qu'en dépit de ses déconvenues, le raid de Sherman en Georgie et la prise d'Atlanta en septembre ont brusquement changé la donne pour le cabinet Lincoln. La Confédération est à bout de souffle[144].

Dans la course à la Maison Blanche qui oppose Abraham Lincoln à son challenger démocrate, George McClellan, Napoléon III, qui prend un vif intérêt pour cette lutte électorale, fait ouvertement savoir que son choix se porte sur le second. Cette prédilection est rapportée par le secrétaire de la légation des Etats-Unis à Paris dont les dires sont repris par la presse new-yorkaise. Selon celle-ci, si McClellan l'emporte, Napoléon III s'engagera sur la voie de la reconnaissance. Le consul à New York se charge de transmettre à Drouyn de Lhuys le journal qui restitue ces propos[145].

En réalité il semble bien que l'Empereur, et la plupart des observateurs, se méprennent. Si McClellan est le plus puissant symbole de l'opposition à la politique de guerre à outrance menée par Lincoln, il n'en est pas moins attaché à l'Union. Simplement, il ne dissimule pas qu'il désire rétablir ce cadre institutionnel par des moyens pacifiques plutôt qu'en ayant recours aux armes. A Paris on croit pourtant que cette clémence laisse une porte ouverte à un abaissement du lien fédéral. Mais Paul met en garde ceux qui en France voient en McClellan l'absolu contraire de Lincoln. Il rappelle qu'il ne faut pas se tromper sur les intentions des deux partis en lice pour la course à la présidence. Après les sacrifices de la guerre, l'unionisme est revendiqué par la plupart des programmes électoraux. Après la chute d'Atlanta, la victoire du Nord est à portée ; il n'est plus possible de négocier avec le Sud. Ces faits d'armes auront tôt fait de raffermir les tièdes et de fortifier Lincoln[146]. La défaite complète de McClellan clôt le chapitre d'une défaite du Nord venue des urnes.

Si le gouvernement français estime que la défaite de Lincoln pourrait changer quelque chose, la presse se montre plus dubitative. Elle a conscience

---

[143] *Le Monde*, le 21 mai 1864. Taconet. *Le Pays*, le 1er septembre 1864. Lomon. BLACKBURN G. M., *op. cit.*, p. 116.

[144] *Le Temps*, le 9 octobre 1864. Edouard Hervé. Cette campagne dure de mai à septembre 1864. Elle fait 22 822 morts chez les Nordistes et 18 952 Sudistes blessés, 17 335 morts ou capturés. McKAY John E., « Atlanta Campain » in *Encyclopedia of the American Civil War,* Santa Barbara, Californie ; Denver, Colorado ; Oxford, England, vol. 1, 543 p. , pp. 128-146.

[145] Extrait d'un journal de New York annexé à la dépêche politique de Boilleau à Drouyn de Lhuys ; New York, le 12 octobre 1864. A.M.A.E., CPC EU, vol. 18 f. 33. Boilleau a remplacé Montholon qui vient d'être nommé ministre plénipotentiaire à Mexico. Pennington est le secrétaire à la légation des Etats-Unis qui dévoile les propos de l'Empereur.

[146] Paul à Drouyn de Lhuys ; Richmond, le 6 septembre 1864. A.M.A.E., CPC EU, vol. 19 f. 231-v.

que sur le fond - le rétablissement de l'Union - les deux compétiteurs partagent la même opinion et ne s'opposent que par la démarche, la force ou la négociation, et sur la question de l'émancipation[147]. La réélection de Lincoln ne surprend pas les observateurs, d'autant que, comme le rappellent les journaux conservateurs, les citoyens du Sud sont exclus du vote[148]. Reste à interpréter cette victoire. Pour ces derniers organes elle signifie la guerre à outrance et le passage de la démocratie à la tyrannie. A l'inverse, pour les républicains ou les libéraux, le Nord sort renforcé de ce vote[149]. Ce mandat renouvelé va permettre d'achever la guerre, de rétablir l'Union et d'en extirper pour de bon l'esclavage[150]

Revenons sur la prise de position de Napoléon III. Elle révèle que fin 1864 il n'a toujours pas abandonné le dessein d'intervenir dans le conflit fratricide. Il n'envisage pas le rétablissement de l'Union et, comme en 1862, lors de la première proposition de médiation, il mise sur une déroute électorale des républicains. Si le gouvernement fédéral est privé de moyens politiques, il croit encore possible une ouverture en direction du Sud. Cette fois il tient ses propos devant un diplomate du Nord avec l'espoir qu'ils seront rendus publics, une attente inévitablement comblée. En prenant parti pour McClellan, il entend que son choix fasse pencher la balance en faveur du camp qui lui semble le plus à même d'accepter une paix négociée entre les deux belligérants pour entériner la séparation.

Il est possible de tirer deux leçons de cette ultime tentative du monarque pour entrer dans le jeu diplomatique de la guerre civile américaine. Elle démontre, d'une part, qu'il préjuge beaucoup de son influence outre-Atlantique pour penser que sa voix puisse être non seulement entendue, mais écoutée par les électeurs du Nord. D'autre part, il minore les résultats enregistrés par les troupes fédérales qui témoignent du resserrement du front autour des derniers bastions confédérés et poussent les votants à plébisciter Lincoln. Sur ces deux points il n'est pas exagéré d'écrire que l'Empereur manque singulièrement de lucidité.

---

[147] *La Patrie*, le 10 octobre 1864. Gullaud. BLACKBURN G. M., *op. cit.*, p. 116. *Le Journal des Débats*, le 14 septembre 1864. F. Camus. *Le Temps*, le 10 octobre 1864. Ulysse Cadet.
[148] *Le Constitutionnel*, le 21 novembre 1864. WEST W. R., *op. cit.*, p. 144. *La Patrie*, le 24 novembre 1864. CASE Lynn M., SPENCER Warren F., *The United States and France. Civil War Diplomacy*, Philadelphia, University of Pennsylvania Press, 1970, 747 p. ; p. 557.
[149] *Le Journal des Débats*, le 27 novembre 1864. Prévost-Paradol. La *Revue des Deux Mondes*, 1864 (11/12). Auguste Laugel, « Les Etats-Unis pendant la guerre. L'élection présidentielle de 1864 », pp. 777-801 ; pp. 800-801.
[150] *Le Temps*, le 22 novembre 1864. Ulysse Cadet.

C. Une reconstruction impossible

C'est un argument que font valoir les sympathisants sudistes : la guerre que fait le Nord au Sud est inutile car la reconstruction de l'Union sera de toute façon impossible. Après la guerre le Nord devra constamment maintenir des troupes dans les onze Etats anciennement sécessionnistes car ceux-ci chercheront inlassablement à s'affranchir du cadre fédéral[151].

C'est aussi l'avis des diplomates ; l'après-guerre engendrera de nouvelles tribulations pour le Nord : un autre conflit succèdera à la guerre civile car les Etats sécessionnistes n'accepteront jamais de réintégrer l'Union. Parmi les dépêches, les prévisions qui augurent de ce sinistre avenir sont nombreuses. Trois jours avant la chute de Fort Sumter, le consul à La Nouvelle-Orléans envisage le scénario où le gouvernement fédéral déciderait de résister. Il indique que, même si le Sud était soumis, la scission serait quand même définitive. A défaut de l'être dans les faits elle l'est déjà dans les esprits[152]. Dix mois plus tard, c'est celui en poste à New York qui explique l'inutilité de cette guerre en invoquant le même argument ; prétendre ramener les Etats rebelles dans l'Union n'est qu'une illusion[153]. En 1864 celui de Saint Louis, dans le Missouri, Etat pourtant resté fidèle à l'Union, remarque combien le sentiment fédéral est peu enraciné dans ce territoire[154].

En Europe, dès 1862, ambassadeurs et ministres plénipotentiaires redoutent, de même, les prolongements de la victoire du Nord. Flahaut, l'ambassadeur de France au Royaume-Uni, écrit à Thouvenel qu'au cas où le Nord l'emporterait il ne pourrait maintenir l'Union que par la force[155]. Sain de Boislecomte, ancien ministre à Washington, considère que la victoire du Nord ne peut être assurée que par l'entière « subalternisation » du Sud[156]. La même année le titulaire du poste, Henri Mercier, livre à Thouvenel les impressions de quelques personnalités politiques influentes qui reconnaissent

---

[151] MERCIER Alfred, *Du Panlatinisme. Nécessité d'une alliance entre la France et la Confédération du Sud*, Paris, Librairie Centrale, 1863, 31 p. ; p. 11. BELLET Paul du, *Lettre au Corps législatif*, Paris, Tinterlin et Cie, 1864, 24 p. ; p. 4.

[152] Méjan à Thouvenel ; La Nouvelle-Orléans, le 11 avril 1861. A.M.A.E., CPC EU, vol. 9 f. 54v.

[153] Montholon à Thouvenel ; New York, le 11 février 1862. A.M.A.E., CPC EU, vol. 10 f. 18v.

[154] Levasseur à Drouyn de Lhuys ; Saint-Louis, le 15 septembre 1864. A.M.A.E., CPC EU, vol. 19 f. 9.

[155] Flahaut à Thouvenel ; Londres, le 4 mars 1862. A.M.A.E., CP A, vol. 721 f. 61v. Trois ans plus tard, la nouvelle de la reddition de Lee à Appomatox parvenue en Europe, un autre représentant français au Royaume-Uni prévoit qu'à peine cette guerre terminée, une guérilla va prendre le relais tenant longtemps en échec les forces nordistes. La Tour d'Auvergne à Drouyn de Lhuys ; Londres, le 25 avril 1865. A.M.A.E., CP A, vol. 732 f. 267.

[156] BOISLECOMTE Charles Joseph Edmond Sain de, *De la crise américaine et de celle des nationalités en Europe*, Paris, E. Dentu, 1862, 155 p. ; pp. 57-58.

que le Nord, après sa victoire, se trouvera dans la nécessité de se rattacher le Sud par la force ou d'admettre le principe d'une séparation[157]. Tous ces commentaires convainquent le ministre des Affaires étrangères qu'après avoir vaincu son adversaire, le Nord devra réinventer l'Union s'il veut obtenir l'adhésion de tous les Etats. Il a peut-être déjà en tête son projet de « deux confédérations fédérées » lorsqu'il tient ces propos à Mercier en mai : « Il est impossible, au contraire, de ne pas entrevoir que le jour où, aux Etats-Unis, la guerre aura cessé par la conquête de tous les Etats qui prétendaient former une union distincte, le régime qui suivra cette conquête ne pourra plus être celui qui existait avant le conflit, celui sur lequel le reste de l'Union a continué à vivre. »[158]

Se projetant, elle aussi, dans l'avenir, la presse prend très tôt conscience des obstacles que le divorce a élevés entre les belligérants pour envisager un jour de restaurer la république *ante bellum*. En dépit de son triomphe, dans les Etats à coton « l'armée septentrionale » ne trouvera pas de parti sur lequel s'appuyer pour réorganiser les institutions fédérales[159]. Pour le gouvernement Lincoln la victoire sur les champs de bataille sera donc le commencement d'inextricables embarras[160]. Comment faire désormais siéger, dans le même Congrès, un Géorgien et un congressiste du Massachusetts ? En fonction de leur proximité avec le Nord les journaux évoquent, plus ou moins à mots couverts, un risque de despotisme, pour faire rentrer les Etats rebelles dans le rang[161], lorsque les vainqueurs prendront des garanties contre le retour des crises révolutionnaires[162]. Cette « lutte perpétuelle » prévisible permet aux plus conservateurs de plaider, de nouveau, pour la conclusion d'un compromis honorable sur la base de la séparation[163].

Pour certains observateurs, ce qui pourrait sauver le Sud est paradoxalement la victoire du Nord qui, tant qu'il n'est pas parvenu à soumettre son ennemi, tant qu'il s'arc-boute sur le principe du fédéralisme, ne réalise pas l'impossibilité de reconstruire l'Union. C'est seulement après avoir écrasé celui à qui il conteste les velléités d'indépendance que le Nord comprendra son aveuglement et découvrira que la scission est si profonde

157 *Arch. dip.*, 1863, t. 1, pp. 266-267.

158 Thouvenel à Mercier ; Paris, le 21 mai 1862. *Arch. dip.*, *op. cit.*, pp. 275-277. Pour ce projet du Quai se reporter au chapitre 2 de la première partie.

159 *Le Temps*, les 15 juin et 19 octobre 1861. E. Scherer.

160 *Le Journal des Débats*, le 27 juin 1861. F. Camus.

161 *Le Journal des Débats*, le 24 avril 1862. F. Camus.

162 La *Revue des Deux Mondes*, 1863 (9/10). Auguste Laugel, « La guerre civile aux Etats-Unis (1861-1863). Le gouvernement fédéral, les armées et les partis », pp. 872-897 ; pp. 895-897.

163 *Le Pays*, le 19 avril 1862. Lomon. *L'Echo de Vesone*, le 23 novembre 1862. Massoubre (Périgueux). BLACKBURN G. M., *op. cit.*, p. 58, p. 99. L'expression est de Massoubre.

que la guerre était finalement vaine. Le temps se chargera de donner raison au Sud pour former une confédération séparée qui s'imposera inéluctablement d'elle-même. Anticiper la reconnaissance de son gouvernement est donc inutile puisque le Nord devra tôt ou tard la lui accorder.

III. UNE GUERRE CONTRE LE NORD EST IMPENSABLE

A. Les menaces à peine voilées du gouvernement fédéral

Nous l'avons écrit plus haut, étant donné la détermination du Nord à écraser la sécession, la reconnaissance par la France du gouvernement formé en sortant de l'Union ne serait pas un acte diplomatique sans conséquence. Alors qu'elle espère que l'isolement diplomatique les ramènera à la raison, la reconnaissance de la Confédération serait vécue par l'administration Lincoln comme un encouragement aux onze Etats révoltés à poursuive la lutte. Elle conduirait inévitablement à une rupture des relations diplomatiques.

Dès le début de la crise, le secrétaire d'Etat, William Seward, n'hésite pas à brandir la menace d'un engagement contre les puissances européennes pour faire diversion et endiguer le processus sécessionniste. Dans son esprit, en s'appuyant sur les sentiments unionistes qui subsistent dans les Etats en révolte, l'Union se ressoudera autour de la défense de la nation[164]. Compte tenu de la volonté entêtée des Etats du Sud de former une association indépendante, il doit renoncer à une guerre fédératrice, mais n'abandonne pas l'idée d'une action dissuasive à l'endroit des puissances. Il affiche clairement la détermination de son gouvernement, pourtant aux prises avec une guerre civile, de ne pas redouter d'y ajouter un conflit extérieur. Il s'attache ensuite à faire sentir le risque et le coût de cette conflagration pour une puissance européenne[165]. Au début de l'été 1862, alors que le Nord vient d'enregistrer son premier grand revers en devant renoncer à s'emparer de Richmond, c'est ce langage de fermeté que tient Seward à Dayton, en

[164] Début février 1861, avant que l'acte de naissance de la Confédération ne soit officialisé, Mercier rapporte ce projet à Thouvenel. Mercier à Thouvenel ; Washington, le 1er février 1861. A.M.A.E., CP EU, vol. 124 ff. 39→. Voir aussi FERRIS Norman B., *Desperate diplomacy. William H. Seward's Foreign Policy, 1861,* Knoxville, University of Tennessee Press, 1976, 265 p. ; p. 11. MAHIN Dean B., *One War at a Time: The International Dimensions of the American Civil War*, Washington, Potomac Books, 1999, 343p. ; p. 7.

[165] HUBBARD C. M., *op. cit.*, p. 55. Cette résolution affichée tient-elle du bluff ? Glyndon Van Deusen fait remarquer que Seward n'aime pas la guerre. Il a visité les champs de bataille de Solférino et Waterloo. VAN DEUSEN Glyndon G., *William Henry Seward*, New York, Oxford University Press, 1967, 666 p. ; p. 231. En tout cas il ne montre aucune hésitation à y recourir pour faire plier le Sud.

espérant le voir s'entretenir dans les mêmes termes avec Thouvenel : « Si l'intervention se produit, sous quelque forme que ce soit, elle nous trouvera ayant pour nous le bon droit dans le différend et dans l'attitude forte de la légitime défense. »[166]

Le ministre de la France aux Etats-Unis, Henri Mercier, avertit régulièrement son gouvernement des susceptibilités américaines et de l'attitude antagoniste de Seward. Le 23 mai 1861, par exemple, il informe Thouvenel que le secrétaire d'Etat verrait d'un mauvais œil une intervention française[167]. Après l'été, les rumeurs d'une reconnaissance de la Confédération par la France ou l'Angleterre se répandent à Washington. Bien que, sur le fond, Mercier y soit favorable, il met en garde son gouvernement et recommande de ménager les autorités fédérales : « Je vous ai plusieurs fois répété qu'en vue de l'avenir nous devions éviter de froisser le Nord. »[168] Il le redit au printemps 1862, alors qu'il est encore moins question d'indisposer Washington puisque, de toute évidence, dans les prochaines semaines, leur élan irrésistible va porter les Nordistes jusqu'à Richmond : « Gardons-nous bien de nous brouiller avec eux ; sans oublier le présent, pensons à l'avenir. »[169]. Six jours plus tard il ajoute : « Il faut nous faire des amis de ces gens-là. D'autant plus qu'ils sont très disposés et que nous ne savons pas où leur humeur guerroyante peut les pousser. »[170] L'année suivante, Mercier évoque de nouveau les menaces du gouvernement fédéral sorti renforcé de l'été 1863[171]. Dans ses lettres à Flahaut, son ambassadeur au Royaume-Uni, Thouvenel mentionne ces nombreuses mises en garde de Mercier. Il ne doute pas, lui non plus, que la reconnaissance du Sud pourrait déboucher sur une guerre avec le Nord. Il envisage le renfort de Flahaut pour qu'il contribue à éviter que la France ne s'engage dans cette voie : « Votre aide me sera peut-être nécessaire pour nous épargner une aventure qui serait plus sérieuse que celle du Mexique. »[172]

---

[166] Seward à Dayton ; Washington, le 10 juillet 1862. A.M.A.E., ADP EU, vol. 30 ff. 207-208.

[167] Mercier à Thouvenel ; Washington, le 23 mai 1861. A.M.A.E., CP EU, vol. 124 ff. 225-230.

[168] *Id.* ; Québec, le 13 septembre 1861. A.M.A.E., PT, vol. 13 f. 404v. *Id.* ; Washington, le 22 octobre 1861. A.M.A.E., CP EU, vol. 125 f. 152.

[169] *Id.* ; Washington, le 6 mai 1862. A.M.A.E., PT, vol. 13 f. 449v.

[170] *Id.* ; Washington, le 12 mai 1862. A.M.A.E., PT, vol. 13 f. 453.

[171] Mercier à Drouyn de Lhuys ; Washington, le 6 octobre 1863. A.M.A.E., CP EU, vol. 130 f. 207.

[172] Thouvenel à Flahaut ; Paris, les 21 et 26 juillet 1862. THOUVENEL L., *op. cit.*, t. 2, pp. 339-340, pp. 351-355. Thouvenel écrit le 26 juillet : « [...] si je m'en rapporte à la lettre de M. Mercier écrite après les derniers événements il faudrait d'abord, avant d'en arriver là, que la France et l'Angleterre risquassent la guerre avec les Etats-Unis [...]. » Thouvenel croit utile d'envoyer la dépêche de Mercier à Napoléon III, qui tombe d'accord avec lui.

Le danger d'une guerre avec le Nord ne traverse pas seulement l'esprit des diplomates. Les organes libéraux évoquent, à maintes reprises, ce risque qui découlerait d'une reconnaissance de la Confédération. Ils conseillent à la France d'y « regarder à deux fois » car un tel acte porterait une grave atteinte à la neutralité[173]. Elle s'attaquerait à la souveraineté d'un Etat et blesserait le sentiment national de ses concitoyens. Ce serait vécu comme un *casus belli*[174]. Elle ajouterait un désastre supplémentaire à la crise. Quelles seraient les pertes et les souffrances de l'industrie du coton à coté des maux que pourraient amener une entreprise plus longue et plus difficile que l'expédition de Crimée[175] ? Il doit bien y avoir une raison pour que l'Angleterre, qui désire le démembrement des Etats-Unis, hésite à leur faire la guerre. Elle prend en considération la distance à parcourir et se souvient de ses luttes de jadis[176].

L'exemple des deux conflits perdus par les Britanniques, contre les Américains, est non seulement dissuasif mais instructif. La crainte d'un duel avec le Nord ne vient pas de la force qu'il pourrait déployer à l'encontre de la France, car il est considéré comme une puissance militaire secondaire, d'autant plus qu'il se trouve privé de ses meilleurs éléments. Les agents ne doutent pas qu'au cas où la France serait amenée à devoir affronter les bâtiments de l'Union, l'engagement tournerait à son avantage par la supériorité de sa marine de guerre[177]. C'est donc moins le rapport de force qui est redouté que les contraintes liées à une telle entreprise, la distance à parcourir pour acheminer des troupes jusque dans le continent nord-américain, la difficulté à investir un des ports fédéraux, déjà mise en évidence pour les Britanniques[178], tout autant que la dépense à assurer.

Surtout, l'opposition des ministres des Affaires étrangères se fonde sur la situation militaire présente. La France s'enlise au Mexique dans un conflit qui apparaît, de jour en jour, comme une expédition dont on a trop sous-

---

[173] *Le Journal des Débats*, le 19 octobre 1861. Auguste Léo. *Le Journal des Débats*, le 16 décembre 1861. L. Alloury.

[174] *Le Siècle*, le 27 août 1862. Bernard. WEST W. R., *op. cit.*, p. 84. *Le Journal des Débats*, le 22 juillet 1862. L. Alloury. *Le Temps*, le 15 novembre 1862. L. Legault.

[175] *Le Journal des Débats*, le 27 août 1862. Edouard Laboulaye. *Le Siècle*, le 27 août 1862. Bernard. WEST W. R., *op. cit.*, p. 84.

[176] *Le Journal des Débats*, le 14 novembre 1862. Prévost-Paradol.

[177] À la fin du Second Empire la France occupe la deuxième place pour la flotte cuirassée derrière la Grande-Bretagne et loin devant les autres nations. La France est sous dimensionnée par rapport à la Grande-Bretagne mais surdimensionnée pour livrer un combat à une marine secondaire. BATTESTI Michèle, *La marine de Napoléon III. Une politique navale*, Chambéry, Université de Savoie, Paris, Laboratoire d'histoire et d'archéologie maritime, Vincennes, Service historique de la Marine, 1997, t. 2, 717 p. ; p. 788-790.

[178] NEAN Hubert, « Le Canada et la guerre de Sécession, 1860-1865 » in *Revue d'histoire diplomatique*, Société d'histoire générale et diplomatique, 77e année, 1963 (10/12), Paris, A.Pedone, pp. 342-361 ; p. 353.

estimé les difficultés et les risques ; une décision prise à la légère qui relève plus d'une vision aventureuse que d'un calcul suffisamment pesé et soupesé[179]. En plus des défections espagnole et britannique, viennent s'ajouter les difficultés imprévues de la progression du corps expéditionnaire français. En juin 1862, *Le Moniteur* publie le rapport du général Lorencez qui dirige les troupes. Il évoque une campagne laborieuse et des complications devant la ville de Puebla[180]. La nouvelle de cet échec parvient à Paris le 2 juillet 1862.

C'est bien ce dernier point - ne pas troubler l'expédition mexicaine - qui est l'argument que le Quai oppose régulièrement à Napoléon III. Si l'Empereur souhaite la concrétisation de sa « grande pensée »[181], il doit s'interdire toute friction avec Washington qui est en mesure de recourir à des représailles pour faire échouer l'initiative impériale. En cas de légitimation du gouvernement confédéré les diplomates craignent, comme réplique, que les navires fédéraux ne contrarient l'acheminement des troupes vers le Mexique et que, d'autre part, ils n'apportent leur soutien à la cause juariste contre la nouvelle autorité mise en place par la France. Le compte-rendu remis par le consul général à New York au nom très évocateur - « note pour le ministre sur les conséquences que pourrait avoir l'intervention de la France dans le conflit anglo-américain » - met en avant le risque de voir les forces du Nord pratiquer la course[182].

C'est pourquoi, à peine le corps expéditionnaire français a-t-il débarqué à Vera Cruz que, dans une lettre à Flahaut, l'ambassadeur de France au Royaume-Uni, Thouvenel souhaite que l'on examine si la prise de possession de Matamoros au Mexique n'entraînerait pas de complications avec Washington[183]. Six mois plus tard, alors que les régiments s'embourbent devant Puebla, Thouvenel confie à Flahaut, son désir ardent de ménager Washington : « Plus j'examine la question, plus je pense aux embarras financiers et autres de l'expédition du Mexique, plus je regarde la précipitation que nous mettrions à entrer en conflit avec les Etats-Unis comme un acte inopportun et dangereux. »[184] Une position que partage

[179] L'expédition est très mal préparée. Son général en chef, le général Forey, ne possède même pas une carte du Mexique et c'est Napoléon qui la lui fournit !

[180] *Le Temps*, le 15 juin 1862. A. Nefftzer.

[181] C'est le mot resté fameux de Rouher lancé au Corps législatif, le 25 janvier 1864, pour parler de l'expédition du Mexique. Il est possible que cette déclaration n'ait pas été aussi tranchée et que Rouher se soit montré plus prudent, déclarant : « Le Mexique sera *peut-être* considéré comme la plus grande pensée du règne. » CARTERET Alain, *Napoléon III. Actes et paroles*, Paris, La Table Ronde, 2008, 221 p. ; p. 199.

[182] Rapport de Montholon, *op. cit.* ; Washington, 1861. A.M.A.E., ADP EU, vol. 30 ff. 81-82.

[183] Thouvenel à Flahaut ; Paris, le 23 janvier 1862. THOUVENEL L., *op. cit.*, t. 2, pp. 230-231.

[184] *Id.* ; Paris, le 21 juillet 1862. THOUVENEL L., *ibid.*, pp. 339-340.

entièrement le destinataire de la dépêche qui estime lui aussi que la France est suffisamment empêtrée avec son intervention au Mexique sans devoir se mettre à dos un adversaire supplémentaire[185].

A l'égal de son prédécesseur, Drouyn de Lhuys se montre prudent. Par le passé il a déjà fait preuve de défiance à l'égard des conflits coûteux, comme en Crimée[186]. Il semble qu'il n'ait pas jugé opportune l'expédition du Mexique dont il favorisera, d'ailleurs, le départ des troupes[187]. Il est, lui aussi, absolument opposé à une aventure guerrière contre le Nord. Nous en avons la confirmation par le courrier qu'il adresse à son homologue de la Marine, au printemps 1864, dans le contexte du mouillage du navire sudiste le *Georgia*, à Cherbourg. Faisant référence au vote récent du Sénat contre la reconnaissance de l'empire de Maximilien, Drouyn de Lhuys s'exprime clairement sur l'attitude à adopter à l'endroit de Washington :

> « Je n'ai pas besoin d'insister sur l'intérêt politique de premier ordre qu'il y a pour le gouvernement de l'Empereur, dans les circonstances actuelles, à ne pas surexciter cette tendance hostile des esprits de l'autre côté de l'Atlantique. Les embarras les plus graves pourraient en découler pour nous et conséquemment nous devons nous attacher à les prévenir autant que possible en ne donnant aucun grief fondé au gouvernement de Washington, aucun prétexte plausible à des récriminations plus violentes contre notre attitude et nos prétendues arrière-pensées. »[188]

Comme Thouvenel, Drouyn de Lhuys refuse de prendre le risque de complications avec le gouvernement fédéral dont il redoute le pouvoir de nuisance au détriment des troupes engagées au Mexique. Le 21 juin 1863, il dit à Slidell qu'il craint que Washington n'encourage le départ de corps de volontaires vers ce pays, une décision qui aggraverait un peu plus encore la situation. Devant cette incursion, il conjecture que l'Empereur se verrait contraint de déclarer la guerre au Nord pour le plus grand profit de l'Angleterre[189]. En juillet 1863, la situation militaire se retournant à la fois pour le Nord, après Gettysburg et Vicksburg, et pour l'armée impériale après la prise de Mexico, le maintien d'une mutuelle neutralité se justifie. Chacune

---

[185] Flahaut à Thouvenel ; Londres, le 23 juillet 1862. A.M.A.E., PT, vol. 8 ff. 371v.-372v.

[186] En mars 1855, au plus fort de la guerre de Crimée, il tente d'obtenir la conclusion d'un traité de paix. BAILLOU Jean, *Les Affaires étrangères et le corps diplomatique. De l'Ancien Régime au Second Empire*, Paris, Editions du CNRS, 1984, t. 1, 841 p. ; p. 773.

[187] PRADIER-FODERE, « M. Drouyn de Lhuys » in *Portraits diplomatiques*, Paris, Le Courrier diplomatique, les 20 et 21 septembre 1871, 23 p. ; p. 14, pp. 20-21. Ne concluons pas toutefois que Drouyn de Lhuys soit un pacifiste. Il a accepté que la France se lance dans la guerre de Crimée. Après Sadowa il souhaite une démonstration militaire contre la Prusse que Napoléon III refuse. HARCOURT Bernard d'(comte), *Les quatre ministères de Drouyn de Lhuys*, Paris, E. Plon et Cie, 1882, 366 p. ; pp. 336-337, p. 340. Mais il préfère réserver ces engagements militaires au domaine européen, là où la France pourra en tirer le plus de profits.

[188] Drouyn de Lhuys à Chasseloup-Laubat ; Paris, le 22 avril 1864. A.M.A.E., PR, vol. 8.

[189] Slidell à Benjamin ; Paris, le 21 juin 1863. *ORN*, ser. II, vol. 3, pp. 811-812.

des deux puissances y trouve son compte, la France en ouvrant la voie sans complication à son candidat au Mexique et Washington en obtenant une renonciation définitive à toute forme d'intervention en faveur du Sud. Le 9 novembre 1863 Drouyn de Lhuys fait comprendre à Slidell que la France ne prendra pas le risque d'un engagement militaire en Amérique du Nord et maintiendra sa neutralité[190].

Ainsi, intelligemment, pour détourner l'Empereur de son projet diplomatique en faveur du gouvernement confédéré, les deux ministres des Affaires étrangères ont-ils su rapprocher les politiques américaine et mexicaine. Apparemment le message est entendu. Tandis que John Slidell, le représentant de la Confédération en France, tente de lui démontrer qu'il ne faut pas appréhender les menaces des Fédéraux, car leur flotte ne fait pas le poids par rapport à la marine française, leurs ressources sont entièrement tournées vers la guerre et le port de New York manque de défenses, l'Empereur lui rétorque qu'une simple reconnaissance de la Confédération, alors qu'elle aurait peu d'avantages pour la France, l'entraînerait dans une guerre avec le gouvernement fédéral. Une telle rupture mettrait en péril les intérêts commerciaux de la France ainsi que son expédition au Mexique[191].

Il ne faut pas non plus perdre de vue le contexte européen qui justifie que toute l'attention du gouvernement impérial soit concentrée sur les difficultés que traverse le continent. Peu de temps avant de quitter le ministère des Affaires étrangères, dans une dernière dépêche à son ministre à Washington, Thouvenel recommande de nouveau de faire des choix. La France ne peut tout orchestrer en même temps : « Le Mexique, la question d'Amérique et, par-dessus le marché, les affaires de Rome c'est vraiment trop à la fois. »[192] Quelques jours plus tard l'Empereur fait comprendre à Slidell que toute son attention ne peut se concentrer sur le différend américain car il doit s'intéresser à la situation en Europe, spécialement aux événements qui se déroulent en Italie et en Grèce[193]. L'année suivante c'est toujours ce

---

190 *Id.* ; Paris, le 15 novembre 1863. *ORN*, ser. II, vol. 3, pp. 955-958.

191 Mémo. de Slidell in Slidell à Benjamin ; Paris, le 25 juillet 1862. *ORN*, ser. II, vol. 3, pp. 479-487. *Id.* ; Paris, le 20 octobre 1862. *ORN*, ser. II, vol. 3, pp. 560-561. *Id.* ; Paris, le 28 octobre 1862. *ORN*, ser. II, vol. 3, pp. 572-579. *Id.* ; Paris, le 21 juin 1863. *ORN*, ser. II, vol. 3, pp. 811-812. Certains auteurs soulignent que l'Empereur est, par nature, un homme de paix puisqu'il privilégie la réunion de congrès pour solutionner les difficultés diplomatiques et projette, un temps, de mettre en place une ligue contre la guerre (exemple : DARGENT Raphaël, *Napoléon III*, Paris, Granger, 2009, 382 p. ; pp. 323-324). Mais, selon nous, ce n'est pas ce « pacifisme » (rarement démontré tout de même) qui fait reculer Napoléon III mais une évaluation objective du risque d'un affrontement armé avec les Etats-Unis, et une hiérarchisation des priorités.

192 Thouvenel à Flahaut ; Paris, le 2 octobre 1862. THOUVENEL L., *op. cit.*, t. 2, p. 416.

193 Mémo. de Slidell in Slidell à Benjamin ; Paris, le 28 octobre 1862. *ORN*, ser. II, vol. 3, pp. 574-578. En Italie, la marche de Garibaldi sur Rome a été arrêtée fin août par les Piémontais. En Grèce, une révolution a chassé le roi Othon du trône.

continent qui retient prioritairement l'attention de Napoléon III. En août Slidell déplore que la question polonaise éclipse toutes les autres[194] ; en novembre il est désappointé parce que le discours de l'Empereur aux chambres se focalise sur les seuls problèmes européens[195] ; fin décembre il évoque les risques de guerre en Europe qui monopolisent toute la vigilance du souverain[196]. C'est incontestablement le résultat du travail inlassable des ministres des Affaires étrangères que d'avoir amené Napoléon III à se recentrer sur les événements européens, la question des duchés, la montée de l'antagonisme austro-prussien ou les négociations concernant l'Italie[197].

B. Maintenir des rapports de bonne entente

Parallèlement à la guerre de Sécession, la situation en Asie encourage les Européens et le gouvernement de Washington à faire front commun. Il concerne le cas du Japon brièvement évoqué par Mercier au début de la guerre[198]. En 1854, les Américains ont, les premiers, conclu un traité avec ce pays (le traité de Kanagawa signé par le Commodore Matthew C. Perry). Quatre ans plus tard, le texte est complété par de nouvelles clauses relatives à un traité d'amitié et de commerce. Grâce à ces accords, le Japon s'ouvre progressivement aux nations occidentales. Mais, en 1863, changement de cap : l'Empereur du Japon décide de renvoyer les étrangers tandis que leurs navires sont pris pour cible entre les îles Honshu et Kyushu[199]. La situation nécessite une coopération entre toutes les puissances ; les forces navales anglaises, françaises, hollandaises et américaines convergent pour exercer des représailles. Cette action collective aboutit au bombardement franco-américain de Shimonoseki suivi d'un débarquement de troupes pour détruire les batteries à l'entrée du détroit. L'Empereur du Japon est contraint de reporter son décret d'expulsion[200]. Dans son discours du 15 février 1865, à l'ouverture de la session législative, Napoléon III se réjouit de cette collaboration : « Au Japon notre marine, unie à celle de l'Angleterre, de la Hollande et des Etats-Unis a donné une nouvelle preuve de ce qu'elle peut et

---

194 Slidell à Benjamin ; Paris, le 5 août 1863. *ORN*, ser. II, vol. 3, pp. 855-856.

195 *Id.* ; Paris, le 15 novembre 1863. *ORN*, ser. II, vol. 3, pp. 955-958.

196 *Id.* ; Paris, le 15 décembre 1863. *ORN*, ser. II, vol. 3, pp. 976-977.

197 La question des duchés qui s'ouvre avec la mort du roi du Danemark, Frédérik VII, le 15 novembre 1863, débouche sur une guerre entre la Prusse et le Danemark remportée, un an plus tard, par la Prusse. En 1864, la Convention de septembre accorde au Saint-Siège un maintien provisoire des troupes françaises à Rome.

198 Mercier à Thouvenel ; Washington, le 23 mai 1861. A.M.A.E., CP EU, vol. 124 ff. 225-227.

199 Gros à Drouyn de Lhuys ; Londres, le 26 novembre 1864. A.M.A.E., CP A, vol. 727 f. 107.

200 RENOUVIN Pierre, *Histoire des relations internationales, de 1789 à 1871*, Paris, Hachette, 1994, t. 2, 706 p. ; pp. 573-574.

de ce qu'elle sait faire. »[201] Les Etats-Unis sont devenus un partenaire incontournable en Asie ; impossible dès lors, pour la France, de se les mettre à dos si elle désire développer ses projets en Extrême-Orient. Du reste, ne vaut-il pas mieux demeurer en bonne intelligence avec eux tandis que, dans le même temps, le cabinet des Tuileries s'inquiète de la progression de l'influence russe en Chine et au Japon ? Le 30 décembre 1864, Drouyn de Lhuys fait parvenir à La Tour d'Auvergne un mémoire qui fait le point sur cette question[202].

Maintenir des rapports de bonne entente consiste aussi à faire en sorte d'aplanir les obstacles. L'exemple du *Milan* est en cela symptomatique. Ce bâtiment français est abordé, à la fin de l'année 1861, par une frégate fédérale. Ce n'est pas d'avoir investi le navire qui pose problème - les Nordistes ne font qu'appliquer le droit de visite - mais l'accostage car il a provoqué des avaries. Le vaisseau est conduit dans le port de La Havane pour y subir des réparations qui finissent par se monter à 40 000 francs. En mars 1862, l'amiral Reynaud, commandant en chef de la division navale des Antilles et de l'Amérique du Nord, rend ses conclusions et estime que la France est légitimement en droit d'obtenir du gouvernement Lincoln des dommages et intérêts[203]. Chasseloup-Laubat, le ministre de la Marine, partage cet avis[204]. Cependant, Thouvenel fait tout pour minimiser l'incident et recommande de ne rien exiger[205]. Il instruit dans ce sens son agent à Washington et en informe son collègue : « Conformément à mes instructions, M. Mercier s'est entendu avec Reynaud ; ils ont conclu que des raisons de convenance conseillaient [...] d'abandonner toutes réclamations pécuniaires. »[206] Finalement, le ministre de la Marine se rallie à l'opinion de son homologue des Affaires étrangères. En septembre 1862, le gouvernement impérial renonce à ses demandes[207].

---

201 NAPOLEON III, *Œuvres*, Paris, Plon, Amyot, MDCCCLXIX, t. 5, 448 p. ; p. 227.

202 Drouyn de Lhuys à La Tour d'Auvergne ; Paris, le 30 décembre 1864. A.M.A.E., CP A, vol. 727 f. 240.

203 Rapport de l'amiral Reynaud au ministre de la Marine ; La Havane, le 29 mars 1862. A.M.A.E., ADP EU, vol. 46 ff. 111-112v.

204 Chasseloup-Laubat à Thouvenel ; Paris, le 5 mai 1862. A.M.A.E., ADP EU, vol. 46 ff. 110-111.

205 Thouvenel à Chasseloup-Laubat ; Paris, le 24 mai 1862. A.M.A.E., ADP EU, vol. 46 ff. 113-114.

206 *Id.* ; Paris, le 21 août 1862. A.M.A.E., ADP EU, vol. 46 ff. 118-119.

207 Chasseloup-Laubat à Thouvenel ; Paris, le 5 septembre 1862. A.M.A.E., ADP EU, vol. 46 f. 120.

Conclusion

L'idée d'une France qui recule sur la question de la reconnaissance de la Confédération, de peur de prendre le risque d'une guerre contre les Etats-Unis, est évoquée par les premiers historiens qui se penchent sur le sujet. L'Empereur, percevant que les intérêts vitaux de la France ne sont pas en Amérique, fait taire son ambition plutôt que d'entraîner son pays dans un affrontement inutile[208]. D'aucuns considèrent qu'il ne va pas jusqu'au bout car il ne peut compter sur l'Angleterre dont la flotte, en cas de conflit, resterait spectatrice[209]. D'autres invoquent la fortune rencontrée par le Nord sur les champs de bataille[210], argument discutable puisqu'il faut plus de deux ans pour assister au tournant de la guerre. Les derniers, enfin, attribuent la renonciation à l'attitude ferme manifestée par Seward, qui détourne la France et l'oblige à abandonner l'idée d'une légitimation du combat du Sud[211].

De notre point de vue ces analyses, si elles ont leur cohérence car ces éléments ont sans doute justifié la décision de Napoléon III de ne pas provoquer l'Amérique, ont malgré tout été de peu de poids à côté de celui de ne pas perturber la réussite de l'expédition mexicaine. Il est incontestable qu'en s'engageant au Mexique Napoléon III ferme la porte de la reconnaissance du gouvernement confédéré. La France ne peut ajouter à ses déboires mexicains un différend avec les Etats-Unis. C'est donc moins la peur du Nord, que la conjonction préjudiciable de deux engagements, qui paralyse toute action en faveur du Sud.

Pour ce qui concerne le Quai la guerre avec le Nord est une éventualité qui n'a jamais été envisagée, indépendamment du contexte mexicain. Avec ou sans lui l'option militaire est absolument écartée par les deux ministres des Affaires étrangères qui se succèdent tant elle apparaît irréaliste et insensée. La vertu du projet mexicain est d'être tombé à point nommé pour fournir aux diplomates un argument auquel Napoléon III est particulièrement réceptif et de l'utiliser pour le dissuader d'aller trop loin dans ses initiatives. D'autre part, c'est ici que le rapport de force favorable au Nord prend tout son sens, à la tête de la diplomatie française on est très tôt convaincu que le pouvoir fédéral va l'emporter et, dès lors, il s'agit de le ménager pour

---

208 EMSTEN Lewis, « Napoléon III et les préliminaires diplomatiques de la guerre civile aux Etats-Unis » in *Revue d'histoire diplomatique*, 19e année, Paris, Société d'histoire diplomatique, Plon-Nourrit et Cie, 1905, pp. 336-348 ; p. 347.

209 CARROLL D. B., *op. cit.*, p. 97, p. 249.

210 SPENCER Warren F., « Recognition question », *op. cit.*, p. 542.

211 VAN DEUSEN G. G., *op. cit.*, p. 304. Pour Paultney Bigelow, Napoléon III a reculé par peur de perdre son trône qu'un conflit avec les Etats-Unis aurait pu amener. BIGELOW Paultney « John Bigelow and Napoléon III » in *New York History* 13 n°2, Albany, New York State Historical, avril 1932, pp. 154-165.

préparer l'après-guerre. En inscrivant son action dans la perspective d'un succès du gouvernement de Washington, c'est à l'avenir des relations avec l'Amérique auquel la France doit songer. Il lui faut resserrer ses liens économiques avec ce partenaire privilégié et conserver de bonnes relations diplomatiques pour poursuivre des entreprises concertées en Asie ou, tout simplement, pour assurer la pérennité du régime de Maximilien.

CHAPITRE 4 : LA QUESTION DE L'EXPANSIONNISME

On discerne une certaine unanimité, parmi les historiens, à considérer que, pour assurer la réussite de son entreprise mexicaine, la France est prête à se satisfaire de la division des Etats-Unis. L'Empereur se trouverait amené à escompter les avantages que représenterait une scission entre les Etats de l'Union américaine. La partition donnerait naissance à deux puissances indépendantes et hostiles l'une à l'autre[1]. Le souverain pourrait ainsi - vieux projet - endiguer immanquablement la progression territoriale des Etats-Unis vers l'Amérique latine[2]. Napoléon III considérerait non seulement la Confédération comme un Etat tampon, utilement intercalé entre Washington et Mexico[3], mais encore comme un allié précieux pour protéger le trône de Maximilien[4].

Ces réflexions s'inspirent, en partie, des analyses développées à la fin du XIXe siècle, et même dès le dénouement malheureux de l'expédition du Mexique. Elles expliquaient alors l'échec de cette entreprise par le refus de reconnaître la Confédération. Selon les contemporains, une telle décision aurait brisé l'isolement de Maximilien[5]. Avec l'appui du Sud, l'empire mexicain se serait trouvé consolidé et pérennisé.

Dès lors, il est légitime de s'interroger sur l'inaction française. Si la scission est à ce point une garantie contre l'expansion de la république américaine, un danger qui obsède les diplomates français et forge la

[1] RENOUVIN Pierre, *Histoire des relations internationales, de 1789 à 1871*, Paris, Hachette, 1994, t. 2, 706 p. ; p. 604. KOROLEWICZ-CARLTON Richard, *Napoléon III, Thouvenel et la guerre de Sécession*, thèse de doctorat de l'Université de Paris, 1951, 202 p. ; p. 175, p. 198.

[2] GLANTZ DE LOPEZ CAMARA Margarita, *Le Mexique vu par les Français (1847-1867)*, Thèse, Paris, Université de La Sorbonne, 1958, 448 p. ; pp. 197-198. SPENCER Warren F., « Recognition question » in William E. ECHARD, *Historical dictionary of the French Second Empire (1852-1870)*, London, Aldwych Press, 1985, 829 p. ; p. 542.

[3] JONES Howard, *Abraham Lincoln and a new birth of freedom. The Union and slavery in the diplomacy of the Civil War*, Lincoln & London, University of Nebraska Press, 1999, 236 p. ; p. 59. DUROSELLE Jean Baptiste, *La France et les Etats-Unis des origines à nos jours*, Paris, Le Seuil, 1976, 285 p. ; p. 63.

[4] JONES Howard, *Blue and Gray diplomacy ; a history of Union and Confederate foreign relations*, The University of North Carolina Press, 2010, 416 p ; p. 310.

[5] Charles d'Héricault écrit : « [...] mais surtout on ne prit pas le seul chemin qui menait logiquement à Mexico. C'était par La Nouvelle-Orléans qu'il fallait y aller [...]. » HERICAULT Charles d', *Maximilien et le Mexique, histoire des derniers mois de l'Empire mexicain*, Paris, Garnier frères, 1869, 419 p. ; p. 23.

politique américaine de la France depuis plus de vingt ans[6], alors même que les Confédérés manifestent leur faveur à l'égard de l'entreprise mexicaine, comment se fait-il que Paris n'ait pas accepté d'encourager la division ?

I. LE JEU DE SEDUCTION DU SUD

A. La séduction passe par le Mexique

Contre les empiètements du Nord, les Confédérés et leurs sympathisants vont s'efforcer de se présenter comme les alliés naturels du nouveau pouvoir mexicain. Ils cherchent à démontrer que, pour résister aux projets ultérieurs des Nordistes, le Mexique, « régénéré » par la France, et la Confédération du Sud sont amenés à opérer un rapprochement[7]. Avec l'installation de Maximilien sur le trône du Mexique, à plusieurs reprises *L'Index*, le journal de propagande sudiste, prend la défense de la politique de Napoléon III[8].

Comme l'expédition mexicaine tient à cœur à Napoléon III, Slidell pense qu'il s'agit là d'un élément clé pour faire pencher la balance en faveur de son camp. En juillet 1862, il explique à l'Empereur que la Confédération pourrait faire cause commune avec lui contre le parti de B. Juárez soutenu par l'administration fédérale. Il mentionne le traité Corwin (du nom du ministre américain à Mexico) qui doit prochainement être examiné par le Sénat. Slidell présente habilement cet achat de 11 000 000 $ comme une aide déguisée de Washington en faveur de Juárez. Napoléon III se montre dubitatif et croit que la chambre haute ne le ratifiera pas[9]. Quelques jours plus tard, dans sa lettre à Thouvenel qui constitue une demande de reconnaissance de la Confédération, Slidell s'appesantit de nouveau sur les bonnes dispositions de Richmond à l'égard des projets impériaux[10].

Ce même été 1862, dans une note confidentielle destinée à son gouvernement, il plaide pour une « alliance offensive et défensive entre la

---

[6] SAINLAUDE Stève, *La politique étrangère de la France à l'égard des Etats-Unis d'Amérique de 1839 à 1867*, Thèse de doctorat d'histoire contemporaine sous la direction d'André ENCREVE, université Paris Est, 2009, 1445 p.

[7] MERCIER Alfred, *Du Panlatinisme. Nécessité d'une alliance entre la France et la Confédération du Sud*, Paris, Librairie Centrale, 1863, 31 p. ; pp. 30-31. RASSETTI, *La France, le Mexique et les Etats confédérés contre les Etats-Unis*, Paris, E. Dentu, 1863, 16 p. ; p. 12.

[8] CULLOP Charles C., *Confederate propaganda in Europe (1861-1865)*, Coral Gables, University of Miami Press, 1969, 160 p. ; pp. 66-84.

[9] Mémo. de Slidell in Slidell à Benjamin ; Paris, le 25 juillet 1862. *ORN*, ser. II, vol. 3, pp. 479-487. Supposition juste puisque le Sénat rejette l'idée du prêt. L'Empereur sait aussi, depuis la fin de l'année 1861, que le projet de Corwin concerne en réalité un achat de terrains vagues au profit, non du gouvernement fédéral, mais d'une compagnie de New York.

[10] Slidell à Thouvenel ; Paris, le 21 juillet 1862. A.M.A.E., ADP EU, vol. 32 f. 57v.

France et les Etats confédérés pour les affaires du Mexique »[11]. Il ne s'agit plus seulement de diplomatie, mais d'un engagement militaire pour favoriser la percée des troupes françaises. C'est, bien entendu, très peu réaliste. Comment le Sud pourrait-il être en mesure de combattre sur deux fronts ? Cependant, les embarras que rencontre le corps expéditionnaire français devant Puebla sensibilisent le gouvernement impérial à ces offres. Le 22 octobre 1862, lors de son entretien avec Napoléon III à Saint-Cloud, Slidell propose ce rapprochement entre la Confédération et le nouveau régime mexicain et évoque un pacte. Il rapporte une idée qui serait répandue : la France poursuivrait un dessein plus vaste que le Mexique, comme par exemple occuper Saint-Domingue. Il assure que cette perspective déplairait probablement à Washington mais pas à Richmond[12].

En juin 1863, alors que dans le même temps le Nord témoigne d'un certain désappointement, Napoléon III, devant Slidell, se réjouit d'apprendre que la capitale sudiste s'est illuminée en l'honneur de la prise de Puebla par les troupes françaises. Pour l'émissaire du Sud une telle démonstration est peu vraisemblable, mais il ne dément pas l'Empereur. Slidell réaffirme toute la sympathie du Sud pour l'entreprise française et vaticine que la Confédération deviendra bientôt le grand pouvoir du continent. L'alliance entre elle et le Mexique deviendra alors incontournable[13].

La bienveillance des Confédérés à l'égard du projet impérial est confirmée par les diplomates sur place, à commencer par Alfred Paul, le consul à Richmond. Il rapporte que les succès de l'armée française au Mexique sont très bien vus, non seulement à Richmond, mais aussi partout dans le Sud[14]. Son homologue à Charleston joint à sa dépêche un journal d'Atlanta, l'*Atlanta Confederacy*, qui lui semble résumer assez bien les opinions de la presse et des populations confédérées à l'égard de l'établissement d'une monarchie au Mexique : « La question mexicaine est, je crois, la seule sur laquelle il y ait actuellement unanimité dans les Etats du Sud. »[15]

Certains historiens vont plus loin. D'après eux, les Sudistes se seraient montrés disposés à faciliter les projets territoriaux de l'Empereur et auraient accepté la reconstitution d'une partie du territoire mexicain amputé en 1848. Napoléon III aurait eu comme ambition d'établir, à la place des Etats-Unis,

---

[11] Note confidentielle de Slidell ; Paris, juillet/août 1862. A.M.A.E., ADP EU, vol. 32 f. 91.

[12] Mémo. de Slidell in Slidell à Benjamin ; Paris, le 28 octobre 1862. *ORN*, ser. II, vol. 3, pp. 572-579.

[13] *Idem* ; Paris, le 21 juin 1863. *ORN*, ser. II, vol. 3, pp. 812-814. En tout cas Paul ne fait pas mention de ces illuminations.

[14] Paul à Drouyn de Lhuys ; Richmond, le 24 août 1863. A.M.A.E., CPC EU, vol. 15 ff. 71v.-72 et CCC Richmond, vol. 5 ff. 303-304.

[15] Lanen à Drouyn de Lhuys ; Charleston, le 4 juillet 1864. A.M.A.E., CPC EU, vol. 18 ff. 276-277.

un ensemble comparable à la Confédération germanique composé de quatre Etats américains, dont une partie rattachée au Mexique, allant au nord jusqu'en Louisiane et au sud jusqu'au centre de l'Amérique[16]. La France aurait même voulu s'établir de nouveau sur ce continent. Ainsi, en 1860, dans une conversation avec F. Maury, un notable de l'université de Virginie, Napoléon III aurait laissé entendre qu'il cherchait au Mexique une compensation pour les colonies perdues par la France[17]. Tout ceci est difficilement vérifiable et, comme nous avons pu le souligner plus haut, les propos de l'Empereur sont à prendre avec précaution. Sans étude approfondie du problème, ils sont souvent jetés en pâture pour tester ses interlocuteurs ou, peut-être, rechercher une contradiction à ses idées chimériques. Il nous semble donc bien imprudent d'accorder du crédit à une pensée qui vagabonde et se complaît dans des desseins utopiques.

Pour autant, il est vrai que, tout au long de la guerre de Sécession, des rumeurs font état de projets français d'annexion de territoires situés au nord du Mexique. Dans sa correspondance à Mercier, le ministre de la France aux Etats-Unis, Drouyn de Lhuys mentionne celles qui affirment qu'un traité aurait même été signé d'après lequel la nouvelle confédération cèderait à la France, pour elle-même, ou pour en faire la rétrocession au Mexique, le Texas et une partie de la Louisiane[18]. Sans y accorder outre mesure de l'importance, c'est une des rares allusions que fait le ministre à ces bruits. Ils persisteront jusqu'à la fin de la guerre puisqu'il se murmurera encore que,

---

[16] HANNA Alfred Jackson, HANNA Kathryn Abbey, *Napoléon III and Mexico. American Triumph over Monarchy*, Chapel Hill, The University of North Carolina Press, 1971, 350 p. ; p. 90. HUBBARD Charles M., *The burden of Confederate diplomacy*, Knoxville, University of Tennessee Press, 1998, 253 p. ; p. 140. JONES H., *Blue and Gray, op. cit.*, p. 294.

[17] WILLSON BECKLES, *John Slidell and the Confederate in Paris (1862-1865)*, New York, Minton, Balch and Company, 1932, 296 p. ; p. 204. CASE Lynn M., « La sécession aux Etats-Unis, un problème diplomatique français en 1861 » in *Revue d'histoire diplomatique*, Société d'histoire générale et diplomatique, 77e année, 1963 (10/12), Paris, A. Pedone, pp. 290-313 ; pp. 292-293. Maury rapporte la conversation à Benjamin.

[18] Drouyn de Lhuys à Mercier ; Paris, le 13 septembre 1863. A.M.A.E., LJ EU, 1863, p. 123. On a clairement identifié les diplomates français qui suggèrent une renaissance de la république du Texas. Il s'agit du vice-consul de Galveston, Benjamin Théron, et du chancelier du consulat de France, René Tabouelle. Benjamin soupçonne Napoléon III de leur avoir soufflé cette idée mais rien ne vient étayer cette hypothèse. SCOONOVER Thomas David, « Confederate diplomacy and the Texas-Mexican Border, 1861-1865 » in *East Texas Historical Journal*, n° 11, (spring 1973), pp. 33-39. ALDIS Owen F., « Louis Napoléon and the Southern Confederacy » in *North American Review* 129, 1879 (10), pp. 342-360 ; pp. 349-350. HANNA Kathryn Abbey, « The roles of the South in the French intervention in Mexico » in *Journal of Southern History*, vol. 20 n°1, 1954, pp. 3-21; p. 10. AMEUR Farid, « La France n'en voudrait pas en cadeau… » in BIPR, n°32, automne 2010, pp. 33-55.

pendant sa dernière entrevue, Slidell aurait offert le Texas à Napoléon III[19]. A ces spéculations s'ajouteront toutes celles concernant les cessions de territoires par le Mexique à la France pour la dédommager de sa participation à la constitution d'un nouveau gouvernement[20].

En réalité, le rapprochement entre Richmond et Paris est purement tactique. La Confédération peut difficilement s'aliéner à la fois les Français au sud et les Fédéraux au nord car elle a besoin de la complicité ou, tout au moins, de la neutralité du Mexique. Après la perte de La Nouvelle-Orléans, c'est désormais par ce territoire que transitent les exportations de coton qui financent les importations d'armes. Le principal point d'arrivée des fournitures de guerre est Matamoros, le port mexicain qui jouxte l'embouchure du Rio Grande face à Brownsville situé de l'autre côté du fleuve, au Texas. Puisque le blocus ne s'étend pas aux côtes mexicaines, les croiseurs fédéraux ne peuvent intercepter les navires neutres au départ ou à destination de ce port neutre[21]. Le métal, le salpêtre, la poudre, le soufre, les couvertures, les textiles et les denrées alimentaires échangées contre du coton pénètrent par l'Etat du Tamaulipas puis entrent au Texas par le Nuevo Léon, un trafic organisé par son gouverneur Santiago Vidaurri[22]. Un

---

[19] EMSTEN Lewis, « Napoléon III et les préliminaires diplomatiques de la guerre civile aux Etats-Unis » in *Revue d'histoire diplomatique*, 19e année, Paris, Société d'Histoire diplomatique, Plon-Nourrit et Cie, 1905, pp. 336-348 ; pp. 347-348.

[20] A la fin de l'année 1864, des rapports soutiennent que Maximilien a cédé à la France le nord du Mexique. Un ancien sénateur de Californie, William L. Gwin, très intéressé par les richesses de ces Etats, aurait été fait duc de Mexico et vice-roi de Napoléon pour la nouvelle colonie qui regrouperait, rien de moins, que la Sonora, le Sinaloa, le Chihuahua, le Durango, et la Basse Californie. En novembre 1864 la rumeur se dégonfle et, avec elle, l'idée d'une exploitation de la Sonora. CROOK D. P., *Diplomacy during the American Civil War*, John Wiley & Sons, Inc., New York, Londres, Sydney, Toronto, 1975, 209 p. ; p. 173. HANNA K. A., « The roles of the South... », *op. cit.*, p. 15. L'année suivante, le consul à New York rapporte que Romero, l'envoyé de Juárez à Washington, parle d'une cession faite à la France des Etats de Tamaulipas, Nuevo Léon, Coahuila, une partie de ceux de San Lui Potosi, Zacatecas, Durango et Chihuahua et presque toute la Sonora ainsi que la Basse Californie. La France se rembourserait ainsi la dette du Mexique. Borg (vice-consul) à Drouyn de Lhuys ; New York, le 8 mai 1865. A.M.A.E., CPC EU, vol. 21 ff. 3v.-11.

[21] Villefort, spécialiste du contentieux au ministère, rappelle le droit : si les deux rives du Rio Grande ne sont pas aux mains du belligérant, celui-ci ne peut bloquer tout le passage. Note de Villefort pour le ministre ; Paris, le 11 mars 1863. A.M.A.E., ADP EU, vol. 45 f. 46-v.

[22] SCHOONOVER Thomas, « Mexico » in *Encyclopedia of the Confederacy*, Simon & Schuster, New York, Londres, Tokyo, Sydney, Singapour, 1993, vol. 3, 480 p. ; pp. 1036-1037. SCHOONOVER Thomas David, « Mexican Cotton and the American Civil War » in *The Americas 30,* n° 4, Academy of American Franciscan History, 30 avril 1974, pp. 429-447. DELANEY R. W., *Matamoros, port of Texas during the Civil War*, Southwestern Historical Quarterly ; vol. LVIII, 2, 1955. pp. 473-479. Santiago Vidaurri (1808-1867) est, depuis 1858, gouverneur du Nuevo Léon et du Coahuila, une fonction qu'il exercera jusqu'en 1864. Cette même année, il entre en conflit avec Juárez lorsque ce dernier lui demande de lui reverser les ressources douanières que lui procure le trafic des marchandises transitant par ses Etats. A

commerce régulier s'établit ainsi entre Londres et Matamoros, trafic dont le gouvernement fédéral est parfaitement informé[23] mais que le gouvernement français se refuse à faire cesser car il considère qu'une telle disposition handicaperait le Sud et remettrait en cause sa neutralité[24]

Cependant, ce mouvement subit des à-coups. D'une part, en juillet 1863, après la chute de Vicksburg, les Fédéraux prennent le contrôle total du Mississipi et interdisent le passage du ravitaillement des Etats de l'ouest vers ceux de l'est de la Confédération. D'autre part, fin 1863, les Nordistes du général Banks s'emparent de Brownsville tandis qu'un différend provisoire oppose Kirby Smith[25], le gouverneur du Texas, à Santiago Vidaurri, ce qui conduit à une fermeture temporaire de la frontière avec le Nuevo Léon. Toutefois, en août 1864, les Français finissent par investir ce dernier Etat[26]. Désormais, alors que le combat du Sud touche à sa fin, le transit des armes dépend de leur bon vouloir et les nouveaux occupants font tout ce qu'ils peuvent pour intensifier les transactions frontalières[27].

On peut expliquer cette bienveillance par la volonté de la France de faire durer le conflit. Maximilien vient tout juste de prendre ses fonctions et il est souhaitable pour lui que la guerre, qui divise l'Union et l'affaiblit, se poursuive encore un moment. A peine sera-t-elle terminée qu'il devra compter avec les pressions de Washington. Il faut donc renforcer le régime avant que la victoire ne soit acquise au Nord, ce qui implique de faire tenir la Confédération encore quelques mois. Ce n'est pas à proprement parler une libéralité faite aux Confédérés. En 1864 ils ont, en définitive, peu à offrir à Napoléon III qui puisse l'assister dans son entreprise mexicaine.

---

l'arrivée de Maximilien il décide de faire allégeance à son pouvoir et devient conseiller impérial et ministre des Finances.

23 Ce trafic est régulièrement dénoncé par le consul américain à Matamoros, E. Dorsey Etchison. ROLLE Andrew F., *The lost cause. The Confederate Exodus to Mexico*, Norman, University of Oklahoma Press, 1965, 248 p. ; pp. 25-27.

24 Mercier à Drouyn de Lhuys ; Paris, le 14 mai 1863. A.M.A.E., CP EU, vol. 130 f. 76.

25 Edmund Kirby Smith (1824-1893) : lieutenant général, en janvier 1863 il reçoit le commandement du trans-Mississipi (les trois Etats confédérés à l'ouest du fleuve) et c'est ce qui va lui apporter la notoriété. Coupé du reste de la Confédération après la chute de Vicksburg et celle de Port Hudson, il est nommé général en février 1864 (l'armée sudiste n'en comptera que 8). Le 26 mai 1865, son armée est l'une des dernières à se rendre. BAILEY Anne J., « Kirby Smith » in *Encyclopedia of the Confederacy*, Simon & Schuster, New York, Londres, Tokyo, Sydney, Singapour, 1993, vol. 4, 493 p. ; pp. 1472-1474.

26 A partir de l'été 1864 la liste des succès du corps expéditionnaire français s'allonge. Saltillo tombe le 20 août, Monterrey le 26, Matamoros le 26 septembre, Manzanillo le 18 novembre, Mazatlan le 14 décembre. AVENEL Jean, *La campagne du Mexique (1862-1867). La fin de l'hégémonie européenne en Amérique du Nord*, Paris, Economica, 1996, 194 p. ; p. 69.

27 NOIRSAIN Serge, *La Confédération sudiste (1861-1865), Mythes et réalités*, Paris, Economica, 2006, 302 p. ; pp. 160-165.

B. La sincérité du Sud en question

En outre, on peut douter de la loyauté des diplomates sudistes car, au début de la sécession, ceux-ci penchent plutôt pour Juárez. En mai 1861, Jefferson Davis choisit John Pickett, un ancien flibustier cubain, pour le représenter auprès du président légal. Le but de sa mission est d'inciter Juárez à reconnaître la Confédération mais Pickett se rend vite compte que ses sentiments sont en faveur de l'Union. L'émissaire sudiste opère alors une volte-face et décide de s'appuyer sur le parti conservateur[28]. C'est donc moins par conviction que par pragmatisme que les Sudistes décident de soutenir le parti opposé. De ce fait, ils se retrouvent objectivement alliés aux Français.

Ensuite, l'attitude de Slidell dissimule mal les réticences du Sud à l'installation du nouveau régime au Mexique. Les Confédérés insistent sur la nécessité d'un soutien populaire pour ce pouvoir balbutiant, une assise qu'ils savent être le point faible du dessein impérial. En juillet 1862, dans sa demande de reconnaissance, Slidell écrit à Thouvenel qu'il a confiance dans la volonté de Napoléon III de ne pas imposer au Mexique « un gouvernement qui ne serait pas conforme aux vœux de ses habitants »[29]. Cette prescription est aussi formulée par le président de la Confédération, dans son discours au Congrès, à la fin de l'année 1863[30]. Il n'échappe pas aux diplomates qu'en combinant l'acceptation de l'empire de Maximilien et le respect de la souveraineté populaire, le Sud conditionne son appui à un vœu impossible à exaucer.

Enfin, les Confédérés sont tout autant, sinon plus, attachés à la doctrine de Monroe que les citoyens des Etats libres. Cette « doctrine » formulée le 2 décembre 1823, à l'occasion du discours du président James Monroe, énonce que les Etats-Unis sont opposés à toute intervention d'une puissance européenne sur le continent américain et, qu'en contrepartie, ils se garderont de s'immiscer dans les affaires du Vieux Continent. S'il n'est pas impossible que Napoléon III se soit laissé abuser sur les intentions des Confédérés en ce qui concerne la doctrine de Monroe[31], en revanche les diplomates n'ont guère de doutes sur la place qu'elle occupe encore dans l'opinion des Etats en rébellion. Pas plus que pour le Nord, la guerre n'a invalidé ces principes pour le Sud; ils sont seulement mis entre parenthèses. En dépit des discours,

---

28 HUBBARD C. M., *op. cit.*, p. 46.

29 Slidell à Thouvenel ; Paris, le 21 juillet 1862. A.M.A.E., ADP EU, vol. 32 f. 57v.

30 Paul à Drouyn de Lhuys ; Richmond, le 23 décembre 1863. A.M.A.E., CPC EU, vol. 15 f. 91-v.

31 HUNTLEY Stephen McQueen, *Les rapports de la France et de la Confédération pendant la guerre de Sécession*, Thèse de la faculté des Lettres de l'Université de Toulouse, Toulouse, Imprimerie régionale, 1932, 276 p. ; p. 196.

les Sudistes ont du mal à dissimuler leur agacement à l'idée qu'une puissance européenne installe un gouvernement à sa solde à la frontière de la Confédération.

Courant 1864, le consul de France à La Nouvelle-Orléans écrit à Drouyn de Lhuys pour lui signaler que, dans la ville désormais aux mains des forces fédérales, il n'est pas difficile de mobiliser les plus exaltés des citoyens contre les projets français. L'association des DMD (défenseurs de la doctrine de Monroe) aurait même infiltré le gouvernement de la Louisiane et une expédition armée se préparerait à partir de La Nouvelle-Orléans, pour le Mexique, afin d'aider Juárez[32]. Quelques semaines avant la fin de la guerre, c'est le consul à New York qui, à son tour, met en garde son gouvernement contre la duplicité des Sudistes. Il affirme que la doctrine de Monroe recueille le plus fort soutien dans les Etats à esclaves car c'est de là d'où sont parties la plupart des expéditions de flibustiers qui ont menacé, dans les années 1850, Cuba et l'Amérique centrale. Il demande qu'on n'oublie pas que c'est bien dans les organes de presse de la Virginie que les conquêtes, faites au Mexique, préoccupent au plus haut degré[33].

Comme le gouvernement Lincoln et le Congrès manifestent leur hostilité à l'intervention française, le cabinet impérial redoute que la paix entre les frères ennemis ne débouche sur une complicité entre le Nord et le Sud, ligués contre le projet français[34]. Cette inquiétude est justifiée. Courant 1864, Francis Blair[35], un vieil ami de Davis, est missionné par le président de la Confédération. Il arrive à Washington muni d'un plan pour mettre fin aux hostilités et hâter la réconciliation : Nord et Sud pourraient se joindre dans une expédition conjointe et expulser Maximilien du Mexique[36]. Lincoln ne donne pas suite mais, quelques mois plus tard, alors que la guerre arrive à son terme, il rappelle Blair pour entamer des discussions. Avec la permission du président, début 1865, Blair passe les lignes et rencontre Davis à Richmond. C'est lui qui fixe les modalités de la conférence d'Hampton Roads. Elle se déroule le 3 février 1865 et réunit les envoyés des deux camps. A cette occasion les Sudistes renouvellent leur offre d'assortir la

---

[32] Fauconnet à Drouyn de Lhuys ; La Nouvelle-Orléans, le 17 juin 1864. A.M.A.E., CPC EU, vol. 19 ff. 90-91v.

[33] Boilleau à Drouyn de Lhuys ; New York, le 7 février 1865. A.M.A.E., CPC EU, vol. 20 f. 91-v.

[34] C'est, d'ailleurs, cette hypothèse que retiennent les observateurs. La paix risque de se faire sur le dos de la France au Mexique. MERCIER DE LACOMBE H., *Le Mexique et les Etats-Unis*, Paris, E. Dentu, 1863, 162 p. ; p. 121.

[35] Francis Preston Blair est un ancien journaliste qui jouit d'une forte influence sur l'administration Lincoln.

[36] COOPER William J., *Jefferson Davis American*, New York, Alfred A. Knopf, 2000, 757 p. ; pp. 509-510.

réconciliation d'une action anti-française mais la rencontre ne débouche sur aucune avancée[37].

Malgré tout, ces tentatives de rapprochement troublent les diplomates français. De Washington[38] à Mexico[39], en passant par New York[40] ou Londres[41], ils soupçonnent la doctrine de Monroe de servir de trait d'union entre Nordistes et Sudistes pour les conduire à mener une guerre extérieure. A Paris le ministère balance entre l'inquiétude suscitée par une coalition éventuelle entre les adversaires d'hier, dont la France ferait les frais, et les propos rassurants tenus par les agents du gouvernement fédéral. Ces derniers s'efforcent de tranquilliser les autorités françaises en démontrant l'impossibilité de maintenir sur le pied de guerre plusieurs centaines de milliers d'hommes alors que les hostilités auront pris fin[42]. Le ministre des Affaires étrangères, Edouard Drouyn de Lhuys, espère que le Nord tiendra compte des efforts déployés par la France pour respecter la neutralité et demeurer en dehors de la guerre civile[43]. Tant et si bien que, sur la question mexicaine, son adversaire finit par être perçu comme le plus exalté des deux belligérants, et aussi le plus dangereux puisqu'il paraît mener un double jeu. Il faut en effet se souvenir que, simultanément aux pourparlers d'Hampton Roads, Duncan Kenner, est envoyé en Europe, par le gouvernement confédéré, pour tenter d'arracher une reconnaissance de son gouvernement. Or les intentions des Sudistes, affirmées lors de la Conférence, de bouter les Français du Mexique en échange d'un armistice, filtrent des discussions et

---

[37] La conférence se déroule à bord d'un navire, près de Fort Monroe, à Newport News en Virginie. Elle réunit, du côté du Nord, le président Abraham Lincoln et son secrétaire d'Etat William Seward, et, de l'autre, le vice-président de la Confédération Alexander H. Stephens, l'ancien secrétaire d'Etat Robert M. T. Hunter et l'assistant secrétaire à la guerre John A. Campbell. Ces pourparlers sont un échec car les deux parties ne sont pas sur la même ligne. Lincoln fixe clairement les conditions de paix : la réintégration des Etats dans l'Union, la renonciation des forces confédérées à combattre et la proclamation de l'abolition de l'esclavage. Les Sudistes, de leur côté, cherchent à conclure un armistice pour lancer une opération commune contre les Français et ne veulent pas aborder la question de la sécession.

[38] Geoffroy à Drouyn de Lhuys ; Washington, le 24 janvier 1865. A.M.A.E., CP EU, vol. 133 ff. 65-67.

[39] Montholon à Drouyn de Lhuys ; Mexico, le 10 mars 1865. A.M.A.E., CP M, vol. 63 ff. 124v.-125.

[40] Boilleau à Drouyn de Lhuys ; New York, les 7 février et 28 mars 1865. A.M.A.E., CPC EU, vol. 20 f. 92-v., ff. 202-207.

[41] La Tour d'Auvergne à Drouyn de Lhuys ; Londres, le 6 février 1865. A.M.A.E., CP A, vol. 732 f. 70v. *Id.* ; Londres, le 28 février 1865. A.M.A.E., CP A, vol. 732 f. 109-v.

[42] Bigelow à Seward ; Paris, les 14 et 22 février 1865. Bigelow à Drouyn de Lhuys ; Paris, le 23 février 1865. CASE Lynn M., SPENCER Warren F., *The United States and France. Civil War Diplomacy*, Philadelphia, University of Pennsylvania Press, 1970, 747 p. ; p. 563.

[43] Drouyn de Lhuys à de Geoffroy ; Paris, le 23 mars 1865. A.M.A.E., CP EU, vol. 133 f. 176.

précèdent Kenner[44]. Cette mission conforte le ministère, et peut-être même finit de convaincre l'Empereur, que le Sud ne saurait être un partenaire sérieux dans la question mexicaine. Mais, au fond, personne au Quai n'a jamais pensé que les Confédérés pouvaient être sincères lorsqu'ils se montraient favorables au dessein impérial ; en effet leur tempérament et leurs intérêts les portent à défendre avec vigueur l'expansion territoriale.

II. UNE DOCTRINE ET DES HOMMES POUR LA SERVIR

A. Une doctrine

La thèse développée par les soutiens de la cause sudiste est que la scission de l'Union est venue à point nommé pour freiner son expansion. Autrement, elle aurait fini par s'emparer des îles Caraïbes et, sur sa lancée, aurait fait main basse sur l'Amérique latine[45]. C'est aussi ce raisonnement qui constitue la base de l'argumentation de Slidell lorsque, en juillet 1862, il s'adresse à Thouvenel. La France, tellement préoccupée par l'agrandissement de l'Union, doit se réjouir de la nouvelle situation qui sert sa politique à l'égard des Etats-Unis. La naissance de la Confédération est une garantie pour l'équilibre politique en Amérique du Nord[46].

Cependant, ces théories s'écroulent lorsque les diplomates se penchent sur la nature du nationalisme sudiste. John McCardell et avant lui Robert E. May ont mis en évidence le désir itératif de conquête qui anime le Sud vers l'espace Caraïbe et aussi vers le Mexique et l'Amérique centrale[47]. Depuis l'acquisition de la Louisiane, en 1803, les Etats-Unis réfléchissent à leur « destinée manifeste »[48]. Usant d'une rhétorique bien rodée, les hommes du

---

[44] La Tour d'Auvergne à Drouyn de Lhuys ; Londres, le 27 février 1865. A.M.A.E., CP A, vol. 732 ff. 105-106.

[45] Dans sa correspondance au Quai l'ingénieur Bellot des Minières justifie en ces termes la scission : « L'Union eût duré vingt ans encore, l'Europe se fût trouvée en face d'une puissance de 60 millions d'habitants possédant Cuba, Saint-Domingue, une partie de l'Amérique du Sud et ayant les meilleures positions dans le golfe du Mexique et dans les deux océans. » Lettres sur la question américaine par E. Bellot des Minières. A.M.A.E., Paris, le 7 mai 1861, MD EU, vol. 25 f. 203.

[46] Slidell à Thouvenel ; Paris, le 21 juillet 1862. A.M.A.E., ADP EU, vol. 32 ff. 56v.-57.

[47] McCARDELL John, *The idea of a southern Nation. Southern Nationalists and Southern Nationalism (1830-1860)*, New York, London, W. W. Norton & Company, 394 p. ; MAY Robert E., *The Southern Dream of a Caribbean Empire (1854-1861)*, Baton Rouge, Louisiana State University Press, 1973, 286 p.

[48] VINCENT Bernard, « Introduction à la seconde partie » in *La destinée manifeste des Etats-Unis au XIXe siècle. Aspects culturels, géopolitiques et idéologiques de la destinée manifeste*, Publication de l'Université de Rouen, 2000, 220 p. ; p. 51. Cette politique d'expansion prend un tour systématique sous la présidence Polk (1845-1849) et trouve sa justification dans la thèse formulée en 1845 par un journaliste, John O' Sullivan, qui lui attribue le nom de « destinée manifeste » (*manifest destiny*). Le principe défendu par Sullivan est l'affirmation

Sud affirment que la république américaine est en droit de s'emparer des territoires qui la bordent sur sa frange méridionale. Toute la question est de savoir si cette volonté de conquête est partagée par un grand nombre des élites du Sud. Pour Robert E. May, s'appuyant sur la presse et les votes au Congrès, la réponse est sans ambiguïté : il ne s'agit pas seulement d'une petite minorité d'extrémistes qui pousse à acquérir Cuba, le Mexique ou l'Amérique centrale ; il s'agit d'un « rêve Caraïbe » qui rassemble une grande partie des hommes politiques des Etats du Sud[49]. L'expansion tropicale est bien un projet fédérateur pour le Sud.

C'est en 1850, avec les chevaliers du cercle d'or (KGC, *Knights of the Golden Circle*), organisation fondée par George Bickley, un ancien médecin, que le Sud se forge une idéologie expansionniste extrême animée d'un discours raciste, guerrier, protestant, aristocratique, dont le rituel initiatique précise que le premier champ des opérations sera Mexico. Toutefois, il s'agit plus largement d'encourager tout projet ayant pour objet l'américanisation et la « méridionalisation » des territoires allant de La Havane à l'Amérique centrale[50]. A la fin des années 1850, David Campbell, un ancien gouverneur de Virginie, décrit comment les radicaux du Sud essayent de créer une confédération séparée qui inclurait Cuba, l'Amérique centrale et le Mexique. Dans le même temps John Reagan, du Tennessee, futur maître général des postes de la Confédération, affirme en public que les leaders du Sud soutiennent la flibuste, ces expéditions d'aventuriers qui tentent, dans les années 1850, d'édifier un empire esclavagiste en Amérique centrale. Si l'audience de ces extrémistes n'est pas aussi large qu'on a pu le penser, il n'en demeure pas moins que leurs propos confortent les diplomates dans l'idée qu'après l'expansion occidentale, l'expansion tropicale constituera la prochaine étape pour le Sud. Dans les premiers mois de la guerre, ils y sont encouragés par les républicains qui ne manquent pas, dans un effet de propagande, de présenter la sécession comme dissimulant une conspiration expansionniste[51].

---

d'une prétendue supériorité des Anglo-saxons, qui justifie leur besoin expansionniste. Parce qu'ils sont conduits par la Providence, il paraît légitime aux Américains de dominer ce territoire jusqu'au Pacifique. Cette dimension religieuse, tout autant que nationale et politique, légitime l'appropriation des territoires et la constitution d'une puissance nouvelle.

[49] MAY Robert E., *op. cit.,* p. 190, p. 252. Voir aussi EATON Clement, *A history of the old South*, New York, Macmillan, 1966, 562 p. ; p. 335.

[50] McCARDELL J., *op. cit.*, pp. 273-274. Le terme employé par les auteurs américains que nous avons traduit, à défaut d'un mot français, par le néologisme « méridionalisation » est *southernization*. Bickley fera une tournée dans le Sud en 1860.

[51] Robert E. May écrit que le mouvement atteint son apogée à la veille de la guerre civile. MAY R. E., *ibidem*, p. 243. En le présentant comme un fanatisme sudiste le Nord exagère l'importance du KGC. En fait, son influence est faible. McCARDELL J., *ibid.*, pp. 274-275.

Les logiques de l'expansionnisme sudiste obéissent tout autant à la géographie, l'Amérique latine offrant une zone d'influence aux Etats qui la bordent[52], qu'à un réel besoin de nouvelles terres. La production de coton ayant doublé à chaque décennie pour atteindre 4 millions de balles en 1860, sa culture, parce qu'elle épuise rapidement la terre, exige pour se développer des sols vierges[53]. C'est ainsi qu'associé à la production d'or blanc l'esclavage devient le principal moteur de l'expansion[54]. Si les diplomates abordent peu le sujet de l'esclavage, ils le mentionnent néanmoins, au cours de la décennie qui précède la guerre de Sécession, lorsqu'il s'agit de le resituer dans la dynamique expansionniste. Sous la Seconde République, par exemple, dans une dépêche au ministre des Affaires étrangères - c'est alors Drouyn de Lhuys - le consul à Richmond, mentionnant les territoires où le Sud voudrait implanter l'esclavage, évoque un « esprit de conquête et d'accroissement territorial » que le Nord tente de freiner[55]. Une préoccupation qui se renforce après le compromis du Missouri, le différend Kansas-Nebraska et la proximité de la campagne présidentielle qui pose clairement la question de l'extension de l'esclavage[56].

En février 1860, Jefferson Davis présente au Sénat les exigences sudistes, affirmant qu'aucune instance fédérale n'est habilitée à « empiéter sur le droit constitutionnel d'emmener les biens serviles dans les territoires communs ». A la convention démocrate, qui se tient à Charleston en avril 1860, le parti se divise. La protection fédérale des « biens serviles » est reprise des

---

[52] Bellot des Minières reconnaît une prépondérance du Sud dans ces régions. Lettres sur la question américaine, *op. cit.*, ff. 199-202.

[53] FOHLEN Claude, HEFFER Jean, WEIL François, *Canada et Etats-Unis depuis 1770*, Paris, PUF, 489 p. ; p. 21.

[54] LAGAYETTE Pierre, *La « destinée manifeste » des Etats-Unis au XIXe siècle. Aspects politiques et idéologiques*, Ellipses, Paris, 1999, 236 p. ; p. 38. En 1848, au sortir de la guerre contre le Mexique, les Sudistes les plus radicaux rédigent un programme en ce sens. William Lowndes Yancey, le futur envoyé du Sud en Europe en 1861, obtient, dans la législation de l'Etat d'Alabama, l'inscription d'un programme qui interdit à l'Etat fédéral de restreindre l'esclavage dans les territoires et le charge d'annuler les lois mexicaines anti-esclavagistes. « L'Alabama Platform » sera reprise par la Georgie et les conventions démocrates de Floride et de Virginie, mais ne sera pas adoptée par la convention nationale du parti démocrate. www.bioguide.congress.gov et www.encyclopedia.com (*The Columbia Encyclopedia*, 6e édition, 2008). FULLER John Douglas Pitts, *The movement for the acquisition of all Mexico (1846-1848)*, Baltimore, the Johns Hopkins Press, 1936, 174 p. ; p. 162.

[55] Montholon à Drouyn de Lhuys ; Richmond, le 1er mars 1849. A.M.A.E., CPC EU, vol. 2 ff. 206-207. Pendant la guerre de Sécession Montholon est en charge du consulat de New York puis est nommé à la tête de la légation de Mexico et, enfin, celle de Washington.

[56] En janvier 1860 *Le Journal des Débats* expose les attentes des Sudistes les plus radicaux : « Une fois maîtres du Mexique, de l'Amérique centrale et de Cuba c'est-à-dire d'une superficie cinq ou six fois grande comme la France et située dans des régions privilégiées par leur fertilité, on y proclamerait l'esclavage comme la pierre angulaire de la société et, pour la peupler rapidement et économiquement, on y rétablirait ouvertement la traite. » *Le Journal des Débats*, le 7 janvier 1860. F. Camus.

propositions de Jefferson Davis et le président de la commission s'inscrit dans la perspective d'une acquisition de Cuba, du Mexique et de l'Amérique centrale où un propriétaire d'esclaves devrait être, dans l'avenir, en mesure de transporter ses « possessions » en toute sécurité. Une nouvelle convention tenue à Baltimore n'empêche pas la scission qui se matérialise par la désignation de deux candidats, C. Breckinridge, qui prône l'extension de l'esclavage et S. Douglas, qui y est opposé[57]. Dans le même temps, même si le programme républicain de 1860 est moins radical que celui de 1856 défendu par Frémont, il n'en demeure pas moins que la désignation de Lincoln, lors de la convention républicaine de Chicago en mai 1860, est bien le signe d'un coup d'arrêt à la propagation de l'esclavage (mais pas le signal de sa disparition). S'il n'est plus exigé, de façon systématique, le vote d'une loi fédérale par le Congrès pour interdire l'esclavage dans les territoires de l'Ouest, le recours législatif reste possible si les nouveaux Etats ne prennent pas cette décision[58].

Les observateurs sont de cet avis. Le Sud veut étendre l'esclavage et s'emparer de nouvelles terres aux dépens de ses voisins[59]. Une confédération indépendante engendrera la guerre perpétuelle avec les territoires méridionaux qui ont, depuis longtemps, aboli l'esclavage[60]. La presse d'inspiration libérale n'est pas en reste avec ce thème de l'expansionnisme esclavagiste à tel point que, durant la guerre, il en devient un leitmotiv[61]. Impossible de feuilleter un quotidien, ou une revue de ce bord, sans qu'il évoque, à un moment ou un autre, la menace que font peser, sur les territoires au sud du Rio Grande, les Etats qui pratiquent la servitude. C'est bien d'abord l'idée de corriger un déséquilibre préjudiciable qui domine, les auteurs jugeant que l'élection de Lincoln renverse définitivement le poids électoral de l'Union au profit du Nord, ce qui pousse les Etats du Sud à vouloir s'étendre[62]. C'est ensuite la nécessité vitale pour l'esclavage d'accroître son empire car, d'après ces analystes, ce sont les propriétaires d'esclaves qui réclament l'annexion du Mexique et de l'Amérique centrale[63].

[57] McPHERSON James M., *La guerre de Sécession (1861-1865)*, Paris, Robert Laffont, 1991, 1004 p. ; pp. 234-237.
[58] OATES Stephen B., *Lincoln*, Paris, Fayard, 1984, 570 p. ; pp. 225-226.
[59] CHEVALIER Michel, *L'expédition du Mexique*, Paris, Hachette, 1864. Cité par GLANTZ DE LOPEZ CAMARA M., *op. cit.*, pp. 313-315.
[60] MERCIER DE LACOMBE H., *op. cit.*, pp. 121-122.
[61] Pour ne pas surcharger le texte nous avons dû nous contenter d'en sélectionner les passages les plus significatifs mais l'argument est récurrent.
[62] *Le Journal des Débats*, le 7 janvier 1861. F. Camus.
[63] La *Revue des Deux Mondes*, 1861 (1/2). Elisée Reclus, « L'esclavage aux Etats-Unis. II. les planteurs et les abolitionnistes », pp. 118-154 ; p. 149.

Limiter « l'institution particulière » dans l'espace c'est la limiter dans le temps puisqu'elle est toujours en quête d'un sol vierge[64].

B. Des hommes

Comment les agents pourraient-ils d'ailleurs être persuadés du contraire lorsqu'ils constatent que tous ceux qui dirigent la Confédération sont connus pour être des annexionnistes convaincus. Jefferson Davis, qui préside aux destinées des Etats sécédés, est un sudiste impérialiste. Il a été un des plus ardents défenseurs de la guerre contre le Mexique puisqu'en 1846, abandonnant son poste au Congrès, il fut volontaire pour aller combattre[65]. Au sortir de ce conflit, ayant retrouvé son poste de sénateur, il surenchérit pour modifier la frontière et inclure la cession de tout le Coahuila, le Nuevo Léon, la grande part du Tamaulipas et du Chihuahua ; la proposition ne sera pas retenue[66]. Sous l'administration Pierce, il accepte le poste de secrétaire à la Guerre dans la perspective d'une prise de Cuba qui lui semble impérative pour les Etats méridionaux[67] et continue à revendiquer une partie considérable du territoire mexicain. Preuve d'après lui de sa grande influence sur l'administration Pierce, dans une dépêche à Drouyn de Lhuys le comte de Sartiges, alors ministre à Washington, révèle que Davis a proposé Gadsden pour représenter les Etats-Unis au Mexique dans la perspective d'une modification de la frontière[68]. Quand on connaît l'attachement de la France à la préservation de l'intégrité territoriale du Mexique, on comprend que l'homme qui va incarner les destinées de la Confédération suscite l'inquiétude du Quai. En 1859, Davis fait encore allusion à une destinée impériale de l'Union dans son retentissant discours de Jackson, Mississippi[69]. La même année, Alexander Stephens, futur vice-président de la Confédération, plaide pour la réouverture de la traite et appelle à acquérir Cuba et le Nord du Mexique pour en faire de futurs Etats esclavagistes. La proposition fait scandale[70].

---

[64] La *Revue des Deux Mondes*,1861 (1/12). Auguste Laugel, « Les causes et caractères de la guerre civile aux Etats-Unis », pp. 140-162. ; pp. 152-153.

[65] EATON Clement, *Jefferson Davis*, London, Macmillan, 1977, 334 p. ; pp. 58-59.

[66] CALLAHAN James Morton, *American foreign policy in Mexican Relations*, New York, The Macmillan company, 1932, 644 p. ; p. 183. Davis est sénateur de 1847 à 1853 puis de 1857 à 1861. Seul l'intermède du secrétariat à la Guerre est venu interrompre cette carrière parlementaire.

[67] HENDRICK Benton J., *Statesmen of the lost cause. Jefferson Davis and his cabinet*, Boston, Little Brown and Company, 1939, 452 p. ; p. 47. COOPER W. J., *op. cit.*, p. 265.

[68] Sartiges à Drouyn de Lhuys ; Washington, le 8 avril 1855. A.M.A.E., PS, vol. 8.

[69] MAY R. E., *op. cit.*, p. 236.

[70] DAVIS William C., *The Union that shaped the Confederacy : Robert Toombs and Alexander H. Stephens*, Lawrence, University of Kansas Press, 2001, 304 p. ; p. 37, p. 76.

Du côté de la diplomatie de la Confédération les propos tenus sont tout aussi nets. Benjamin, son secrétaire d'Etat, incarne, plus que tout autre, la politique agressive à l'égard du voisin méridional. En 1857, il se retrouve à la tête de la *Louisiana Tehuantepec Company*. Le 7 septembre 1857, *Le Moniteur* indique que le gouvernement mexicain a passé un contrat, avec cette société constituée à La Nouvelle-Orléans, pour l'établissement de communications interocéaniques à travers l'isthme de Tehuantepec. La compagnie s'engageant à y construire un chemin de fer, le privilège lui est accordé pour 60 ans[71]. En réalité, Benjamin cherche à obtenir non seulement la confirmation du droit de passage perpétuel pour les Etats-Unis, mais aussi à conclure un traité avec le Mexique qui lui permettrait de s'emparer de la Basse Californie, presque toute la Sonora, une partie du nord du Chihuahua et le Rio Chico, le tout pour une quinzaine de millions de dollars[72]. Alors qu'il revient du Mexique, Sartiges, le représentant de la France aux Etats-Unis, dévoile au ministre des Affaires étrangères le vrai but du voyage de Benjamin. Ce dernier, du reste, ne s'en cache pas puisqu'il parle au plénipotentiaire français de l'indépendance des Etats du nord du Mexique et de leur réunion à la fédération américaine[73]. Après Sartiges, c'est au tour du représentant de la France au Mexique, Dubois de Saligny, de s'inquiéter des manœuvres de Benjamin et d'en faire part à Thouvenel[74]. A un moment où le président des Etats-Unis, James Buchanan, recommande au Congrès d'assumer « un protectorat temporaire » sur la partie nord du Mexique, le futur secrétaire d'Etat de la Confédération donne l'impression aux diplomates d'essayer de profiter de l'instabilité du Mexique pour déplacer la frontière de l'Union. Au Sénat, Benjamin finit même par passer pour le leader du parti sudiste extrême (« *extreme southern party* »), ne concevant les Etats-Unis que comme une nation s'étendant à travers tout le continent[75].

Au moment où éclate la sécession, le représentant des Etats-Unis en France est William Faulkner. Il est connu pour avoir été, en son temps, un ferme partisan de l'annexion du Texas[76]. Mais ce n'est rien à côté de l'émissaire de la Confédération, John Slidell, qui est réputé pour être viscéralement annexionniste. Dans les années 1850, Sartiges le présente

---

BROWNE William Hand, JOHNSON Richard Malcom, *Life of Alexander H. Stephens*, Philadelphia, J. B. Lippincott and Co, 1878, 619 p. ; pp. 200-204.

71 Le *Moniteur*, le 6 janvier 1858.

72 CALLAHAN J. M., *op. cit.*, pp. 247-248.

73 Sartiges à Walewski ; Washington, le 15 février 1858. A.M.A.E., PS, vol. 10.

74 Note de Dubois de Saligny à Thouvenel ; Paris, le 7 juin 1860. A.M.A.E., CP M, vol. 53 ff. 312-320v.

75 MEADE Robert Douthat, *Judah P. Benjamin and the American Civil War*, Chicago, Illinois, University of Chicago Press, 1944, 34 p. ; pp. 10-11.

76 LAUZAC Henry, « Son excellence M. C-J Faulkner» in *Galerie historique et critique du XIX*[e], Paris, Bureau de la galerie historique, 1860, 18 p. ; p. 12.

régulièrement comme le porte-drapeau du « parti annexionniste extrême »[77]. La correspondance qu'il adresse à Thouvenel, en octobre 1861, pour le mettre en garde contre Slidell, démontre qu'il n'a pas révisé son jugement[78].

Le nom de Slidell est d'abord associé à la guerre qui oppose, en 1846, les Etats-Unis au Mexique. Envoyé à Mexico par le président James Polk pour faire du Rio Grande la frontière méridionale du Texas, il est autorisé à proposer 30 millions de dollars pour que les Etats-Unis acquièrent la Californie ainsi que le Nouveau-Mexique. Comme les autorités mexicaines déclinent cette offre, il sollicite le concours de l'armée fédérale.

Dans les années 1850, alors que l'intervention du gouvernement fédéral contre les expéditions du général Walker pour s'emparer du Nicaragua provoque l'ire des journaux du Sud, comme le consigne Sartiges dans sa dépêche, c'est Slidell qui, au Sénat, revêt les habits de défenseur des flibustiers américains[79]. Tout comme Dudley Mann, son homologue envoyé en Belgique[80], Slidell est un des avocats les plus ardents d'une prise de Cuba. En octobre 1861, Sartiges, devenu ambassadeur à La Haye, rappelle à Thouvenel que, trois ans plus tôt, Slidell lui a clairement exprimé son désir de voir les Etats-Unis s'approprier l'île[81]. Il avait alors déposé un *bill*, au Sénat, promettant 30 millions de dollars d'avance à verser à l'Espagne afin que l'administration Buchanan puisse entamer des négociations sur la vente de Cuba. C'est ce qui explique qu'à la veille de la guerre la renommée de Slidell soit au plus haut. Son nom revient constamment dans les journaux[82]. En juillet 1862, dans la lettre qu'il adresse à Thouvenel, Slidell accrédite, sans le vouloir, l'idée d'un accroissement nécessaire de l'espace esclavagiste au nom d'un contrepoids au pouvoir des Etats du Nord[83]. Une maladresse qui ternit un peu plus encore une réputation déjà bien entachée. Pour le Quai d'Orsay ceux que le Sud a choisis pour mener ses destinées, ou sa diplomatie, sont donc des expansionnistes convaincus. Ils incarnent tout ce que la France a tenté de combattre depuis plus de vingt ans. Les Confédérés ont manqué de discernement - c'est un euphémisme - en ne percevant pas qu'ils ne pouvaient faire plus mauvais choix comme dirigeants, ou comme interlocuteurs de la Confédération en France.

---

[77] Sartiges à Drouyn de Lhuys ; Washington, le 2 mai 1854. A.M.A.E., PS, vol. 6.

[78] Sartiges à Thouvenel ; La Haye, le 28 octobre 1861. A.M.A.E., PT, vol. 17 f. 247v.

[79] Sartiges à Walewski ; Washington, le 11 avril 1858. A.M.A.E., CP EU, vol. 118 f. 164.

[80] En septembre 1854 il est en visite à Paris alors que Soulé et Mason y sont aussi. Ces derniers se préparent à rédiger le « manifeste d'Ostende » qui revendique une prise de Cuba par les Etats-Unis. Le séjour de Dudley Mann attise la curiosité et confère un caractère officiel à la présence des deux diplomates en France. Des indiscrétions entraînent son rappel.

[81] Sartiges à Thouvenel ; La Haye, le 28 octobre 1861. A.M.A.E., PT, vol. 17 ff. 246v.-247v.

[82] MAY R. E., *op. cit.*, pp. 175-176.

[83] Slidell à Thouvenel ; Paris, le 21 juillet 1862. A.M.A.E., ADP EU, vol. 32 ff. 56v.-57.

III. UN LOURD DOSSIER D'ACCUSATION A L'ENCONTRE DU SUD

A. Un passé qui ne passe pas

Le 22 juillet 1861, Jefferson Davis envoie un agent dans les Antilles, muni d'une lettre d'introduction au capitaine général de Cuba, pour l'informer que les Etats du Sud ne désirent plus Cuba. Il lui demande d'en aviser l'Espagne[84]. En juin 1863, Slidell, lors de son entrevue avec le monarque, fait lui aussi vibrer la corde sensible du territoire insulaire. Il affirme être autorisé à proposer l'adhésion de la Confédération au traité tripartite qui garantit la possession de l'île à l'Espagne. Napoléon III est d'accord pour donner sa caution, si la proposition est faite à Madrid[85]. Slidell n'ignore pas que son offre est particulièrement symbolique car elle semble démontrer que le Sud a renoncé à envahir l'île dont il apparaît pourtant que, de toutes les cibles étrangères, elle est un des objectifs favoris des Etats esclavagistes. Les propos de Slidell sont inattendus et semblent augurer un tournant de la politique sudiste.

Mais quelle crédibilité leur accorder ? Les diplomates ne peuvent avoir oublié que ce sont bien les Etats esclavagistes qui ont été les plus actifs à soutenir les tentatives de débarquement à l'encontre de Cuba (contre lesquelles la France et la Grande-Bretagne ont pris clairement position dans les années 1850, jusqu'à envoyer une flottille pour protéger l'île). Ils ont encore présent à l'esprit la résistance des administrations qui ont dû constamment naviguer entre les pressions du Sud pour s'emparer de l'île, considérée comme un appendice des Florides[86], et celles du Nord pour contenir l'expansion. Un écartèlement régulièrement dénoncé par les diplomates français[87]. A quelques jours du début de la guerre civile américaine, que consigne, dans sa dépêche à Thouvenel, Henri Mercier, le représentant français à Washington, si ce n'est cette monomanie des Sudistes qui ne peuvent s'imaginer vivre sans Cuba[88]?

---

[84] CALLAHAN James Morton, *Cuba and international relations. A historical study in American diplomacy*, Baltimore, The Johns Hopkins Press, 1899, p. 503 ; p. 335.

[85] Mémo. de Slidell in Slidell à Benjamin; Paris, le 21 juin 1863. *ORN*, ser. II, vol. 3, pp. 812-814. Le texte a été élaboré en 1852, par la France et la Grande-Bretagne. Il a été rejeté par l'administration fédérale de l'époque.

[86] PORTIS Larry, « The latin-american temptation expansionism and the expansion of pre-imperialist US into the Caribbean and Central America », in *La « destinée manifeste » des Etats-Unis au XIXe siècle*, *op. cit.*, p. 67.

[87] Ex. Boilleau à Walewski ; Washington, le 27 août 1855. A.M.A.E., CP EU, vol. 113 f. 85. Sartiges à Walewski ; Washington, le 20 juin 1859. A.M.A.E., CP EU, vol. 122 f. 103.

[88] Mercier à Thouvenel ; Washington, le 6 avril 1861. A.M.A.E., CP EU, vol. 124 f. 133.

Pour ce qui concerne l'Amérique centrale, les agents en poste aux Etats-Unis décrivent un mouvement d'extension de l'esclavage vers l'isthme[89]. Ils ne manquent pas d'observer que, pour assurer un droit de passage à travers le Nicaragua ou le Panama, les expansionnistes sudistes revendiquent l'obtention des terres situées dans le goulet d'étranglement du continent. A l'orée du conflit, l'ancien ministre de la France aux Etats-Unis, le comte de Sartiges, fait remarquer qu'à la Chambre des représentants, comme au Sénat, les Etats méridionaux considèrent les territoires d'Amérique centrale comme « une annexe naturelle de l'Union »[90]. Ils défendent ardemment toutes les invasions de Walker, le flibustier qui rêve de constituer au centre de l'Amérique un autre empire esclavagiste[91]. Pour les diplomates il existe une connexion entre les ambitions de Walker et les projets des hommes du sud[92]. Sartiges souligne tous les soutiens que Walker peut y trouver, particulièrement à La Nouvelle-Orléans où son procès se déroule alors et où il ne fait aucun doute qu'il sera acquitté[93]. Un danger que dénonce aussi, comme en écho, la presse libérale pour qui la pratique de l'esclavage risque de repousser toujours plus loin les frontières de l'Union, jusqu'à l'isthme de Panama[94].

Et puis, il y a le cas spécifique du Mexique. Lors de la guerre que mènent les Etats-Unis contre ce pays, les futurs membres du parti républicain - à commencer par Lincoln comme le fait remarquer le consul à New York au début de la guerre de Sécession - se montrent hostiles et manifestent « l'opposition la plus énergique » à la confrontation[95]. Rétrospectivement, c'est une vision binaire qui s'impose aux diplomates ; celle d'un Nord pacifique et respectueux des frontières du Mexique et celle d'un Sud prêt à saisir tous les prétextes pour s'en emparer. Réécrivant l'histoire, ils vont juger, après coup, que les convoitises du Sud ont été heureusement freinées par le traité de Guadalupe-Hidalgo[96].

---

[89] Lacoste à Turgot ; New York, le 12 avril 1852. A.M.A.E., CPC EU, vol. 3 f. 172.

[90] Sartiges à Walewski ; Washington, le 5 janvier 1858. A.M.A.E., CP EU, vol. 118 f. 26.

[91] William Walker (1824-1860) : cet ancien médecin, avocat à La Nouvelle-Orléans et journaliste à San Francisco va mener, en 1853, d'infructueuses expéditions contre le Mexique. Dans la seconde partie des années 1850 il s'attaque au Nicaragua dont il s'autoproclame président. Il trouve la mort au Honduras en 1860.

[92] Boilleau à Walewski ; Washington, le 4 mars 1856. A.M.A.E., CP EU, vol. 114 f. 195.

[93] Sartiges à Walewski ; Washington, le 8 février 1858. A.M.A.E., PS, vol. 10.

[94] *Le Journal des Débats*, le 5 février 1856. Edouard Laboulaye. La *Revue des Deux Mondes*, 1856 (3/4). Emile Montégut, « La question de l'esclavage et la vie des esclaves aux Etats-Unis », pp. 269-297 ; pp. 275-276.

[95] Montholon à Thouvenel ; New York, le 27 août 1861. A.M.A.E., CPC EU, vol. 8 f. 61.

[96] Pourtant, lors de la guerre contre le Mexique, ce soupçon ne peut s'appliquer avec pertinence. En effet, ce ne sont pas les Etats du sud qui poussent alors au contrôle total du Mexique mais ceux du nord, les plus virulents du *All Mexico Movement* (mouvement qui revendique l'invasion de la totalité du Mexique) étant new-yorkais. Pour ces derniers, l'idée

En effet, c'est seulement dans les années 1850 que les projets expansionnistes des populations des Etats esclavagistes, au détriment du Mexique, apparaissent au grand jour. Les diplomates font remarquer que les incursions de Walker au Mexique lui attirent la sympathie des populations des Etats méridionaux[97]. En 1853, les mêmes se réjouissent de la signature du traité Gadsden qui obtient le transfert à l'Union des territoires situés au nord de la Sonora[98]. Comme le note le responsable par intérim de la légation de France à Washington, durant ces années 1850, l'instabilité politique qui secoue le Mexique encourage toutes les surenchères :

> « La situation du Mexique est envisagée avec attention, principalement dans les Etats du sud où l'on espère mettre à profit les embarras de ce malheureux pays pour lui arracher de nouvelles cessions de territoires et rétablir, ainsi, l'équilibre entre les deux sections de l'Union. »[99]

En novembre 1856, lorsque Buchanan est élu, il est à redouter qu'une conquête du Mexique ne se fasse en suivant les plans des esclavagistes[100]. Bien qu'il soit natif de Pennsylvanie, Sartiges insiste en effet sur sa déférence « au parti du Sud »[101] puisqu'il ne peut compter sur le Nord pour appuyer ses projets d'extension[102]. Les déclarations menaçantes de Buchanan accréditent fermement l'idée que le premier prétexte venu sera bon pour annexer les territoires septentrionaux du Mexique et le diplomate français de s'interroger sur les buts poursuivis par les habitants des Etats serviles en voulant se saisir de territoires où l'esclavage a été aboli[103]. Outre

---

est que la conquête du Mexique, qui a aboli l'esclavage, permettra d'augmenter le nombre d'Etats libres et aussi d'endiguer la propagation de l'institution servile au sud de l'Union. FULLER J. D. P., *op. cit.*, pp. 161-162. Au départ, certains des futurs membres du cabinet Davis étaient opposés à une extension du territoire, et une guerre contre le Mexique ; ils y voyaient un danger pour les Etats-Unis à assimiler des populations qu'ils jugeaient inférieures. BROWNE W. H. *et al.*, *op. cit.*, pp. 211-212. John C. Calhoun met d'ailleurs en garde ses concitoyens contre le risque d'envahir ce territoire en insistant sur le fait que sa population métissée, peu civilisée et catholique, sera difficile à intégrer. SY-WONYU Aïssatou, *Les Etats-Unis et le monde au XIXe siècle*, Paris, Armand Colin, 2004, 314 p. ; pp. 178-179.

[97] Moerenhout à Drouyn de Lhuys ; Monterey, le 31 janvier 1854. A.M.A.E., CPC EU, vol. 4 f. 142v.

[98] Le projet originel est revu à la baisse puisqu'il devait porter la frontière entre les Etats-Unis et le Mexique jusqu'au 29e parallèle et inclure cinq Etats frontaliers ou, tout au moins, la Basse Californie et une large bande au nord du Mexique. CALLAHAN J. M., *op. cit.*, p. 214.

[99] Boilleau à Walewski ; Washington, le 24 septembre 1855. A.M.A.E., CP EU, vol. 113 f. 123.

[100] BINDER Frederick Moore, *James Buchanan and the American Empire*, Selingrove, Susquehanna University Press, London, Toronto, Associated University Press, 1994, 318 p. ; p. 248.

[101] Sartiges à Walewski ; Washington, le 8 février 1858. A.M.A.E., PS, vol. 10.

[102] *Id.* ; Washington, le 2 mars 1858. A.M.A.E., PS, vol. 10.

[103] *Id.* ; Washington, le 15 février 1858. A.M.A.E., PS, vol. 10. D'ailleurs, de façon à freiner les ardeurs annexionnistes, la nouvelle constitution mexicaine, adoptée en février 1857,

l'opportunité d'y étendre l'esclavage, les agents évoquent la question de l'isthme de Tehuantepec situé au sud de Vera Cruz que les Etats méridionaux de l'Union n'ont pas renoncé à contrôler. Il s'agirait d'une entreprise avec les capitaux du Sud, dirigée par des hommes du Sud et qui, en rapprochant les ports de la Californie et de La Nouvelle-Orléans pourrait faire espérer à cette dernière ville de devenir l'entrepôt principal du commerce de l'Union[104]. Le traité McLane-Ocampo, conclu en 1859 entre l'envoyé du gouvernement américain et le ministre des Affaires étrangères de Juárez, semble bien être le point culminant de cette politique annexionniste. La division sur le sort à réserver au Mexique est désormais évidente puisque l'accord est rejeté par le Sénat à l'issue d'un vote reflétant clairement le clivage entre le nord et le sud de l'Union[105].

Avec le déclenchement de la guerre, les défenseurs du gouvernement fédéral à Paris connaissant la vigilance et l'irritabilité de la France sur les tentatives d'incursion américaines au Mexique, ou en Amérique centrale, visent à faire pencher la balance en leur faveur en plaçant le projet expansionniste des Confédérés au cœur de leur démonstration[106]. Dans son mémorandum destiné à Napoléon III, le général J. Watson Webb affirme que derrière le projet sécessionniste se cache la disparition pure et simple du Mexique au profit de la nouvelle confédération esclavagiste[107]. Les soutiens du gouvernement légal ne sont pas les seuls à estimer que le Sud ne se contentera pas de suivre la direction du Rio Grande pour développer son « institution particulière ». Sain de Boislecomte, l'ancien ministre plénipotentiaire à Washington sous la Seconde République, considère que la sécession ouvre des opportunités aux esclavagistes qui, après la conquête du Mexique, pourraient se diriger jusqu'à l'équateur. Dans ce cas « l'expédition

---

affirme que « les esclaves entrant sur le territoire national recouvrent, de ce seul fait, leur liberté et ont droit à la protection de la loi ». VAGNOUX Isabelle, *Les Etats-Unis et le Mexique, histoire d'une relation tumultueuse*, Paris, L'Harmattan, 2003, 432 p. ; p. 50.

[104] Méjan à Thouvenel ; La Nouvelle-Orléans, le 31 janvier 1860. A.M.A.E., CCC La N-O, vol. 13 ff. 201-202.

[105] VAGNOUX I., *op. cit.*, p. 51.

[106] En Angleterre aussi le représentant du gouvernement fédéral, Charles Francis Adams, enjoint son fils Henry, le 25 août 1861, d'utiliser l'argument d'une Confédération agressive et d'une relance du commerce des esclaves au Mexique et en centre Amérique. MAY R. E., *op. cit.*, p. 240.

[107] Mémo. du g[al] Webb ; le 2 août 1861. A.M.A.E., ADP EU, vol. 30 ff. 38-40. « I speak avisedly when I say that the program of the leading rebels was, first, to induce the North to consent to them secession and, then, to conquer Mexico and make a great slave Confederacy composed of Mexico, the rebel States and Lower California of which the city of Mexico was to be the capital and the african slave trade to furnish them with labourers citizens fifty dollars per head. »

européenne au Mexique pourrait bien déranger leurs fastes combinaisons »[108].

Outre-Atlantique, les Nordistes ont compris tout le profit qu'ils pourraient tirer d'une propagande axée sur ce sujet. Envoyé au début de la guerre civile par le gouvernement Lincoln pour négocier un prêt à Juárez de 10 à 12 millions de dollars, Thomas Corwin, le représentant des Etats-Unis au Mexique, propage la rumeur que les Confédérés envisageraient l'annexion de la Basse Californie et planifieraient, ensuite, la conquête de tout le pays[109]. Corwin sait que cette annonce fait mouche auprès de la France qui se prépare à y intervenir ; en réalité, il ne fait que suivre à la lettre les instructions du secrétaire d'Etat Seward. Ce dernier s'empresse de rendre publique une dépêche qu'il a adressée à son agent, le 6 avril 1861, où il expose bien les dangers qui guettent le Mexique à présent que des Etats rebelles et frontaliers se sont détachés de l'Union :

> « Le président mexicain ne peut manquer de voir que le Mexique, loin de profiter de la destruction ou de la faiblesse de l'autorité fédérale, ne peut qu'en souffrir et être exposé à de terribles dangers [...]. La continuation de l'anarchie au Mexique doit nécessairement être une séduction pour ceux qui conspirent contre l'Union et les encourager à rechercher la puissance et l'agrandissement en faisant des conquêtes au Mexique et dans d'autres territoires de l'Amérique espagnole [...]. Le président ne saurait croire que les citoyens insurgés de notre pays, qui tentent de démembrer l'Union, espèrent amener le Mexique à les aider en reconnaissant l'indépendance qu'ils ont proclamée parce qu'il est évident qu'une pareille organisation d'un mouvement distinct dans la partie de l'Union qui touche au Mexique serait plus dangereuse pour ce pays que nuisible aux Etats-Unis. Il est évident que l'organisation actuelle des Etats-Unis offre au Mexique les plus grandes garanties d'intégrité, d'union et d'indépendance. »[110]

Il faut remarquer que cet effort de persuasion des gouvernements européens est facilité par la personnalité de l'émissaire de la Confédération, John Pickett, un ancien flibustier qui ne cache pas ses ambitions à l'égard du Mexique et qui s'emporte contre la nomination de Corwin qu'il considère comme une tentative pour bloquer l'expansion sudiste[111]. Dans une

[108] BOISLECOMTE Charles Joseph Edmond Sain de, *De la crise américaine et de celle des nationalités en Europe*, Paris, E. Dentu, 1862, 155 p. ; p. 57.

[109] VAN DEUSEN Glyndon G., *William Henry Seward*, New York, Oxford University Press, 1967, 666 p. ; p. 366. Il s'agit de Thomas Corwin qui restera à ce poste jusqu'en 1864. En 1846, il fut un adversaire déterminé de la guerre contre le Mexique.

[110] *Archives diplomatiques,* 1862, Paris, Amyot, t. 1, 480 p. ; pp. 424-427.

[111] John T. Pickett a combattu avec Narciso López à Cuba, en 1850, et aussi avec William Walker. Le 17 mai 1861 il est nommé agent spécial des Confédérés au Mexique. Après avoir été jeté en prison par Juárez il est expulsé du territoire à la fin de l'année 1861. SCHOONOVER Thomas, « Pickett » in *Encyclopedia of the Confederacy*, Simon & Schuster, New York, Londres, Tokyo, Sydney, Singapour, 1993, vol. 3, 480 p. ; p. 1209-1210.

correspondance à Benjamin, estimant que les ressources agricoles et minières du nord du pays reviennent de droit au Sud, de même que l'accès à l'isthme de Tehuantepec, est vital pour le Texas pour gagner le Pacifique[112], il clame haut et fort que 30 000 Confédérés pourraient franchir la frontière mexicaine[113]. Il veut empêcher une ingérence étrangère et prévient le gouvernement constitutionnel du Mexique que les Confédérés ne consentiront jamais aucune vente ou hypothèque de terres à un gouvernement qui ne soit pas allié à la Confédération. Dans ce but, il suggère que ses compatriotes prennent possession militairement de Monterey[114].

Il faut ajouter le manque de scrupules, c'est un euphémisme, des gouverneurs de certains Etats du Mexique qui réactivent les projets de démantèlement des provinces du nord au profit de la nouvelle confédération. En juin 1861, le gouverneur du Léon et du Coahuila propose l'adjonction de ses territoires à la Confédération, ainsi que celui de Tamaulipas[115]. Dubois de Saligny, le ministre de la France au Mexique, se fait d'ailleurs l'écho des risques d'une partition du Mexique qui autoriserait tous les rattachements possibles des contrées septentrionales[116].

Dès lors, la naissance d'une nouvelle république intrinsèquement expansionniste est vécue par les diplomates comme une menace pour le projet mexicain. Ils considèrent que la guerre civile a opportunément porté un coup d'arrêt aux appétits des hommes du Sud et à leurs desseins annexionnistes qui semblaient si bien arrêtés avant que les hostilités ne soient déclenchées. C'est pourquoi l'issue de la guerre est importante car, pour le Quai, une victoire des Confédérés donnerait le signal de la reprise des conquêtes méridionales. Cette incompatibilité de coexistence entre une

---

112 CROOK D. P., *op. cit.*, p. 333.

113 NOIRSAIN S., *op. cit.*, pp. 147-148.

114 Dépêches de Pickett à Toombs les 29 juillet, 28 août, 7 septembre, 29 octobre 1861. CALLAHAN J. M., *op. cit.*, p. 283. L'auteur se trompe et mentionne Toombs comme destinataire des dépêches mais Toombs a laissé sa place à Hunter le 25 juillet 1861.

115 MAY R. E., *op. cit.*, p. 251. NOIRSAIN S., *op. cit.*, p. 149.

116 Dubois de Saligny à Thouvenel ; Mexico, le 17 juillet 1861. A.M.A.E., CP M, vol. 55 f. 92. Contraste parfait, dans le même temps le gouvernement fédéral fait bien ressortir son désintérêt pour une quelconque acquisition de ce genre. Pour éviter toute méprise, Lincoln décide de publier la correspondance diplomatique entretenue avec son envoyé auprès du gouvernement Juárez. Son secrétaire d'Etat indique clairement que son gouvernement ne désire pas s'emparer d'une quelconque partie du Mexique. Dép. tél. ; Londres, le 29 avril 1862. A.M.A.E., ADP EU, vol. 30 f. 186. Pourtant certains auteurs, comme Samuel Flagg Bemis, identifient Seward comme un expansionniste car il lui est arrivé de faire référence à l'agrandissement territorial des Etats-Unis dans ses discours. Cependant, s'il a pu défendre la « destinée manifeste », Seward a toujours envisagé une expansion pacifique des Etats-Unis et catégoriquement écarté l'idée d'user de la conquête, ou de l'agression, pour obtenir des territoires. PAOLINO Ernest N., *The foundations of the American Empire ; William Henry Seward and US foreign policy*, London, Cornell University Press, 1973, 235 p. ; pp. 7-11.

république esclavagiste indépendante et la nouvelle monarchie mexicaine est un argument clé à opposer à l'Empereur, lui qui pourrait être tenté par la reconstitution d'un empire français au cœur des Amériques.

B. Une menace clairement identifiée

Parmi les agents français personne n'est dupe de la gesticulation diplomatique du Sud ; ils ont très tôt compris que son impérialisme est simplement mis entre parenthèses. Dans ces conditions la séparation ne saurait être une garantie contre l'expansion, au contraire. En effet, elle créerait un déséquilibre car elle permettrait au Sud, devenu indépendant, de s'étendre sans entrave et engendrerait une situation plus dangereuse encore pour l'ensemble du continent américain que la république unie, une thèse déjà évoquée avant même la sécession[117]. Début 1860, le responsable par intérim de la légation de France aux Etats-Unis se place dans l'hypothèse, de plus en plus probable, où le Sud déciderait de se détacher du Nord. Il avertit son gouvernement qu'une telle séparation modifierait la balance des pouvoirs dans le monde[118]. Un an plus tard, tandis que sept Etats ont déjà fait défection, Henri Mercier, le nouveau représentant de la France aux Etats-Unis, ne peut dissimuler que leur géographie pousse les Etats du sud, plus que ceux du nord, à orienter leur expansion vers l'Amérique centrale. Ils sont stimulés par la quête de nouveaux débouchés commerciaux et par la volonté de renforcer leur position à l'égard de l'esclavage en convertissant à la servitude des territoires qui s'en sont affranchis[119].

L'ancien ministre à Washington dans les années 1850, le comte de Sartiges, ambassadeur à La Haye durant la guerre civile américaine, fait entrevoir à Thouvenel ces perspectives redoutables en démontrant que la reconnaissance du gouvernement de Richmond ne suffirait pas à résoudre « la question des limites ». Sartiges souligne que le Nord, en s'accrochant aux forteresses situées à la pointe extrême de la Floride, sera à même de protéger Cuba, le Mexique et l'Amérique centrale contre les attaques ultérieures de la Confédération : « La politique de la nouvelle confédération du Nord sera d'empêcher l'extension du Sud vers les pays où l'esclavage

---

[117] C'est la thèse défendue dès 1859 par le publiciste Julius Froebel, un Allemand, dans son ouvrage publié, *Amerika, Europa und die politischen Gesicht punkte der Gegenwart*, qui envisage la possibilité d'une scission. Il conteste que les Etats-Unis divisés seraient affaiblis car la compétition entre les deux nouvelles républiques accélérerait leur développement économique et militaire à tel point que deux puissances, encore plus redoutables pour l'Europe, émergeraient. BLUMENTHAL Henry, *A Reappraisal of Franco-american relations (1830-1871)*, Chapel Hill, The University of North Carolina Press, 1959, 255 p. ; pp. 119-120.

[118] Treilhard à Walewski ; Washington, le 16 janvier 1860. A.M.A.E., CP EU, vol. 123 f. 10. Treilhard ignore la nomination de Thouvenel.

[119] Mercier à Thouvenel ; Washington, le 6 avril 1861. A.M.A.E., CP EU, vol. 124 f. 133.

existe, a existé ou pourra exister […]. » A l'inverse, ces forteresses procureraient au Sud « une tête de pont contre les contrées que baignent les eaux du golfe du Mexique »[120].

Les propos tenus par Thouvenel à Flahaut, son ambassadeur à Londres, démontrent que le ministre des Affaires étrangères est bien conscient du danger que générerait une séparation. A l'automne 1861, envisageant l'hypothèse d'une scission de l'Union, il souligne à quel point le Mexique, si affaibli politiquement, offrirait une « compensation territoriale » à son voisin. Afin d'en prévenir l'accomplissement, il recommande pour ce pays la constitution d'un « gouvernement réparateur assez fort pour arrêter la dissolution interne »[121]. En février 1862, dans une nouvelle lettre à Flahaut, Thouvenel, réagissant à l'idée d'un départ définitif des Etats serviles de l'Union, écrit que « la grosse difficulté sera celle des limites »[122]. En juillet, Thouvenel interpelle Slidell, l'envoyé du Sud, sur la question des bornes de la Confédération. Il est probable que le ministre a déjà évoqué devant Napoléon III ce point particulier car, lors de sa rencontre avec Slidell, une semaine plus tôt, l'Empereur aussi mentionne le problème ardu que pourrait poser l'établissement des frontières de la république esclavagiste[123].

Si la menace est clairement identifiée par les responsables de la diplomatie française, elle l'est aussi par la presse. Si quelques rares journalistes essayent de compromettre le Nord, en laissant accréditer que c'est bien lui qui orchestre l'expansion[124], au total il faut bien reconnaître

---

[120] Sartiges à Thouvenel ; La Haye, le 1er février 1862. A.M.A.E., ADP EU, vol. 30 ff. 92-96v. Bien que la Floride ait rejoint le camp confédéré, les Nordistes conservent les Forts Zachary Taylor et Jefferson.

[121] Thouvenel à Flahault ; Paris, le 11 octobre 1861. A.M.A.E., LJ M, 1862, p. 154.

[122] Thouvenel à Flahaut ; Paris, le 10 février 1862. THOUVENEL Louis, *Le secret de l'Empereur*, Paris, Calmann-Levy, 1889, t. 2, 571 p. ; pp. 236-237.

[123] Slidell à Benjamin ; Paris, le 25 juillet 1862. *ORN*, ser. II, vol. 3, pp. 479-487. L'Empereur réfléchit à la limite à tracer pour les Etats bordiers mais il semble impossible que son regard ne soit pas tourné vers le sud alors que quelques jours plus tôt, dans sa lettre au général Forey, il s'inquiétait des débordements américains au détriment du Mexique. Le *New York Times* du 22 novembre 1862 publie un article écrit quinze jours plus tôt par un correspondant à Paris qui se fait appeler « Malakoff ». L'auteur revient sur la seconde rencontre entre Napoléon III et Slidell et suppose que les deux hommes ont abordé la question du Mexique. Il note qu'une majorité de Français croient que les Etats du Sud devenus indépendants ne renonceraient pas à la doctrine expansionniste en direction du Mexique et que l'Empereur serait un de ceux qui priserait le plus cette hypothèse. http//query.nytimes.com. Le vrai nom de Malakoff est William Edward Johnston, un médecin d'une quarantaine d'années. Ce journaliste américain couvre en France toute la période du Second Empire.

[124] En septembre 1862, *Le Pays* publie une série de trois lettres de sympathisants du Sud qui laissent entendre que le Nord, attaché à la doctrine de Monroe, envahira l'Amérique centrale, le Mexique et le Canada. *Le Pays*, les 11 et 17 septembre 1862. Paul Becquet du Bellet. BLACKBURN George M., *French Newspaper opinion on the American Civil War*, contributions in American History n° 171, Greenwood Press, Westport Connecticut, London, 1997, 158 p. ; pp. 95-96.

qu'une telle mise en accusation est exceptionnelle tant l'attitude de son adversaire, durant la précédente décennie, le dédouane. La presse française, habituellement favorable au gouvernement de Washington, reprend l'historique des agressions du Sud depuis l'épisode du Texas « arraché » au Mexique. Elle date la prise de conscience du danger expansionniste sudiste de la candidature de Frémont en 1856. C'est à ce moment que le Nord commence véritablement à s'opposer aux incessantes usurpations. Il ne voit pas, sans crainte, la paix extérieure compromise par les ambitions de « cette aristocratie de maîtres d'esclaves » qui parle d'annexer Cuba, les Antilles, le Mexique et toute l'Amérique centrale[125]. Les mêmes organes remarquent que le Nord ne combat pas pour fonder un empire ; il guerroie pour des principes[126]. Plus encore que les citoyens du Nord, ce sont les républicains, parce qu'ils sont abolitionnistes, qui donnent un coup d'arrêt aux empiètements du Sud[127]. Par l'action qu'ils mènent, ils interdisent la formation d'un vaste empire esclavagiste qui donnerait aux Sudistes la clé du continent et la suprématie des deux mers[128]. Les journaux libéraux sont reconnaissants au Nord de préserver ainsi les intérêts de l'Europe en s'attachant à conserver un équilibre général[129].

C. Maximilien et les Confédérés

A partir de l'été 1863, avec l'entrée des troupes françaises dans Mexico, les Confédérés tentent de nouer des relations avec le gouvernement mis en place par Paris en espérant, en contrepartie, qu'il se décidera à reconnaître leur gouvernement[130]. Ce qui explique que le 7 janvier 1864, au moment où

---

125 La *Revue des Deux Mondes*, 1861 (11/12). Auguste Laugel, « Les causes et caractères de la guerre civile aux Etats-Unis », pp. 140-162 ; p. 146, p. 150, p. 161.

126 La *Revue des Deux Mondes*, 1863 (9/10). Auguste Laugel, « La guerre civile aux Etats-Unis (1861-1863). Le gouvernement fédéral, les armées et les partis », pp. 872-897 ; p. 873.

127 *Le Journal des Débats*, le 4 décembre 1860. Auguste Léo. La *Revue des Deux Mondes*, 1863 (3/4). Elisée Reclus, « Les Noirs américains depuis la guerre civile des Etats-Unis. I. Les partisans du Kansas et les Noirs libres de Beaufort », pp. 364-394 ; pp. 368-369.

128 La *Revue des Deux Mondes*, 1861 (1/2). Elisée Reclus, « L'esclavage aux Etats-Unis. II. les planteurs et les abolitionnistes », pp. 118-154 ; p. 149.

129 La *Revue des Deux Mondes*, 1863 (9/10). Auguste Laugel, *op. cit.*, p. 875.

130 *Le Journal des Débats* écrit, après la proclamation de la monarchie le 10 juillet 1863 à Mexico : « A New York, comme à Paris, on ne doute point que le nouveau gouvernement du Mexique, dès qu'il sera constitué, ne s'empresse de reconnaître la confédération du Sud à condition d'être lui-même reconnu par elle. » *Le Journal des Débats*, les 14 septembre et 4 octobre 1863. J. J. Weiss. Pourtant, les observateurs doivent rapidement revoir leurs prévisions. En octobre 1863, *Le Courrier des Etats-Unis*, journal qui ne paraît qu'aux Etats-Unis, assure que le gouvernement français ne jugerait pas opportun la reconnaissance du Sud par le nouvel empire mexicain.

Maximilien accepte la couronne du Mexique[131], le secrétaire d'Etat de la Confédération, Judah Benjamin, envoie les lettres d'accréditation au général William Preston pour le représenter auprès du nouveau souverain. Il lui délivre une autorisation de reconnaissance de son gouvernement. La mission de Preston inquiète considérablement les membres du cabinet Lincoln[132]. Pourtant, en route pour Mexico, Preston apprend que Maximilien s'est prononcé pour la neutralité dans le conflit américain et, parvenu dans la capitale, on l'informe que le nouvel empereur du Mexique refuse de le recevoir[133].

Dès son passage à Paris, l'attitude de Maximilien à l'égard des Confédérés est sans ambiguïté ; il refuse de rencontrer Slidell. Pour ce dernier il ne fait aucun doute que Maximilien a subi des pressions de la part de Napoléon III qui l'a poussé à ne pas lui accorder d'entrevue. Il explique cet évincement par l'espoir du gouvernement français d'obtenir, pour le nouveau régime mexicain, l'appui du gouvernement fédéral. Ce dernier l'aurait laissé entrevoir à Mercier à la condition qu'aucune négociation ne soit engagée avec la Confédération[134]. Les agents confédérés s'appuient sur la présence de Mercier à Paris, en mars 1864, pour supposer qu'il délivre des promesses allant dans ce sens.

Deux questions se posent. Tout d'abord, l'administration Lincoln a-t-elle laissé croire qu'elle pourrait reconnaître l'Empire mexicain ? Au regard des déclarations antérieures et de la constante aversion dont fait preuve le gouvernement fédéral à l'égard du dessein napoléonien, cette idée semble très improbable. Un tel revirement apparaîtrait forcément suspect aux yeux des diplomates. D'ailleurs, en mars 1864, lors de la réception donnée aux Tuileries par Napoléon III en l'honneur de Maximilien et de Charlotte, le représentant des Etats-Unis, William Dayton, brille par son absence[135].

---

[131] Selon Alain Gouttman il prend sa décision le jour de Noël 1863. GOUTTMAN Alain, *La guerre du Mexique (1862-1867). Le mirage américain de Napoléon III.* Paris, Perrin, 2008, 452 p. ; p. 200. Mais le choix de Maximilien est arrêté par la France à l'été 1861. BARKER Nancy Nichols, « France, Austria and the Mexican Venture (1861-1864) » in *French historical studies*, vol. III, n°2, 1963, pp. 224-245.

[132] Seward à Corwin ; Washington, le 20 février 1864. BLUMBERG Arnold, « The diplomacy of the Mexican Empire (1863-1867) », in *Transactions of the American Philosophical Society*, The American Philosophical Society, Independance Square, Philadelphia, november 1971, 152 p. ; p. 17. Originaire du Kentucky, avant 1861 Preston a été en poste en Espagne. Il cultive une amitié avec Montholon.

[133] DADDYSMAN, James W., « The Matamoros Trade » in *Encyclopedia of the Confederacy*, Simon & Schuster, New York, Londres, Tokyo, Sydney, Singapour, 1993, vol. 3, 480 p.

[134] Slidell à Benjamin ; Paris, le 16 mars 1864. *ORN*, ser. II, vol. 3, pp. 1063-1065.

[135] GOUTTMAN A., *op. cit.*, p. 200. Il faut dire que l'homme est *persona non grata* depuis que, à l'occasion d'un bal donné lors des fêtes du jour de l'An 1864, il s'est singularisé en déclarant à Eugénie : « La France sera obligée de renoncer à son projet et cela finira mal pour

D'autre part, le gouvernement français a-t-il manœuvré pour que Maximilien ne se laisse pas entraîner dans cette voie dangereuse ? Ambrose Dudley Mann, l'émissaire de la Confédération en Belgique, aurait découvert des preuves établissant que Napoléon III aurait enjoint à Maximilien de ne pas nouer de relations avec le gouvernement confédéré en France ou au Mexique[136]. Cependant, le ministre des Affaires étrangères, ainsi que l'Empereur, assurent Dayton que l'archiduc n'a jamais parlé de reconnaître le Sud[137]. Dès lors une telle conviction rendrait toute pression inutile. Qu'en conclure ? Le caractère de Maximilien nous renseigne. Il n'a pas d'idées arrêtées et c'est Napoléon III qui, dans une lettre du 2 octobre 1863, lui fixe sa feuille de route[138]. Le frère de François-Joseph atermoie longuement avant d'accepter la proposition que lui fait la France, n'entérinant définitivement son choix que le 10 avril 1864, après la signature de la convention de Miramar et sa renonciation aux droits successoraux[139]. On peut supposer qu'il en va de même en matière diplomatique. Lorsque le gouvernement impérial s'efforce d'encourager un Maximilien mal assuré à ne pas accorder d'entrevue aux Confédérés pour ne pas se compromettre. Et il n'est pas invraisemblable non plus de penser que, durant les négociations qui précèdent la signature de l'accord d'avril, cette neutralité ait pu lui être instamment réclamée. En tout état de cause, comme il ne prend réellement ses fonctions qu'à l'été 1864, le sort de la guerre civile se dessine à présent nettement et il n'est plus question pour Maximilien de conclure une alliance avec le Sud.

Un indice nous conduit à penser qu'en dehors du risque de friction avec l'administration fédérale que la France redoute, Maximilien est conscient du danger expansionniste sudiste sur lequel le Quai ne manque pas d'insister. La démonstration nous en est fournie un an plus tard, à la fin du conflit entre le Nord et le Sud, lorsque d'anciens Confédérés désœuvrés cherchent à s'installer au nord du Mexique, certains avec en tête des schémas de colonisation[140].

Le moins que l'on puisse dire est que cette immigration est perçue comme une menace par les autorités mexicaines. Un rapport du ministre de

l'Autriche. » DELAMARE George, *l'Empire oublié. L'aventure mexicaine, 1861-1867*, Paris, Hachette, 1935, 252 p. ; p. 75.

136 HUBBARD C. M., *op. cit.*, p. 163. Kathryn Hanna pense elle aussi que Napoléon III est intervenu. HANNA K. A., « The roles of the South... », *op. cit.*, pp. 14-15.

137 Dayton à Seward ; Paris, les 11 et 25 mars 1864. CASE L. M. *et al.*, *op. cit.*, p. 549.

138 GOUTTMAN A., *op. cit.*, p. 198.

139 La convention fixe les modalités militaires du soutien à Maximilien et les conditions financières imposées au Mexique.

140 HANNA K. A., *op. cit.*, p. 18. HARMON George P., « Confederate migrations to Mexico », in *Hispanic American Historical review*, vol. XVII, n° 4, 1937 (11), pp. 458-487 ; pp. 458-461.

la Guerre recommande d'empêcher l'expatriation de se produire ou bien de fixer des règles draconiennes comme, par exemple, obliger tout arrivant à déposer les armes avant de franchir la frontière[141]. Au plus haut sommet de l'Etat on redoute, de la part de ces nouveaux venus, la possibilité d'un coup de force qui mettrait inévitablement en danger l'intégrité du territoire mexicain. En juin 1865, lors d'une rencontre avec Maximilien, le comte Dano, ministre de la France à Mexico, note que son interlocuteur est très préoccupé par les sollicitations des anciens Confédérés pour s'établir dans le pays. Il ne veut leur réserver que la région au centre du Mexique et se justifie par la crainte que lui inspire leur propension à s'émanciper du pouvoir central pour mieux se détacher ensuite du territoire national :

> « Qu'arriverait-il au bout de quelques années lorsqu'une population compacte et toute anglo-saxonne de langue et d'origine se verrait solidement établie dans mes départements frontaliers ? [...] Le projet d'une république de la Sierra Madre, tant de fois agité, pourrait se réaliser alors, malgré tous nos efforts, sur une échelle beaucoup plus vaste, nous enlever tous nos départements du Nord depuis Tamaulipas jusqu'à la mer de Cortés et la Basse Californie. »[142]

Maximilien ajoute que la destruction de la Confédération peut avoir des conséquences très heureuses pour l'avenir du Mexique et se félicite d'avoir su conserver sa neutralité[143].

Tandis qu'un certain nombre de vétérans rejoignent les forces armées de Maximilien, où ils déploient leurs talents militaires[144], le nouveau régime ne peut se priver du savoir-faire et des capacités techniques des anciens rebelles, en particulier en matière ferroviaire ou maritime[145]. Maximilien doit accepter l'immigration des Confédérés mais instaure des règles strictes : qu'ils déposent leurs armes à la frontière, prêtent serment d'obéissance au gouvernement mexicain, se rendent comme colons dans des territoires que le gouvernement leur aura préalablement désignés et ne s'établissent pas sur l'isthme de Tehuantepec[146].

---

[141] Le ministre de la Guerre à Maximilien ; Mexico, le 13 juin 1865. A.M.A.E., ADP EU, vol. 39 f. 55v.

[142] Dano à Drouyn de Lhuys ; Puebla, le 11 juin 1865. A.M.A.E., CP M, vol. 63 ff. 343v.-348. La rencontre se déroule en présence d'Almonte, le maréchal du palais, et de Ramirez, le ministre des Affaires étrangères.

[143] *Id.*, ff. 342-343.

[144] MILLER Robert Ryal, « Arms accross the border : United States aid to Juárez during the French intervention in Mexico » in *Transactions of the American Philosophical Society*, New Series, vol. 63, part 6, Independance Square, Philadelphia, The American Philosophical Society, 1973 (12), pp. 4-61 ; p. 7.

[145] ROLLE A. F., *op. cit.*, pp. 118-120.

[146] Drouyn de Lhuys à Montholon ; Paris, le 20 juillet 1865. A.M.A.E., LJ M, 1866, p. 189. Ces conditions sont déjà évoquées en juin. En sus il est question que les Confédérés promettent de ne se livrer à aucune tentative contre aucun gouvernement ami ou limitrophe. Maximilien n'a pas oublié que Cuba reste un de leurs objectifs. Dano à Drouyn de Lhuys ;

Tout autant que les diplomates français, et bien que la guerre soit terminée, le nouveau gouvernement mexicain redoute donc toujours l'action des Sudistes. Ils ne sont pas parvenus à gommer le caractère intrinsèque de domination qui les anime. Il subsiste un sentiment de crainte envers l'expansionnisme sudiste. Ce péril pourrait survenir avec d'autant plus d'imminence que la mort de Lincoln et l'attentat dont est victime Seward laissent planer un doute sur le maintien de la neutralité de l'Union à l'égard du régime mis en place par la France. Au nom de la réconciliation nationale, il pourrait être tentant, pour les vainqueurs, de donner satisfaction aux anciens ennemis, en fermant les yeux sur leurs incursions en territoire mexicain.

Conclusion

L'intervention mexicaine, qui a pour principal objet d'endiguer l'expansion des Etats-Unis vers le sud du continent, prouve à contrario qu'une reconnaissance de la Confédération n'est pas une garantie pour contrecarrer cette avancée contre laquelle la France bataille depuis deux décennies. Rappelons que la sécession a commencé dans les dix mois qui précèdent le lancement de l'expédition. C'est la preuve que le gouvernement français est conscient que la coexistence de deux entités n'est pas une assurance contre les débordements territoriaux de l'Union. Plus encore, il comprend que l'indépendance du Sud signifierait, inévitablement, la reprise à son compte de la « destinée manifeste », cette fois au détriment de ce qui demeure du territoire mexicain. Il a pu observer que les Sudistes se sont bien gardés de fixer les limites de la Confédération et que l'esprit de cette nouvelle république reste animé d'une dynamique impérialiste que ses partisans, en dépit de leurs ouvertures, ne sont jamais parvenus à faire oublier.

Tandis que la conquête de nouvelles terres constitue un projet fédérateur pour le Sud, le Nord, opposé à l'extension de l'esclavage, apparaît respectueux des frontières et, du même coup, comme le gardien vigilant de l'intégrité du Mexique. Le danger de l'expansion sudiste est donc bien supérieur à l'affaiblissement de l'Union. Dans ces conditions, la fédération née de la guerre d'Indépendance doit survivre car elle permet de conserver une solide armature pour contrer les désirs annexionnistes exacerbés des citoyens des Etats serviles[147]. La France se doit de ménager le Nord qui est le

---

Puebla, le 11 juin 1865. A.M.A.E., CP M, vol. 63 ff. 343v.-348. Pour le détail sur ces conditions voir l'annexe à la dépêche de Puebla du 11 juin 1865. ff. 353-357v.

[147] Comme l'écrit Mercier de Lacombe, dans le cas contraire la Confédération sera libre de ses mouvements : « Le Nord ne sera plus là pour la gêner ; elle aura des freins de moins et des aiguillons de plus [...]. » MERCIER DE LACOMBE H., *op. cit.*, pp. 121-122.

meilleur garant du *containment*. Pour se développer, il ne lui est pas indispensable d'acquérir de nouveaux espaces ; le grand ouest encore vierge lui suffit.

CONCLUSION

Le cabinet des Tuileries n'a pas reconnu le gouvernement confédéré parce qu'aucun motif avancé, pour conforter cette option diplomatique, ne s'avère pertinent. La politique étrangère obéit à des considérations utilitaristes, or les locataires du Quai d'Orsay sont conscients que cet acte, en faveur des Etats rebelles, ne peut servir les intérêts nationaux.

La France doit, en premier lieu, renoncer au coton de Dixie. Elle subit tout d'abord un embargo qui ne dit pas son nom puis constate l'impotence du cabinet Davis, contraint de composer avec les gouverneurs des Etats sécédés, incapable de faire cesser les destructions déclenchées par les planteurs et victime du blocus fédéral qui se resserre progressivement. D'autre part, d'un point de vue commercial, la dépendance en coton ne fait pas oublier, loin s'en faut, le marché que représente le Nord pour les exportations françaises.

De plus, quel bénéfice tirer d'une Confédération dont les observateurs avertis doutent de la viabilité ? Ces derniers considèrent qu'un tel ensemble, détaché du lien fédéral, pose plus de problèmes qu'il n'en résout. A terme, loin d'être une source d'apaisement, cette coalition d'Etats serviles amènerait de nouvelles tensions avec la communauté des Etats libres qui subsisterait au nord. Et puis, surtout, Paris redoute un Sud livré à lui-même car il n'a pas échappé aux diplomates qu'entre les deux sections de l'Union, jusqu'à la veille de la guerre, il est de loin le plus déterminé à poursuivre l'expansion méridionale. C'est ce qui le pénalise dès le départ, car l'image qu'il renvoie, depuis 1850, est celle d'une poursuite de l'accroissement territorial au détriment de Cuba, des provinces du Mexique ou de l'Amérique centrale. Comment pourrait-il en être autrement lorsqu'il s'avère que ceux qui président à ses destinées, ou à sa diplomatie, sont connus pour hisser les couleurs du prosélytisme expansionniste. Ainsi, le projet mexicain de Napoléon III place les Confédérés en porte à faux par rapport à leurs ambitions premières. Pour ne pas offenser les possibles alliés français, le duel fratricide les force à mettre leurs appétences entre parenthèses. Mais ce n'est qu'un renoncement provisoire qui ne trompe personne ; on ne gomme pas en quelques semaines une décennie de convoitises territoriales.

Même si l'esclavage ne dessert pas autant le Sud qu'on aurait pu le supposer, à l'heure où l'Empire aborde la phase libérale de son histoire, il lui semble difficile d'entériner l'indépendance d'une alliance d'Etats qui repose exclusivement sur le maintien de cette pratique. Une insurrection qui, de surcroît, en s'affranchissant de la constitution, et en rejetant une élection qui s'est tenue dans le cadre le plus légal possible, a adopté d'emblée une posture antidémocratique et anti-institutionnelle. Un Sud que les libéraux n'hésitent pas à décrire comme belliqueux, oligarchique, tyrannique, un maître chanteur devant lequel, les hommes du Nord ont trop longtemps renoncé à faire valoir leurs vues. Mais, derrière la condamnation des Etats esclavagistes, se profile, pour les opposants à l'Empire, une occasion de régler leurs comptes au régime despotique de Bonaparte sans être soumis à la censure. Ainsi, au regard de sa politique américaine, à l'heure où le monarque souhaite se défaire progressivement de ses pouvoirs discrétionnaires, la crédibilité de l'ouverture de Napoléon III à l'égard de l'opposition est-elle en jeu.

De plus, le Quai n'imagine pas que le Nord puisse échouer à ramener son adversaire dans le giron de l'Union. Certes, le Sud possède des atouts, tels que la valeur de ses soldats ou sa détermination à lutter, mais ceux-ci se trouvent relativisés, d'un côté par l'abondance des forces que l'autre belligérant peut engager - le Sud combat régulièrement à un contre deux - de l'autre par la puissance des armes fédérales et par leur capacité à développer des pratiques nouvelles pour mener des offensives. Comme la guerre se prolonge, les observateurs concluent qu'en dépit d'un effort d'organisation militaire, le Nord ne sait pas profiter de sa suprématie indéniable, ou l'utilise mal. Son commandement, à commencer par McClellan, que les dépêches n'épargnent pas, apparaît trop timoré. A l'aveuglement de Napoléon III, qui croit à la victoire des tenants de la sécession, répond la lucidité des responsables de la diplomatie française, confortée par les dépêches de Richmond, qui comprennent que le Sud ne peut gagner seul. A cet égard, ses tentatives pour entraîner les puissances européennes à lui apporter un soutien constituent un aveu de faiblesse. Lorsque les Confédérés, ce qui est déjà un succès, parviennent à retarder la décision finale, le ministère n'envisage pas la scission, mais la naissance d'une nouvelle union. Napoléon III ne sera pas un nouveau Louis XVI offrant son aide aux révoltés du Nouveau Monde. Le souvenir de ce dernier soutien est, du reste, assez dissuasif, tant le prix de cet épisode fut, à l'époque, ruineux à la fois pour le trésor et pour le pouvoir. Le coût de la guerre d'Amérique a englouti la monarchie bourbonienne ; il ne scellera pas le sort de l'Empire.

Enfin, le Quai est bien conscient qu'ajouter un différend avec les Etats libres de l'Amérique serait, sinon pure folie, du moins une irrattrapable bévue. Reconnaître le Sud reviendrait à se lancer dans une aventure, et une aventure risquée, car la décision engendrerait immanquablement de fortes tensions avec Washington et compromettrait le succès du dessein impérial pour le Mexique. La prudence des ministres des Affaires étrangères réside dans cette constatation : l'intervention mexicaine interdit de se lancer dans une autre équipée. Dans cette hypothèse, les diplomates craignent moins une guerre contre le Nord, que le pouvoir de nuisance qu'il serait à même d'exercer à l'endroit du corps expéditionnaire français. Cette entrave ajouterait, encore, aux difficultés de l'expédition.

Cependant, si la France ne désire pas reconnaître les Etats du Sud, la poursuite des hostilités ne peut que servir ses intérêts. En effet, ce combat empêche le gouvernement Lincoln d'intervenir dans la question mexicaine. Si, contrairement à son rival, le Nord se contente des frontières des traités de 1848 et 1853, il se conforme tout autant à la doctrine de Monroe et ne tolère pas davantage la présence, aux portes de l'Union, d'un gouvernement vassalisé par une puissance européenne. Il est à craindre qu'après la guerre il accepte de croiser le fer avec l'armée d'occupation, non pour s'agrandir, mais pour faire respecter un principe établi depuis plus de quarante ans[1]. Après une telle déchirure de la fédération, cet affrontement aurait pour vertu de faciliter la réconciliation nationale. Un scénario d'autant plus inquiétant que les fondations du nouveau régime mexicain ne bénéficient d'aucune assise solide. Tout ce qui peut prolonger l'état de belligérance entre les deux ennemis aide donc à la consolidation de « la grande pensée du règne » et au renforcement de Maximilien.

De ce fait, la fin de la guerre de Sécession marque l'entrée du projet napoléonien dans une phase incertaine, propice à tous les excès. Fragilisé, sans soutien populaire, il n'est pas possible d'envisager à Maximilien un avenir sans lui obtenir l'appui de Washington. Mais le cabinet fédéral s'y refuse obstinément. De la sorte, alors que les Français viennent d'achever la conquête du territoire, la reddition de Lee à Appomattox les place devant l'incapacité d'adapter la donne politique à la donne militaire. Dès lors, cet épilogue accrédite l'idée d'un désengagement de la France du Mexique. Ainsi, par une ironie du sort, si les Américains en s'entre-déchirant ont fourni à Napoléon III l'opportunité de faire débarquer un corps expéditionnaire à Vera Cruz, quatre ans plus tard ils tiennent entre leurs mains le sablier de son évacuation.

---

[1] De Geoffroy le chargé d'affaires français à Washington déclare ainsi, un peu plus de deux mois avant la fin du conflit : « Si la Confédération se rend, nous aurons, le lendemain, la guerre avec les Américains. » De Geoffroy à Drouyn de Lhuys ; Washington, le 30 janvier 1865. A.M.A.E, CP EU, vol. 133 f. 73.

La guerre de Sécession, appelée « civil war » par les Américains, débute le 12 avril 1861 par le bombardement de Fort Sumter, à l'entrée de la baie de Charleston, en Caroline du Sud. Elle oppose 11 Etats esclavagistes, situés au sud de l'Union américaine (la Caroline du Sud, le Mississipi, la Floride, l'Alabama, la Géorgie, la Louisiane, le Texas, la Virginie, l'Arkansas, le Tennessee, et la Caroline du Nord) qui forment les Etats confédérés d'Amérique aux 23 autres Etats du nord restés fidèles à l'Union (dont 4 Etats esclavagistes intercalés entre les deux ensembles). Le 9 février 1861 Jefferson Davis est élu, à titre provisoire, président des Etats confédérés d'Amérique par les délégués de la convention de Montgomery. Le 6 novembre 1861, il se trouve confirmé à cette charge pour un mandat de 6 ans. Il choisit comme vice-président Alexander Stephens. Au nord Abraham Lincoln, élu pour quatre ans, en novembre 1860, n'accède à la présidence que le 4 mars 1861. Pour l'essentiel le conflit se déroule à l'ouest du Mississipi. Il s'achève 4 ans plus tard. Le 9 avril 1865, dans le salon de Wilmer McLean à Appomattox Courthouse, le général Lee, général en chef des armées confédérées, vient signer la reddition de son armée. Dans les faits la guerre se prolonge encore quelques semaines. Pour l'anecdote Wilmer Mc Lean était un grossiste de Virginie. Curieusement le premier engagement entre les deux camps, à Bull Run, se déroule en partie sur les terres de sa plantation. Avec les combats il décide de déménager en 1863 et s'installe à Appomatox Court House. Il a donc été le témoin direct à la fois du début et de la fin du conflit, ce qui lui fera dire : « La guerre a commencé dans ma cour et s'est terminée dans mon salon. » Cette guerre qui a causé la mort de 620 000 hommes est à ce jour le conflit le plus sanglant que les Etats-Unis aient connu.

BIBLIOGRAPHIE

— SOURCES MANUSCRITES —

(Archives du Ministère des Affaires étrangères ; A. M. A. E.)

CORRESPONDANCES POLITIQUES

Etats-Unis (CP EU) : volumes 91, 93, 105, 112, 113, 114, 118 à 139.
Angleterre (CP A) : volumes 715, 718 à 732.
Mexique (CP M) : volumes 54 à 65.

CORRESPONDANCES POLITIQUES DES CONSULS (CPC EU)

Baltimore, Boston, Charleston, Galveston, La Nouvelle-Orléans, Los Angeles, Mobile, New York, Philadelphie, Richmond, Saint-Louis, San Francisco : volumes 2, 3, 4, 7 à 23.

CORRESPONDANCES CONSULAIRES ET COMMERCIALES (CCC)

Charleston : 6, 7 ; New York : 19, 20, 21 ; La Nouvelle-Orléans (La N-O) v. 89 : 13 ; Richmond : 4, 5.

AFFAIRES DIVERSES ET POLITIQUES / ETATS-UNIS (ADP EU)

Guerre de Sécession 30 à 54. Divers (1866 - 1870) : 69, 77.

MEMOIRES ET DOCUMENTS (MD EU)

Etats-Unis : 25. Mexique : 10.

PAPIERS D'AGENTS

Rouher (PR) : 8. Sartiges (PS) : 8, 10. Thouvenel (PT) : 8, 10, 13, 17.

PAPIERS DU PERSONNEL

De Geoffroy : 1ère série n° 1806, Mercier de Lostende : 1ère série n° 2848, Montholon : 1ère série n° 2980, Paul : 1ère série n° 3192, Prévost-Paradol : 1ère série n° 3362, Sain de Boilecomte : 1ère série n° 3667, Sartiges : 1ère série n° 3666, Villefort : 1ère série n° 4116.

— SOURCES IMPRIMEES —

ARCHIVES DIPLOMATIQUES

Archives diplomatiques. Recueil de diplomatie et d'histoire, 1861, Paris, Amyot, t. 1 (1/3), 479 p., t. 2 (4/6), 479 p., t. 3 (7/9), 480 p., t. 4 (10/12), 478 p.
Archives diplomatiques. Recueil de diplomatie et d'histoire, 1862, Paris, Amyot, t. 1 (1/3), 480 p., t. 2 (4/6), 504 p., t. 4 (10/12), 538 p.
Archives diplomatiques. Recueil de diplomatie et d'histoire, 1863, Paris, Amyot, t. 1 (1/3), 504 p., t. 2 (4/6), 526 p., t. 3 (7/9), 448 p., t. 4 (10/12), 470 p.
Archives diplomatiques. Recueil de diplomatie et d'histoire, 1864, Paris, Amyot, t. 1 (1/3), 485 p., t. 2 (4/6), 467 p.

Official records of the Union and Confederate Navies in the War of the Rebellion (*ORN*) Ser. II - vol. 3 : *Proclamations, Appointments, etc. of President Davis, State Department Correspondence with Diplomatic Agents, etc.*, Ithaca, New York, Cornell University Library, Washington, Govt. Print. Off, 1922, 1336 p.

Archivo Histórico Diplomático Mexicano, N°13, Publicaciones de la Secretaría de Relaciones Exteriores, Direccíon General de Prensa y Publicidad, Mexico, 1961, 168 p.

LIVRES JAUNES (LJ)

Volumes 16, 17, 19, 23, 24.

TABLES DE COMMERCE

Direction générale des douanes…Tableau comparatif des principales marchandises importées (1853 ; 1860 ; 1861 ; 1863-1864).
Documents statistiques réunis par l'administration des douanes. Commerce de la France. 1863, 1864, Paris, A l'administration du Moniteur universel, 1863, 1864.

OUVRAGES CONTEMPORAINS DE LA PERIODE ETUDIEE

BELLET Paul du, *Lettre à l'Empereur : de la reconnaissance des Etats confédérés d'Amérique*, Paris, impr. Schiller aîné, 1862, 14 p.
BELLET Paul du, *Lettre au corps législatif*, Paris, Tinterlin et Cie, 1864, 24 p.

BOISLECOMTE Charles Joseph Edmond Sain de, *De la crise américaine et de celle des nationalités en Europe*, Paris, E. Dentu, 1862, 155 p.
CHEVALIER Michel, RASETTI Ernest, *La France, le Mexique et les Etats confédérés*, Paris, E. Dentu, 1863, 31 p.
La politique impériale exposée par les discours et proclamations de l'Empereur Napoléon III depuis le 10 décembre 1848 jusqu'en février 1868, Paris, Plon, 1868, 520 p.
DUVERGIER DE HAURANNE Ernest, *Les Etats-Unis pendant la guerre de Sécession. Récit d'un journaliste français*, présenté par Albert KREBDS, Paris, Calmann-Lévy, 1990, 312 p.
LACOUTURE Edouard, *La vérité sur la guerre d'Amérique*, Paris, E. Dentu, 1862, 16 p.
LAUGEL Auguste, *Les Etats-Unis pendant la guerre (1861-1865)*, Paris, G. Baillière, 1866, 365 p.
LAUZAC Henry, « Son excellence M. C-J Faulkner » in *Galerie historique et critique du XIX*[e], Paris, Bureau de la galerie historique, 1860, 18 p.
LEON E. de, *La vérité sur les Etats confédérés d'Amérique*, Paris, E. Dentu, 1862, 32 p.
MERCIER Alfred, *Du Panlatinisme. Nécessité d'une alliance entre la France et la Confédération du Sud*, Paris, Librairie Centrale, 1863, 31 p.
MERCIER DE LACOMBE H., *Le Mexique et les Etats-Unis*, Paris, E. Dentu, 2e édition, 1863, 162 p.
MUSSON Eugène, *Lettre à Napoléon III sur l'esclavage aux Etats du Sud, par un créole de Louisiane*, Paris, E. Dentu, 1862, 160 p.
NAPOLEON III, *Œuvres*, Paris, Plon, Amyot, MDCCCLVI, t. 1, 477 p.
NAPOLEON III, *Œuvres*, Paris, Plon, Amyot, MDCCCLXIX, t. 5, 448 p.

PRESSE

Le Moniteur, Le Siècle (1860), *Le Journal des Débats*, la *Revue des Deux Mondes*, *Le Temps*.
Pour les journaux favorables à l'Empire comme *Le Pays*, *La Patrie* ou *Le Constitutionnel* nous avons utilisé les ouvrages de Blackburn et West.

— BIBLIOGRAPHIE GENERALE —

INSTRUMENTS DE TRAVAIL

▫ Atlas, chronologies, dictionnaires et encyclopédies

BELY Lucien, SOUTOU Georges-Henri, THEIS Laurent, VAÏSSE Maurice, *Dictionnaire des ministres des Affaires étrangères (1589-2004)*, Paris, Fayard, 2005, 660 p.

BLAISE Anik, COSSERON Serge, GRASSET Pierre-Yves, FAVIER Jean, *Chronique de la France*, Bassillac, Editions chroniques, 1995, 1408 p.

CLIFTON Daniel, *Chronique de l'Amérique*, Paris, Editions Chronique, 1993, 983 p.

CURRENT Richard N., ESCOTT Paul D., POWELL Lawrence N., ROBERTSON James I., THOMAS Emory M., *Encyclopedia of the Confederacy*, Simon & Schuster, New York, Londres, Tokyo, Sydney, Singapour, 1993, vol. 1, 440 p. ; vol. 2, 503 p. ; vol. 3, 480 p. ; vol. 4, 493 p.

Diccionario Porrúa, Historía, Biographía y Geographía de Mexico, Mexico, Edition Porróa, 4e édition, 1976, vol. 2, 2761 p.

Dictionary catalog of the research libraries (1911-1971), vol. 27/28, The New York public library, Astor, Lenox, Tilden Foundations, Printed & distributed by G. K. Hall & Co, 1979, 2 vol., 528 + 501 p.

ECHARD William E., *Historical dictionary of the French Second Empire (1852-1870)*, London, Aldwych Press, 1985, 829 p.

FINDLING John E., *Dictionary of American Diplomatic History*, New York, Westport, Londres, Greenwood Press, 2e édition, 1989, 674 p.

FRANGULIS A.F. : *Dictionnaire diplomatique comprenant les biographies de diplomates du Moyen Age à nos jours constituant un traité d'histoire diplomatique*, Genève et Paris, Académie diplomatique internationale, 1954, t. 5, 1261 p.

HAYT Franz, *Atlas d'histoire*, Bruxelles, De Boeck-Wesmael, 27e édition, 1994, 179 p.

HEIDLER David S., HEIDLER Jeanne T., *Encyclopedia of the American Civil War. A Political, Social and Military History,* préface de James McPHERSON, Santa Barbara, Californie, Denver, Colorado, Oxford, England, 2000, vol. 1 (A-C), 543 p.

LEMARCHAND Philippe, *Atlas des Etats-Unis. Les paradoxes de la puissance*, Paris, Editions Atlande, 1997, 288 p.

LONG E. B., LONG Barbara, *The Civil War day by day. An Almanac (1861-1865)*, New York, Da Capo Press, 1971, 1135 p.

MORRIS Richard B., *Encyclopedia of American History*, New York, Harper & Row Publishers, 1982, 843 p.

NEELY Mark E., *The Abraham Lincoln Encyclopedia*, New York, Auckland, Bogota, McGraw-Hill, 1982, 356 p.
PANCRADIO Jean-Paul, *Dictionnaire de la diplomatie*, Paris, Dalloz, 2007, 684 p.
SALMON Frédéric, *Atlas historique des Etats-Unis de 1783 à nos jours*, Paris, Armand Colin, 2008, 128 p.
TULARD Jean, *Dictionnaire Napoléon*, Paris, Fayard, nouvelle édition revue et augmentée, 1999, 2 vol., 977 + 1000 p.
TULARD Jean, *Dictionnaire du Second Empire*, Paris, Fayard, 1995, 1347 p.
YVERT Benoît, *Dictionnaire des ministres de 1789 à 1989*, Paris, Perrin, 1990, 1028 p.

▫ Recueils bibliographiques

Bibliographie annuelle de l'Histoire de France, du Ve siècle à 1958, Paris, éditions du CNRS, 1956 - 2007.
BEMIS Samuel Flagg, *Guide to the Diplomatic History of the United States (1775-1921)*, Washington, US government printing office, 1935, 979 p.
BOURACHOT Christophe, *Bibliographie critique des mémoires sur le Second Empire (2 décembre 1852-4 septembre 1870)*, Paris, La boutique de l'Histoire, 1994, 191 p.
ECHARD, William E., *Foreign Policy of the French Second Empire. A bibliography*, bibliographies and indexes in world history n° 12, New York, Westport, Connecticut, London, Greenwood Press, 1988, 416 p.
FIERRO Albert, *Bibliographie analytique des biographies collectives imprimées de la France contemporaine (1789-1985)*, Bibliothèque de l'Ecole des Hautes Etudes, VIe section, Sciences Historiques et Philologiques, 300, éditions Slatkine, Genève, Paris, 1986, 376 p.
FREIDEL Frank, *Harvard Guide to American History*, Cambrigde Mass, London, The Belknap Press of Harvard University Press, 1975, 1290 p.
HATIN Eugène, *Bibliographie historique et critique de la presse périodique française*, Paris, Anthropos, 1965, 660 p.
TRASK David F., Meyer Michael C., Trask Roger R., *A bibliography of US latin american relations since 1810*, Lincoln, University of Nebraska press, 1968, 441 p.

▫ Outils de recherche

ASTORQUIA Madeleine, BONNEL Ulane, DETHAN Georges, *Guide des sources de l'histoire des Etats-Unis dans les archives françaises*, Paris, France expansion, 1976, 390 p.

Etat numérique des fonds de la correspondance consulaire et commerciale (1793-1901), Paris, Imprimerie Nationale, 1901, 137 p.
Etat numérique des fonds des affaires diverses et politiques (1815-1896), Paris Imprimerie Nationale, 1896, t. 4, 251 p.
Inventaire sommaire des archives du département des Affaires étrangères, mémoires et documents, fonds divers, supplément, Paris, Imprimerie Nationale, 1892, 459 p. ; 1896, 246 p.
LELAND Waldo G., *Guide to materials for American history in the libraries and archives of Paris, archives of the ministry of Foreign affairs*, Washington D.C, Carnegie Institution of Washington, 1943, vol. 2, 1078 p.
WOODWORTH Stephen E., *The American Civil War. A Handbook of Literature and Research*, préface de James McPherson, Westport, Connecticut, London, Greenwood Press, 1996, 754 p.

OUVRAGES CONSULTES

ADAMS Ephraïm Douglas, *Great Britain and the American Civil War*, New York, Russell & Russell, 1958, vol.1 et 2, 310 + 338 p.
ALDIS Owen F., « Louis Napoléon and the Southern Confederacy » in *North American Review* 129, octobre 1879, pp. 342-360.
ALLAIN Jean-Claude, AUTRAND Françoise, BELY Lucien, CONTAMINE Philippe, GUILLEN Pierre, LENTZ Thierry, SOUTOU Georges-Henri, THEIS Laurent, VAÏSSE Maurice, *Histoire de la diplomatie française*, présentation de Dominique de VILLEPIN, Paris, Perrin, 2005, 1050 p.
Annales du centre régional de documentation, Institut Pédagogique National, Caen, 1969, 228 p.
AMEUR Farid, *La guerre de Sécession*, Paris, PUF, 2004, 127 p.
AMEUR Farid, « La France n'en voudrait pas en cadeau… » in *Bulletin de l'Institut Pierre Renouvin*, n°32, automne 2010, pp. 33-55.
ANCEAU Eric, *Napoléon III*, Paris, Tallandier, 2008, 750 p.
AVENEL Jean, *La campagne du Mexique (1862-1867). La fin de l'hégémonie européenne en Amérique du Nord*, Paris, Economica, 1996, 194 p.
BAILLOU Jean, *Les Affaires étrangères et le corps diplomatique. De l'Ancien Régime au Second empire*, Paris, CNRS, 1984, t. 1, 841 p.
BARJOT Dominique, *Histoire économique de la France au XIX*[e], Paris, Nathan, 1995, 352 p.
BARKER Nancy Nichols, « France, Austria and the Mexican Venture (1861-1864) » in *French historical studies*, vol. III, N°2, 1963, pp. 224-245.
BAROCHE Madame Jules, *Second Empire : notes et souvenirs de 16 années (1855-1871)*, Paris, G. Crès et Cie, 1921, 661 p.

BATTESTI Michèle, *La marine de Napoléon III. Une politique navale*, Chambéry, Université de Savoie, Paris, Laboratoire d'histoire et d'archéologie maritime, Vincennes, Service historique de la Marine, 1997, vol. 2, 717 p.
BERINGER Richard E., HATTAWAY Herman, JONES Archer, STILL William, *Why the South lost the Civil War*, Athens & London, The University of Georgia Press, 1986, 582 p.
BERINGER Richard E. HATTAWAY Herman, *Jefferson Davis, Confederate president*, Lawrence, University Press of Kansas, 2002, 542 p.
BERNARDY Françoise de, *Flahaut, fils de Talleyrand, père de Morny (1785-1870)*, Paris, Librairie Académique Perrin, 1974, 383 p.
BIGELOW John, *France and the Confederate navy (1862-1868)*, London, Sampson Low, Harper & Brothers, 1888, 247 p.
BIGELOW Paultney, « John Bigelow and Napoléon III » in *New York History* 13 N°2, Albany, New York State Historical Association, avril 1932, pp. 154-165.
BINDER Frederick Moore, *James Buchanan and the American Empire*, Selingrove, Susquehanna University Press, London, Toronto, Associated University Press, 1994, 318 p.
BLACKBURN George M., *French Newspaper opinion on the American Civil War*, contributions in American History N° 171, Greenwood Press, Westport Connecticut, London, 1997, 158 p.
BLACKETT R. J. M, *Divided hearts. Britain and the American Civil War*, Louisiana State University Press, Baton Rouge, 2001, 273 p.
BLUMBERG Arnold, « The diplomacy of the Mexican Empire (1863-1867) », in *Transactions of the American Philosophical Society*, The American Philosophical Society, Independance Square, Philadelphia, Nov. 1971, 152 p.
BLUMENTHAL Henry, *A reappraisal of Franco-American Relations (1830-1871)*, Chapel Hill, The University of North Carolina Press, 1959, 255 p.
BLUMENTHAL Henry, « Confederate Diplomacy : Popular Notions and International Realities » in *The Journal of Southern History*, vol. 32, n° 2 (May, 1966), pp. 151-171.
BONHAM Milledege L., *The French consuls in the Confederate States*, inscribed to William Archibald Dunning, New York, Columbia University Press, 1914, pp. 83-106.
BRANAA Jean-Eric, *La constitution américaine et les institutions*, Paris, Ellipses, 1999, 144 p.
BROGAN Hugh, *Longman History of the United States of America*, Londres, Guild Publishing London, 4e édition, 1988, 740 p.

BROWN David, « Palmerston and Anglo-French relations (1846-1865) » in *Diplomacy and Statecraft*, vol. 17 n°4, déc. 2006, pp. 675-692.
BROWNE William Hand, JOHNSON Richard Malcom, *Life of Alexander H. Stephens*, Philadelphia, J. B. Lippincott & Co, 1878, 619 p.
BRUYERE-OSTELLS Walter, *Napoléon III et le Second Empire. Instants d'Histoire*, Paris, Vuibert, 2004, 331 p.
CALLAHAN James Morton, *Cuba and international relations (vol. 21). A historical study in American diplomacy*, Baltimore, The Johns Hopkins Press, 1899, 503 p.
CALLAGHAN James Morton, *The diplomatic History of the Southern Confederacy*, Baltimore, The Johns Hopkins Press, 1901, 304 p.
CALLAHAN James Morton, *American foreign policy in Mexican Relations*, New York, The Macmillan company, 1932, 644 p.
CAMPBELL Duncan Andrew, *English Public Opinion and the American Civil War,* Woodbridge, Suffolk, Boydell Press, 2003, 266 p.
CARROLL Daniel B., *Henri Mercier and the American Civil War*, Princeton, New Jersey, Princeton University Press, 1971, 396 p.
CARTERET Alain, *Napoléon III. Actes et paroles*, Paris, La Table Ronde, 2008, 221 p.
CASE Lynn M., *French opinion on the US and Mexico, 1860-1867. Extracts from the Reports of the Procureurs généraux,* New York, London, The Rice Institute, D. Appleton-Century Company, 1936, 452 p.
CASE Lynn M., « La sécession aux Etats-Unis, un problème diplomatique français en 1861 » in *Revue d'histoire diplomatique*, Société d'histoire générale et diplomatique, 77e année, octobre/décembre 1963, Paris, A. Pedone, pp. 290-313.
CASE Lynn M., SPENCER Warren F., *The United States and France. Civil War Diplomacy*, Philadelphia, University of Pennsylvania Press, 1970, 747 p.
CASE Lynn M., *Edouard Thouvenel et la diplomatie du Second Empire*, traduction de Guillaume de Bertier de Sauvigny, Paris, A. Pedone, 1976, 458 p. (Collection « Bibliothèque de la revue d'Histoire diplomatique »).
CATTON Bruce, *La guerre de Sécession*, Paris, Payot, 2002, 629 p.
CHARLE Christophe, *Histoire sociale de la France au XIXe siècle*, Paris, Le Seuil, 1991, 392 p.
CHARLE Christophe, *Le siècle de la presse (1830-1939)*, Paris, Le Seuil, 2004, 400 p.
CLARY Françoise (sous la direction de), *La destinée manifeste des Etats-Unis au XIXe siècle. Aspects culturels, géopolitiques et idéologiques de la destinée manifeste*, colloque de l'Erac, CETAS, Publication de l'Université de Rouen, 2000, 220 p.

COMMAGER Henry Steel, *The Blue and the Grey : The story of the Civil War told by participants*, New York, Indianapolis, The Bobbs-Merrill Company, INC Publishers, 1950, t. 1 et 2, 588 + 612 p.
COMMAGER Henry Steele, NEVINS Allan, *Histoire des Etats-Unis*, traduction de Claude LAFARGE, Paris, Economica, 8e édition, 1986, 1036 p.
COOPER William J., *Jefferson Davis American*, New York, Alfred A. Knopf, 2000, 757 p.
CROOK D. P., *The North, the South and the powers (1861-1865)*, New York, Londres, Sydney, Toronto, John Wiley & Sons, 1974, 405 p.
CROOK D. P., *Diplomacy during the American Civil War*, John Wiley & Sons, Inc., New York, Londres, Sydney, Toronto, 1975, 209 p.
CULLOP Charles P., *Confederate Propaganda in Europe (1861-1865)*, Coral Gables, University of Miami Press, 1969, 160 p.
CUNNINGHAM Michele, *Mexico and the Foreign Policy of Napoléon III*, New York, Palgrave, 2001, 251 p.
D'AGREVAL B., *Les diplomates français sous Napoléon III*, Paris, E. Dentu, 1872, 211 p.
DARGENT Raphaël, *Napoléon III*, Paris, Granger, 2009, 382 p.
DARIDAN Jean, *Abraham Lincoln*, Paris, Julliard, 1983, 383 p.
DARIMON A., *L'opposition libérale sous l'Empire (1861-1863), souvenirs de l'ancien député de la Seine*, Paris, E. Dentu, 1886, 417 p.
DAVIS William C., *The Union that shaped the Confederacy : Robert Toombs and Alexander H. Stephens*, Lawrence, University of Kansas, 2001, 304 p.
DELAMARE George, *l'Empire oublié. L'aventure mexicaine (1861-1867)*, Paris, Hachette, 1935, 252 p.
DELANEY R. W., *Matamoros, port of Texas during the Civil War*, Southwestern Historical Quarterly, vol. LVIII, 2, 1955, pp. 473-479.
DEUSEN Glyndon G., *William Henry Seward*, New York, Oxford University Press, 1967, 666 p.
DONALD David Herbert, *Why the North won the Civil War. Six authoritarive views on economic, military, diplomatic, social and political reasons behind the Confederacy defeat*, New York, Touchstone, 1996, 127 p.
DONALDSON Jordan, PRATT Edwin J., *Europe and the American Civil War*, Boston & New York, Houghton Mifflin Company, 1931, 300 p.
DORIGNY Marcel, *Esclavage, Résistance et Abolition*, Paris, Editions du CTHS, 1999, 575 p.
DROZ Jacques, *Histoire diplomatique de 1648 à 1919*, préface de Pierre Milza, Paris, Dalloz, 2005, 614 p.

DUNNING William Archibald, « The French consuls in the Confederate States » in *Studies in Southern history and politics*, New York, Columbia University Press, 1914, IV, pp. 83-107.
DUROSELLE Jean-Baptiste, *La France et les Etats-Unis des origines à nos jours*, Paris, Le Seuil, 1976, 285 p.
DUVEAU Georges, *La vie ouvrière sous le Second Empire*, Paris, Gallimard, NRF, 1946, 605 p.
EATON Clement, *A history of the old South*, New York, Macmillan Publishers, 1966, 562 p.
EATON Clement, *Jefferson Davis*, London, Macmillan Publishers, 1977, 334 p.
ELLISON Mary, *Support for Secession : Lancashire and the American Civil War*, Chicago, University of Chicago Press, 1973, 259 p.
EMSTEN Lewis, « Napoléon III et les préliminaires diplomatiques de la guerre civile aux Etats-Unis » in *Revue d'Histoire diplomatique*, 19e année, Paris, Société d'histoire diplomatique, Plon-Nourrit et Cie, 1905, pp. 336-348.
ENCREVE André, *Le Second Empire*, Paris, PUF, 125 p.
EVANS Eliott Arthur Powell, *Napoléon III and the American Civil War*, Stamford University, 1941, 193 p.
FENTON Bresler, *Napoléon III. A life*, Hammersmith, London, HarperCollins Publishers, 1999, 438 p.
FERRIS Norman B., *Desperate diplomacy. William H. Seward's Foreign Policy, 1861,* Knoxville, University of Tennessee Press, 1976, 265 p.
FEYEL Gilles, *La presse en France des origines à 1944. Histoire politique et matérielle*, Paris, Ellipses, 1999, 192 p.
FOGEL Robert William, *The Slavery Debates, 1952-1990. A Retrospective*, Baton Rouge, Louisiana State University Press, 2003, 106 p.
FOHLEN Claude, *L'industrie textile au temps du Second Empire*, Paris, Plon, 1956, 534 p.
FOHLEN Claude, « La guerre de Sécession et le commerce franco-américain », in *Revue d'Histoire Moderne et Contemporaine*, t. VIII, octobre/décembre 1961, pp. 259-270.
FOHLEN Claude, HEFFER Jean, WEIL François, *Canada et Etats-Unis depuis 1770*, Paris, PUF, 3e édition, 1997, 489 p. (collection « Nouvelle Clio ». L'histoire et ses problèmes).
FULLER John Douglas Pitts, *The movement for the acquisition of all Mexico (1846-1848)*, Baltimore, the Johns Hopkins Press, 1936, 174 p.
GAULOT Paul, *Rêve d'Empire. La vérité sur l'expédition du Mexique d'après les documents inédits de Ernest Louet*, Paris, Paul Ollendorff, 1889, 338 p.

GAVRONSKY Serge, *The French liberal opposition and the American Civil War*, New York, Humanities Press, 1968, 304 p.
GIENAPP William E, *Abraham Lincoln and Civil War in America : a biography*, New York, Oxford University Press, 2002, 239 p.
GIRARD Louis, *Napoléon III*, Paris, Fayard, 1986, 550 p.
GLANTZ DE LOPEZ CAMARA Margarita, *Le Mexique vu par les Français (1847-1867)*, Thèse, Paris, Université de La Sorbonne, 1958, 448 p.
GOUTTMAN Alain, *La guerre du Mexique (1862-1867). Le mirage américain de Napoléon III*. Paris, Perrin, 2008, 452 p.
GUIRAL Pierre, *Prevost-Paradol (1829-1870). Pensée et action d'un libéral sous le Second Empire*, thèse pour le doctorat d'Etat présentée à la Faculté de Lettres de Paris, Paris, PUF, 1955, 844 p.
HANNA Kathryn Abbey, « The roles of the South in the French intervention in Mexico » in *Journal of Southern History*, vol. 20 n°1, 1954, pp. 3-21.
HANNA Alfred Jackson, HANNA Kathryn Abbey, *Napoléon III and Mexico. American Triumph over Monarchy*, Chapel Hill, The University of North Carolina Press, 1971, 350 p.
HARCOURT Bernard comte d', *Les quatre ministères de Drouyn de Lhuys*, Paris, E. Plon et Cie, 1882, 366 p. (Collection « Diplomatie et diplomates »).
HARMON George P., « Confederate migrations to Mexico », in *Hispanic American Historical review*, vol. XVII, n° 4, Nov. 1937, pp. 458-487.
HENDERSON W.O., « The cotton famine on the continent, 1861-1865 » in *The Economic Historical Review*, vol. IV, N°2, avril 1933, pp. 129-256.
HENDRICK Benton J., *Statesmen of the lost cause. Jefferson Davis and his cabinet*, Boston, Little Brown & Company, 1939, 452 p.
HERICAULT Charles d', *Maximilien et le Mexique, histoire des derniers mois de l'Empire mexicain*, Paris, Garnier frères, 1869, 419 p.
HUBBARD Charles M., *The burden of Confederate diplomacy*, Knoxville, University of Tennessee Press, 1998, 253 p.
HUGO Victor, *Actes et Paroles, II. Pendant l'exil*, Paris, J. Hetzel & Cie, A. Quantin, 1883, 586 p.
HUNTLEY Stephen McQueen, *Les rapports de la France et de la Confédération pendant la guerre de Sécession*, Thèse de la faculté des Lettres de l'Université de Toulouse, Toulouse, Imprimerie régionale, 1932, 276 p.
HUSLEY Fabian Val., *Napoléon III and the Confederacy, a reappraisal*, Mississipi State University, 1970, 238 p.
JENKINS Brian, *Britain and the war for the Union*, Montréal, McGill-Queens University Press, 1974, 1980, t. 1 et 2, 315 + 470 p.
JOHANNSEN Robert W., *Lincoln, The South and slavery. The political dimension*, Baton Rouge, Louisiana State University Press, 1991, 128 p.

JONES Howard, *Union in Peril. The crisis over British intervention in the Civil War*, Chapel Hill, London, The University of North Carolina Press, 1992, 300 p.
JONES Howard, *Abraham Lincoln and a new birth of freedom. The Union and slavery in the diplomacy of the Civil War*, Lincoln & London, University of Nebraska Press, 1999, 236 p.
JONES Howard, *Blue and Gray diplomacy ; a history of Union and Confederate foreign relations*, The University of North Carolina Press, 2010, 416 p.
KARSKY Barbara, « Les libéraux français et l'émancipation des esclaves aux Etats-Unis. 1852-1870 » in *Revue d'Histoire Moderne et Contemporaine*, octobre/décembre 1974, t. 21, pp. 575-590.
KASPI André, *Les Américains. Naissance et essor des Etats-Unis (1607-1945)*, Paris, Le Seuil, collection Point Histoire, 1986, t. 1, 339 p.
KEEGAN John, *La guerre de Sécession*, Paris, Perrin, 2011, 507 p.
KOROLEWICZ-CARLTON Richard, *Napoléon III, Thouvenel et la guerre de Sécession*, thèse de l'Université de Paris, 1951, 202 p.
LACROIX Jean-Michel, *Histoire des Etats-Unis*, Paris, PUF, 1996, 590 p. (collection « Premier Cycle »).
LAGAYETTE Pierre, *La « destinée manifeste » des Etats-Unis au XIX*[e] *siècle. Aspects politiques et idéologiques*, Paris, Ellipses, 1999, 236 p.
LAHLOU Raphaël, *Napoléon III ou l'obstination couronnée*, Paris, Bernard Giovanangeli éditeur, 2006, 143 p.
LA MARDIERE Gérard de, *La guerre de Sécession (1861-1865) vue par les Français*, thèse de 3e cycle de l'Université Paris IV, sous la direction d'André Corvisier, mars 1985, 301 p.
LEON Edwin de, *Secret history of Confederate diplomacy abroad*, edited by William C. Davis, Lawrence, University Press of Kansas, 2005, 224 p.
LESUEUR Emile, *Le Prince de la Tour d'Auvergne et le secret de l'Impératrice. Contribution à l'histoire diplomatique du Second Empire*, Paris, Eugène Figuière éditeur, 1930, 317 p. (Collection « Les Anthologies du XXe siècle »).
MAHIN Dean B., *One War at a Time: The International Dimensions of the American Civil War*, Washington, Potomac Books, 1999, 343p.
MAY Robert E., *The Southern Dream of a Carribean Empire (1854-1861)*, Baton Rouge, Louisiana State University Press, 1973, 286 p.
MAURAIN Jean, *La politique ecclésiastique du Second Empire de 1852 à 1869*, Paris, 1931, 991 p.
McCARDELL John, *The Idea of a Southern Nation: Southern Nationalists and Southern Nationalism, 1830-1860*, New York, London, W. W. Norton & Company, 1979, 394 p.

McPHERSON James M., *La guerre de Sécession (1861-1865)*, Paris, Robert Laffont, 1991, 1004 p.
MEADE Robert Douthat, *Judah P. Benjamin and the American Civil War*. A part of dissertation submitted to the faculty of the division of the social sciences in candidacy for the degree of doctor of philosophy, Chicago, Aug 1935, University of Chicago, 1944, 34 p.
MERLI Frank J., *Great Britain and the Confederate Navy (1861-1865)*, Bloomington, Indiana University Press, 1970 342 p.
MILLER Robert Ryal, « Arms accross the border : United States aid to Juárez during the French intervention in Mexico » in *Transactions of the American Philosophical Society*, New Series, vol. 63, part 6, Independance Square, Philadelphia, The American Philosophical Society, Dec 1973, pp. 4-61.
MILZA Pierre (sous la direction de), *Napoléon III, l'homme, le politique*, Actes du colloque organisé par la Fondation Napoléon au Collège de France les 19 et 20 mai 2008, Paris, Editions Napoléon III, 2008, 492 p.
NEAN Hubert, « Le Canada et la guerre de Sécession, 1860-1865 » in *Revue d'histoire diplomatique*, Société d'histoire générale et diplomatique, 77e année, octobre/décembre 1963, Paris, A. Pedone, pp. 342-361.
NERE Jacques, *La guerre de Sécession*, Paris, P.U.F, 1975, 126 p.
NOIRSAIN Serge, *La Confédération sudiste (1861-1865), Mythes et réalités*, Paris, Economica, 2006, 302 p.
OATES Stephen B., *Lincoln*, Paris, Fayard, 1977, 570 p.
OLIVESI Antoine, NOUSCHI André, *La France de 1848 à 1914*, Paris, Nathan Université, 1997, 444 p.
OWSLEY Frank Laurence, *King Cotton Diplomacy. Foreign Relations of the Confederate States of America*, Chicago, The University of Chicago Press, Second Edition, 1959, 575 p.
PAOLINO Ernest N., *The foundations of the American Empire ; William Henry Seward and US foreign policy*, London, Cornell University Press, 1973, 235 p.
PLESSIS Alain, *De la fête impériale au mur des fédérés (1852-1871)*, Paris, Le Seuil, 1976, 253 p.
POIRSON Philippe, *Walewski, fils de Napoléon*, Ed. Balzac, 1943, 335 p.
POMEROY Earl S., « French substitutes for American cotton, 1861-1865 » in *Journal of Southern History*, vol. 9, n°4, 1943, pp. 555-560.
PRADIER-FODERE, « M. Drouyn de Lhuys » in *Portraits diplomatiques*, Paris, Le Courrier diplomatique, 20 et 21 septembre 1871, 23 p.
PRICE Roger, *The French Second Empire. An anatomy of political power*, Cambridge, Cambridge University Press, collection New Studies in European history, 2001, 507 p.

REMOND René, *Histoire des Etats-Unis*, Paris, PUF, 18e édition, 1999, 127 p. (collection « Que sais-je ? »).
RENOUVIN Pierre, *Histoire des relations internationales, de 1789 à 1871*, Paris, Hachette, 1994, t. 2, 706 p.
ROGER Philippe, *L'ennemi américain. Généalogie de l'antiaméricanisme français*, Paris, Le Seuil, 2002, 602 p.
ROLLE Andrew F., *The lost cause. The Confederate Exodus to Mexico*, Norman, University of Oklahoma Press, 1965, 248 p.
SAINLAUDE Stève, *La politique étrangère de la France à l'égard des Etats-Unis d'Amérique de 1839 à 1867*, Thèse de doctorat d'histoire contemporaine, sous la direction d'André ENCREVE, Université Paris Est, 2009, 1445 p.
SAINLAUDE Stève, *Le gouvernement impérial et la guerre de Sécession (1861-1865) ; l'action diplomatique*, Paris, L'Harmattan, 2011, 146 p.
SAINLAUDE Stève, « Alfred Paul, un diplomate français dans la guerre de Sécession » in *Revue d'Histoire Diplomatique*, Paris, A Pedone, n°1 2011, 95 p. ; pp. 3-15.
SANCTON, Thomas A., « The myth of French worker support for the North in the American Civil War » in *French Historical Studies*, 11 n°1 (spring 1979), pp. 58-80.
SCHEFER Christian, *La grande pensée de Napoléon III. Les origines de l'expédition du Mexique (1858-1862)*, Paris, Marcel Rivière et Cie, 1939, 275 p.
SCHOONOVER Thomas David, « Confederate diplomacy and the Texas-Mexican Border (1861-1865) » in *East Texas Historical Journal*, n° 11, (spring 1973), pp. 33-39.
SCHOONOVER Thomas David, « Mexican Cotton and the American Civil War » in *The Americas 30,* n° 4, Academy of American Franciscan History, 30 Apr. 1974, pp. 429-447.
SEARS Louis Martin, « A Confederate diplomat at the court of Napoléon III » in *American Historical Review*, vol. 26 n°2, Jan. 1921, pp. 255-281.
SEWARD Desmond, *Eugénie, The Empress and her Empire*, Stroud : Sutton Publishing, 2004, 321 p.
SMITH H. C., *Napoléon III. Les derniers feux de l'Empire*, Paris, Hachette, 1982, 394 p.
STUART Graham H., *The Department of State. A history of its organisation, procedure and personnel*, New York, The Macmillan Company, 1949, 517 p.
SY-WONYU Aïssatou, *Les Etats-Unis et le monde au XIXe siècle*, Paris, Armand Colin, 2004, 314 p.

TAYLOR, John M. *William Henry Seward: Lincoln's Right Hand*, New York, HarperCollins, 1991, 340 p.
THOMAS Benjamin P., *Abraham Lincoln, a biography*, New York, Alfred A. Knopf, 1952, 548 p.
THOMAS Emory M., *The Confederate nation (1861-1865)*, New York, Harper and Row, 1979, 384 p.
THOUVENEL Louis, *Le secret de l'Empereur. Correspondance confidentielle et inédite échangée entre M. Thouvenel, le duc de Gramont et le général comte de Flahaut (1860-1863)*, Paris, Calmann-Levy, 1889, t. 1 et 2, 493 + 571 p.
TOCQUEVILLE Alexis de, *De la démocratie en Amérique*, préface de François Furet, Paris, Garnier, Flammarion, 1981, 2 vol., 569 + 414 p.
TULLOCH Hugh, *The debate on the American Civil War*, Manchester and New York, Manchester University Press, 1999, 255 p.
VAGNOUX Isabelle, *Les Etats-Unis et le Mexique, histoire d'une relation tumultueuse*, Paris, L'Harmattan, 2003, 432 p.
VAN DEUSEN Glyndon G., *William Henry Seward*, New York, Oxford University Press, 1967, 666 p.
VIEL CASTEL Horace de, *Mémoires sur le règne de Napoléon III (1851-1864)*, Paris, Robert Laffont, 2005, 1128 p.
VINCENT Bernard, *Lincoln, l'homme qui sauva les Etats-Unis*, Paris, L'Archipel, 2009, 426 p.
WEST Warren Reed, *Contemporary French Opinion on the American Civil War*, Baltimore, Johns Hopkins University Press, 1924, 156 p.
WILSON Beckles, *America's ambassadors to France (1777-1927), A narrative of Franco-American diplomatic relations*, London, John Murray, 1928, 433 p.
WILLSON Beckles, *John Slidell and the Confederates in Paris (1862-1865)*, New York, Minton, Balch & Company, 1932, 296 p.
WOODWORTH Steven E., *Davis and Lee at war*, Hardcover, University Press of Kansas, Modern war Studies, 1995, 409 p.
WRIGHT Gordon, « Economic Conditions in the Confederacy as seen by French Consuls » in *The Journal of Southern History*, vol. 7, n° 2 (May, 1941), pp. 195-214.

SITES INTERNET CONSULTES (liste non exhaustive)

whitehouse.gov ; state.gov ; bioguide.congress.gov ; diplomatie.gouv.fr ; servicehistorique.marine.defense.gouv.fr ; consulfrance-sanfrancisco.org ; bnf.fr ; gallica.bnf.fr ; gallica2.bnf.fr ; wapedia.mobi ; historicaltextarchive.com ; annales.org ; napoleon-series.org ; tshaonline.org ; tsha.utexas.edu ; civilwarhome.com ; 1st-hand-history.com ;

napoleontrois.fr ; clio.fr ; sfmuseum.org ; lablaa.org. ; query.nytimes.com ; sre.gob.mx ; encyclopediaofarkansas.net ; www.nndb.com ; www.transatlantica.org ; nps.gov ; nationalatlas.gov ; uselectionatlas.org ; nndb.com ; all-biographies.com ; raforum.info ; books.google.fr ; yale.com ; en.wikisource.org ; presidency.ucsb.edu ; millercenter.org. ; denistouret.fr ; univ-perp.fr ; academie-française.fr ; gutenberg.org ; chass.utoronto.ca ; wikipedia (à recouper impérativement avec d'autres sources d'information).

TABLE DES MATIERES

L'HARMATTAN, ITALIA
Via Degli Artisti 15; 10124 Torino

L'HARMATTAN HONGRIE
Könyvesbolt ; Kossuth L. u. 14-16
1053 Budapest

L'HARMATTAN BURKINA FASO
Rue 15.167 Route du Pô Patte d'oie
12 BP 226 Ouagadougou 12
(00226) 76 59 79 86

ESPACE L'HARMATTAN KINSHASA
Faculté des Sciences sociales,
politiques et administratives
BP243, KIN XI
Université de Kinshasa

L'HARMATTAN CONGO
67, av. E. P. Lumumba
Bât. – Congo Pharmacie (Bib. Nat.)
BP2874 Brazzaville
harmattan.congo@yahoo.fr

L'HARMATTAN GUINEE
Almamya Rue KA 028, en face du restaurant Le Cèdre
OKB agency BP 3470 Conakry
(00224) 60 20 85 08
harmattanguinee@yahoo.fr

L'HARMATTAN CÔTE D'IVOIRE
M. Etien N'dah Ahmon
Résidence Karl / cité des arts
Abidjan-Cocody 03 BP 1588 Abidjan 03
(00225) 05 77 87 31

L'HARMATTAN MAURITANIE
Espace El Kettab du livre francophone
N° 472 avenue du Palais des Congrès
BP 316 Nouakchott
(00222) 63 25 980

L'HARMATTAN CAMEROUN
BP 11486
Face à la SNI, immeuble Don Bosco
Yaoundé
(00237) 99 76 61 66
harmattancam@yahoo.fr

L'HARMATTAN SENEGAL
« Villa Rose », rue de Diourbel X G, Point E
BP 45034 Dakar FANN
(00221) 33 825 98 58 / 77 242 25 08
senharmattan@gmail.com

648700 - Avril 2016
Achevé d'imprimer par